prometeo
libros

prometeo
libros

Los jóvenes y el futuro:
procesos de inclusión social
y patrones de vulnerabilidad
en el mundo global

Los jóvenes y el futuro: procesos de inclusión social y patrones de vulnerabilidad en el mundo global

Rene Bendit, Marina Hahn y Ana Miranda

(Editores)

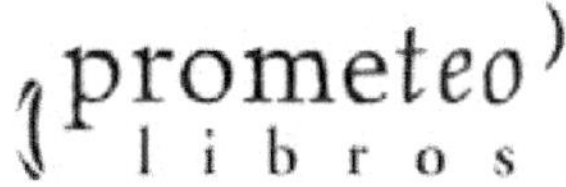

Agradecimientos

En el marco de los procesos de globalización económica, tecnológica y cultural y de los cambios sociales que dichos fenómenos están induciendo a nivel planetario, desde hace ya varias décadas, se han ido dando una serie de condiciones que hacen que tanto los gobiernos (y en particular las instituciones vinculadas a las políticas educacionales y sociales) como así también las organizaciones internacionales , vayan mostrando una creciente preocupación por los temas referidos a la juventud y en particular por las problemáticas vinculadas a las transiciones juveniles a la vida adulta. Desde el sistema de Naciones Unidas, hasta las respectivas organizaciones regionales y sub-regionales, han ido adoptando resoluciones, y en parte también diseñado políticas a favor de mejorar las condiciones de vida de los jóvenes.

En el contexto Europeo dichas acciones se hacen manifiestas, por ejemplo, en la Estrategia Europea del Empleo (1997) a través de la publicación de un Libro Blanco sobre políticas de juventud (2001) o en el Pacto para la Juventud (2005). Lo mísmo sucede en otras regiones del planeta. Así, los gobiernos Latinoamericanos, Español y Portugués acuerdan en el marco de la Organización Iberoamericana de Juventud (OIJ) firmar la Carta de los Derechos del Jóven (2007) y la Cumbre Iberoamericana de Santiago (Noviembre 2007) decide fijar para la próxima Cumbre a realizarse en 2008 en El Salvador, el tema "Juventud", como tema central de este encuentro de jefes de gobierno.

A manera de resúmen se puede afirmar, que algo esta pasando en el mundo en relación a las políticas dirigidas a los jóvenes. La conciencia de que hay que hacer mucho más en cada país se va generalizando día a día. A ello naturalmente contribuyen aspectos problemáticos altamente visibles como las bajas tasas de escolarización secundaria en algunos países; el abandono escolar temprano; los desfasajes existentes entre los sistemas educacionales y los requerimientos de calificación de unas economías modernas y post-modernas basadas en la información y el conocimiento, que no consiguen obtener del sistema educacional el "output" que esperan. A esto se unen la falta de sistemas de formación profesional de los jóvenes en muchas regiones y países, las altas tasas de desempleo juvenil y como correlato de todo ello, la falta de inclusión laboral y social y la marginalización de amplios sectores juveniles.

Tanto las protestas masivas de jóvenes en países tan diversos como Chile, México, Francia y Corea por nombrar algunos, así como las conductas de riesgo de los jóvenes, desde la delincuencia juvenil hasta el consumo de drogas, las reacciones racístas y violentas, parecen ser la manifestación visible de tales problemas. Si bién estos fenómenos se producen con diferente carácter e intensidad en países con distintos niveles de desarrollo, en todos constituyen un tema de preocupación social y política o un problema de extrema gravedad, que contribuye a deformar y reducir la imagen que la opinión pública se hace del grupo social joven (y por consecuencia también en los responsables políticos) a un "grupo-problema" o un grupo potencialmente a anómico y peligroso.

Por otra parte, las investigaciones realizadas sobre y la condición juvenil en la mayoría de los países demuestran, que los procesos de transición de los jóvenes a la vida adulta así como también su participación social y ciudadana, se han complejizado enormemente. Lo que lleva a concluir que los fenómenos de riesgo social, exclusión y marginalidad deben ser vistos de una manera mucho mas diferenciada, que el tratamiento que habitualmente reciben, tanto por parte de los tomadores de decisiones como por los medios de comunicación. Dichos resultados, además, evidencian que los fenómenos de exclusión tienden a ser mucho mas resistentes a los métodos, estrategias y programas de intervención que se intenta aplicar.

El presente libro tiene por objetivo el abordar crítica y reflexivamente estos fenómenos, asumiendo una perspectiva internacional e interdisciplinar. Se persigue impulsar una comunicación abierta y dialogica entre investigadores, tomadores de decisiones y técnicos en juventud, basada en el saber y en el conocimiento empírico de esta realidad. Las diferentes facetas de la realidad juvenil analizadas en este compendio, buscan además delinear la realidad juvenil en el mundo contemporáneo, de una manera integrada e integral que permita obtener una visión "holística" de lo que les esta sucediendo a los jóvenes en el contexto de sus respectivas realidades. Con ello, tanto los editores como autores de este volumen asocian la esperanza de haber hecho no solo una humilde contribución al conocimiento de la juventud en diferentes regiones, sino que además al desarrollo de nuevas políticas educacionales y sociales que consideren y partan de una visión diferenciada de la juventud.

El libro que aquí se presenta tiene como punto de partida la Conferencia Internacional sobre Políticas Nacionales de Juventud "Participación Juvenil, Gobierno y Ciudadanía Democrática" realizada en Viena a fines de 2006 y organizada por el Ministerio Federal de Salud, Familia y Juventud (BMGFJ) de la República de Austria, por encargo de la International Conference on National Youth Policies (ICNYP), una organización impulsada desde el sistema de Naciones Unidas. En el marco de dicha conferencia, que reúne por lo general a responsables políticos de juventud del mas alto nivel en cada país, así como a técnicos de juventud encargados de su implementación, se decidió, por primera vez, realizar un encuentro internacional de investigadores de juventud universitarios y extra-universitarios altamente reconocidos en sus respectivos contextos nacionales y regionales. Para lo cual se encargó al Instituto Alemán de la Juventud (Deutsches Jugendinstitut e. V.- DJI) de Munich, el asumir la responsabilidad académica de tal evento. A dicho encuentro concurrieron los expertos que han contribuido con sus artículos a configurar el presente volumen.

Vayan entonces aquí nuestros agradecimientos a todos aquellos que lo han hecho posible, comenzando por expresar nuestra profunda gratitud a los autores, que de manera creativa, desinteresada y comprometida, nos han hecho llegar textos de alto nivel académico y práctico, de acuerdo a los plazos y criterios que les fueron fijados. En segundo lugar, deseamos manifestar nuestros agradecimientos, al Ministerio Federal de Salud, Familia y Juventud (BMGFJ) de la República de Austria, así como al Deutsches Jugendinstitut (DJI) y a la Facultad Latinoamericana de Ciencias Sociales (FLACSO - Argentina), que han apoyado y hecho posible esta publicación (así como una versión en inglés, que saldrá paralelamente a la luz pública), no solo financieramente, sino que además invirtiendo en recursos humanos encargados de su producción. Queremos aquí también agradecer a los traductores de los textos quienes trabajaron a un intenso ritmo con los editores y a Agustina Corica quién colaboró activamente en la revisión final de los documentos traducidos.

Finalmente deseamos agradecer a Bill Angel ex Secretario General de ICNYP -altamente comprometido con el desarrollo e implementación de las políticas de juventud a nivel mundial- y a Elizabeth Ziegler -su correlato austríaco a nivel del BMGFJ-, el que nos hayan permitido participar como investigadores, en la Conferencia Internacional sobre Políticas Nacionales de Juventud de Viena, y de esta manera hayan también hecho posible la publicación de este libro.

René Bendit, Marina Hahn y Ana Miranda
Munich, Viena, Buenos Aires, marzo de 2008

Índice

Introducción:
Creciendo en un contexto de cambio y globalización
Rene Bendit, Marina Hahn y Ana Miranda 13

Parte 1
La transición entre la educación y el empleo
Johanna Wyn: Nuevos patrones de la transición de la juventud
en la educación en Australia 33
Andy Biggart, Andy Furlong and Fred Cartmel: Biografías de elección
y linealidad transicional: nueva conceptualización de las transiciones
de la juventud moderna 49
Kálmán Gábor: Educación, capacitación y empleo.
Experiencias de Hungría 73
Ana Miranda: La inserción laboral de los jóvenes en Argentina 85

Parte 2
**Potencialidades de la educación no formal. Aprendiendo a través
del voluntariado.**
Lynne Chisholm: Recontextualizando el aprendizaje en la segunda
modernidad 105
David M. Hansen: El aprendizaje en actividades organizadas
para la juventud en los Estados Unidos 127
Young- Kyoon Park: Voluntariado juvenil en Corea 141
Dina Krauskopf: Voluntariado, desarrollo juvenil y aprendizaje
informal 155

Parte 3
Patrones de vulnerabilidad y procesos sociales de inclusión/exclusión
José Antonio Pérez Islas: Entre la incertidumbre y el riesgo:
ser y no ser, esa es la cuestión… juvenil 175
Marc Molgat: Juventud y movilidad en Canadá: migración interna,
inmigración e implicaciones de políticas públicas 193
Ngan Pun Ngai y Chau-Kiu Cheng: Factores sub-culturales
subyacentes de la juventud marginal china participación en pandillas:
estudio comparativo 217

Parte 4

**Los jóvenes entre la participación política, la exclusión
y la instrumentalización**

Wolfgang Gaiser y Johann de Rijke: Participación política y social
de los jóvenes en Alemania 241

Jose Machado País: Jóvenes, ciudadanía y ocio 275

Oscar Dávila León: Participación juvenil en Chile:
¿nuevos movimientos en viejas estructuras analíticas?
El movimiento estudiantil secundario en escena................................ 299

Parte 5

Culturas juveniles y nuevas tecnologías

Manfred Zentner: Jóvenes, cultura y nuevas tecnologías 317

Sergio Balardini: De Deejays, Floggers y Ciberchabones:
subjetividades juveniles y tecnocultura 333

Parte 6

**Redes regionales de investigación, gobierno y política de juventud
supranacional. Síntesis y perspectivas futuras de investigación.**

Hanjo Schild: Política juvenil basada en la evidencia: estrategias
y redes 353

Eugenio Ravinet Muñoz: La participación de los jóvenes como aporte
a la gobernabilidad de los países 367

Rene Bendit: síntesis, conclusiones y perspectivas 375

Sobre los autores 385

Introducción
Creciendo en un contexto de cambio y globalización

René Bendit, Marina Hahn y Ana Miranda

Procesos de inclusion social y patrones de vulnerabilidad en un mundo global

En las sociedades post-modernas, la vida cotidiana está sujeta a cambios sociales acelerados en nuestros días. Las condiciones de vida, de trabajo y la idea misma de normalidad están en constante transformación. Estos procesos tienen enormes consecuencias para los jóvenes. Por ejemplo, en la mayoría de las regiones del mundo, instituciones tales como el pleno empleo, el Estado de bienestar, o el consumo de masas, (Marshall, 1950; Kohli, 1985; Böhnisch, 1994), forman parte de un pasado que los jóvenes de hoy nunca conocieron.

Las características centrales de las transformaciones en curso y de la "sociedades del conocimiento" están relacionadas con los procesos de flexibilización e individuación (Giddens, 1990; Toffler, 1991; Beck, 1992; Sennett, 1997; Bauman, 2000; 2001; 2002; Rodrigues, 2002). Al respecto, si bien la mayor parte de las personas continúan dependiendo de las instituciones, el proceso de individuación de las formas de vida ha implicado que la reproducción, sobre todo en las ciudades centrales de los países desarrollados, se desarrolle a través de decisiones cada vez más individuales.

Las decisiones de nivel individual, sin embargo, continúan aún atravesadas por la situación de clase, la educación, el grupo étnico y el género, factores que siguen siendo significativos en la distribución de oportunidades desiguales (lo cual es analizado en distintos artículos de la presente publicación). Por ejemplo, los jóvenes de mayor nivel socioeconómico pueden elegir trayectorias individuales acordes a sus propios intereses. Mientras que los jóvenes con menores recursos económicos tienden a desarrollar trayectorias *atípicas* y están restringidos a tomar decisiones adaptativas de modo de hacer frente a los procesos de exclusión o marginalización a los que se ven expuestos.

En este marco y como sostienen Biggart, Fulong y Cartmiel, la investigación sobre juventud ha demostrado que las transiciones de los jóvenes a la vida adulta se han vuelto mucho más prolongadas, complejas y desestandarizadas. Justamente, la transición entre la educación y el empleo y los procesos de autonomización de los jóvenes, que en las sociedades de post-guerra eran lineales y predecibles, se han vuelto más diferenciados y fragmentados. Es decir, se han transformado en trayectorias biografiadas, individualizadas. Se han vuelto reversibles y se desarrollan en un contexto de inseguridades, incertezas y de riesgos estructurales y subjetivos que son el resultado de la expansión de los procesos de vulnerabilidad y exclusión social.

Los estudios del campo de la *juvenología* han demostrado también que a nivel individual las transformaciones generan nuevas demandas. Las nuevas demandas obligan a los sujetos a tomar constantemente decisiones con resultados inciertos. Por ejemplo, los jóvenes deben estar preparados y resistir a la creciente competencia laboral (Lianos et al., 2002); reconciliar las fragmentadas esferas de la vida: familia, trabajo, amistades, educación, etc.; mantener el sentido de la coherencia en vidas fragmentadas (Antonovsky, 1987; Giddens, 1991; Keupp et al., 1999; Bauman, 2004). Los cambios exigen, además, una producción biográfica continua entre horizontes temporales distintos: pasado, presente y futuros, y entre fases de la vida que se van volviendo borrosas (Leccardi, 2003). Y finalmente, demandan la asunción de responsabilidades individuales en la carrera laboral a través del aprendizaje para toda la vida (Field, 2000) y en la seguridad social. De forma tal que, las nuevas demandas generadas por los procesos de globalización tienen un impacto significativo en la calidad de vida de las personas, especialmente por las incertidumbres e inseguridades y por la necesidad de conciliar necesidades contradictorias.

En la mayoría de las sociedades pueden observarse visiones duales y contradictorias respecto de los jóvenes y sus modos de vida. En algunos sectores se considera que los jóvenes son un agente de importancia en el desarrollo social y económico. Mientras que otros sectores los consideran como un "problema", grupo de riesgo o una población con tendencias a ser excluida de las oportunidades educativas, de formación, de bienestar y también de la ciudadanía y participación democrática. Estas visiones contradictorias ponen de manifiesto que, en nuestros días los procesos de integración, inclusión y exclusión social son muy complejos y muchas veces se vinculan entre sí.

En este contexto, ha quedado demostrado que sin estrategias políticas efectivas, relevantes y sin una intervención dirigida a la integración económica, social y cultural de los jóvenes, tales ambivalencias contribuirían a profundizar la desigualdad social. Y, como consecuencia de esto, puede esperarse un incremento de la des-organización social, la anomia, y de los comportamientos delictivos. Especialmente en áreas urbanas y grandes ciudades (como por ejemplo, los *banlieus* franceses) los problemas en la integración de los jóvenes han generado un enorme potencial de conflicto político y racial. Así como en otras áreas (mega-ciudades de África, Asia y América Latina), la desigualdad y la escasez de oportunidades generan un gran desaliento y fuertes movimientos migratorios de jóvenes hacia áreas más desarrolladas.

Los editores de este libro consideramos que los jóvenes son un actor de suma importancia en los cambios del presente y que a través de ellos se puede observar las principales tendencias sociales hacia el futuro. En otras palabras, que los jóvenes son uno de los actores más significativos frente a los procesos de cambio social, político y económico. Por ejemplo, como plantean W. Gaiser y J. de Rijke en este volumen, aun cuando la participación de los jóvenes en las estructuras políticas y las instituciones está disminuyendo se puede observar que en muchos países desempeñan un importante papel en los movimientos sociales destinados a la transformación y el cambio social. Razón por la cual, sostenemos que una perspectiva afirmativa de la juventud por parte de los adultos tiene consecuencias innegables en la provisión de oportunidades educativas, la formación, el bienestar social. Aportando a la preparación de los jóvenes para su contribución social y para su realización individual.

Por último, es necesario advertir que los cambios en las condiciones de vida de los individuos y las transformaciones en la transición de los jóvenes hacia la adultez vuelven necesaria la revisión de del concepto mismo de juventud, en dirección a nuevas aproximaciones metodológicas, tanto cuantitativas (longitudinales), como cualitativas. En virtud de lo cual, esperamos que la presente publicación signifique un aporte a la investigación de juventud, así como brinde herramientas prácticas, útiles para aquellos responsables de programas y políticas que promuevan una mayor integración social, política, económica y cultural de los jóvenes.

Objetivos generales y cuestiones temáticas

El objetivo general del presente volumen es analizar el alcance de las tendencias contradictorias que anteriormente fueron mencionadas y sus implicancias en el desarrollo biográfico y la integración social de los jóvenes en distintos países y regiones del mundo. Así como, estudiar el rol que los jóvenes en sí mismos pueden interpretar en el futuro, ya sea como actores sociales constructivos o como grupo problemático parcialmente excluido incapaz de enfrentar los desafíos de un mundo que cambia de modo permanente.

Por lo tanto, el objetivo general del presente libro es, a su vez, ofrecer una perspectiva de la vida de los jóvenes y de los desafíos que enfrentan al crecer en la actualidad, en cinco regiones del mundo diferentes: Australia, Asia, Europa, Latinoamérica y América del Norte. Con esta finalidad fueron re-elaborados y agrupados los aportes que se presentaron en la Reunión Internacional de Investigadores de Juventud *Partición Juvenil, Gobierno y Ciudadanía Democrática*, que se llevó a cabo en la Ciudad de Viena del 11 al 14 de diciembre de 2006 en el contexto de la Conferencia organizada por el Consejo Internacional sobre Política Nacional de la Juventud (ICNYP). Dichos aportes fueron agrupados conforme a las preguntas y cuestiones temáticas que se exponen a continuación:

- ¿Cuál es el estatus de la juventud y el rol de las políticas juveniles en el marco de los procesos de globalización?
- ¿En qué medida puede considerarse a la juventud como un recurso social en un contexto global y el rol de la educación formal, calificaciones y empleo al respecto? ¿Pueden anticiparse los reclamos futuros respecto de la educación y la capacitación en un contexto global? ¿Cuál sería una perspectiva juvenil en políticas de mercado laboral activo?
- ¿Cuáles son las potencialidades del aprendizaje no-formal e informal en las transiciones de los jóvenes al mercado laboral? y
- ¿Cuál puede ser el rol e importancia de aprender y capacitarse para el trabajo mediante servicio voluntario?
- ¿Cuáles son los nexos específicos existentes entre las transiciones, patrones de vulnerabilidad y procesos de inclusión/exclusión social de los jóvenes en sociedades desiguales? ¿En qué medida la cohesión social en diferentes sociedades está en peligro?

■ ¿Cúales son las opciones de participación que se le abren a los jóvenes entre participación política, exclusión e instrumentalización?

■ ¿Cuáles son los nexos específicos entre culturas juveniles, nueva tecnología y ciudadanía democrática? ¿Qué imágenes de las relaciones sociales del mundo real se expresan a través de las culturas juveniles y aptitudes comunicacionales de los jóvenes?

■ ¿Cuáles serían/podrían ser los nexos entre las redes de política internacional juvenil y la investigación juvenil? En otras palabras, el papel del gobierno y las redes.

De forma tal que académicos especializados en temas de juventud que trabajan y viven en diferentes regiones del mundo debaten y analizan dichas preguntas por separado en secciones y capítulos del presente volumen. En este sentido, los casos a nivel nacional son considerados "prototípicos" para las diferentes situaciones en las cuales los jóvenes se confrontan con sus sociedades. Asimismo, junto con el presente enfoque, se pidió a los autores que se centren en aquellos desarrollos considerados de interés particular para la investigación sobre juventud en sus países con el fin de brindar una descripción apropiada de la situación de los jóvenes en cada de las regiones aquí representadas.

Para facilitar su trabajo, los editores suministraron una serie de preguntas adicionales que podrían ser utilizadas a modo de "indicadores" por los autores para elaborar sus propios aportes. Por ejemplo:

■ ¿De qué modo los procesos de modernización política y económica influyen las condiciones de vida, las oportunidades educativas y del mercado laboral, así como también la conciencia de los jóvenes en cada región/sociedad?

■ ¿Qué problemas y conflictos sociales emergen en la actualidad o emergerán de aquellos procesos en los diferentes "casos"?

■ ¿Qué nuevos modos (transnacionales) de formaciones de identidad surgen en las diferentes regiones del mundo y en los diferentes contextos de modernización tecnológica y social?, ¿y de qué modo tales identidades nuevas están ligadas a otras más tradicionales, regionales y locales?

■ ¿Qué nuevos desafíos e impulsos para políticas juveniles nacionales y transnacionales ya se desarrollan de las tendencias descriptas?

■ ¿De qué modo tales políticas pueden desarrollarse en consideración al equilibrio necesario entre los requerimientos impuestos por la globalización y el respeto por las tradiciones locales y regionales?

Estas preguntas contribuyen a configurar el marco temático que orienta la coproducción de conocimientos sobre juventud y políticas juveniles tratados en este libro. Razón por la cual, esperamos que sus resultados sean útiles no sólo a los participantes de la Conferencia de Viena, sino también a otros colegas que emprendan investigaciones comparativas nacionales y transnacionales. Así como a tomadores de decisiones, integrantes de organizaciones de juventud y organizaciones de la sociedad civil.

Estructura de la publicación

Este volumen presenta un enfoque multidimensional respecto de las preguntas anteriormente mencionadas con la intención, al inicio, de clarificar las diferentes implicancias de la "globalización", que resulta ser el concepto clave de las hipótesis principales postuladas en el presente libro. Es decir que, los jóvenes en la actualidad en todo el mundo crecen rodeados de situaciones de la vida contradictorias determinadas tanto por factores globales como por factores locales. Desarrolladas las reflexiones iniciales en la introducción, Bendit, Hahn y Miranda ofrecen un marco teórico general para comprender la situación de los jóvenes en el contexto de la globalización, del cambio y la modernización social. Tal como puede observarse en la breve descripción de lo diversos aportes que cierran la presente parte introductoria, los restantes capítulos de este libro describen, analizan e interpretan el "rompecabezas de la juventud" y en particular los distintos impactos que la globalización y los procesos de modernización social tienen sobre las diversas esferas de vida de los jóvenes.

En la primera y segunda parte del libro se abordan las transiciones de los jóvenes de la educación al trabajo, así como también los procesos de aprendizaje en el contexto de los servicios voluntarios. El amplio espectro de aportes en estos dos apartados comprende los diferentes enfoques teóricos y resultados empíricos que arrojan las investigaciones sobre juventud en diversos países.

Johanna Wyn, del Centro de Investigación sobre Juventud de la Universidad de Melbourne, Australia, enfoca su análisis sobre nuevos *"Patrones de transición juvenil en la educación de los jóvenes en Australia"*. Los jóvenes australianos que alcanzaron la mayoría de edad durante la década del '90 enfrentaron un conjunto particular de condiciones sociales y económicas que moldearon sus identidades y patrones de vida. Pueden verse como una vanguardia de 'la generación post 1970 que dio forma a una 'nueva adultez'. Nuevos patrones de transición resultan evidentes dado que la presente generación desarrolla prioridades y enfoques distintivos. Este debate se centra sobre pruebas respecto de la relación cambiante de los jóvenes con la educación y el empleo, en la cual la educación ha adquirido mayor importancia para los procesos de transición y, al mismo tiempo, mayor marginalidad al determinar resultados. Una cuestión clave resulta ser el alcance con el que los grupos sociales, en su totalidad, son capaces de utilizar las oportunidades educativas. Para finalizar, la autora manifiesta que las políticas y programas fueron lentos para responder al cambio social y que con el fin de satisfacer las necesidades de los jóvenes, se necesitan nuevos enfoques educativos para reflejar el rol cambiante de la educación en la vida de los jóvenes en la sociedad post-industrial y culturalmente diversa de Australia.

Andy Biggart, Andy Furlong y Fred Cartmel (Universidad de Ulster, y Universidad de Glasgow- Departamento de Sociología y Escuela de Negocios y Management, respectivamente) exponen en su trabajo *Biografías de Elección y Linealidad Transicional: Re-conceptualzación de la Juventud Moderna* que las transiciones de los jóvenes se tornaron más prolongadas y complejas y que arrojaron como resultado una vulnerabilidad mayor a la marginalización y exclusión. Los caminos que los jóvenes toman entre la escuela y el trabajo, que una vez se consideraron lineales y predecibles, fueron reemplazados por un conjunto de movimientos que resultan ser más fragmentados. Con la ampliación de la franja de tiempo y edad que los jóvenes toman para 'completar' sus transiciones, se ha tornado cada vez más necesario para la investigación utilizar los enfoques longitudinales. Sin embargo, con frecuencia resulta difícil acceder a información longitudinal adecuada que comprenda la franja de edad y detalle para evaluar en forma empírica muchas de estas nuevas hipótesis.

Mediante el uso de una base de datos longitudinal única de Escocia del Oeste, el análisis que Biggart *–et al–* presentó, intenta capturar el grado de complejidad característico de las transiciones modernas en Escocia y explorar las implicancias que esto tiene para los patrones de integración en el mercado laboral. Al hacerlo, manifiesta que en los años recientes existe entre los investigadores una tendencia general a exagerar los procesos de de-linealización y a considerar la complejidad transicional como sintomática de 'biografías de elección' que pueden ayudar a enmascarar estructuras de desventaja y desigualdad social.

Ana Miranda, de la Facultad Latinoamericana de Ciencias Sociales (FLACSO, Argentina), expone los resultados de su investigación sobre *Integración de los Jóvenes en el Mercado Laboral* en este país. Además de describir la situación laboral actual de la juventud argentina, analiza las transformaciones experimentadas durante los diferentes periodos socioeconómicos del siglo veinte. Por un lado, ella busca explicar cómo la integración de los jóvenes en el trabajo se ha postergado hasta adquirir una edad más avanzada; por otro lado, explora los efectos sobre el empleo de los jóvenes causados por las reformas estructurales de la década del '90 y la crisis económica de 2001. Sus argumentos centrales revelan que los procesos de polarización social, que fueron inducidos por las reformas económicas neo-liberales, produjeron las consecuencias más severas para los jóvenes con ingresos más bajos, en especial para las mujeres jóvenes. Esta generación de jóvenes argentinos experimentó periodos de desempleo prolongados debido a la escasez de oportunidades laborales. El caso particular de la Argentina representa un paradigma modelo de las tendencias generales de empleo juvenil en el cono sur de la región latinoamericana.

El trabajo de Kálman Gábor (Instituto para la Investigación de la educación superior de Hungría) sobre *Educación, capacitación y empleo. Experiencias de Hungría* se centra en dos preguntas principales: (a) ¿de qué modo puede describirse la transición de los jóvenes húngaros de la educación al sistema del mercado laboral en el contexto de las transformaciones experimentadas por el sistema educativo y, en especial, con referencia a la expansión de la educación secundaria y terciaria?, y (b) ¿en qué modo las oportunidades de los jóvenes húngaros cambiaron en este nuevo contexto? El presente capítulo, a su vez, investiga las desigualdades causadas por nacimiento, lugar de residencia e identidad étnica, que no dejaron de existir tras la expansión del sistema educativo en la etapa post-comunista.

La segunda parte del libro trata sobre las potencialidades del aprendizaje no formal en las transiciones de los jóvenes al mercado laboral y sobre las formas de aprendizaje informal en el contexto de servicios voluntarios para jóvenes.

En su aporte sobre *Re-contextualización del aprendizaje en la segunda modernidad*, Lynne Chisholm (Universidad de Innsbruck, Austria) debate el "re-descubrimiento de la continuación del aprendizaje" y sus implicancias en el aprendizaje a lo ancho y largo de la vida. Junto con la reconstrucción social del curso de la vida y el modo en que la juventud se encuentra posicionada dentro de este marco, la continuidad del aprendizaje plantea preguntas desafiantes a nivel teórico y empírico para la investigación educativa y la juventud.

David M. Hansen (Universidad de Kansas, Estados Unidos), en su texto *El aprendizaje en actividades organizadas para la juventud en los Estados Unidos*, analiza la variedad de actividades organizadas para los jóvenes, así como también, las experiencias de desarrollo de adolescentes en estas actividades en Estados Unidos. Las investigaciones científicas sobre estos temas han señalado que la participación de adolescentes en actividades organizadas para jóvenes, incluidas actividades basadas en la comunidad y extracurriculares, se encuentra positivamente relacionada con resultados generales tales como participación cívica, logro académico y ajustes de conducta. Este nexo entre la participación y los resultados positivos se supone que es el resultado de los procesos de desarrollo que tienen lugar dentro de las actividades (Mahoney *et al*, 2005; NRC, 2002). No obstante, se dedicó poca atención a la investigación para delinear procesos de desarrollo específico dentro de las actividades juveniles o para evaluar cómo estos procesos difieren de modo sistemático en el rango de actividades en las que paticipan adolescentes. En este capítulo, Hansen informa sobre resultados propios de una investigación basada en un estudio realizado con un grupo representativo de adolescentes de undécimo grado sobre patrones de experiencias de desarrollo en actividades organizadas para jóvenes.

Young-Kyoon Park (Instituto Corea para el Desarrollo de la Juventud, Seúl), se centra en los modos de participación de los jóvenes en servicios voluntarios en su país. En su aporte sobre: *Voluntariado Juvenil en Corea*, el autor brinda una perspectiva general sobre la introducción, el desarrollo y la importancia real de los servicios voluntarios y el voluntariado en Corea, así como también datos referentes a la participación de los jóvenes en éstos.

Dina Krauskopf (Universidad de San José, Costa Rica) complementa y brinda un cierre al presente capítulo del libro con un análisis de la relación existente entre *Voluntariado, Desarrollo Juvenil y Aprendizaje Informal*. El presente capítulo comienza con un análisis de determinadas características de la juventud contemporánea que resultan ser relevantes para considerar a los jóvenes como sujetos para la acción, en contraposición con una visión instrumentalizadora y objetivante de los jóvenes. Tales acciones comprenden el servicio voluntario. Más adelante revisa las diversas formas de servicio voluntario y sus diferentes aportes al desarrollo de la juventud, donde se resaltan los tipos de servicio y la importancia de las experiencias de aprendizaje informal. El aporte finaliza con la revisión de determinadas políticas y estrategias requeridas para intensificar los servicios voluntarios en los que los jóvenes desearían comprometerse.

En el tercer apartado de este volumen se discuten determinados patrones de vulnerabilidad así como procesos de exclusión/inclusión social a la que están expuestos algunos grupos de jóvenes en diferentes regiones del mundo. Con este fin se han seleccionado dos casos nacionales muy distintos para ser analizados con más detalle.

José Antonio Pérez Islas, antiguo director del Observatorio de Juventud (perteneciente al Instituto Mexicano de la Juventud) y actualmente investigador de la Universidad Autónoma de México (UNAM), analiza en su artículo *Entre la incertidumbre y el riesgo: ser y no ser, esa es la cuestión... juvenil* la situación ambivalente y problemática de muchos jóvenes en América Latina. De acuerdo con este autor, los países de la región en general, y de México en particular, están pasando por procesos de cambios económicos, políticos y sociales muy acelerados. Sin embargo, la superación de estructuras y estilos autoritarios no necesariamente ha implicado un tránsito hacia una sociedad más abierta y democrática; el peso de lo tradicional sigue persistiendo, lo que hace necesario, sobre todo para las nuevas generaciones, el encontrar formas intermedias para lograr ciertas aperturas que se insertan en un espacio marcado por la "informalidad", no sólo en los ámbitos laborales (donde ya es común), sino en todo tipo de relaciones de los jóvenes con las instituciones, particularmente con las directamente vinculadas con los procesos de socialización. El texto busca mostrar estas nuevas trayectorias juveniles utilizando como base la segunda Encuesta Nacional de Juventud, aplicada entre 2005 y 2006 en todo el país.

Marc Molgat, profesor adjunto de la Universidad de Ottawa (Canadá), analiza el problema de la vulnerabilidad e inserción social juvenil centrándose especialmente en los problemas de integración de inmigrantes jóvenes en este país. En su artículo *Juventud y movilidad en Canadá: Migración interna, inmigración e implicaciones de políticas públicas*, señala que las migraciones (las internas) se han transformado en una parte intrínseca de la transición a la adultez de muchos jóvenes que viven en Canadá. A pesar de la creciente preocupación por la "juventud velcro" (aquellos que viven más tiempo en los hogares paternos), la cantidad de jóvenes que parten de los hogares paternos en su adolescencia avanzada y comienzos de sus veinte años aún representa una cifra elevada. Los datos muestran que estos jóvenes no sólo deben enfrentar ciertas ambivalencias ("quedarse o partir"), sino también los desafíos complicados de integración en sus nuevos ambientes.

Ngan-Pun Ngai y Chau-Kiu Cheung, del Departamento de Estudios Sociales Aplicados de la Ciudad Universitaria de Hong Kong, analizan en un estudio comparativo los *Factores Sub-culturales Subyacentes de la Juventud Marginal China. Participación en Pandillas*. Conforme los datos arrojados en una encuesta que los autores realizaron a 825 jóvenes marginales por las ciudades de Hong Kong, Guangzhou y Shanghai, diversos factores sub-culturales al parecer tienen un papel importante en la participación en pandillas en estas tres ciudades chinas. Asimismo, diferentes elementos sub-culturales muestran efectos diferenciales con relación a la participación en pandillas esperada de la juventud marginal. El patrón de las relaciones entre los factores sub-culturales y la participación en pandillas revela una sub-cultura predatoria en pandillas en Hong Kong, una sub-cultura hedonista en pandillas en Guangzhou y una sub-cultura instrumental en pandillas en Shanghai. Particularmente, las pandillas en Hong Kong muestran una sub-cultura predatoria caracterizada por el antagonismo y la masculinidad; las pandillas en Guangzhou revelan una sub-cultura hedonista caracterizada por el bajo auto-control y la temprana edad de sus miembros y las pandillas en Shanghai muestran una sub-cultura instrumental caracterizada por un alto nivel de auto-control y educación. En la totalidad de los casos, la creencia moral representa un factor de control social que impide o inhibe en forma parcial la actividad en pandillas por parte de la juventud marginal.

El apartado cuatro se centra en la relación de los jóvenes con los aspectos sociales tales como *Participación política; ciudadanía y esparcimiento; exclusión e instrumentaización*. Cuatro aportes diferentes enfocados siempre en uno de estos temas centrales del capítulo, tienen como objetivo el mostrar un panorama más o menos detallado de la dimensión de la vida asociativa de los jóvenes en el mundo globalizado actual. Interesantes convergencias entre diversos países y regiones pueden reconocerse de la lectura de cruce cultural y transnacional de estos aportes.

Wolfgang Gaiser y Johann de Rijke, investigadores senior en el Instituto Alemán de la Juventud en Munich (Deutsches Jugendinstitut e.V (DJI), debaten los datos sobre la *Participación política y social de los jóvenes en Alemania*, resultantes de la Encuesta Juvenil DJI, estudio replicativo llevado a cabo cada tres años sobre la base de un muy amplio grupo representativo de jóvenes.

Los autores muestran que las etiquetas, utilizadas normalmente para caracterizar la participación política de los jóvenes, tales como "impaciencia con la política"; "desgaste respecto del compromiso político" e "individualización" constituyen más o menos simplificaciones de una situación mucho más diferenciada. Análisis empíricos muestran un panorama bastante más complejo. El anhelo básico de involucrarse políticamente y de expresar la opinión política propia resulta ser aparente. En efecto, muchos jóvenes emplean numerosas y variadas oportunidades para expresarse ellos mismos políticamente, pero esto generalmente comprende sólo actividades ocasionales. No sorprende que la participación en asociaciones tradicionales en parte sea menor. Por otro lado, la afinidad hacia movimientos sociales nuevos y el compromiso en ellos resultan ser bastante coherentes. Los patrones de participación defieren de acuerdo con el género, el nivel de educación y el lugar de origen de los jóvenes (estados federales de la ex República Federal o ex República Democrática Alemana). Éstos constituyen algunos de los resultados clave del seguimiento de encuestas juveniles realizado por el Instituto Alemán de Juventud.

José Machado Pais, del Instituto de Ciencias Sociales (ICS) de la Universidad de Lisboa, seleccionó otra perspectiva para debatir y analizar el tema de la participación. Él se concentra en la relación existente entre: *Jóvenes, Ciudadanía y Ocio*. De este modo, ofrece el tema de la participación de modo próximo al tema de las actividades y productividades culturales de los jóvenes, una esfera en la que la participación de los jóvenes es más desarrollada. Conforme el autor, el concepto de "ciudadanía" se presta así mismo a controversia sociológica. Por ejemplo, ¿de qué modo pueden los derechos universales estar al lado de derechos de segmentos de la población tales como jóvenes que abarcan estilos de vida que convocan a la pluralidad, diferencia, identidad e individualidad? En vista a algunas de las manifestaciones de la cultura joven, él debate el significado sociológico de un estilo de ciudadanía fluido y enfático formado por trayectividades, donde el deseo de participación, protagonismo y evasión puede estar relacionado con formas de esparcimiento que conllevan en su despertar modos latentes de alienación o emancipación.

Oscar Dávila León, del Centro de Estudios Sociales (CIDPA) Valparaíso – Chile, expone sobre las formas de participación de los jóvenes en el contexto del movimiento de estudiantes de escuelas secundarias. En su aporte sobre *Participación juvenil en Chile: ¿nuevos movimientos en viejas estructuras analíticas? El movimiento estudiantil secundario en escena*, el autor analiza de modo crítico la relación existente entre las expectativas sociales sobre la participación de los jóvenes y los canales que se les brindaron para hacerlo. En la actualidad, existen marcadas tensiones donde parece que las estructuras e interpretaciones socio-políticas tradicionales que se hacen respecto de la "participación" de los jóvenes atraviesan un momento de revisión y prolongación de sus contornos analíticos. Estas tensiones conceptuales se vuelven visibles al momento en que se las confronta con nuevas formas de participación social y cultural de los jóvenes, en cierto modo muy diferentes a las estructuras formales tradicionales o antiguas de participación conocidas en el pasado, en las cuales la perspectiva socio-política prevaleció y donde la esfera y espacio de la "política" pudo canalizar y procesar los reclamos de los actores sociales institucionalizados. El autor revisa las dimensiones de participación juvenil, en especial, en el caso de movimientos de estudiantes de nivel secundario en Chile cerca del año 2006. Este nuevo movimiento social crece y brinda visibilidad a las contradicciones en el orden social chileno, específicamente acerca de las desigualdades y disparidades a nivel educativo y asistencia social en la actualidad. Esto también permite comprender y concebir el modo en que los primeros movimientos chilenos ligados a la recuperación democrática desde 1990 hasta el momento fueron "manejados" por la política.

La parte cinco está dedicada a otro aspecto relevante de la vida de los jóvenes en el contexto de la globalización: Culturas Juveniles y Nueva Tecnología. Manfred Zentner, investigador *senior* y jefe del departamento de capacitación de "Jugendkultur.at" en Viena, Austria, señala en su aporte sobre *Jóvenes, cultura y nueva tecnología* la importancia de las culturas juveniles modernas y post-modernas. En su análisis, los jóvenes en la actualidad "viven" en culturas juveniles que les brindan el marco de la vida cotidiana y tienen una mayor aceptación en la sociedad en comparación con las sub-culturas o contraculturas anteriores. Mientras que estas formas de agruparse en el pasado por parte de los jóvenes significaron medios de protesta contra la sociedad, en la actualidad no existe forma de objeción alguna. El concepto de contracultura resulta más discutible desde que implica una cultura principal común en la sociedad. En el mundo post-moderno los adultos también pueden elegir sus estilos de vida. Por lo tanto, "la" cultura principal, la única cultura adulta hegemónica, ya no existe en las sociedades occidentales, pero muchas culturas diferentes con más o menos valores similares al mismo tiempo se encuentran presentes. Con esto, el concepto de contracultura perdió su significado. Por otro lado, las sub-culturas, es decir, culturas que normalmente no reciben aceptación y que, por lo tanto, de algún modo se encuentran debajo de la superficie, debido a diversas razones aún existen. Pero en términos generales, las sociedades modernas y post-modernas se tornaron más tolerantes: aceptan casi todo, integran casi todo en la cultura cotidiana de tal modo que resulta difícil notarlo. De este modo, el hecho de formar parte de una cultura juvenil en la actualidad, ya no se percibe como modo de protesta contra la sociedad adulta, sino como el hecho de formar parte de una sociedad paralela.

Sergio Balardini, investigador de la FLACSO Argentina y responsable del programa de política juvenil en la Fundación Friedrich Ebert en Buenos Aires, centra su análisis en las culturas juveniles modernas y post-modernas. En su artículo *De Deejays, Floggers y Ciberchabones. Subjetividades Juveniles y Culturas Tecno*, el autor analiza formas innovadoras de sociabilidad, señalando que los adolescentes dicen que tener un teléfono celular es como tener zapatillas, que el teléfono celular "no lo usan para hablar". Intercambian tonos de timbre (*ring tones*) y personalizan la experiencia. Abren registros de fotos (*photo logs*) y niegan el vacío entre lo que resulta público y aquello privado. Los niños y adolescentes (nativos digitales) encuentran una nueva área de independencia en los mundos virtuales que difieren de aquellos de los adultos (inmigrantes digitales). ¿Qué tecnología utilizan? ¿Cómo la utilizan? ¿Para qué la utilizan? ¿Dónde la utilizan? Éste es un viaje a las prácticas de adolescentes y jóvenes, diferentes sectores sociales y diversas ciudades argentinas pero que también sería posible en muchos otros países y regiones.

El apartado seis sobre *Gobierno y Política Juvenil Supra-Nacional* fue diseñado como un capítulo de política de cruce cultural en el que los creadores de la política y responsables de la política juvenil internacional y co-operación de investigación juvenil informan sobre sus propios conceptos y experiencias. Hanjo Schild, del Consejo de Europa y Coordinador del Programa de Sociedad Juvenil entre la Comisión Europea y el Consejo de Europa, analiza en su artículo sobre *Política Juvenil Europea basada en Pruebas – Estrategias y Redes* disposiciones y experiencias del Consejo de Europa y Programa de Sociedad Juvenil de la UE sobre Política Juvenil Europea.

Esta perspectiva europea tiene su contraparte latinoamericana, por ejemplo, en el aporte de Eugenio Ravinet Muñoz sobre *La importancia de la Investigación Juvenil y Observatorios de Jóvenes para Políticas Juveniles en Iberoamérica*. En su artículo, el autor (Secretario General de la Organización Iberoamericana de la juventud OIJ) trata algunas cuestiones de política relevantes tales como: ¿Cuándo los jóvenes se convierten en el "objeto" del debate y análisis por parte de las instituciones públicas? ¿Cuándo la sociedad comienza a prestar más atención a este segmento de la sociedad? ¿Cuáles son las razones que hacen que el mundo académico y científico comience a desarrollar, con mayor frecuencia, estudios y trabajos de investigación sobre la juventud? Y, ¿de qué modo puede mejorarse la relación entre científicos, creadores de las políticas y responsables del trabajo juvenil? Al responder estas preguntas, llega a la conclusión de que el nexo entre la política juvenil y la investigación en Latinoamérica está intensamente determinado por una doble percepción: "La Juventud como un Problema" o "la Juventud como una Oportunidad." Cuando se ve a la juventud y a los jóvenes como un problema, resulta evidente que la investigación se vinculará y se verá influenciada por la percepción negativa y, con frecuencia, errónea que la sociedad tiene respecto de los jóvenes. Con expresiones tales como: "conducta perjudicial", "conflicto", "apatía política", "deserción escolar", "desempleo masivo", "conducta riesgosa" (entre otras), aún relacionadas con la juventud en la actualidad, también los temas de investigación juvenil se tornaron intensamente delimitados al diagnóstico de la "esfera de problemas" de los jóvenes. En realidad, si se observan los diferentes estudios que se realizaron sobre el tema "juventud" en la región iberoamericana, se puede ver que resulta una tarea muy difícil despegar el término "juventud" de términos negativos tales como "desempleo", "violencia", "conflictos", "apatía política", etc. Con ello desafortunadamente, con frecuencia también se lo vincula al término "problema", y se olvida que el hecho de ser joven constituye también una oportunidad. Para la OIJ, ser joven representa una oportunidad, una oportunidad de cambiar y transformar nuestras sociedades. Los jóvenes son el impulso que las sociedades necesitan para alcanzar el desarrollo. "Desarrollo", tal como se hace referencia al término en las Metas de Desarrollo del Milenio, a su vez, debería constituir un concepto clave para futuras políticas y cooperación de investigación juveniles.

El volumen finaliza con una *Síntesis, Conclusiones y Perspectivas* de trabajos futuros de René Bendit, acerca de los debates de la reunión de Viena en el contexto de la Conferencia ICNYP, así como de las tesis y conclusiones postuladas por los autores de este volumen. Estas conclusiones y perspectivas se refieren tanto a cuestiones abiertas y preguntas para investigaciones futuras en el sector de la juventud, así como también a nuevos impulsos para redes transnacionales y de cruce cultural y cooperación entre investigadores sobre juventud y responsables políticos a niveles nacional y supranacional.

Finalizando, es nuestro interés volver a destacar que el objetivo de los editores no está solo relacionado con la difusión del conocimiento científico sobre juventud en un mundo cada vez más globalizado, sino también está vinculado a estimular la conciencia crítica de todos los actores involucrados en el área (políticas de bienestar, empleo, de salud y educativas) sobre las necesidades, intereses, reclamos y subjetividades específicas de los jóvenes, sobre sus potencialidades y aptitudes, sobre sus propios estilos de vida y actividades culturales. De forma tal que con el presente libro, esperamos ser capaces de acercarnos a un diálogo productivo entre todos los interesados en mejorar la situación de la juventud y, con eso, brindar, tanto a los jóvenes como a nuestras sociedades, un futuro mejor.

Referencias bibliográficas

Antonovsky, A. (1987): *Unraveling the Mystery of Health*, San Francisco: Jossey-Bass.

Bauman, Zigmund (2000): *Liquid Modernity*, Cambridge: Polity Press.

Baumann, Z. & Vecci, B. (2004): *Identity: Conversations with Benedetto Vecci*. Cambriche, Polit. Press

Beck, Ulrich (1992): *Risk society: Towards a new modernity*, London: Sage Publications.

Beck, Ulrich. (2000): *The Brave New World of Work*, Cambridge: Polity Press.

Beck, U. (1996) *The Reinvention of Politics: Rethinking Modernity in the Global Social Order*, Cambridge: Polity Press.

Beck, U. and Bonß, W. (2001) *Modernisierung moderner Gesellschaften*. Frankfurt am Main: Suhrkamp.

Biggart, Andy Furlong, Andy & Cartmel, Fred (2006): "Biografías de elección y linealidad transicional: nueva conceptualización de las transiciones de la juventud moderna" (2008). **In:** R. Bendit, Marina Hahn and Ana Miranda (editores): *Los jóvenes y el futuro: procesos de inclusión social y patrones de vulnerabilidad en el mundo global*, Prometeo, Buenos Aires.

Blossfeld, Hans Peter/Klijzing, Erik/Mills, Melina & Kurz, Karin (2005): *Globalization, Uncertainty and Youth in Society*. GLOBALIFE. Life Courses in the Globalization Process. London and New York.

Böhnisch, Lothar (1994): *Gespaltene Normalität. Lebensbewältigung und Sozialpädagogik and den Grenzen der Wohlfahrtsgesellschaft*, Weinheim and Munich: Juventa.

Castel, R. (1995) *Les metamorphoses de la question social. Une chronique du salariat*, Paris: Fayard

Field (2000): *Lifelong learning and the new educational order. Stoke on Trent (UK)*; Stirling (USA): Trentham Books

Field, J. (1998): "Globalization, social capital and lifelong learning: connections for our time?". In: A. Brown, J. Field and E. Kurantowicz (eds.). *Adult education and democraticitizenship* II, Krakaow: Impuls.

Furlong, Andy. and Cartmel, Fred. (1997): *Young People and Social Change*, Buckingham and Philadelphia: Open University Press.

Giddens, A. (1984): *The constitution of Society*, Cambridge: Polity Press.

Giddens, A. (1990): Consequences of Modernity, Stanford Calif.: Stanford Univ. Press.

Keupp, H. et al. (1999): *Identitätskonstruktionen. Das Patchwork der Identitäten in der Spätmoderne*.

Leccardi, C. (1996): *Futuro breve. Le giovani donne e il futuro*, Torino: Rosenberg & Sellier.

López Blasco, A., McNeish, W. and Walther, A. (eds.) (2003) *Young people and contradictions of inclusion: Towards Integrated Transition Policies in Europe*, Bristol: Policy Press

Llianos, M., Bozatzis, N., Dobre M. and Vicsek, L. (2002): *Uncertainty ad Insecurity in Europe.*

Final Report. http://improving-ser.jrc.it/default

Mahoney, J., Larson, R., Eccles, J., & Lord, H. (2005): "Organized activities as developmental contexts for children and adolescents". In J. Mahoney, R. Larson, & J. Eccles (Eds.), *Organized activities as contexts of development: Extracurricular activities, after-school, and community programs*, Mahwah, NJ: Lawrence Erlbaum.

Marshall, T. H. (1950) *Class, citizenship and social development,* Chicago: The University of Chicago Press.

Marshall, V.W., Heinz, W.R., Krueger, H. and Verma, A. (eds.) (2002) *Restructuring Work and the Life Course,* Toronto: University of Toronto Press.

National Research Council & Institute of Medicine (NRC-)(2002): *Community programs to promote youth development.* Washington, DC: National Academy Press.

Rodrigues, M.J. (ed.) (2002): *The New Knowledge Economy in Europe. A Strategy for International Competitiveness and Social Cohesion*, Cheltenham: Edward Elgar.

Sennett, R. (1998): *The Corrosion of Character*, New York: Norton.

Toffler, A. (1991): *Power shift. Knowledge, wealth and violence at the edge of the 21st. Century,* New York, NY: Bantam Books.

PARTE 1

La transición entre educación y empleo

Nuevos patrones de la transición de la juventud en la educación en Australia[1]

Johanna Wyn

Introducción

Este capítulo se centra en el contexto de vida específico de jóvenes australianos que forjaron sus transiciones con los cambios educativos y económicos de los noventa como marco contextual. El capítulo se basa en particular sobre los resultados del programa 'Life-Patterns' (Patrones de Vida). Dicho programa es un estudio longitudinal de cohorte de jóvenes australianos en el estado de Victoria que terminaron la escuela secundaria en 1991, a la edad de 17 ó 18 años (Dwyer & Wyn 2001). Se argumenta que esta cohorte representa la vanguardia de su generación pues estaban ellos al frente de la ola de cambios que tiene todavía un efecto perdurable en la manera que los jóvenes australianos utilizan la educación y ven el empleo. Fueron la primera generación de jóvenes en Australia para quienes se convirtió en una experiencia mayoritaria, continuar los estudios bien adentrados en sus veinte. En los años noventa, por primera vez en la historia de la educación del país, fueron minoría aquellos que no completaron su escolaridad hasta el último año de la escuela secundaria. Para el último año de su escolaridad, la tasa de retención aparente alcanzó un 77%, tasa que se duplicó en el término de una década.[2]

---

1 Este capítulo se basa sobre datos reunidos en el programa de investigación 'Life-Patterns' del 'Youth Research Centre'. Este programa fue iniciado en 1992 por Peter Dwyer y financiado por el 'Australian National Training Authority' (1996 y 1998) y el 'Australian Research Council (1998-2000, 2002-2004 y 2005-2009). El capítulo se basa sobre investigaciones publicadas que fueron co-escritos por Peter Dwyer, Graeme Smith, Helen Stokes, Debra Tyler, Dan Woodman y Johanna Wyn. Hernán Cuervo realizó la traducción del inglés al castellano.

2 La escuela primaria en el estado de Victoria comienza en el año o grado Preparatorio y finaliza en el año o grado 6 (Preparatory Year - Year 6), mientras que la escuela secundaria se extiende del año 0 grado 7 al 12 (Year 7 - 12).

A comienzos de los noventa, la recesión económica en Australia aumentó la presión en los jóvenes para adquirir capacidades y calificaciones educativas que podrían ayudarlos a escapar de los altos índices de desempleo juvenil que se habían enquistado a mediados de los ochenta. La pequeña proporción de participantes en el programa 'Life-Patterns' que habían ingresado en la fuerza laboral directamente después de la escuela (un 13%), retornaron a estudiar dentro de los cinco años de abandonada la escuela. El camino para aquellos que decidieron continuar sus estudios no fue necesariamente más allanado. Un cuarto de los participantes que habían optado por continuarlos inmediatamente después de finalizada la escuela secundaria cambiaron de curso o institución en la búsqueda de un camino adecuado para ellos.

Estos jóvenes se vieron confrontados con las implicaciones de la reestructuración de la fuerza laboral que comenzó en los noventa y que todavía continúa en los dos mil. Por lo tanto, incluso el 34% de los participantes del programa 'Life-Patterns' que habían pasado directamente de la escuela secundaria a los estudios terciarios encontraron, una vez graduados, un mercado laboral precario. Muchos de ellos tan sólo pudieron encontrar posiciones de contrato de corto plazo, o temporal, y solamente al alcanzar sus tardíos veinte comenzaron a obtener posiciones más seguras dentro del mercado laboral.

El mejoramiento de la economía a finales de los noventa, con la consecuente reducción de los niveles de desempleo y la expansión del mercado laboral, finalmente les abrió oportunidades para utilizar sus credenciales educativas. Estos cambios en la economía y en la fuerza laboral han afectado su transición a la adultez y han tenido un efecto directo en la formación de su identidad; impactando en sus relaciones personales, expectativas sobre la vida familiar y una casa propia, y eventualmente sobre la paternidad (Wyn & Woodman 2006, 2007). Muchos de los participantes sintieron que más que ser vistos como desarrollando respuestas relativamente efectivas a las nuevas realidades económicas y sociales, eran juzgados por no encontrarse a la altura de los patrones tradicionales de transición, a través de estereotipos negativos en los medios sobre su generación (generalmente llamada Generación X).

Como cohorte de vanguardia, estos jóvenes han establecido nuevos patrones de transición en educación, y nuevas aproximaciones a los usos de la educación que predecirán los patrones de vida de las cohortes subsecuentes.

Sus experiencias han influenciado las políticas educativas australianas de distintas maneras: 1) incrementar el interés en los 'trayectos de transición' de la educación formal al empleo (Dusseldorf Skills Forum 2006); 2) una mayor efectividad en la articulación entre los distintos sectores educativos (Department of Education, Science and Training 2001); 3) el reconocimiento del aprendizaje de por vida (Watson 2003); y 4) la expectativa de que una mayor proporción de jóvenes complete la escuela secundaria.

El acento en la emergencia de una 'nueva adultez' en Australia (Dwyer *et al.* 2003) resalta el perdurable efecto de los cambios en las condiciones sociales y económicas de la vida social y, en especial, de los jóvenes. Este enfoque reconoce la cambiante naturaleza de las transiciones de la juventud y desafía directamente la noción dada por sentada de que las transiciones de la juventud pueden ser simplemente caracterizadas como teniendo líneas de tiempo 'extendidas' (comparadas con la generación nacida en los cincuenta). En cambio, el enfoque sugiere que los jóvenes han cambiado la experiencia de la vida adulta al entrar crecientemente en prácticas adultas de manera más temprana. Asimismo, invoca: 1) conciencia de la necesidad de observar más allá de las estadísticas agregadas sobre las transiciones en la juventud; 2) reconocer las experiencias, significados y actitudes de los jóvenes; y 3) potencialmente ofrece la apertura para observar cómo los procesos sociales (tales como, transiciones a la vida adulta) pueden tomar nuevos significados. Finalmente, el considerar las nuevas características de las transiciones en la juventud invita a repensar el rol de la educación para los jóvenes contemporáneos.

Instantáneas de las Transiciones de la Juventud Australiana

Con la post-industrialización de la economía, la educación superior se ha convertido en el nuevo sector de educación de masas y el completar los años de educación no obligatoria se ha convertido en la norma para la juventud australiana.[3] Comparándolo con el pasado, esto ha derivado en continuidades y cambios en la educación (Tabla N°. 1).

---

3 La educación es obligatoria hasta la edad de 16 años en el estado de Victoria. La obligatoriedad y extensión de la escuela primaria y secundaria difiere en cada estado en Australia.

Tabla No. 1. Patrones de cambio y continuidad en las transiciones de la juventud en la educación en Australia (1980s – 2000s)	
Continuidad	**Cambio**
Jóvenes que no completan la escuela secundaria (31% 15-19 años, fuera de la educación tiempo completo en 2004)	Incremento en jóvenes de 20 – 24 años completando la escuela secundaria en 2000-2004
Estudiantes de bajos estratos socioeconómicos menos proclives a finalizar la escuela secundaria (tasa de finalización 59% en 2004)	¼ de australianos de 20 – 24 años insertos en educación tiempo completo, 2006
Mujeres jóvenes más proclives que hombres jóvenes a encontrarse en educación tiempo completo	Incremento en la participación de todos los jóvenes en trabajo de tiempo parcial
Correlación entre calificaciones universitarias con resultados positivos de trabajo en el largo plazo	Empleos de graduados no se correlacionan directamente con estudio realizado
Fuentes: DEST, 2006; Dusseldorp Skills Forum, 2006.	

Las últimas cifras muestran que los jóvenes, a través de la educación y la capacitación, están forjando patrones de transición complejos y diversos. Una tendencia interesante es que los jóvenes utilizan un período de tiempo más largo para obtener el certificado de finalización de la escuela, ya sea al convertirse en estudiantes y trabajadores de tiempo parcial durante los últimos dos años de escolaridad obligatoria o al abandonar la escuela por un trabajo antes de completar el certificado final, para luego volver a estudiar cuando son unos años mayores y así completar la escuela secundaria a través de un proveedor educativo alternativo. En 2004 se produjo un incremento general en la proporción de jóvenes de 20 a 24 años que completaron el último año de la escuela secundaria, el Certificado I/II o que obtuvieron mayores calificaciones entre 2000 (80,3%) y 2004 (82,8%) (Department of Education, Science and Training 2006). Este patrón emergente es el resultado de las decisiones tomadas por los jóvenes, y ha ocurrido a pesar de las políticas de estado enfocadas a incrementar la proporción de jóvenes que a la edad de 18 años completan la escuela secundaria.

Las descripciones de las transiciones educativas de la juventud tienden a centrarse casi exclusivamente en el nexo escuela-empleo e ignorar otros importantes aspectos de la vida de los jóvenes, tales como, salud y bienestar. Ésta es una omisión significativa, dado que, crecientemente, temas de salud, tales como la obesidad, el abuso de drogas y la promoción de la salud mental, son tratados en la escuela directamente a través de los planes de estudio. Un reciente estudio a nivel nacional sobre jóvenes de 19 y 20 años de edad, realizado por el 'Australian Institute of Family Studies' (Instituto Australiano para Estudios de la Familia) encontró que mientras que la mayoría de los jóvenes estaban sobrellevando bien sus vidas, una minoría considerable encontraba la vida difícil. Un cuarto de los jóvenes estaban experimentando altos niveles de depresión o ansiedad y un quinto presentaba una afección crónica de salud. Se encontraron 'altas tasas' de uso de sustancias y un décimo se hallaba involucrado en actividades criminales, fuera del uso de sustancias. El estudio concluyó que entre un tercio y la mitad de los jóvenes estaba experimentando 'serios problemas de ajuste' (Smart & Sanson 2005: 12-13). Datos recientes muestran que 27% de jóvenes entre 18 y 24 años tuvieron desórdenes mentales en 1997 (AIHW 2004).

Algunos resultados selectivos del estudio longitudinal 'Life-Patterns'

El programa 'Life-Patterns' del 'Youth Research Centre' (Dwyer & Wyn 2001) encontró que desde un principio, los jóvenes que abandonaron la escuela sin finalizar el año 12 han tenido que negociar sus propios caminos a través de tiempos inciertos. Muchos (más de la mitad) de aquellos que continuaron un 'camino de estudio' cambiaron de curso o institución durante los primeros años después de abandonar la escuela. Mientras el trabajo seguía siendo un importante elemento en sus vidas, otras esferas de sus vidas fueron emergiendo como el foco central de sus identidades, incluyendo relaciones personales y el ocio. En el año 2000, a la edad de 27 años, el 68% de la muestra total (unos 1.121) había obtenido empleo permanente y el 76% se encontraba en empleos de tiempo completo. Las fronteras de la ocupación se han hecho más fluidas y cada vez más los empleos son temporarios. En 1996, a la edad de 23 años aproximadamente, las entrevistas produjeron evidencia de un cambio de pensamiento, mientras nuestros participantes se hacían a la idea de un mercado laboral incierto. Mientras que estaban altamente enfocados en conseguir empleo, en el transcurso de dicho proceso, la calidad de vida y las relaciones personales eran dos de los factores más importantes a la hora de tomar una decisión. Por ende, 'el contexto de vida más amplio' era el factor decisivo en cuanto al empleo para casi un cuarto de la cohorte y 'mantener un equilibrio a través de la vida' el factor de decisión para el 39%.

En el 2002, el 75% se encontraba en un empleo de tiempo completo. Los jóvenes habían abrazado la incertidumbre y el cambio, con 82% de ellos habiendo cambiado de trabajo y casi un cuarto habiendo pasado por cinco o más trabajos desde 1996. Al mismo tiempo, hemos visto la emergencia de algunas actitudes distintivas con respecto a la idea de la carrera. En vez de pensar en carreras de empleo de tiempo completo y en una movilidad ascendente con una sola ocupación, estos jóvenes ven la carrera como un 'viaje a realizar'. Más del 80% de los participantes definió que una carrera es un trabajo que ofrece oportunidad de *mejorar*, oportunidades de *compromiso*, y un continuo rol que ofrece *realización*. En un mundo post-industrial, la flexibilidad fue señalada como más importante que la previsibilidad como base de la seguridad futura. Frente a la inseguridad laboral, muchos jóvenes se sienten más seguros si logran obtener 'movilidad horizontal' –o la capacidad de moverse de un trabajo a otro, dependiendo de sus necesidades. Esta capacidad es valorada por sobre la vieja movilidad vertical dentro de una ocupación.

Las encuestas y las entrevistas revelaron que los participantes se han centrado en mantener un equilibrio entre los diferentes elementos de sus vidas (Dwyer & Wyn 2001). En 2002, muchos participantes estaban preocupados de que habían fracasado en obtener ese equilibrio, con consecuencias negativas para su salud. Tan sólo casi más de la mitad de los participantes estaban preparados para decir que estaban gozando de buena salud física (55%) y mental (58%). El 16% reportó su salud mental como una verdadera preocupación. La tabla N° 4 muestra que dos años después, en 2004, el área de mayor preocupación en sus vidas continúa siendo 'temas de salud y aptitud física'.

Tabla No. 2. Estudio 'Life-Patterns': Satisfacción con el progreso en la vida en 2004 (%) n=625	Muy satisfecho	Satisfecho	Insatisfecho	Muy insatisfecho
Relaciones con mi familia	51	45	4	0
Mis relaciones personales	44	41	13	2
Mis logros educativos	38	54	7	0
Mi desarrollo personal	36	59	5	0
Mi trabajo o carrera	29	57	12	2
Mi vida social	26	59	14	1
Temas de salud y aptitud física	14	60	23	3

El estudio también refleja amplios cambios sociales en patrones de género. Mujeres de altos estratos socioeconómicos fueron las más proclives a encontrar satisfacción en su situación laboral, mientras que los hombres de bajos estratos socioeconómicos fueron los que menos lo estaban. En cuanto a la salud, el mayor grado de satisfacción se encontró en hombres de altos estratos socioeconómicos y el menor grado de satisfacción en los hombres de bajo estrato socioeconómico (Dwyer et al. 2003). En nuestro estudio, la satisfacción en el empleo por parte de hombres y mujeres, refleja un patrón más amplio para mujeres jóvenes de altos estratos socioeconómicos que han adquirido buenas credenciales educativas y que están posicionadas para acceder a trabajos profesionales en la economía urbana (Watson 2003).

Forjar identidades

Una consideración sobre la identidad en los jóvenes, los conjuntos de comprensión distintivos y subjetivos sobre uno mismo y su relación con la sociedad, así como las prioridades y actitudes, también proveen evidencia de cambios. En este sentido, la evidencia surgida en el estudio 'Life-Patterns' respalda una posición moderada y revela que los jóvenes están desarrollando nuevas prioridades. Éstas pueden ser resumidas como una flexibilidad inclusiva y la capacidad de ser reflexivo; valorando sus continuas decisiones de elección de carrera y la autonomía personal, y en equilibrio con sus compromisos de vida. Estas prioridades pueden ser ubicadas junto a los patrones para la generación post-Segunda Guerra Mundial, incluyendo: roles familiares tradicionales, trayectorias de carrera predecibles, identidades colectivas y movilidad ascendente (Dwyer et al. 2003: 26).

En ausencia de trayectorias confiables y establecidas a través de la educación hacia el empleo y enfrentados con un trabajo precario, estos jóvenes han aprendido que su propio desarrollo personal, su adaptabilidad y su capacidad de tomar 'decisiones correctas' son los recursos para construir sus vidas. La presión en los individuos para forjar sus propias trayectorias favorece identidades que están basadas en la capacidad de ser flexible y ejercitar una autonomía personal. En el año 2000, se interrogó a los participantes sobre cuales habían sido los factores más importantes forjaron sus vidas. De manera abrumadora, los participantes otorgaron poco reconocimiento a factores estructurales, tales como status socioeconómico y género, y revelaron que sus propias decisiones (97%), sus estudios y sus relaciones personales eran las más significativas influencias. La influencia de los padres fue considerada más significativa (80%) que las influencias de un par (47%).

El empleo ha brindado oportunidades para extender su aprendizaje y para averiguar en qué se destacan. Un participante expresó lo siguiente: 'una carrera es como un viaje. Es la chance de descubrir qué es lo que me hace feliz. En general, los dólares no son la fuerza dominante'. El trabajo es evaluado en términos de la contribución que puede realizar a su vida personal. Al mismo tiempo, los participantes han demostrado un entendimiento complejo de las demandas que son parte de la vida adulta y al tomar decisiones, tienen en cuenta un número de decisiones extra-laborales. La tabla Nº 2 revela que una mayoría de hombres y mujeres que se encuentran en una carrera laboral con proyección de futuro coloca una alta prioridad en obtener un equilibrio de compromisos y en enfocarse en el amplio contexto de sus vidas.

Tabla No. 3. Estudio 'Life-Patterns': Prioridades para jóvenes en carreras, 2002	Mujeres %	Varones %	Total %
Lo importante es continuar una carrera en mi área de interés/especialización	18	25	20
Lo importante es mantenerme en un trabajo que me provea seguridad económica	11	11	11
El factor decisivo es el contexto general (ej. familia, estilo de vida, 'área de trabajo')	27	20	24
Lo importante es repensar prioridades y tomar nuevas decisiones	5	7	5
Lo importante es mantener un equilibrio entre compromisos, antes que concentrarme en un solo aspecto de la vida	39	37	39

Esta visión es confirmada por sus apreciaciones acerca de mantenerse en sus trabajos actuales. En respuesta a la pregunta hecha en 1996, '¿cuánto tiempo piensas quedarte en tu actual trabajo?', el 16,5% de los participantes dijo que esperaba cambiarse dentro del primer año y el 28,3% tenía pensado cambiarse dentro de los tres años. Los cambios anticipados no estaban asociados con la seguridad de sus posiciones. De los que poseen trabajos permanentes, 42% estaban intentando cambiar sus trabajos en menos de dos años. De los que poseen trabajos por contrato, el 48% estaba intentando cambiarse dentro de los dos años. En 2002, el 82% de los participantes habían cambiado de trabajo dentro de los cinco años anteriores, y el 55% había cambiado de trabajo por mejores oportunidades.

En cierto sentido, se puede observar que los participantes de 'Life-Patterns' han establecido un enfoque de vida distintivo. Los participantes han vislumbrado una tendencia hacia 'carerras flexibles' que son forjadas por individuos que están preparados en invertir en estudio continuo para obtener nuevas capacidades y conocimientos en respuesta a sus propias evaluaciones de las oportunidades en el mercado laboral. Sus decisiones también están influenciadas por el objetivo de poseer trabajo y empleo equilibrado con otras prioridades de sus vidas. Ellos evalúan el valor de sus inversiones en educación en términos de su bienestar y de la calidad de sus relaciones personales. La insistencia en equilibrar sus vidas y el deseo de cambiar de dirección y mantener sus opciones abiertas, ha significado que superficialmente, durante la mitad y el final de sus veinte años sus vidas a menudo parecen sin sentido o dirección para los extraños. Patrones de vida impredecibles, que han sido tradicionalmente identificados con la adolescencia, han sido extendidos a la juventud, para caracterizarlos como 'todavía no adulto', enmascarando cambios verdaderos que están emergiendo en las vidas de los adultos (Wyn 2004).

Lejos de extender el período de la 'adolescencia', la evidencia apoya la visión que estos jóvenes están ingresando a una 'nueva' adultez de forma más temprana. Ellos han conformado nuevas identidades que incluyen las siguientes características: valorar la flexibilidad y movilidad, otorgando una mayor importancia a la autonomía personal y a obtener un balance de vida a través de diferentes esferas. Han empezado a establecer nuevos significados de la 'carrera' y enfocado el empleo y el trabajo de manera diferente que las generaciones previas. Estos jóvenes muestran una capacidad de reflexionar y observar sus vidas como un proyecto en el cual están embarcados. Por lo tanto, la tendencia a mantener una diversidad de opciones abiertas refleja una visión común en los participantes de que el objetivo de alcanzar seguridad en tiempos inciertos sólo puede ser obtenida al maximizar la capacidad de ser receptivo y adaptable a las nuevas demandas del mercado. Es más probable conseguir la seguridad a través de la capacidad de ser flexible y multi-especializado que a través de una fuerte inversión en una sola área ocupacional.

En nuestra encuesta del 2000, muchos participantes realizaron una clara distinción entre tener un trabajo seguro (92%) y uno de 'alto status' (34%). Todavía no esta claro si este es un resultado temporal debido a la incertidumbre que han debido afrontar acerca de su carrera o si es un cambio sistemático. Investigaciones sobre la juventud en Estados Unidos (Willis 1998) y en Europa (Du Bois-Reymond 1998) apoyan la segunda visión. Si los jóvenes están re-evaluando el equilibrio entre la realización personal y la realización material, esto representaría un quiebre significativo con el pasado (Dwyer et al. 2003: 26). Una comparación entre los objetivos de la cohorte 2005 y la cohorte 1991 sugiere que los patrones establecidos por la cohorte 1991 (Tabla N° 3) son duraderos.

Tabla N° 4. Estudio 'Life-Patterns': Comparación entre las cohortes sobre los objetivos más deseados	2005 cohorte en 2005 (17 años) %	1991 cohorte en 2000 (27 años) %
Tener una seguridad financiera	91,6	94,5
Cuidar y proveer de una familia	88,0	78,5
Tener una relación especial con alguien	85,8	92,0
Perseguir una vida de placer	74,8	63,5
Trabajar activamente por una sociedad mejor	71,9	64,0
Ganar mucho dinero	63,6	52,5
Ayudar a personas necesitadas	60,4	49,0

Nuestros resultados ponen en evidencia la aparición de nuevos enfoques de vida a partir de los cambios sociales y económicos acaecidos durante la década de los noventa y dos mil. El presente es uno de los pocos estudios que penetra dentro de la juventud australiana en transición, que no se enfoca exclusivamente en problemas y transiciones fracasadas. En cambio, el análisis tiende a concentrarse en las maneras por las cuales los jóvenes han hecho exitosas transiciones y en analizar la diversidad que existe dentro de la juventud australiana convencional (Dwyer & Wyn 2001). No obstante, los procesos de inequidad, marginalización y exclusión social han afectado las vidas de los participantes. Además, las experiencias de los 'exitosos' generan preguntas sobre las capacidades y recursos que se requieren en estos tiempos para manejar transiciones exitosas.

Por necesidad, esta generación está forjando nuevos patrones de vida en respuesta a sus circunstancias. Están desarrollando patrones que perdurarán hasta dentro de sus treintas y posiblemente más allá, mientras se les requiere que continúen haciendo malabares con el trabajo, el aprendizaje de por vida y tratando de mantener el equilibrio entre estos, en los cuales el ocio, las relaciones y el desarrollo personal también ocupan su lugar. Los patrones de movilidad que son evidentes para los trabajadores, tanto en los mercados laborales de alta como de baja especialización, pueden enmascarar inequidades en las opciones disponibles y en la capacidad personal de tomar opciones que están siendo moldeadas por esta nueva generación.

Con respecto a la educación, nuestra nueva cohorte de estudio evidencia que los jóvenes han hecho propia la idea de navegar sus propias vidas en vez de continuar con patrones predeterminados. Mientras que el gobierno continúa exhortando a los jóvenes australianos a seguir estudiando, solamente la mitad de nuestra cohorte dijo que deseaba continuar estudiando inmediatamente terminada la escuela. El 13% estaba inseguro sobre qué hacer pero sentían que sería necesario continuar estudiando, mientras que el 21% estaba planeando tomarse un tiempo antes de tomar una decisión (Tabla No. 4).

Tabla Nº 5. Estudio 'Life-Patterns': Actitud de los estudiantes en los años 11 y 12 de la escuela secundaria de los estados de Victoria y New South Wales a continuar estudiando una vez finalizada la escuela secundaria, 2005	
	(%)
Deseo continuar	52
Me gustaría tomarme un tiempo fuera del estudio	21
No está seguro pero cree que es necesario	13
No está seguro pero los padres desean que continúe	2
De conseguir un trabajo dejaría la escuela	3

Los factores que influencian estas decisiones están parcialmente relacionados con el tradicional rol de la educación de calificación para el empleo (56%). Sin embargo, casi un tercio aseveró que la razón para continuar estudiando se debía a la búsqueda de la realización personal. Para este grupo, la educación provee un medio para desarrollar capacidades para vivir. La pregunta es: ¿qué tan bien la educación prepara a los jóvenes para manejar sus vidas para el siglo veintiuno?

Comentarios finales

Dentro de las políticas educativas recientes es común reconocer el cambio social. Sin embargo, ha habido poco reconocimiento de los efectos que estos cambios tienen en las identidades de los jóvenes, en cómo se observan ellos y cómo se relacionan con la sociedad. Al no haber conformado sus patrones de vida con los patrones de la generación de la escuela secundaria de masas diseñada en los cincuenta, se han acuñado nuevos términos para describir a esta generación. Todos estos términos implican que esta generación ha fracasado o ha sido lenta en convertirse en 'adultos' plenos. Términos como 'post-adolescencia', 'jóvenes adultos envejecidos', 'generación en suspenso' y 'transiciones extendidas' son utilizados en países occidentales para implicar que las transiciones de los jóvenes son defectuosas (Dwyer & Wyn 2001). Sin embargo, como ha demostrado el estudio 'Life-Patterns', los jóvenes comprenden que para sobrevivir en circunstancias que cambian a diario, los individuos han tenido que convertirse en 'administradores de sus propias biografías' (Beck & Beck-Gernsheim 2002).

Ahora más que nunca, en un mundo donde los mercados laborales son impredecibles e inciertos, en donde los desarrollos tecnológicos sobrepasan nuestra capacidad de crear un marco ético para la práctica, y donde los individuos cada vez más son abandonados a navegar sus propias vidas, mientras viejas instituciones se convierten en menos relevantes y los Estado-Nación toman menos responsabilidades con respecto a sus ciudadanos, la educación es de importancia crítica en preparar a los jóvenes para la realización de sus vidas y para 'convertirse en alguien'. En Australia, la educación de masa formal todavía retiene el legado de su diseño de los cincuentas, posicionando la educación formal primariamente como una herramienta para la producción de un conjunto de habilidades y conocimientos para servir a la economía. Mientras inquietudes educativas más amplias (como el bienestar y la cohesión social) son apoyadas de manera superficial, las políticas educativas australianas mayoritariamente acentúan una visión utilitaria y económicamente estrecha de la educación. Es difícil ver como se puede mantener esta situación en el largo plazo. Nuevas prioridades están emergiendo claramente entre la juventud. Mientras el ritmo de los cambios sociales determina que la relación entre la educación y los logros individuales sea aún más impredecible, el modelo industrial para preparar a los jóvenes para trabajos y ocupaciones establecidos está crecientemente pasado de moda.

Las perspectivas y experiencias de los jóvenes en el estudio 'Life-Patterns' sostienen un nuevo enfoque sobre la relación entre la educación y la formación de la identidad. Este nuevo énfasis trata de equipar a los jóvenes para hacer frente al cambio social, para prosperar en un medio ambiente laboral precario y para ser ciudadanos y estudiantes permanentes y activamente comprometidos. Las diferencias en la orientación entre las políticas educativas y los que hacen uso de la educación, ponen de manifiesto el nivel del cambio que se necesitará, para que la educación alcance las necesidades de los jóvenes para navegar sus propios caminos dentro de nuevas y complejas economías.

El estudio 'Life-Pattterns' otorga un significativo énfasis a la importancia de comprender las identidades de los jóvenes y las prioridades que estos traen a la educación, el trabajo y la vida. Nuevas formas sobre las viejas líneas divisorias de clase y género están emergiendo, a medida que algunos grupos reconocen la composición de la identidad laboral que está implicada en la educación. Mientras la economía y la sociedad cambian, el significado de las nuevas identidades de aprendizaje tiende a privilegiar a los jóvenes de altos estratos socioeconómicos, aunque este patrón no es del todo claro. Al construir instituciones y programas educativos que sean de utilidad para los jóvenes en el futuro, es tiempo de otorgar mayor consideración al significado de la identidad en los jóvenes y el rol que las nuevas pedagogías en educación pueden jugar, a la hora de apoyar las transiciones de los jóvenes en tiempos de incertidumbre.

Referencias bibliográficas

Australian Institute of Health and Welfare (AIHW). (2004): Australia's Health 2004, cat. no. 44, Canberra: Australian Institute of Health and Welfare.

Beck, U., and Beck-Gernsheim, E. (2002): Individualization. London: Sage.

Department of Education, Science and Training (DEST). (2006) Annual Report 2004–2005. Canberra: Commonwealth of Australia.

Department of Education, Science and Training. (2001) Backing Australia's Ability, Canberra: Commonwealth Government.

Du Bois-Reymond, M. (1998): "I don't want to commit myself yet": young people's life concepts, Journal of Youth Studies. 1, 1, pp. 63-79.

Dusseldorp Skills Forum. (2006): How Young People are Faring 2006. Sydney: Dusseldorp Skills Forum.

Dwyer, P., Smith, G., Tyler, D., and Wyn, J. (2003): Life-Patterns, Career Outcomes and Adult Choices. Melbourne: Youth Research Centre Research Report 23.

Dwyer, P., and Wyn, J. (2001): Youth, Education and Risk: Facing the future. London: Routledge/Falmer.

Smart, D. and Sanson, A. (2005): What is life like for young Australians today and how well are they faring. Paper presented at 9th Australian Institute of Family Studies Conference, Melbourne, 9–11 February.

Watson, L. (2003): Lifelong Learning in Australia, Department of Education. Canberra: Science and Training.

Willis, S. (1998): Teens at work: Negotiating the jobless future. In: Austin J. and Willard N. M., (eds): Generations of Youth: Youth Subcultures and History in 20th Century America. New York: New York University Press.

Wyn, J. (2004): What is happening to "Adolescence"? Growing up in changing times. In Vadeboncoeur J. A., and Stevens L. P. (eds): Re/Constructing the "Adolescent": Sign, Symbol and Body, New York: Peter Lang.

Wyn, J. and Woodman, D. (2006): Generation, Youth and Social Change in Australia, Journal of Youth Studies, 9, 5 pp. 495-514.

Wyn, J. and Woodman, D. (2007): Researching Youth in a Time of Change: A Reply to Roberts, Journal of Youth Studies, 10, 3, pp. 373-381.

Biografías de elección y linealidad transicional: nueva conceptualización de las transiciones de la juventud moderna

Andy Biggart, Andy Furlong y Fred Cartmel

Introducción

Progresivamente la investigación sobre la juventud ha sugerido que las transiciones de los jóvenes se han hecho mucho más prolongadas y complejas resultando en una mayor vulnerabilidad ante la marginalización y la exclusión. Las rutas que han tomado los jóvenes entre la escuela y el trabajo, que una vez se vieron como lineales y predecibles, han sido sustituidas por un conjunto de movimientos que son más fragmentados. Con la ampliación del intervalo de tiempo o de edad que los jóvenes se toman para "finalizar" sus transiciones se ha hecho cada vez más necesario para la investigación recurrir a lo longitudinal. Sin embargo, a menudo es difícil acceder a los datos longitudinales adecuados, que cubren el intervalo de edad y el detalle para evaluar de manera empírica muchas de estas hipótesis.

El artículo recurre a un estudio que dirigí yo mismo junto con antiguos compañeros, que aspiraba a utilizar los mejores datos disponibles para probar e intentar contextualizar estos cambios en un intento de capturar el grado de complejidad característica de las transiciones modernas y explorar las implicaciones de los modelos de la integración del mercado laboral. Hemos argumentado que ha habido una tendencia general en la investigación de juventud en la exageración de los procesos de diversificación y en la consideración de la complejidad como sintomático de las "biografías de elección" que pueden ayudar a enmascarar las estructuras de desventaja.

Datos

El análisis que se presenta en este artículo se basa sobre el proyecto *Transiciones juveniles: modelos de vulnerabilidad y procesos de inclusión social* (*Youth Transitions: Patterns of Vulnerability and Processes of Social Inclusion*) patrocinado por Scottish Executive y Scottish Enterprise. Los datos utilizados son del estudio West of Scotland Twenty-07 dirigido por la MRC Social and Public Health Sciences Unit. El estudio Twenty-07 Study es un estudio longitudinal, ubicado en y alrededor de Glasgow, que se inició en el año 1987. En la primera ronda de entrevistas la muestra estaba representada por 1009 adolescentes de 15 años y sus padres. La muestra tuvo un seguimiento a la edad de 16, 18, 21 y 23 años (encuestas por correo a los 16 y 21 años y entrevistas personales a los 18 y 23 años) y fueron entrevistados de nuevo en 2001/02 a la edad de 28/29 años. El debate sobre los datos cuantitativos se limita aquí a las experiencias entre las edades de 15 y 23 años, mientras que los datos cualitativos se basan sobre entrevistas en profundidad a la edad de 28/29. Las tasas de respuesta han sido buenas con aproximadamente el 65% para aquellos de la muestra inicial de 15 años que responden a la edad de 23 años.

Antecedentes

En las últimas décadas los investigadores de juventud han sugerido de forma creciente que las transiciones de los jóvenes se han hecho cada vez más prolongadas y complejas lo que resulta en una mayor vulnerabilidad ante la marginalización y la exclusión. Las rutas entre la escuela y el trabajo, que una vez se vieron como lineales y predecibles, se consideran que han sido sustituidas por un conjunto de movimientos que son menos predecibles e implican brechas frecuentes, un retroceso y la "mezcla" de estatus que anteriormente solían ser bastante distintos. Dicho análisis no ha quedado confinado al contexto europeo sino que ha recibido un apoyo ampliamente generalizado por parte de autores en muchas sociedades occidentales. Este nuevo consenso sobre la naturaleza cambiante de las transiciones es raramente cuestionada, sin embargo, ha habido una falta de análisis sistemáticos en la medida en la que las transiciones se han visto incrementadas en complejidad y han perdido su linealidad implicando para los jóvenes seguir rutas no lineales en lugar de rutas lineales.

Los cambios en la educación y en el mercado laboral a menudo se ven como que han dado como resultado una situación mediante la cual unos cuantos individuos siguen conjuntos idénticos de rutas transicionales y la mayoría se enfrenta a la necesidad de una interpretación reflexiva y la negociación constante en un mundo social cada vez más impredecible. Para algunos, influidos por el trabajo de teóricos como Beck y Giddens, estos cambios se consideran asociados con el surgimiento de "biografías de elección" (Du Bois Reymond, 1998) mientras que para otros se encuentran vinculados a los nuevos modelos de vulnerabilidad y a percepciones de riesgo e incertidumbre (Furlong y Cartmel, 1997; Wyn y White, 1997).

Por el contrario, las tendencias son interpretadas, algunos pocos investigadores disentirían de la visión de que las transiciones modernas se encuentran caracterizadas por su complejidad. Citando la evidencia de Australia y Canadá, por ejemplo, Looker y Dwyer (1998) argumentan que los jóvenes tienen tendencia no a referirse a sus transiciones como lineales sino a "registrarlas como complejas e interconectadas, como implicando inicios falsos y posibilidades redefinidas, como requiriendo negociación y redefiniciones" (1998: 17).

Mientras aceptamos la proposición de que las transiciones modernas frecuentemente son complejas, se deben realizar dos salvedades. En primer lugar, la nueva evidencia (Goodwin y O'Connor, 2002; Vickerstaff, 2003) ha comenzado a retar la visión de la investigación británica previa sobre las transiciones (es decir, Ashton y Field, 1976; Carter, 1962) que tenía tendencia a *restar importancia* al nivel de complejidad que caracterizaba las transiciones de los jóvenes en la década de los 60 y en la de los 70.

Por aquel entonces los investigadores tendían a concentrarse en el análisis de nivel macro, destacando los modelos de reproducción de clase (y ocasionalmente de sexo) específicos mientras se descuidaban las complejidades y los procesos de negociación a nivel individual. Siendo una notable excepción a esto Willis (1977), quien logró ilustrar alguno de los modos en los que las vidas diarias de los chicos de la clase trabajadora se implicaban en formas de acción, negociación, penetración y resistencia que eran primordiales para los procesos de reproducción social.

Nuestra segunda salvedad está relacionada con los niveles de complejidad características de las transiciones modernas. Aquí sugerimos que el caso para la deslinealización de las transiciones puede haber sido *exagerado*. Mientras que los miembros de la generación anterior de investigadores sobre la juventud pueden haberse centrado en la estructura a costa de la agencia, con la urgencia de seguir las perspectivas modernas de última hora o postmodernas, los investigadores contemporáneos tal vez han exagerado la importancia de los procesos de reflexividad y organización de vida. También es importante reconocer que la existencia de la complejidad no da como resultado necesariamente el surgimiento de "biografías de elección" como parece sugerir du Bois Reymond (1995): los niveles de complejidad pueden significar realmente una falta de elección y una vulnerabilidad frente a los efectos adversos de los mercados laborales flexibles. Necesitamos distinguir entre movimiento que es una consecuencia de la precariedad del mercado laboral, del movimiento que sugiere flexibilidad.

Antes de abordar directamente el asunto de la complejidad, es necesario esbozar los conjuntos de rutas que los jóvenes siguen entre la escuela y el trabajo. Los investigadores han utilizado una diversidad de tipologías con distinciones tendientes a ser realizadas entre las rutas que implican una entrada relativamente directa e indirecta al mercado laboral, rutas que implican una participación ampliada en la enseñanza posterior a la obligatoria y formación así como modelos de movimiento salpicados por los esquemas del desempleo o de la formación (por ejemplo, Raffe *et al.*, 1998; Anisef *et al.*, 2000; Walther *et al.*, 2002). En este artículo se utiliza el análisis por grupos para determinar las rutas principales seguidas por los jóvenes entre las edades de 15 y 23 años.

En las encuestas Twenty-07 se recogió información sobre el estatus[1] principal de los sujetos para cada mes cubierto por la encuesta. Como tal, entre las edades de 15 y 23 años, los "diarios" de estatus cubren 96 momentos y ofrecen detalles sobre si los jóvenes tenían empleo con plena dedicación o a tiempo parcial, estaban desempleados, en enseñanza o formación, cuidaban de una familia o se encontraban fuera de la población activa debido a una enfermedad o una minusvalía. Utilizando análisis por grupos, se construyeron ocho grupos de transición haciendo uso de detalles acumulativos del estatus derivados de los diarios mensuales recogidos entre las edades de 16 y 23 años y reflejando el tiempo total (meses) que los jóvenes pasaron ocupados en cada actividad principal (Tabla 1). Empezamos describiendo brevemente estos grupos y las características de aquellas que hacen diferentes estas transiciones.

---

1 Nota del editor: Los autores utilizan el concepto "status": con el objetivo de nombrar las actividades y/o la situación ocupacional de los jóvenes en distintos momentos.

Tabla 1: Grupo transicional, por media de meses dedicados en cada estatus entre la edad de 16 y 23 años								
	Escuela	Educación superior no universitaria	Enseñanza superior	Desempleado	Programa	Trabajo a tiempo completo	Trabajo a tiempo parcial	Domest.	Otro
Enseñanza superior extensa	23,76	2,2	50,6	3,25	1,29	15,48	0,53	0,005	0,69
Enseñanza superior breve	22	1,45	23,21	4,33	2,36	43,18	0,65	0,02	0,77
Educación avanzada	19,52	3,85	1,62	1,46	1,14	67,23	1,9	0,85	0,28
Trabajo directo	8,14	0,28	0	1,43	1,01	85,7	0,61	0,08	0,7
Asistencia social	7,22	0,2	0,15	5,64	16,48	65,95	0,25	1,36	0,49
Desempleo	7,78	0,76	4,63	44,07	11,81	25,31	0,63	2,15	0,73
Actividad doméstica	7,8	0,95	0,52	3,8	8,8	24,04	2,19	49,04	0,47
Otros	14	0	3,28	5,57	11,14	16,42	0,85	1,42	45,28

I. Transiciones de enseñanza superior

Los dos primeros grupos (Enseñanza superior prolongada y enseñanza superior breve) implican participación en enseñanza superior (ES). La duración media de la participación en la ES en el primer grupo (27% de la muestra) fue de cuatro años[1], por tanto en general son personas que han finalizado la titulación completa (74 % tenían títulos a los 23 años y el 11 % tenían titulaciones superiores[2] o equivalentes). El segundo grupo (12% de la muestra) está compuesto por sujetos que tienen un período medio de participación en la ES más breve: menos de dos años. Aquí se incluyen aquellos que realizan cursillos, aquellos que han abandonado cursos más largos y aquellos que han accedido más tarde o que han regresado a la enseñanza tras un período alejados y que todavía se encuentran en la escuela a la edad de 23 años. A los 23

---

1 En Escocia una diplomatura habitual dura cuatro años.
2 Los diplomas superiores son cursos avanzados de dos años a nivel inferior al título.

años, el 45% de este último grupo ha obtenido diplomas superiores o titulaciones equivalentes, mientras que un 24% más ha obtenido titulaciones. Ambos grupos de enseñanza superior contienen porcentajes similares de hombres y mujeres y, en general, los dos están compuestos de jóvenes relativamente favorecidos.

II. Transiciones de empleo

Los dos segundos grupos describen aquellos que atravesaron transiciones de la escuela al trabajo relativamente directas. Dentro del primer grupo (14% de la muestra), permanecieron en la escuela normalmente hasta la edad de 18 años: el período medio pasado en la escuela más allá de la edad de salida mínima fue de 19 meses con algunos que han seguido rutas basadas en educación superior no universitaria (ES) (éstos se describen en el grupo de educación avanzada). Tras la finalización de los estudios, la entrada al trabajo fue bastante directa: el tiempo medio pasado desempleado entre los 16 y 23 años fue de mes y medio, con una media de un mes invertido en los programas de formación gubernamentales. Los miembros de este grupo han realizado una entrada bastante directa en el mercado laboral, a los 23 años han tenido un trabajo a plena dedicación durante una media de cinco años y medio.

El segundo grupo de empleo (17% de la muestra) tendió a dejar la escuela en una etapa temprana (descrito como el grupo de trabajo directo) habiendo pasado una media de ocho meses en la escuela más allá del mínimo de edad de terminación. El tiempo medio pasado desempleado y en programas entre las edades de 16 y 23 años fue similar al grupo medio (un mes y medio y un mes respectivamente). Habiendo realizado transiciones tempranas y relativamente directas, los miembros de este grupo son los que han tenido la experiencia más amplia de empleo a plena dedicación de la muestra (7 años de la media).

En cuanto a las características, estos grupos de empleo contenían más mujeres que hombres. Aquellos que habían seguido rutas de formación avanzadas tendían a estar ligeramente más aventajados que aquellos que entraron en el mercado laboral un poco antes: tenían una probabilidad mayor de vivir en un barrio carenciado o tener padres de las clases sociales más bajas.

III. Transiciones de desempleo

Algunas de las transiciones más difíciles se encuentran en los grupos asistidos por la política social y desempleados (contabilizando 20% y 6% de la muestra respectivamente). Muchos de aquellos que siguieron transiciones asistidas han pasado tiempo en los programas de formación patrocinados por el gobierno (duración media de 16,5 meses) y su duración media de desempleo sobre el período de tiempo fue de 5,6 meses. Estos jóvenes tuvieron la tendencia de haber dejado la escuela en una etapa relativamente temprana. Sin embargo, la duración media del empleo a plena dedicación es muy similar al de aquellos del grupo con formación avanzada (66 meses comparados con 67 meses).

Las historias del mercado laboral de aquellos dentro de este grupo estuvieron dominadas por el desempleo y los miembros habían pasado una media de 44 meses desocupados entre los 16 y 23 años. Muchos también habían pasado tiempo en los programas de formación gubernamentales (un promedio de 11,8 meses) y algunos habían pasado breves períodos en la enseñanza superior. Durante todo el período han pasado una media de quitar 25 meses en empleo con plena dedicación.

A los 16 años, las titulaciones de estos dos grupos eran más bajas que las de cualquiera de los grupos anteriormente descritos. Casi tres de cada diez (29 %) del grupo de empleo con prestación no tenían titulaciones mientras que casi siete de cada diez (68 %) del grupo basado en desempleados carecían de titulaciones. Ambos grupos estaban dominados por hombres (56% y 66% respectivamente) y la mayoría vivían en barrios carenciados (56% y 71% respectivamente).

IV. Grupos en actividad doméstica

Los dos grupos que quedan son relativamente pequeños: el grupo en actividad doméstica (3% de la muestra) y el grupo "otros" (1% de la muestra). El primero ha pasado una media de 48 meses trabajando en el hogar mientras que el segundo principalmente está compuesto por aquellos pocos con problemas de salud de larga duración y discapacidades. El segundo grupo es demasiado pequeño para debatir algo con sentido significativo. Mientras que el grupo doméstico también es pequeño, está compuesto totalmente por mujeres, con tendencia a proceder de las clases sociales más bajas, dos de cada tres vivían en barrios carenciados.

Conceptualizar la linealidad

Al debatir el concepto de individualización en relación con la transición de la juventud, Roberts (1997) ha argumentado que las transiciones modernas pueden ser vistas como individualizadas hasta el punto de que unos cuantos jóvenes ahora pueden identificar a otros que han seguido trayectorias idénticas. Sin implicar que nuestros grupos representan conjuntos homogéneos de experiencias es importante reconocer que aunque han cambiado los contextos, algunos jóvenes todavía siguen rutas lisas y lineales. Aquí apuntamos a movernos más allá de los grupos presentados en la sección anterior con el fin de evaluar en la medida en que las transiciones complejas no lineales se han convertido en la experiencia peculiar de la juventud escocesa.

Para abordar esta cuestión, primero tenemos que determinar qué variedad de experiencias se deberían definir como lineales y no lineales. Desde nuestro punto de vista, la linealidad implica una transición bastante lisa y sencilla en la que no hay grandes brechas, ni divergencias, ni cambios de papeles. Es importante reconocer aquí que algunas experiencias que alguna vez fueron relativamente poco habituales se han normalizado y/o institucionalizado. Pocos jóvenes, por ejemplo, logran evitar el desempleo completamente y para los recién llegados al mercado laboral, los programas de formación gubernamentales se han convertido en un mecanismo importante para la socialización formativa y ocupacional. Como tal, sugerimos que una transición todavía puede ser descrita como lineal si el joven que la realiza se ha encontrado con períodos breves de desempleo o ha sido "formado" en el contexto de un programa gubernamental. Así alguien que haya atravesado un período de desempleo entre el momento de dejar la formación y obtener un puesto de trabajo, puede considerarse que realiza una transición lineal.

Por el contrario, las transiciones no lineales implican brechas, cambios de dirección y secuencias de eventos poco habituales. Pueden implicar experiencias de desempleo de gran extensión o repetidas, movimientos frecuentes entre trabajos, regresos a la enseñanza y formación después de períodos de empleo.

La forma en la que definimos en términos cuantificables estos dos amplios modelos transicionales se describen en la Figura 1. Aquí las transiciones no lineales se definen como secuencias que no implican progresiones sencillas a través de la educación o de la formación para el empleo o trabajo doméstico. Incluso cuando las transiciones generales siguen una secuencia "tradicional", también se definen como no lineales si un sujeto sufre un período único de desempleo que dura tres meses o más, o tiene una experiencia acumulada de desempleo de un año o más, o tiene una cifra alta de cambios de estado durante el período (definido aquí como superar la media para una persona que abandona la formación en la misma etapa por dos).

Figura 1: Conceptualizar las transiciones lineales y no lineales	
Transiciones lineales	**Transiciones no lineales**
Escuela al empleo	Cualquier secuencia de estatus que no se ajuste a las enumeradas a la izquierda de la tabla
Escuela-programa de formación-empleo	Un único período de desempleo de al menos tres meses en cualquier etapa
Escuela-ES-empleo	Experiencia total (acumulativa) de desempleo superando los 12 meses
Escuela-Educación superior no universitaria-empleo	Una serie de cambios de estatus que supera la media de una persona que abandona la formación en la misma etapa que ellos por dos
Escuela-Educación superior no universitaria-ES-empleo	
Escuela-cualquier estatus-trabajo doméstico	

Utilizando esta definición, se pueden considerar que proporciones similares de la muestra realizan transiciones lineales y no lineales (52% en comparación con el 48%) teniendo los hombres mayor probabilidad que las mujeres de seguir rutas no lineales (55% de los hombres en comparación con el 42% de las mujeres). No solamente son las transiciones lineales características de la edad moderna de igual modo que las transiciones no lineales, también sugerimos que si se aplicasen los mismos criterios a los estudios dirigidos en las décadas de los 60 y de los 70, también habría una buena mezcla de tipos transicionales. Goodwin y O'Connor (2002), por ejemplo, presentan que en la década de los 50 algunos jóvenes cambiaron de puesto de trabajo de forma constante mientras que en períodos de recesión las experiencias en el mercado laboral se ven accidentadas frecuentemente por el desempleo y cambios de trabajo forzados.

De aquellos que realizan transiciones no lineales, algunos han encontrado dificultades pronto después de abandonar la formación mientras que otros han realizado transiciones lisas al mercado laboral pero han encontrado dificultades tiempo después. Justamente por encima de un tercio (33% de hombres y 37% de mujeres) de quienes siguieron rutas no lineales se encontraron con que su primer período de desempleo duraba al menos tres meses directamente después de dejar su formación. Más de cuatro de cada diez (43% de hombres y 48% de mujeres) se encontraron con el desempleo después de un trabajo o formación juvenil (YT) pero en el plazo de tres años después de abandonar la formación. Un número más reducido, (24% de hombres y 15% de mujeres) sobrevivieron en el mercado laboral durante más de tres años sin un período significativo de desempleo[3]. Estos descubrimientos cuestionan el punto de vista de que los jóvenes que están desempleados durante más de unas pocas semanas a menudo no están "preparados para el trabajo".

También algunos jóvenes han experimentado claramente transiciones más fragmentadas que otros. Dado que nuestra definición de linealidad reside en la experiencia del desempleo, podríamos esperar encontrar una incidencia mayor de desempleo entre aquellos que siguen rutas no lineales. Sin embargo, vale la pena advertir que entre los que realizaron transiciones no lineales, algunas trayectorias son caóticas: hasta el extremo de que el número máximo de cambios de estatus para los hombres es de 17 y para las mujeres de 15. De manera similar la cantidad máxima de tiempo que un hombre ha pasado desempleado fue de siete años (84 meses), mientras que para las mujeres fue aproximadamente de seis años (71 meses).

---

3 Las diferencias de sexo no son significativas.

Las transiciones no lineales tienen la tendencia a ser ligeramente más habituales entre personas de posición de clases menos favorecidas. En otras palabras, se hace referencia a las transiciones complejas como rutas desfavorecidas, no las "biografías de elección" de los acomodados. Tanto para hombres como para mujeres, una pequeña minoría de aquellos de clases sociales I y II realizó transiciones lineales mientras que para los hombres, una mayoría de ellos de clases sociales V y VI realizaron transiciones no lineales. Entre los jóvenes que habían seguido rutas no lineales también es probable que informasen que su padre (pero no su madre) había sufrido un período significativo de desempleo (más de 6 meses) en alguna etapa. De aquellos que habían seguido rutas no lineales, el 24% de los hombres y el 32% de las mujeres dijeron que su padre había sufrido desempleo prolongado, mientras que las cifras correspondientes para aquellos que habían seguido rutas lineales fueron del 16% y del 21% respectivamente.

En general, las transiciones lineales tenían la tendencia a ser más habituales entre aquellos con el nivel más alto de logro educativo (licenciatura o equivalente) y menos habituales entre aquellos sin titulaciones. Sin embargo, por debajo del nivel de licenciatura, la mayoría de los hombres tenían la tendencia de realizar transiciones no lineales mientras que las mujeres con titulaciones de nivel inferior seguían teniendo una probabilidad mayor de realizar transiciones lineales. En otras palabras, las titulaciones educativas estaban más estrechamente vinculadas a la linealidad de las transiciones para hombres que para mujeres.

Linealidad y secuencialidad de experiencias

Mientras que el análisis por grupos que presentamos anteriormente nos ayudó a describir las trayectorias transicionales principales y las características de los jóvenes que siguieron estas rutas, dentro de cada grupo los jóvenes tenían una serie de experiencias que han ocurrido en secuencias diferentes. Con la mayoría de grupos combinando aquellos que habían realizado transiciones relativamente lisas con aquellos que habían encontrado una turbulencia significativa, nos permitió agrupar las rutas clave e identificar grupos peculiares de experiencias dentro de ellas, pero no facilitar una exploración completa de los modelos de vulnerabilidad. Sin embargo, tal como se definió aquí en términos cuantificables, el concepto de linealidad/no linealidad nos permite explorar hasta qué punto los sujetos que han tenido transiciones relativamente turbulentas se concentran dentro de "trayectorias" clave según quedan representadas por los grupos. En esta sección debatimos la relación entre grupos de experiencia y modelos de linealidad.

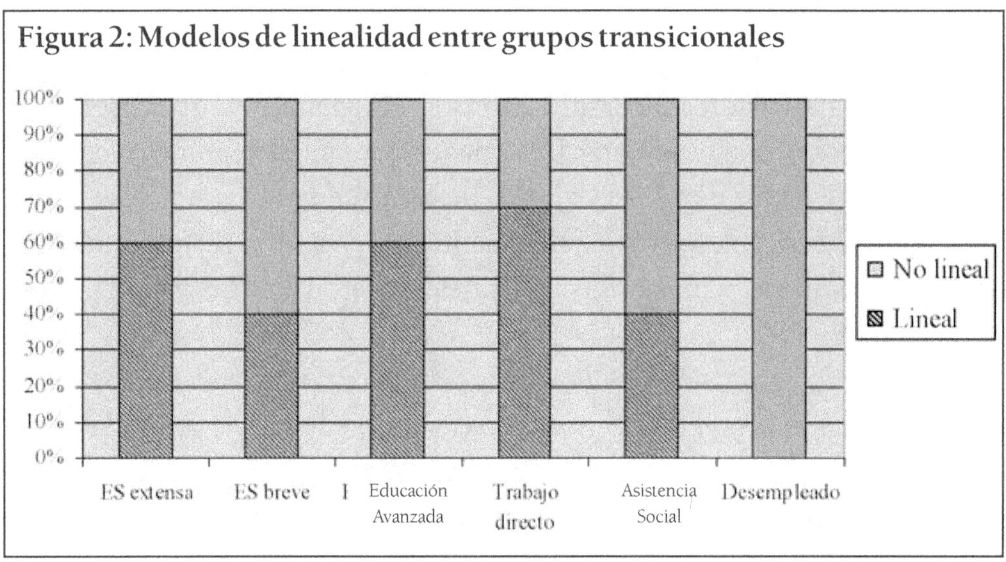

Figura 2: Modelos de linealidad entre grupos transicionales

Lo primero es advertir que algunos grupos están fuertemente dominados por aquellos que hemos definido como que habían realizado transiciones lineales (Figura 2). La mayoría de los que tuvieron transiciones directas a trabajos, transiciones ES extensas y transiciones de formación avanzada siguieron rutas lineales. Por el contrario, la mayoría de transiciones ES breve y transiciones asistidas son no lineales. Siendo el desempleo lo principal para nuestra definición de linealidad, todos aquellos que siguieron transiciones basadas en él habían seguido rutas no lineales.

No linealidad y desventaja

Mientras que las transiciones no lineales tienen la tendencia a ser trayectorias más difíciles (y a veces caóticas), también es cierto que aquellos cuyas transiciones son más complejas tienen la tendencia a ser menos favorecidas. Mirando primero las titulaciones educativas, dentro de cada grupo de transición los que habían realizado transiciones no lineales tenían la tendencia a tener menos titulaciones, lo cual pudo comprobarse tanto a la edad de 16 como a la de 23 años. Por ejemplo, dentro de ambos grupos de ES, más de aquellos cuyas transiciones fueron lineales estuvieron en el grupo de logro educativo superior a los 16 años, que quienes realizaron transiciones no lineales. Entre el grupo de empleo asistido por la política social, los que realizaron transiciones lineales (a quienes en cierto sentido se puede hacer referencia como estando asistidos con éxito) fueron más de dos veces más propensos como quienes siguieron rutas no lineales para estar en el grupo de logro superior a los 16 años. Dentro del grupo de empleo asistido, hay alguna evidencia para sugerir que el grupo lineal había tenido una formación gubernamental con más éxito en la medida en que se había informado que había obtenido una titulación en su programa (87 % en comparación con 63 %). Como tal, llegamos a la conclusión de que los jóvenes que realizan transiciones relativamente sencillas tienen la tendencia a tener unas titulaciones iniciales más fuertes al completar la educación obligatoria. Estas ventajas tempranas ayudan a suavizar su acceso a la educción superior no universitaria, formación y empleo, y ofrecen cierta protección frente al desempleo posterior.

Sin embargo, mientras que el rendimiento educativo puede ayudar a suavizar las transiciones, pueden tener impacto otras ventajas o desventajas. Dentro de la mayoría de grupos de transición quienes realizaban transiciones complejas, no lineales, tenían una tendencia mayor a vivir en barrios desfavorecidos. De igual manera, en cada grupo los que realizaban transiciones no lineales tenían una tendencia menor a tener padres en las clases profesionales y dirigentes y una tendencia mayor a tener padres que habían estado desempleados durante más de seis meses.

En definitiva, dentro de cada uno de los grupos de transición, quienes que sufrían transiciones complejas tendían a pertenecer al colectivo de los desfavorecidos educacional y socialmente y tenían una representación excesiva en áreas de pobreza.

Biografías de elección

Mientras que nuestros datos cuantitativos, dentro de sus limitaciones, nos permitieron capturar algo de la complejidad de las transiciones y destacar cuántos jóvenes continúan realizando transiciones relativamente buenas al seguir las trayectorias establecidas, nos dice poco acerca de las decisiones o elecciones que ellos realizan durante dichas transiciones. Du Bois-Reymond (1998), basándose en el trabajo de Beck y las tesis de individualización, ha realizado una distinción entre quienes siguen la "biografía normal" y los que siguen "biografías de elección". Aunque reconoce que las biografías de elección no se basan solamente sobre la libertad ni en la elección propia, sino que implican una tensión entre la libertad y la coacción, existe un riesgo inherente en tal concepto por medio del cual si no se utiliza con cuidado puede implicar un agente libre y sin restricciones que no tiene en cuenta ni el poder ni las limitaciones (Ball et al, 2002). Es más, tal como Brannen y Nilsen (2002) han argumentado e impuesto, una dicotomía en términos de la "biografía de elección" o la biografía "normal" es demasiado simplista y no captura la extensión completa de las experiencias transicionales. Los niveles de complejidad pueden significar realmente una falta de elección y una vulnerabilidad tal como nuestros resultados cuantitativos sugieren.

Mientras que la influencia del trabajo asociado con la tesis de individualización y el concepto de biografía de elección puede haber servido al propósito útil en contrarrestar los enfoques estructurales demasiado deterministas que habían predominado en la década de los 80, gracias a los cuales se han visto resultados transicionales en gran medida fuera del control de los actores individuales, argumentaríamos que mientras que es importante tener en cuenta la agencia, no es fácil desestimar, como algunos han hecho, las limitaciones, recursos y oportunidades que continúan estructurando las transiciones de los jóvenes. En este sentido, el concepto de Roberts *et al* (1994) de "individualización estructurada" ofrece una útil herramienta teórica.

La expansión de las rutas dentro de la educación posterior a la obligatoria, y a la formación y la mayor flexibilidad ofrecida por la política, puede haber incrementado la gama de opciones abierta a los jóvenes, y esto en sí mismo puede conferir elecciones más amplias. Sin embargo, también necesitamos tener en cuenta las oportunidades y los recursos potenciales o falta de recursos a los que los jóvenes tienen acceso al intentar asegurar resultados satisfactorios en el mercado laboral dentro de un mercado competitivo. Roberts (2004), por ejemplo, ha argumentado que los jóvenes han tenido que seguirle el ritmo a las demandas gubernamentales y al gran número de iniciativas diseñadas para incrementar el capital humano, pero esta inversión ha dejado de producir en función de las demandas del mercado laboral para los niveles superiores de educación alcanzados. El resultado es un excedente de titulación y elevación de las aspiraciones entre los jóvenes que muchos no podrán cumplir.

En este sentido las tradicionales inquietudes de los mercados laborales locales y estructuras de oportunidades continúan ofreciendo el contexto en el que los jóvenes realizan las transiciones y tienen un impacto en los tipos de resultados obtenidos. Mientras que estos contextos externos estructuran las transiciones, una variedad de características personales (tales como logros en la formación) y los recursos disponibles por la familia (tales como apoyo económico, conocimiento, apoyo y motivación) también son esenciales para la predicción de los resultados.

Al evaluar las distintas retrospectivas biográficas de las transiciones de los jóvenes de veintitantos, nuestro análisis nos llevó a concluir que la interacción entre los recursos y la agencia era un aspecto importante de asegurar para lograr los resultados deseados. Al explorar el vínculo entre la agencia y la base de recursos, el primer punto es que unos pocos jóvenes que han accedido a una base de recursos rica (ya sea en términos de logros personales o de recursos familiares) y mostraron pruebas de una agencia personal fuerte (A) no habían obtenido resultados a la edad de 28/29, edad que ellos mismos (y la mayoría de los observadores externos) definirían como deseables.

Figure 4: Agencia y base de recursos

Agencia personal		
	+	**-**
R e c u r s o s **+**	A Riesgo muy bajo	B Algún riesgo
-	C Algún riesgo	D Riesgo alto

En el otro extremo, los que disponían de pocos recursos y agencia personal débil (D) tenían tendencia a tener una transición extremadamente problemática. Keith, por ejemplo, tuvo más de quince puestos de trabajo (principalmente discontinuos), numerosos períodos de desempleo y estuvo en una variedad de programas de formación (normalmente ante la insistencia de la plantilla de la oficina de empleo). A los 29 años, estaba desempleado y vivía con sus padres. Tiene una titulación baja y admite que estuvo frecuentemente ausente de la escuela desde el final del tercer año de la secundaria en adelante. Los programas de formación a los que ha asistido, incluyendo el Nuevo Contrato (New Deal), fueron considerados como una "pérdida de tiempo", junto con otros aspirantes había "fichado" y después había pasado la mayor parte del día "sentado en el pub enfrente" o "en los días con buen tiempo... salía y jugaba al fútbol", puesto que "incluso los tutores no se presentaban". Keith tiene aptitudes artísticas y gana pequeñas cantidades de dinero de vender pinturas o tocar en una banda, sin embargo, mientras que le gustaría tener una carrera profesional en arte o música, dice que su problema se encuentra en "levantarse de mañana y realmente hacer algo".

En una posición menos predecible se encuentran quienes tienen motivación y se mueven, pero carecen de recursos (C) y los que tienen acceso a los recursos, pero carecen de motivación (B). La mayor parte de los jóvenes de la muestra acupan alguna de estas posiciones. Ambos grupos tienden a encontrar dificultades y frecuentemente realizan ajustes: pocos, sin embargo, encontraron períodos prolongados de desempleo o se enfrentaron a la exclusión social o económica. Del análisis podríamos sugerir que aquellos que tienen acceso a los recursos, pero que carecen de agencia desarrollada, tienen una probabilidad mayor de afianzar los resultados que desean y la tendencia a transitar un "camino más liso".

Debbie es un ejemplo de alguien que tiene acceso a una base de recursos débil, pero que muestra señales de una agencia personal enormemente desarrollada. Había dejado la escuela con escasa titulación después de decidir que era inútil seguir estudiando. Desde entonces había cambiado de trabajo varias veces con el fin de asegurar el avance, cuando "no podía ascender más". A veces esto significaba tener que desplazarse a lugares alejados para trabajar. Aunque podía obtener poco en cuanto a la formación de cualquiera de sus empleadores, tomó la decisión sin consultar con nadie de aprender todos los aspectos de cada puesto de trabajo. Mientras trabajaba en una empresa de ingeniería, por ejemplo, se dio cuenta de que necesitaba un mayor conocimiento sobre las piezas de la máquina que comercializaba en función de las ventas. Para desarrollar este conocimiento dijo que:

"cuando la fábrica trabaja hasta tarde un martes y jueves me ponía mi ropa de trabajo e iba a la planta de la fábrica y montaba las herramientas con los chicos. Puesto que yo estaba vendiendo piezas de repuesto y aconsejando, tenía que poder imaginar las herramientas reducidas al mínimo en secciones".

La carrera profesional de Debbie estaba conformada fuertemente a través de su propia agencia, aunque en el proceso su capacidad de obtener recursos se veía mejorada cuando desarrollaba conocimientos prácticos que facilitaban la transición a los trabajos posteriores. También está claro que su motivación podía ser traducida a resultados positivos, como resultado de la disponibilidad de oportunidades en el mercado laboral local y podría argumentarse que tenía la "formación en habilidades personales" necesarias para realizar una entrada inicial en el mercado laboral.

Los ejemplos de jóvenes que tienen una base de recursos fuertes y agencia personal débil cruzan el espectro total de las clases socioeconómicas y los logros personales. Jane asistió a una escuela privada y cara en Glasgow y se hizo médica. "Lo que se espera es que… seas o médico, economista o abogado". Nunca consideró ninguna otra posibilidad que no fuese la medicina. "Unos cuantos amigos míos también hicieron medicina. Todos ellos fueron a la universidad, nadie salió y se puso a trabajar". Aquí sugerimos que el "dejarse llevar" de Jane hacia la medicina, a pesar de la ausencia de una agencia personal fuerte, fue solamente posible debido a que tenía acceso a una base de recursos extremadamente rica.

En este sentido podemos observar una variedad de los diferentes estilos de organización de vida, algunos de los cuales son más estratégicos mientras que otros están más caracterizados por el dejarse llevar y el oportunismo que por una planificación estratégica y elecciones con sentido:

"La decisión fue tomada para mí… (mi padre)… se puso en contacto con el formador y le dijo "¿tienes algo ahí?" y me consiguieron una plaza. Por tanto fue gracias a mi padre lo que yo hice. Quiero decir, yo no tenía ninguna objeción, yo no podría haberme preocupado menos mientras salía de la escuela". (Campbell)

"Creo que mi problema fue que realmente yo no tenía una meta. Creo que puede ser más fácil si se tiene una meta. Nunca he tenido esa meta, creo que puede que yo no estuviese orientada. Creo que si tal vez tuviese una meta sería más fácil". (Sara)

"Trabajé en una panadería a tiempo parcial. Cuando se ingresa en 6° (último año de la escuela secundaria superior) se tienen muchos períodos libres por eso yo estaba trabajando allí y después me ofrecieron un puesto de trabajo a plena dedicación por tanto en cuanto salí de la escuela simplemente fui y trabajé." (Janet)

Conclusión

En este artículo hemos sugerido que es algo prematuro afirmar que las transiciones de los jóvenes incrementaron mucho su complejidad en las últimas décadas. Para argumentar un incremento en la complejidad es necesario analizar nuevamente algunas de las grandes encuestas llevadas a cabo en las décadas de los 60 y 70, con el beneficio de la sofisticación moderna conceptual y metodológica. Nuestro propio punto de vista es que mientras es probable que cierto incremento en la complejidad haya sido asociado con la prolongación de las transiciones y, en particular, con los cambios del mercado laboral, lo que implica un crecimiento en el empleo precario y "no estándar", simplemente estamos empezando a apreciar justamente qué grado de complejidad tenían las transiciones características antes de los años 70.

Asociado con los puntos de vista de la complejidad de la transición al trabajo, también es importante mantener una perspectiva en la supuesta deslinealización de las transiciones: de nuevo, creemos que la tendencia ha sido exagerada. Hay que destacar que hay problemas significativos con la tendencia de caracterizar transiciones no lineales como "biografías de elección" asociadas con enfoques reflexivos hacia la organización de vida. En muchos sentidos, las transiciones no lineales son trayectorias menos favorecidas mientras que, para algunos, la no linealidad es sinónimo de caos. Verdaderamente, nuestro análisis muestra claramente que para cada trayectoria transicional, la variante no lineal tiene la tendencia de ser seguida por los menos favorecidos.

Nuestro enfoque intentó tener en cuenta tanto las dimensiones subjetivas como objetivas de las transiciones y los modos en los que los jóvenes recurren a los aspectos diferentes de su base de recurso. En muchos casos, pudieron compensar los déficit en recursos específicos (por ejemplo, educación) recurriendo a otros recursos compensatorios (tales como el apoyo de la familia). Aquí sugerimos que cada faceta de la base de recursos representa una red de seguridad potencial y que los déficit en una dimensión pueden ser contrarrestados por excedentes en otro. No obstante cuando un déficit de un recurso se combina con una agencia débil afirmamos que es probable que sea un incremento drástico en las ocasiones de resultados "negativos".

Los recursos son distribuidos de manera desigual y en la economía del conocimiento las titulaciones vocacionales y educativas se han convertido en recursos claves a través de los cuales se logran los procesos de inclusión social. El problema, sin embargo, es que otros recursos, tales como la posición socioeconómica de la familia, son firmes indicadores de los resultados educativos. Aquí, desde una perspectiva política, es posible que los enfoques preventivos que ayudan a abordar los déficit en la base de recursos habitualmente asociados al entorno familiar del joven sean productivos y que el reciente compromiso del Gobierno del Reino Unido de reducir los altos niveles de pobreza infantil tengan que ser bienvenidos como un paso necesario en la reducción de la vulnerabilidad y fomento de la inclusión.

También encontramos que las rutas fuera del desempleo tenían la tendencia a ser muy restringidas. La mayoría de los jóvenes en nuestro estudio estaban desempleados hasta que se las arreglaban para lograr trabajos a plena dedicación. Aquí parecería que son barreras significativas (ya sean reales o percibidas) para la nueva participación en la educación y la formación como una forma de escapar del desempleo. De forma tal que sugerimos que es necesario explorar nuevas formas de hacer que la educación y la formación sean más accesibles y atractivas para los jóvenes desempleados.

En el reconocimiento de la importancia de los procesos de negociación individuales es importante reforzar el consejo y los mecanismos de apoyo. Mientras que en algunas circunstancias, se deben abordar los déficit en la motivación para trabajar eficazmente, las políticas necesitan reconocer las metas de los jóvenes, aunque solamente sean formuladas en forma vaga, y la necesidad de ofrecer consejo personalizado, además de apoyo para aclarar y lograr estas metas. En particular, dentro de un contexto de mercados laborales rápidamente cambiantes, es esencial el consejo y la información puntual y relevante, con el fin de ayudar a minimizar los resultados frustrados y los falsos inicios.

En los últimos años ha habido también una creciente tendencia de la política a explicar la exclusión en términos de un modelo de déficit individual, junto al enfoque en las políticas del mercado laboral activo. Los que normalmente se encuentran excluidos a menudo son considerados por la política como incapacitados para trabajar o no preparados para la integración en el mercado laboral. Por otra parte, las dimensiones estructurales y los cambios significativos que han tenido lugar dentro de los mercados laborales raramente son reconocidos. Las políticas hacia los desempleados con frecuencia se basan en la hipótesis de que muchos están poco motivados o poseen aspiraciones de carreras profesionales poco realistas. Nuestra investigación no apoya este punto de vista: la gran mayoría de los jóvenes desempleados ponen bastante esfuerzo en buscar trabajo y se encuentran firmemente dedicados a encontrarlo. Rara vez las aspiraciones fueron un obstáculo para encontrar trabajo, incluso quienes tenían conocimientos prácticos específicos y titulaciones vocacionales estaban deseosos de aceptar una variedad de trabajos. Las políticas activas del mercado laboral tales como el Nuevo Contrato en el Reino Unido, que han adoptado un enfoque coercitivo a la inclusión en el mercado laboral, rara vez tienen en cuenta las metas y aspiraciones de las carreras profesionales de los jóvenes. Desearíamos argumentar que tales políticas seguirán durante mucho tiempo siendo ineficaces, a menos que desarrollen un enfoque de colaboración hacia la inclusión, por medio del cual se respeten completamente las opiniones y prioridades de los jóvenes.

El hecho de no respetar las prioridades de los jóvenes, combinado con el enfoque "trabajo por asistencia social gubernamental", no solamente aleja a los jóvenes de las políticas que pretenden ayudarlos, sino que también pueden servir para estigmatizar a los participantes a los ojos de empresarios y otros, incrementando todavía más su vulnerabilidad. Aquí sugeriríamos que las políticas deberían ser diseñadas para incrementar el apoyo flexible para todos, más que para organizar el acceso conforme a una evaluación del fracaso y del déficit y ubicar tal apoyo dentro de la educación, formación y la transición al trabajo normales más que estar segregada en instituciones especializadas o programas.

Referencias bibliográficas

Anisef, P., Axelrod, P., Baichman-Anisef, E., James, C. and Turrittin, A. (2000): *Opportunity and Uncertainty: Life Course Experiences of the Class of '73*, University of Toronto Press, Toronto.

Ashton, D.N. and Field, D. (1976): *Young Workers*, Hutchinson, London.

Brannen, J. and Nilsen, A. (2002): Young People's Time Perspectives: From Youth to Adulthood. Sociology. Vol. 36 (3), pp513-537.

Carter, M.P. (1962): *Home, School and Work*, Pergammon, London.

Chisholm, L. (1995): Europe, Europeanization and Young People, in Cavalli, A. and Galland, O. (eds) *Youth in Europe*, Pinter, London.

Du Bois Reymond, M. (1995): Future Orientations of Dutch Youth: The Emergence of a Choice Biography, in Cavalli, A. and Galland, O. (eds) *Youth in Europe*, Pinter.

Du Bois Reymond, M. (1998): I don't want to commit myself yet: young people's life concepts. *Journal of Youth Studies*, 1 (1) pp. 63-79.

EGRIS (European Group for Integrated Social Research) (2001) Misleading Trajectories: Transition Dilemmas of Young Adults in Europe, *Journal of Youth Studies*, Vol. 4 (1) pp.101-18.

Furlong, A. and Cartmel, F. (1997): *Young People and Social Change: Individualisation and Risk in Late Modernity*, Open University Press, Buckingham.

Furlong, A., Cartmel, F., Biggart, A., Sweeting, H. and West, P. (2003): *Youth Transitions: Patterns of Vulnerability and Processes of Social Inclusion*, Scottish Executive, Edinburgh.

Goodwin, J. and O'Connor, H. (2002): Forty Years On: Norbert Elias and the Young Worker Project, paper presented to the British Sociological Association Annual Conference, University of Leicester.

Looker, D. and Dwyer, P. (1998): 'Education and Negotiated Reality: Complexities Facing Rural Youth in the 1990s', *Journal of Youth Studies*, Vol. 1 (1) pp. 5-22.

Raffe, D., Biggart, A., Fairgrieve, J., Howieson, C., Rodger, J. and Burniston, S. (1998): *OECD Thematic Review: The Transition from Initial Education to Working Life*, OECD, Geneva.

Roberts, K. (1997): 'Structure and Agency: The New Youth Research Agenda', in Bynner, J., Chisholm, L. and Furlong, A. (eds) *Youth, Citizenship and Social Change in a European Context*, Ashgate, Aldershot.

Roberts K. (2004): School-to-Work Transitions: why the United Kingdom's educational ladders always fail to connect. *International Studies in Sociology of Education*. Vol. 14 (3), Pp 203-215.

Vickerstaff, S. (2003): Apprenticeship in the 'golden age': were youth transitions really smooth and unproblematic back then? *Work, Employment and Society*. Vol. 17 (2), pp269-287.

Walther, A., Stauber, B., Biggart, A., du Bois Reymond, M., Furlong, A., Lopez Blasco, A., Morch, S. and Pais, J. (2002): *Misleading Trajectories: Integration Policies for Young Adults in Europe*, Leske and Budrich, Opladen.

Willis, P. (1977): *Learning to Labour*, Saxon House, Farnborough.

Wyn, J. and White, R. (1997): *Rethinking Youth*, Sage, London.

Educación, capacitación y empleo. Experiencias de Hungría

Kálmán Gábor

Introducción. La desigualdad educativa

El estudio que se presenta aborda un conjunto de interrogantes vinculados a la desigualdad educativa y la transición al mundo del trabajo. El texto se orientó a partir de las siguientes preguntas de investigación: ¿la expansión de la educación secundaria y superior de qué manera ha modificado las oportunidades de los jóvenes húngaros? ¿Continúan vigentes las desigualdades originadas por el nacimiento, lugar donde se vive e identidad étnica?

El resultado de la transformación del sistema educativo durante los años noventa es aún debatido por los expertos. Dichos debates giran en torno a si las desigualdades educativas se han visto incrementadas o han disminuido. Al respecto, algunos sostienen que el sistema educativo se ha vuelto más abierto como resultado de la transformación, mientras que otros argumentan que los cambios han redundado en "elitismo". El primer grupo de expertos señala que el sistema educativo no satisface las demandas del mercado laboral. En cambio, el otro hace hincapié en el efecto devastador del mercado en la igualdad de oportunidades. Los partidarios de la educación con orientación al mercado continúan sosteniendo que los diferentes grupos sociales (en particular dentro de la esfera de la enseñanza superior) realizan elecciones calculadas en relación con las posibles direcciones de sus carreras profesionales, mientras que los detractores creen que la enseñanza superior húngara nunca ha sido tan selectiva como lo es en la actualidad.

Ferenc Gazsó critica encarecidamente la transformación del sistema educativo en un estudio clave publicado en Századvég. Gazsó cree que la expansión de la educación está siendo ejecutada en un sistema que adolece de falta de recursos financieros, por tanto se hace más polarizada, y los diferentes grupos de las clases inferiores quedan todavía más rezagados (Gazsó –Laki 2004). Ciertos expertos admiten el vacío que se extiende entre las clases inferiores y las demás clases, pero abogan por los efectos positivos de los años de desarrollo pasados en el sistema educativo por parte de los jóvenes húngaros. Justamente, tras la expansión de la educación en la década de los noventa la clase media empezó a crecer (Kolosi 2000). Como resultado, una creciente clase media consumidora de bienes se extendió todavía más; rápidamente empezaron a crecer los sectores de consumo y servicios e indudablemente este servicio define el curso de la educación, la carrera profesional y la vida de los jóvenes (Gábor 2000).

La transformación del sistema educativo

Si queremos interpretar la transformación social y las oportunidades de los jóvenes debemos tener en cuenta los aspectos demográficos, la transformación del sistema educativo y los cambios del mercado laboral. "El estado de la educación queda definido básicamente por el número y composición de los grupos de edad determinados. El número de los grupos de edad húngaros ha estado cambiando rápidamente durante largo tiempo. Al principio de los sesenta hubo un estancamiento y después, a mediados de los sesenta, hubo un auge de la natalidad. La gente de este pico ya ha terminado la formación y desde entonces cada vez menos niños entran en la educación primaria y secundaria. La enseñanza secundaria recientemente ha alcanzado un período de caída drástica en la cifra de estudiantes, mientras que este proceso está terminando lentamente en la enseñanza primaria". *(Kozma 1995; Kozma 1996).*

En lo que hace a la composición de los grupos de edad, en el gráfico 1 puede observarse que existe una gran diferencia en las cifras de los diferentes grupos. El pico es el de 23 a 26 años, después el de 20 a 22 años presenta un descenso, pero todavía representa una población mayor que el grupo de 27 a 29 años

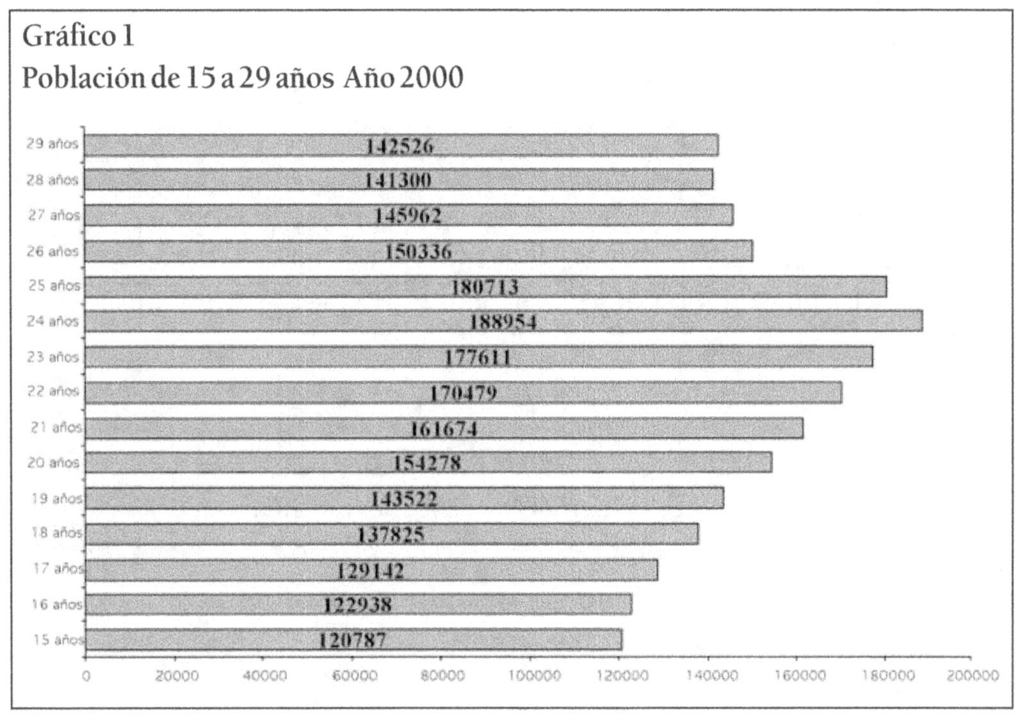

La tendencia de la escolarización en secundaria de la misma población va en dirección a que cada vez más estudiantes entran en la escuela académica general y profesional, mientras que el número de estudiantes inscritos en las escuelas profesionales tiende a descender.[1] (Jelentés 2000 418.o.). En efecto, la tendencia de la década de los noventa fue en dirección a un desplazamiento hacia las instituciones académicas que concedían un certificado "matura" (examen final obligatorio tras la educación secundaria superior) que en sí mismo significaba más años pasados en el sistema, sin mencionar el número creciente de aquellos que podían obtener acceso a la enseñanza superior (cuadro 1).

---

1 Existen tres tipos de educación secundaria: la escuela académica general (Gimnázium), la escuela profesional de cuatro a cinco cursos (szakközépiskola) y la formación profesional breve para obreros especializados de dos a tres cursos, una configuración vertical que está experimentando cambios.

Cuadro 1					
El número de alumnos/estudiantes con plena dedicación por nivel educativo					
	1980/81	1990/91	1995/96	1999/00	2003/04
Escuela Primaria	116203	1130656	974806	960601	874296
Educación Vocacional	162709	222204	172599	117038	123206
Escuela Secundaria	203238	291872	349299	386579	437909
Educación Universitaria	64057	76601	129541	171516	20491

Por tanto hubo cambios básicos en la política de educación durante la década de los noventa: se instó a las instituciones académicas superiores a que recibiesen cada vez más estudiantes, el establecimiento de una variedad más amplia de instituciones académicas otorgando certificados "matura", que llevaron a un descenso en el número de estudiantes de las escuelas profesionales.

El creciente nivel de escolarización: finalización en la escuela y entrada en el mundo laboral

Al interpretar las dos encuestas nacionales realizadas en el año 2000 y 2004, podemos detectar dos tendencias.[2]: a) el creciente nivel de escolarización de la población de 15 a 29 años, b) la inmovilidad de la proporción de alumnos desertores y personas con poca formación. Conforme a la encuesta realizada en el año 2000 una décima parte de la población de 15 a 29 años no continuó después de finalizar la enseñanza primaria y no hubo señales de mejora en el año 2004. Por tanto esta peculiar expansión educativa no implicó "elevar todas las clases sociales", sino más bien produjo grupos que se quedaron atrás, a los que se les cerraron los cambios positivos.

---

2 La encuesta Juventud 2000© y 2004© fue realizada entrevistando a 8000 personas, una muestra nacional que representaba a las generaciones de 15 a 29 años. Nos esforzamos por garantizar la representación durante la realización de la muestra con el uso de estadísticas de CSB y los datos disponibles de la Oficina Censal Central de Proceso y Registro de Datos. La muestra tenía que reflejar regionalmente la población encuestada conforme a los sexos y grupos de edad.

Cuadro 2
Máximo nivel educativo alcanzado por los jóvenes entre 15 y 29 años

	Escuela General	Educación Profesional	Educación Profesional de nivel secundario	Secundario General	Instituto Superior	Universidad
Año 2000	11,7	28,7	25,3	15,9	11,1	7,5
Año 2004	11,0	24,2	21,5	18,3	14,2	8,7

Los datos de Juventud 2000 muestran que el nivel de educación juega un papel crucial en el acceso al empleo. El bajo nivel educativo de los jóvenes, como en Europa Occidental, eleva la probabilidad de un cuadro hipotético de desempleo. Un tercio de los alumnos desertores de la escuela primaria entra en el mercado laboral, aproximadamente una quinta parte se convierte en desempleados y el 20 % de este estrato nunca ha tenido un trabajo. El 50 % de los alumnos desertores de la escuela primaria están inactivos y el 75 % de este grupo nunca ha tenido un puesto de trabajo. Solamente dos quintas partes de personas con una formación de clase-8 son trabajadores activos, aproximadamente un tercio están inactivos y el 50 % de este estrato nunca ha tenido un puesto de trabajo. El 16,7 % son desempleados y alrededor del 25 % de este grupo nunca han tenido un trabajo. El 75 % de obreros especializados que finalizaron la formación profesional tienen un puesto de trabajo. El 15 % de ellos están inactivos y un quinto de este estrato nunca ha tenido un puesto de trabajo. El 9,9 % son desempleados y un quinto de este estrato nunca ha tenido un puesto de trabajo.

El 75 % de las personas con una formación de enseñanza secundaria tienen un puesto de trabajo. El 14,7 % de ellos están inactivos y un quinto de este estrato nunca ha tenido un puesto de trabajo. El 6,8 % son desempleados y el 50 % de este estrato nunca han tenido un puesto de trabajo. El 81,7 % de las personas con una formación de enseñanza secundaria tiene un puesto de trabajo, alrededor de una décima parte de ellos están inactivos y el 15 % de este estrato nunca ha tenido un puesto de trabajo. El 3,2 % de las personas con una licenciatura están desempleadas y alrededor del 50 % de este estrato nunca han tenido un puesto de trabajo.

La encuesta Juventud 2000 muestra que aproximadamente el 10 % de la población de 15 a 29 años con una formación de enseñanza primaria y alumnos desertores de enseñanza primaria se encuentran en una situación desesperada. En este estrato se acumulan y concentran en ciertas regiones las desventajas por nacimiento o lugar donde se vive. Las personas con una educación primaria y alumnos desertores de enseñanza primaria, formación profesional y enseñanza secundaria van al paro con mayor frecuencia. Según los datos de la encuesta Juventud 2000 hay alrededor de 78.000 jóvenes que se ven amenazados de convertirse en marginados. 32.000 de todos desertaron de la enseñanza primaria, 33.000 de la enseñanza secundaria y 13.000 de enseñanza superior. Entre los 32.000 alumnos desertores de enseñanza primaria hay 5.000 desempleados, 16.000 inactivos y solamente 11.000 trabajan. El padre de uno de cada dos de los alumnos desertores de la escuela primaria no finalizó sus estudios primarios. Esto significa que la amenaza de convertirse en un marginado es el resultado de la reproducción del bajo nivel educativo. Los datos de la encuesta Juventud 2004 tienden a mostrar nuevamente que "los hijos de padres con un nivel educativo bajo son miembros de las clases más bajas de la sociedad".

Escolarización y diferencias regionales

Los datos de la encuesta Juventud 2000 muestran que la brecha entre las áreas de prosperidad y las deprimidas se hizo todavía más grande en la década de los noventa. La tasa de desempleo las regiones de Hungría Occidental y Central se encuentran por encima de la media, mientras que las regiones del Norte, Gran Llanura Central, Transdanubio Sur y Norte de Hungría se encuentran por debajo de la media. Si tenemos en cuenta la tasa de desempleo, podemos ver las mismas tendencias: la tasa es alta en el Norte y Noreste de Hungría, mientras que es baja en las regiones occidentales.

Al observar los indicadores que corresponden a Budapest, podemos ver que el porcentaje de jóvenes con un nivel educativo de formación profesional o inferior es justamente la mitad de la media nacional, mientras que el porcentaje de jóvenes con una licenciatura universitaria es dos veces superior a la media nacional. Esto significa que Budapest se encuentra firmemente separado de las otras regiones, los retos del periodo juvenil y de enseñanza alcanzaron a la juventud de Budapest en la década de los noventa, aquí se hizo patente el número creciente de años pasados en la educación.

Por el contrario hay menos regiones mejoradas como el Norte de Hungría donde el porcentaje medio de estudiantes en institutos superiores y universidades acompaña al alto porcentaje de jóvenes con un nivel educativo bajo, formación de enseñanza primaria o formación profesional y de estudiantes asistiendo a escuelas profesionales. La división regional de los 32.000 alumnos desertores de la escuela primaria claramente demostró que el Norte de Hungría se encuentra en la situación más frágil: el 23 % de ellos viven en la Gran Llanura del Norte y el 25 % de ellos viven en el Norte de Hungría, mientras que solamente el 1,8 % se encuentra en Budapest. Parece que es obvio también que las diferencias regionales en relación con el nivel de educación de los jóvenes crecieron más entre los años 2000 y 2004. (Ver cuadro 3).

Cuadro 3
Máximo nivel educativo alcanzado por los jóvenes entre 15 y 29 años según región geográfica de residencia

	Escuela General	Educación Profesional	Educación Secundaria	Universidad
Hungría Central	8,8	18,3	44,0	28,9
Transdanubio Central	9,5	30,0	40,8	19,8
Transdanubio Occidental	7,3	29,4	39,5	23,9
Transdanubio Sur	12,4	27,0	36,7	25,3
Norte de Hungría	16,9	23,3	40,4	19,4
Llanura del Norte	15,1	26,3	37,5	21,0
Llanura del Sur	10,0	26,7	41,0	22,3
Total Nacional	11,3	24,8	40,5	23,3

El mercado laboral es incluso más selectivo que el sistema educativo. Las personas sin formación tienen cada vez menos espacio para entrar en el mercado laboral, que amenaza a toda la sociedad, porque significa un incremento en el número de personas desempleadas de larga duración y porque solamente pueden ganarse la vida entrando en la economía semi sumergida (semi ilegal) y sumergida (ilegal). A pesar de la mejora constante del nivel educativo las desigualdades regionales y étnicas todavía se han intensificado.

Desigualdades étnicas: jóvenes gitanos [3]

La expansión del sistema educativo no detiene las desigualdades causadas por nacimiento, lugar donde se vive o identidad étnica. La encuesta Juventud 2004 muestra una abultada diferencia entre los jóvenes gitanos y los jóvenes no gitanos (cuadro 4).

Cuadro 4
Máximo nivel educativo alcanzado por los jóvenes entre 15 y 29 años según grupo étnico

	Escuela General	Educación Profesional	Educación Profesional de nivel secundario	Secundario General	Instituto Superior	Universidad
No gitanos	9,0	24,9	31,2	15,9	15,2	9,3
Gitanos	64,6	19,3	11,1	4,3	0,7	0,0

Las encuestas sobre los gitanos ofrecen una imagen clara acerca de las condiciones desfavorables de ellos, bien considerando su nivel educativo o bien sus oportunidades en el mercado laboral: "A finales de 1993 la tasa de empleo era del 15,6 % dentro de la población gitana de 15 a 19 años y del 15,1 % dentro de la población no gitana de 15 a 19 años. La tasa de desempleo era del 7,2 % en el segundo grupo y del 11,4 % en el primer grupo, mientras que el 77,7 % del grupo no gitano era inactivo en contraposición al 73,0 % del grupo gitano. Estas cifras parecen mostrar solamente ligeras diferencias. Pero en realidad existen diferencias significativas. La gran mayoría (70,1 %) del grupo no gitano eran estudiantes –el porcentaje de los realmente inactivos era del 7,6 % –, mientras, por otra parte solamente el 24,9 % del grupo de gitanos inactivos eran estudiantes. El 5,2 % de los estudiantes no gitanos estaba en institutos superiores o univer-

---

3 Se sondeó tres veces a la población gitana en Hungría: en 1971, en 1993 y en 2003. La encuesta de 1971 dirigida por István Kemény, la encuesta de 1993 por István Kemény, Gábor Havas y Gábor Kertesi y la encuesta de 2003 por István Kemény y Béla Janky. La encuesta comparativa internacional (búlgara, húngara, rumana) fue dirigida por Iván Szelényi y János Ladányi. Ilona Liskó, Gábor Havas e István Kemény se encargaron de las relaciones entre los jóvenes gitanos y el sistema educativo.

sidades, el 55,5 % iba a la escuela secundaria y solamente el 6,2 % estaba en la escuela primaria. El 45,4 % de los estudiantes gitanos de 15 a 19 años iba a la escuela primaria, el 10 % a escuela especializada, 30,8 % a formación profesional, el 13,5 % a escuela secundaria y el 0,2 % iba a institutos superiores o universidades". (Kemény 2000, p. 70.).

También podemos advertir en la investigación dirigida por István Kemény que existe una relación entre las zonas deprimidas y la población gitana: "Aunque los gitanos viven diseminados por el país, su dispersión es igual, como la dirección y porcentaje de su desplazamiento de ciertas regiones hacia otras Existe una migración significativa de las zonas del este a las del norte como resultado de una industrialización forzada (y errónea). Existe una migración similar aunque más pequeña desde la Gran Llanura al Norte de Hungría, Transdanubio Sur y Budapest. En Budapest las cifras de la población que llega y se marcha fueron iguales. La población gitana casi se ha triplicado en los dos países occidentales (ha crecido de 5000 a 14 000)." (Kemény-Havas 1996, p. 352-353) Al comparar las regiones y el nivel educativo podemos ver que en las áreas que prosperan (alta tasa de empleo y baja tasa de desempleo) el porcentaje de personas sin formación es baja, mientras que en las zonas estancadas (baja tasa de empleo y alta tasa de desempleo) este porcentaje es alto. El porcentaje de alumnos desertores de enseñanza primaria y formación profesional es extremadamente alto en el Norte de Hungría, donde estaba más concentrada la población gitana en la década de los noventa. Los datos de Juventud 2000 muestran que el sistema educativo actual de educación secundaria es más selectivo en las zonas de estancamiento y deprimidas que en las que prosperan, en otras palabras, hay más elitismo centrado en el Norte de Hungría y en la Gran Llanura del Norte que en Hungría Central y en el Transdanubio Central. Nuestras encuestas locales muestran que las escuelas son más selectivas en los emplazamientos, donde el porcentaje de jóvenes gitanos es mayor que en los emplazamientos con población gitana poco significativa.

Desigualdades sociales y ocio

El panorama del ocio armoniza con el crecimiento de la clase media: el estatus de la comunicación y del consumidor de los jóvenes toma forma, los jóvenes cada vez más poseen bienes de consumo y se convierten en miembros del mercado a una edad más temprana.

Los datos de Juventud 2000 muestran que el creciente nivel de educación armoniza con un nivel más alto de posesión de bienes de consumo, cada vez más alumnos poseen teléfonos móviles, ordenadores y acceso a Internet. El ocio se hace cada vez más importante para los jóvenes de la clase media seguidos por la mejora rápida de la industria del ocio. Industria en la que se hace hincapié en la competencia y en el estatus de "consumidor" del cliente a cuenta del estatus del "miembro". (Clarke, J. – Jefferson, T. 1973)

En uno de los mayores festivales húngaros (Sziget Fesztivál[4]) el grupo de jóvenes que se quedan detrás no se encuentra representado en absoluto (ver cuadro 5). Al comparar los datos de las encuestas Sziget Fesztivál y las encuestas Juventud 2000 y 2004 queda claro que, considerando la población total de 15 a 29 años, los estudiantes de las escuelas profesionales se representan por debajo de la media nacional, mientras que los estudiantes de la escuela secundaria y de los institutos superiores o universidades se representan por encima de la media nacional.

Cuadro 5
Máximo nivel educativo alcanzado por los jóvenes entre 15 y 29 años en comparación con asistentes a Sziget

	Escuela General	Educación Profesional	Educación Profesional de nivel secundario	Secundario General	Instituto Superior	Universidad
Total Jóvenes 2004	11,3	24,8	25,1	15,4	14,6	8,9
Jóvenes asistentes a Sziget 2004	3,8	6,1	18,6	22,7	22,7	26,7

---

4 Sziget Fesztivál empezó en el año 1993 en Budapest en una isla anteriormente conocida como parte de una atarazana. Atrajo a 47 000 jóvenes al principio y desde entonces se ha convertido en uno de los mayores festivales de Europa con 385 000 visitantes en el año 2005. No se trata de un festival musical solamente sino también de un punto de encuentro de organizaciones civiles juveniles. Aproximadamente un tercio de los visitantes proceden del extranjero. Hemos estado realizando investigación sobre la juventud en el festival desde el año 1997 y hemos encuestado aproximadamente 3000 jóvenes húngaros y extranjeros cada año. (Gábor 2000; Gábor –Szemerszki 2006)

Incertidumbre y vulnerabilidad crecientes

Hemos abordado la vulnerabilidad de los jóvenes. Al respecto, "Fundamentalmente, nos referimos a la vulnerabilidad como asociada a la capacidad de las personas y de los grupos sociales para enfrentarse a los cambios estructurales y sociales." (Andy Furlong – Barbara Stalder – Anthony Azzopardi (2000): Vulnerable youth: perspectives on vulnerability in education, employment and leisure in Europe. Strassbourg, Council of Europe Publishing, p. 9.)

Los jóvenes viven en un mundo lleno de incertidumbres y es fácil tomar decisiones equivocadas, escoger la forma errónea y después perder el control. Sin embargo, los jóvenes de hoy, se encuentran en una posición mejor, porque no se encuentran tan amenazados por la guerra, enfermedad, inanición y todos esos sufrimientos como las generaciones anteriores. Los orígenes de la vulnerabilidad y de la incertidumbre son o bien existenciales o psicológicos. *Los desafíos diferentes, los riesgos mayores, la dura competencia y la independencia temprana hacen que los jóvenes estén más expuestos a los peligros del alcohol, tabaco, drogadicción, etc.*

Los datos de la encuesta Juventud 2000 muestra que los riesgos no solamente afectan a los jóvenes con un nivel educativo inferior, sino también a los grupos culturalmente privilegiados, aunque estos últimos establecen estrategias de actuación. Los grupos culturalmente privilegiados están bien representados en grupos donde el número de miembros que prueban las drogas puede oscilar entre una décima parte o la mitad de un grupo dado. Se puede afirmar que la era de la expansión de la educación y las mejores oportunidades educativas de los jóvenes es la edad de la creciente vulnerabilidad en particular también entre las mujeres jóvenes (Gábor 2002).

Referencias bibliográficas

Furlong A, Stalder, B. Azzopardi, A. (2000): *Sebezhet Ifjúság Vulnarable youth: perspectives on vulnerably in education, employement and leisure in Europe.* Strassbourg, Council of Europe Publishing *Szeged, Belveder Kiadó*

Clark J.- Jefferson T. (2000): *A munkásosztály ifjúsági kultúrái.* (In.: Gábor Kálmán (2000) A középosztály szigete. Belvedere Kiadó, 115-136

Gábor Kálmán – Szemerszki Marianna (2006): Sziget Fesztivál 2005. Az új fiatal középosztály és

Gábor Kálmán (2001) The Island of the Middle Classe. Szeged, Belvedere Kiadó

Gábor Kálmán (2002) A magyar fiatalok és az iskolai korszak. Túl renden és osztályon. In.: Ifjúság 2000. tanulmányok I. (szerkesztette: Szabó Andrea, Bauer Béla, Laki László. Budapest, Nemzeti Ifjúságkutató intézet

Glatz Ferenc – Kemény István (szerk.) (2004) *Cigányok Magyarországon.* Budapest, Társadalomkutató Központ

Kemény István (2000) Roma (cigány) fiatalok a munkaer piacon. In.: Társadalmi átalakulás és ifjúság. Szabadság mint esély? [szerk.: Gábor Kálmán], Szeged, Belvedere Kiadó, 68-73

Kolosi Tamás (2000) A terhes babapiskóta. A rendszerváltás társadalomszerkezete. Budapest, Oziris

Kozma Tamás (1995) Ifjúság és oktatás. Educatio 2., 203-222

Kozma Tamás (1996) *Településhálózat és iskolarendszer.* Educatio, 2., 248-259

La insercion laboral de los jovenes en la Argentina

Ana Miranda

Introducción

El presente trabajo tiene como objetivo presentar un análisis sobre la inserción laboral de los jóvenes en la Argentina contemporánea. Con ese objetivo se analizan las transformaciones en la inserción laboral de los jóvenes durante el siglo veinte, de modo de destacar las particularidades de los países del cono sur dentro del contexto regional latinoamericano.

Las singularidades de los países del cono sur estuvieron asociadas a un particular proceso de industrialización que se consolidó sobre mediados del siglo veinte, y que fue denominado como industrialización por sustitución de importaciones. Sobre la base del cual, se consolidaron los rasgos que caracterizaron una estructura ocupacional, hasta mediados de los años setenta, con menor heterogeneidad en relación al contexto social latinoamericano.

La industrialización sustitutiva se desarrolló en la Argentina a partir de los años treinta, consolidándose durante las dos décadas posteriores, momento en el cual se produjo una significativa re-distribución del ingreso a favor de los sectores del trabajo. La literatura de análisis del mercado laboral ha señalado que desde los años sesenta la industrialización sustitutiva comenzó a evidenciar una crisis, que se manifestó con gran intensidad a partir de mediados de los años setenta, cuando el gobierno dictatorial aplicó una serie de políticas económicas que propiciaron la apertura y desregulación económica.

Las políticas económicas aplicadas durante dicho gobierno propiciaron tendencias hacia la des-industrialización y hacia la desigualdad en la distribución del ingreso. Así como, la inestabilidad económica de los años ochenta dio lugar a un proceso de empobrecimiento novedoso, que implicó la crisis de la denominada "clase media". En la década del noventa, la persistencia de la inestabilidad macroeconómica fue el contexto para la implementación de un nuevo programa que reforzó la apertura económica y cristalizó las tendencias hacia la desigualdad y la expansión de la pobreza.

El modelo económico de los años noventa concluyó durante la crisis del año 2001-2002, cuando la población en situación de pobreza alcanzó al 53%[1] de la población urbana. A partir del año 2003 se produjo un nuevo ciclo de crecimiento económico y una caída en la proporción de la población en condición de pobreza, que actualmente alcanza al 31,6 % de la población[2].

A partir de lo expuesto, la idea central de la exposición está relacionada con el hecho de demostrar que a partir de mediados del siglo veinte se produjo un proceso continuo de aplazamiento en la inserción laboral de los jóvenes argentinos. Que este aplazamiento estuvo relacionado con la expansión de la participación de los jóvenes en la educación media y superior, y en la escasez de oportunidades ocupacionales sobre todo a partir de mediados de la década del setenta. La hipótesis que subyace a dicha afirmación señala que el modelo aperturista implementado por el gobierno dictatorial propició una suerte de oferta excedente de mano de obra juvenil que las crisis económicas no hicieron más que agravar. Y que, en la actualidad, los jóvenes que pertenecen a hogares de menores ingresos experimentan situaciones de vulnerabilidad asociadas a la inactividad absoluta.

Durante el texto se trabajó con información secundaria producida por la agencia nacional de estadísticas en la Argentina. En primer lugar, se procedió al procesamiento de información de los censos nacionales de población y viviendas. En segundo lugar, a la re-categorización de la información de la encuesta permanente de hogares, la cual es aplicada sobre una muestra de la población de los principales conglomerados urbanos.

Por último, es necesario destacar que a lo largo del texto se presentan los resultados del Proyecto: *Las transformaciones del mercado de trabajo frente a las reformas de la política económica y social de los noventa: un estudio sobre la performance ocupacional de los jóvenes*, que se desarrolla con sede en FLACSO y financiamiento de la Agencia Nacional de Investigaciones Científicas y Tecnológicas.

---

1 Información oficial – EPH – INDEC para mayo de 2002.
2 Información oficial – EPH – INDEC para primer semestre de 2006.

La inserción laboral de los jóvenes durante el siglo veinte

Durante las primeras décadas del siglo veinte la principal actividad de los jóvenes argentinos estuvo vinculada a su participación en el mercado laboral. La moratoria social o juventud quedaba restringida a ciertos grupos masculinos de *elite* que accedían a la educación media y superior. Las mujeres, en cambio, pasaban de su condición de niñas al ejercicio del rol materno y/o conyugal. La organización económica era preponderantemente agropecuaria, los espacios de producción y reproducción de la vida estaban integrados en una misma unidad doméstica. En un mismo sentido, la esperanza de vida promediaba los 33 años de edad. Los datos del primer censo de población y viviendas del año 1869 son elocuentes en evidenciar la amplia actividad productiva entre los jóvenes (Gráfico 1 y 2).

Durante la etapa de industrialización por sustitución de importaciones (en adelante ISI) se produjo una creciente diferenciación entre el ámbito productivo y familiar, así como una fuerte urbanización de la población y una tendencia hacia la menor participación laboral de las mujeres. Los grupos familiares tendieron a estar conformados por un hombre "proveedor" y jefe de hogar y una mujer ama de casa encargada de la organización doméstica y de la escolarización de las nuevas generaciones (Carnoy M. 2000).

Este tipo de organización familiar, denominado "familia nuclear", se extendió de forma paralela a la menor participación femenina en el mercado laboral durante el período de la ISI (Gráfico 2). La literatura del análisis poblacional señaló que las mujeres tendían a abandonar la actividad económica en la medida que comenzaban su etapa reproductiva (Lattes Z. Rechini de y Lattes A. 1974).

Con diferentes intensidades y ritmos durante el período de la ISI se fue consolidando la idea de *adultez*, básicamente, en relación a la formación de un hogar nuclear propio y a la consecución de un empleo fuera del ámbito del hogar. Asimismo, se expandieron las instituciones sociales que brindaron sostén a la des-mercantilización de adultos mayores a través del sistema de previsión social y se inicio un período de expansión de la matrícula de nivel secundario (Braslavsky C. 1984). Conjuntamente la esperanza de vida de la población llegó a duplicarse, alcanzado el promedio de 61 años de edad.

Las últimas décadas del siglo veinte fueron el escenario de grandes transformaciones en las condiciones de vida de la población. El empleo asalariado se fue debilitando en tanto mecanismo de integración social en las economías occidentales. En el caso argentino, asistimos a un fuerte deterioro en la situación de los trabajadores, cuya expresión más acabada fue la expansión de la desocupación abierta, que significó un marcado incremento de la población en condiciones de pobreza. Asimismo, la composición familiar experimentó también fuertes cambios en dirección a una mayor pluralidad en sus formas organizativas (Jelin E. 2000). Estos fenómenos fueron contemporáneos a un progresivo aumento de la participación de la mujer en el mercado laboral (Cortés R 2000).

Las transformaciones sociales y económicas abrieron el debate sobre la crisis de las condiciones materiales que se sostenían, en parte, de la idea de "adultez". La escasez de oportunidades laborales entre adultos varones y las modificaciones en las conductas familiares trajeron aparejada la crisis de lo que se había sido la figura de *adulto normal* (Urresti M. 2000). Frente a este panorama, interesa enfocarse en la situación de los jóvenes argentinos contemporáneos.

Los cambios sociales y económicos durante el siglo veinte implicaron que la inserción social y laboral de los jóvenes fuera cambiando. Entre las tendencias más claras, persistió una progresiva propensión hacia su menor participación laboral entre aquellos menores de 20 años. En este sentido, los datos son elocuentes en mostrar un descenso en la participación económica en el grupo entre 15 y 19 años de edad, tanto entre los varones como entre las mujeres. De modo tal que, el ingreso al mercado laboral, en nuestros días, comenzó a producirse en forma mayoritaria a partir de las edades teóricas de culminación de la escolaridad media.

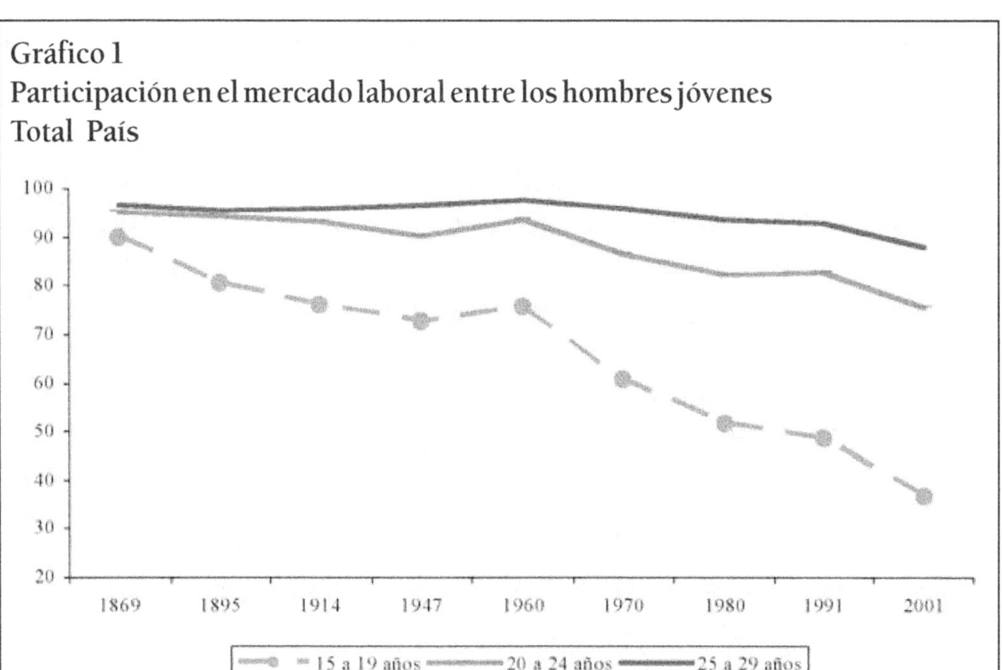

Fuente: Elaboración propia en base a datos del INDEC-Censo Nacional de Población y Viviendas.

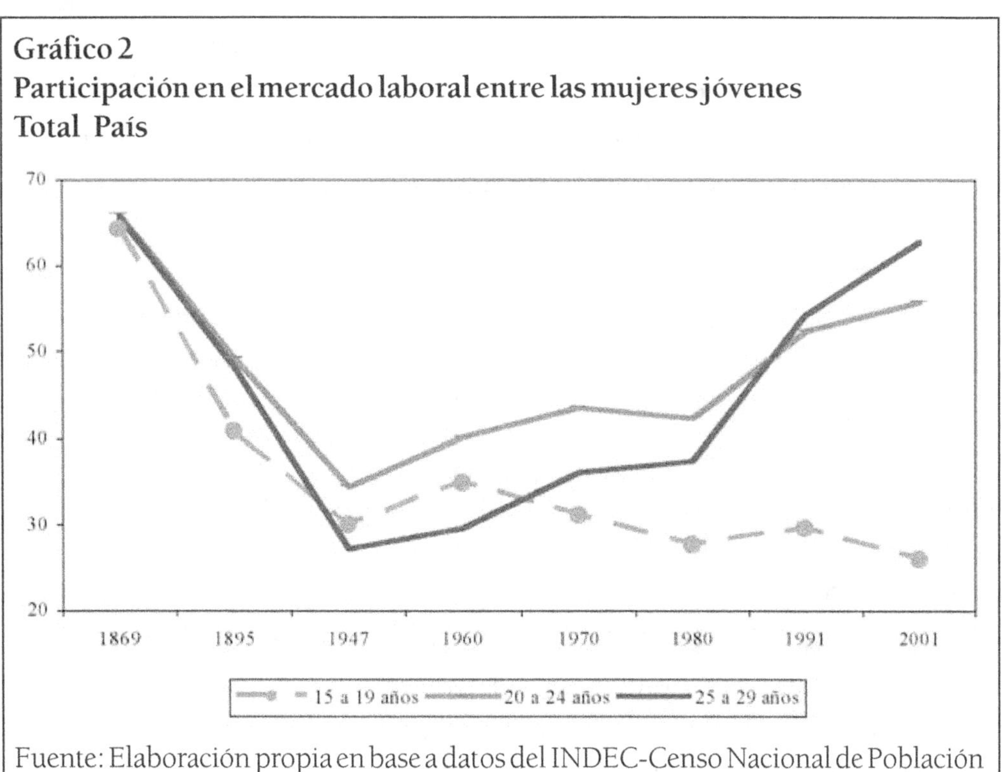

Fuente: Elaboración propia en base a datos del INDEC-Censo Nacional de Población y Viviendas.

Entre aquellos mayores de 20 años, las tendencias son disímiles según género. Al respecto, mientras a mitad del siglo veinte las mujeres jóvenes tendieron a retirarse del mercado laboral, a partir de la década del ochenta incrementaron su participación de manera análoga a las mujeres adultas. Sobre todo, en el grupo de 25 a 29 años de edad, donde el período reproductivo tendió a aplazarse hacia edades más avanzadas. Entre los varones, en cambio, la tendencia hacia la participación fue más estable.

La caída en la actividad laboral de los jóvenes estuvo asociada a dos fenómenos centrales. Por un lado, al incremento de la escolarización media y superior. Por otro, a las crecientes dificultades laborales que los jóvenes sufrieron a partir de la década del noventa (Salvia A y I Tuñon. 2003; Jacinto C. 2004). La escasez de oportunidades laborales ha significado que aquellos jóvenes que pertenecen a grupos alto nivel socioeconómico tiendan a aplazar su inserción laboral, inclusive, hasta la finalización de sus estudios de nivel superior (Miranda A. y Otero A. 2005).

Los datos censales mostraron la existencia de tendencias hacia la mayor escolarización y hacia el aplazamiento de la inserción laboral entre los jóvenes en las últimas dos décadas. Estas tendencias, sin embargo, se expandieron de forma diferencial según el grupo social de pertenencia de los jóvenes. Frente a este contexto, a continuación se presenta un análisis sobre la efectiva situación de los jóvenes que pertenecen a distintos grupos socioeconómicos en la Argentina contemporánea.

La situación de los jóvenes en la Argentina contemporánea

Las dificultades en la inserción social y laboral de los jóvenes fueron documentadas por un conjunto de investigaciones sociales en nuestro país durante los años noventa (Jacinto C. 1996; Filmus D. y Miranda A. 1999; Salvia A. 2000; Jacinto C. 2004). Entre las principales conclusiones de dichos estudios se destacó que el grupo de jóvenes que había sufrido con más intensidad las consecuencias de las transformaciones económicas de los años noventa estaba representado por aquellos jóvenes que no estudiaban ni trabajaban. La idea central era que los jóvenes se encontraban desafiliados de las instituciones tradicionales que habían garantizado la inclusión social: la educación y el empleo. Los jóvenes des-afiliados pertenecían mayormente a los sectores económicos de menor nivel socioeconómico y al grupo de edad de 15 a 19 años (Miranda A. y Salvia A. 1999). Sobre principios de 2000, la situación fue modificándose. Por un lado, se produjo una mayor inclusión educativa de los jóvenes entre 15 y 19 años, por otro, la desocupación y la inactividad comenzó a afectar significativamente a los jóvenes mayores de 20 años de edad.

En este contexto, aparece como imprescindible analizar la efectiva situación de los jóvenes en la Argentina contemporánea. Con esa intención, se procedió a un procesamiento de la información de la Encuesta Permanente de Hogares para el total de los conglomerados urbanos[3] en el último semestre de 2005. El proceso consistió, en primer lugar, en diferenciar a los jóvenes en tres grupos de edad según los criterios corrientes del campo de la "juvenología"[4]. En segundo lugar, realizar una combinación de las dos variables que se han identificado en tanto principales sostenes de la inclusión social juvenil (la educación y el empleo). En tercer lugar, se distinguieron tres grupos según una variable que identifica el promedio de ingreso per capita del hogar. En este último caso, se denominó nivel socioeconómico bajo al agrupamiento de familias que se encontraban en los primeros cuatro deciles de ingreso per capita, nivel socioeconómico medio a los grupos familiares entre el quinto y el noveno decil y alto a los grupos que pertenecen al decimo decil[5]. La información sobre ingresos, asimismo, debió ser leída en relación a los distintos grupos de edad. Justamente, mientras entre los jóvenes menores a 25 años los ingresos corresponden al grupo familiar, entre los mayores se corresponden con ingresos laborales propios.

---

3 Es necesario advertir que la EPH releva información sobre condiciones de vida entre la población de los conglomerados urbanos de más de 500.000 habitantes y capitales provinciales, razón por la cual los datos que se presentan a continuación no son estrictamente comparables con los relevamientos censales presentados en los apartados anteriores. Las ventajas de la utilización de la EPH se encuentran en la posibilidad de utilizar "microdatos", es decir que la fuente permite analizar información de distintas variables (y sus intersecciones) según el objetivo del investigador/ra.

4 Los grupos etarios en análisis son: jóvenes entre 15 y 19 años, jóvenes entre 20 y 24 años y jóvenes entre 25 y 29 años de edad.

5 La distribución decilitica corresponde a la partición de la población total en agrupamientos que comprenden al 10% de la población cada uno. Los ingresos totales de las familias de los primeros cuatro deciles alcanzaban un máximo de 700 pesos (U$S225), los grupos familiares entre el quinto y el noveno decil un máximo de $2.100 pesos (U$S 674) y último decil más de $3.000 (U$S 962).

La combinación entre las variables que hacen referencia a la asistencia escolar y a la participación en el mercado de trabajo da como resultado seis grupos: a) *estudia*: refiere a los jóvenes que asisten a la educación formal y son inactivos; b) *estudia y busca trabajo*: asiste a la educación y al mismo tiempo se reconoce como "desocupado/a"; c) *estudia y trabaja*: desarrolla las dos actividades al mismo tiempo; d) *es inactivo y no estudia*: no asiste a la educación formal y no busca trabajo; e) *es desocupado y no estudia*: no asiste pero busca empleo; f) *Trabaja*: trabaja y no asiste.

La proporción de jóvenes según actividades puede observarse en el cuadro 1. Las filas que se encuentran en los extremos (sólo estudia en el extremos superior, y sólo trabaja en el extremo inferior) dan cuenta cómo la actividad principal de los jóvenes entre 15 y 18 años está relacionada con la asistencia educativa, mientras que la actividad principal de los mayores de 25 años está asociada a la participación en el mercado laboral. En el medio, como se ha destacado con anterioridad, se produce en forma mayoritaria el pasaje entre la educación y el empleo en el grupo de 19 a 24 años.

Cuadro N°1
Principales actividades de los jóvenes
Segundo semestre de 2005 – Total de los aglomerados urbanos

	15 a 18	19 a 24	25 a 29
Estudia	71.5	22.3	5.0
Estudia y busca trabajo	2.3	3.7	1.8
Estudia y trabaja	4.6	12.9	10.2
Es inactivo y no estudia	9.9	14.1	15.6
Es desocupado y no estudia	4.9	10.1	7.5
Trabaja	6.8	37.0	59.9
TOTAL	100.0	100.0	100.0

Fuente: Elaboración propia en base a datos del INDEC-EPH Encuesta Permanente de Hogares. Fecha

La información desagregada para el grupo de jóvenes que pertenecen a hogares de nivel socioeconómico bajo hace evidente que la asistencia escolar es menor entre los jóvenes de menores recursos económicos. Asimismo, pone de manifiesto que las problemáticas asociadas a la desafiliación de la escuela y el empleo alcanzan mayor importancia relativa en este grupo poblacional. En efecto, más del 20 % de los jóvenes entre 15 y 18 años y más del 35% de aquellos que cuentan entre 19 y 24 años de edad no trabajaban, ni estudiaban durante el segundo semestre de 2005. En este último caso, la desafiliación tiene además un componente de género, ya que la proporción de jóvenes entre 19 y 24 años que no estudia ni trabaja alcanzaba 25 % de los varones, y al 51,5% de las mujeres en ese grupo de edad (ver anexo).

Cuadro N°2
Principales actividades de los jóvenes de bajo nivel socioeconómico
Segundo semestre de 2005 – Total de los aglomerados urbanos

	15 a 18	19 a 24	25 a 29
Estudia	64.8	18.0	4.2
Estudia y busca trabajo	2.9	2.8	1.1
Estudia y trabaja	4.4	6.0	4.4
Es inactivo y no estudia	13.0	20.7	24.8
Es desocupado y no estudia	7.3	14.5	11.6
Trabaja	7.6	38.0	53.9
Total	100.0	100.0	100.0

Fuente: Elaboración propia en base a datos del INDEC-EPH Continua

Cuadro N°3
Principales actividades de los jóvenes de nivel socioeconómico medio
Segundo semestre de 2005 – Total de los aglomerados urbanos

	15 a 18	19 a 24	25 a 29
Estudia	74.0	22.5	5.4
Estudia y busca trabajo	2.0	4.5	2.1
Estudia y trabaja	4.8	13.0	11.9
Es inactivo y no estudia	8.7	12.3	12.7
Es desocupado y no estudia	3.9	8.9	6.1
Trabaja	6.7	38.8	61.9
Total	100.0	100.0	100.0

Fuente: Elaboración propia en base a datos del INDEC-EPH

Cuadro N°4
Principales actividades de los jóvenes de nivel socioeconómico alto
Segundo semestre de 2005 – Total de los aglomerados urbanos

	15 a 18	19 a 24	25 a 29
Estudia	83.9	31.5	5.3
Estudia y busca trabajo	1.8	2.4	1.6
Estudia y trabaja	4.7	29.9	19.2
Es inactivo y no estudia	3.4	4.3	2.5
Es desocupado y no estudia	1.4	4.0	1.1
Trabaja	4.9	27.9	70.3
Total	100.0	100.0	100.0

Fuente: Elaboración propia en base a datos del INDEC-EPH

Entre aquellos jóvenes que pertenecen a grupos de nivel socioeconómico medio la propensión hacia la inactividad es menor, así como es mayor la asistencia educativa y la participación laboral, sobre todo entre aquellos mayores a 19 años. La diferencia, se encuentra centralmente en el comportamiento diferencial de las mujeres. En este sentido, a medida que se va ascendiendo en la escala socioeconómica las mujeres tienden a participar más activamente en el mercado laboral. El caso extremo, se corresponde con las mujeres mayores de 25 años de nivel socioeconómico alto donde la tasa de actividad económica es análoga a la de los varones.

La mayor inactividad de los grupos de menores ingresos forma parte de la combinación propia de la estructura de oportunidades socialmente determinada. La delimitación estructural de las oportunidades se corresponde con el acceso a la educación, al empleo y a una estructura familiar que brinde el sostén para la mayor escolarización (Biggart A. Bendit R. Cairns D. Hein K. y Morch S. 2004). De los datos presentados se desprende que, los grupos de mayores ingresos experimentan escolarizaciones más prolongadas, y posteriormente tienen mayor acceso al empleo, lo cual redunda en un círculo virtuoso de acumulación, en donde se registra una fuerte participación femenina[6]. Por el contrario,

---

6 Los estudios de investigación de mercado señalan que los grupos de mayor poder de consumo están integrados por parejas jóvenes sin hijos a quienes califican con la sigla DINK (double income no kids).

entre aquellos grupos de menores ingresos se presenta una menor permanencia de los jóvenes en el sistema educativo, menor acceso al empleo y mayor inactividad. En este último caso, además, existe una mayor propensión a las uniones conyugales más tempranas. Por ejemplo, en el grupo de 19 a 24 años de edad de nivel socioeconómico bajo solo el 31,4% de los hombres y el 24,3% habitan en sus hogares familiares de origen en condición de hijos, mientras que en el grupo de ingresos altos esa proporción alcanza al 64,5% y al 59,2% respectivamente.

Reflexiones finales

Durante el siglo veinte la inserción laboral de los jóvenes en la Argentina se fue aplazando hacia edades más avanzadas. Dicho aplazamiento coincidió con un movimiento más general de extensión de la escolaridad y avance en las restricciones para el ingreso al mercado de trabajo por parte de niños y jóvenes. En esta dirección, la adhesión de nuestro país a la legislación sobre la erradicación del trabajo infantil y a la Convención sobre los Derechos de Niños, Niñas y Adolescentes de Naciones Unidas, fueron hechos centrales. En un clima en donde la educación secundaria comenzó a ser considerada "subjetivamente obligatoria" entre sectores sociales cada vez más amplios (Jacinto C. 2006), y se sancionó la Ley de Educación Nacional[7] que estable la obligatoriedad de dicho nivel educativo.

Sin embargo, más allá de las tendencias generales, la información presentada demuestra que la situación educativa y laboral es ampliamente desigual entre los jóvenes de distinto nivel socioeconómico. Entre aquellos que pertenecen a hogares de altos ingresos, la mayor escolarización y la menor participación en el mercado laboral se sostienen mediante el apoyo familiar y la mayor permanencia de los jóvenes en sus hogares de origen. En cambio, en los sectores de menores ingresos la escolarización es proporcionalmente menor, la integración a la actividad laboral es más temprana así como también es más temprana la conformación de una familia propia.

---

7 El sistema educativo argentino quedó organizado en: educación inicial (en edad teórica de 4 y 5 años de edad), educación primaria (en edad teórica de 6 a 12 años de edad) y la educación secundaria (en edad teórica de 13 a 17 años de edad). Todos esos niveles educativos son obligatorios a partir de la sanción de la Ley N° 26.206 en 2006.

En este contexto, merece particular atención la desigualdad existente entre las mujeres jóvenes. Al respecto, mientras en los sectores de mayor nivel económico y educativo las conductas frente al mercado laboral entre hombres y mujeres parecen estar equiparándose, en los sectores de menores recursos sigue siendo extendida la domesticidad como actividad excluyente entre las mujeres de todos los sub-grupos etarios considerados en la categoría jóvenes.

La expansión de la desigualdad educativa y laboral entre los jóvenes de distintos grupos sociales nos pone frente a la urgente necesidad de diseñar e implementar políticas de juventud que atiendan a las condiciones de vida de los sujetos en un sentido amplio. Las investigaciones juvenológicas han demostrado que en las sociedades contemporáneas los "riesgos" tienen condicionantes estructurales y subjetivos, y que los jóvenes atraviesan un proceso de transición a la adultez cada vez más largo y complejo. Las políticas de juventud deben responder a la nueva realidad y dar respuesta a las diferentes situaciones que enfrentan los jóvenes en su vida cotidiana.

Referencias bibliográficas

Biggart A. Bendit R. Cairns D. Hein K. y Morch S. (2004). Families and Transitions in Europe: State of the art report. Ulster, FATE Research Project. School of Social and Community Sciences University of Ulster.

Braslavsky C. (1984). La función social de la estructura del sistema de educación formal. Buenos Aires, FLACSO.

Braslavsky C. (1986). *La Juventud argentina: informe de situación*. Buenos Aires, CEAL.

Carnoy M. (2000). *El trabajo flexible en la era de la información*. Madrid, Editorial Alianza.

Cortés R (2000). Argentina: La calidad del empleo femenino urbano en los noventa. *¿Más y Mejores Empleos para las Mujeres? La experiencia de los países del Mercosur y Chile*. V. M. E. y. G. Reinecke. Santinado de Chile, OIT.

Filmus D. y Miranda A. (1999). Más educación, menos trabajo = más desigualdad. *Los noventa*. Filmus D. Buenos Aires, Eudeba - FLACSO.

Jacinto C. (1996). "Desempleo y transición educación-trabajo en jóvenes de bajos niveles educativos. De la problemática actual a la construcción de trayectorias." *Revista Dialógica V.1*.

Jacinto C. (2004). Ante la polarización de oportunidades laborales de los jóvenes en América Latina. Un análisis de algunas propuestas recientes en la formación para el trabajo. *Educar para qué trabajo?* J. C. (coord). Buenos Aires, La Crujia.

Jacinto C. (2006). *La escuela media: reflexiones sobre la agenda de inclusión con calidad*. Buenos Aires, Fundación Santillana.

Jelin E. (2000). Pan y afectos: la transformación de las familias. San Pablo, Fondo de cultura económica.

Lattes Z Rechini de y Lattes A. (1974). *La población de Argentina*. Buenos Aires, CI-CRED Series.

Miranda A. y Otero A. (2005). "Diversidad y desigualdad en los tránsitos de los egresados de la escuela secundaria." *Revista Mexicana de Investigación Educativa* Vol. 10 N°25.

Miranda A. y Salvia A. (1999). "Norte de Nada: los jóvenes y la exclusión en la década del '90." *Realidad Económica* N°165.

Salvia A y I Tuñon. (2003). *Los jóvenes trabajadores frente a la educación, el desempleo y la inserción social*. Buenos Aires, Fundación Friedrich Ebert.

Salvia A. (2000). "Una generación perdida: los jóvenes excluídos en los noventa." Mayo Revista de Estudios de Juventud N° 1.

Urresti M. (2000). Cambio de escenarios sociales, experiencia juvenil urbana y escuela. *Una escuela para los adolescentes: reflexiones y valoraciones*. E. T. Fanfani. Buenos Aires, UNICEF/LOSADA.

Anexo

Principales actividades de los jóvenes de bajo nivel socioeconómico según género
Segundo semestre de 2005 – Total de los aglomerados urbanos

		HOMBRES			MUJERES		
		15 a 18	19 a 24	25 a 29	15 a 18	19 a 24	25 a 29
Estudia	N°	184115	57585	9388	202528	78670	16339
	%	62.9	16.3	3.4	66.6	19.5	4.8
Estudia y busca trabajo	N°	8202	10636	2086	9019	10455	4650
	%	2.8	3.0	0.8	3.0	2.6	1.4
Estudia y trabaja	N°	13805	16611	10409	12323	28402	16748
	%	4.7	4.7	3.8	4.1	7.0	4.9
Es inactivo y no estudia	N°	31055	27625	18229	46634	129030	134596
	%	10.6	7.8	6.7	15.3	32.0	39.2
Es desocupado y no estudia	N°	26206	60433	29478	17406	49615	42276
	%	9.0	17.1	10.8	5.7	12.3	12.3
Trabaja	N°	29318	180380	203038	16245	106983	128895
	%	10.0	51.1	74.5	5.3	26.5	37.5
TOTAL	N°	292701	353270	272628	304155	403155	343504
	%	100.0	100.0	100.0	100.0	100.0	100.0

Fuente: Elaboración propia en base a datos del INDEC-EPH

Principales actividades de los jóvenes de nivel socioeconómico medio según género
Segundo semestre de 2005 – Total de los aglomerados urbanos

		HOMBRES			MUJERES		
		15 a 18	19 a 24	25 a 29	15 a 18	19 a 24	25 a 29
Estudia	N°	301231	128496	20401	326222	183374	39032
	%	73.3	18.2	3.8	74.6	26.9	6.9
Estudia y busca trabajo	N°	6938	30381	6492	9728	31515	16559
	%	1.7	4.3	1.2	2.2	4.6	2.9
Estudia y trabaja	N°	24146	92907	70029	16370	87964	60120
	%	5.9	13.2	13.2	3.7	12.9	10.6
Es inactivo y no estudia	N°	20156	34767	15855	53821	136080	123390
	%	4.9	4.9	3.0	12.3	20.0	21.8
Es desocupado y no estudia	N°	19457	65375	27790	13503	57461	38664
	%	4.7	9.3	5.2	3.1	8.4	6.8
Trabaja	N°	39104	353522	390413	17445	184258	288016
	%	9.5	50.1	73.5	4.0	27.1	50.9
TOTAL	N°	411032	705448	530980	437089	680652	565781
	%	100.0	100.0	100.0	100.0	100.0	100.0

Fuente: Elaboración propia en base a datos del INDEC-EPH

Principales actividades de los jóvenes de nivel socioeconómico alto según género
Segundo semestre de 2005 – Total de los aglomerados urbanos

		HOMBRES			MUJERES		
		15 a 18	19 a 24	25 a 29	15 a 18	19 a 24	25 a 29
Estudia	Nº	66065	43071	5050	71830	53657	6535
	%	78.3	27.8	5.2	89.7	35.3	5.4
Estudia y busca trabajo	Nº	335	2701	2006	2545	4658	1559
	%	0.4	1.7	2.1	3.2	3.1	1.3
Estudia y trabaja	Nº	6142	46437	17960	1535	45382	24058
	%	7.3	30.0	18.4	1.9	29.9	19.8
Es inactivo y no estudia	Nº	3012	3757	737	2560	9370	4728
	%	3.6	2.4	0.8	3.2	6.2	3.9
Es desocupado y no estudia	Nº	1215	5116	1947	1092	7017	526
	%	1.4	3.3	2.0	1.4	4.6	0.4
Trabaja	Nº	7602	53877	69843	491	31848	84160
	%	9.0	34.8	71.6	0.6	21.0	69.2
TOTAL	Nº	84371	154959	97543	80053	151932	121566
	%	100.0	100.0	100.0	100.0	100.0	100.0

Fuente: Elaboración propia en base a datos del INDEC-EPH

PARTE 2

Potencialidades de la educación no formal. Aprendiendo a través del voluntariado

Recontextualizar el aprendizaje en la segunda modernidad

Lynne Chirsholm

Introducción

El redescubrimiento del aprendizaje continuado y de sus implicaciones en un aprendizaje constante por y en todos los momentos de una vida, junto con la reconstrucción del curso vital y cómo la juventud se posiciona frente a este concepto, establece cuestiones empíricas y teóricas a la investigación de la juventud.

Los límites largamente establecidos entre categorías del conocimiento y los caminos en los que el conocimiento y las experiencias se intersectan y usan en la vida cotidiana están cambiando y aligerándose. Al mismo tiempo, nos acercamos a modos de comprensión más diferenciados de lo que se considera como aprendizaje, las formas en las que las personas (de todas las edades) pueden aprender, y cómo se pueden identificar y reconocer los resultados del aprendiente. En conjunto, estas tendencias van en dirección hacia un proceso emergente de recontextualización del apredizaje mismo, generado por la transición a la segunda modernidad en el contexto de una globalización cultural y económica.

Los jóvenes se posicionan frente a estos cambios, se trata de materias de aprendizaje importantes, o tal vez, más precisamente, temas pedagógicos. En todas las sociedades, los jóvenes aprenden a aprender, a actuar, a ser y a vivir juntos (cf. Delors: 1996: 22-23) pero en la primera modernidad (occidental), los sistemas masificados de educación y adiestramiento han sabido unir y legitimar curriculos, pedagogía, evaluación y certificaciones en estructuras y procesos altamente estandarizados y formalizados. Estas adaptaciones parecen ser autoevidentes y casi naturales, pero solo porque estamos acostumbrados a su presencia y porque se asume su constante relevancia en la segunda modernidad. Para considerar más detalladamente el "qué, el dónde y el cómo" del aprendizaje en la segunda modernidad, esta contribución/reflexión se detiene en tres dimensiones de los procesos de recontextualización:

- el aprendizaje como un conjunto de prácticas relacionadas (deconstrucción - decodificación);
- el establecer momentos de aprendizaje en una perspectiva vital (refocalización - reposicionamiento)
- el especificar el discurso pedagógico para abarcar tanto el aprendizaje formal como el informal (reconstrucción- recodificación).

El aprendizaje como práctica social

Cuando decimos que el aprendizaje ha tenido lugar, nos referimos a uno o más de los siguientes procesos, que se pueden o no observar explícitamente:

- La adquisición de nuevo conocimiento y la capacidad para comprender y actuar: aprendiendo algo que antes no se conocía, bien cognitivo, afectivo o práctico.
- La reelaboración de conocimiento existente y la capacidad de comprender y actuar: construyendo sobre un conocimiento y competencia ya existentes, usualmente para mejorar perspectiva y actuación.
- La reestructuración y reconexión de conocimiento y acción: aprendiendo a entender y actuar de modo diferente relocalizando elementos en nuevas interrelaciones, extendiendo así la capacidad crítica de comprender el mundo y aguzando la competencia de resolución de problemas.

Aunque el aprendizaje sucede en y entre individuos y puede estar completamente autodirigido, se trata por definición de una experiencia social que también, para todos los fines prácticos, se expresa en la sustancia de las relaciones y dinámicas sociales. Las comunidades de práctica (Lave/Wenger: 1991; Wenger: 1999) son esenciales para el proceso, y por tanto el aprendizaje siempre aparece en algún tipo de relación con el enseñar (entendido como función, no como profesión), esto es, las personas y contextos de los cuales (que pueden ser plurales) y cómo la gente (incluida en grupos) puede aprender. Este proceso puede ser intencionado por una de las partes (aprendientes o profesores) o por ambas; también puede ser incidental, o sea, no intencionado por parte de ambos participantes. En tales casos, surge la pedagogía tácita, que por definición queda más allá de dimensiones reflexivas conscientes de cognición en tanto en cuanto los actores mismos están implicados. Los observadores, y no menos los investigadores, pueden tanto captar como analizar procesos y resultados de aprendizaje/enseñanza en tales contextos. Éste es el origen del concepto del currículo oculto y subraya las teorías de la reproducción social y cultural en la educación.

No obstante, la rutinización del conocimiento y la acción en el día a día no indica automáticamente el éxito de procesos de incorporación ideológica. Cuando la gente no reflexiona específicamente sobre lo que está pensando y haciendo, pueden estar haciendo posible la vida cotidiana. En este punto, Attewell (1990) señala que, aunque se elija adoptar la epistemología cartesiana o fenomenológica, los nuevos caminos de entendimiento y actuación requieren alguna práctica antes de llegar a formar parte del día a día ordinario. Algunas actividades complejas pueden parecer corrientes, pero cuanto más se observan, parecen menos sencillas. Paradójicamente, añade este autor, los resultados inciertos suman el máximo valor, es decir, cuando el conocimiento y la acción no están garantizadas a través del aprendizaje, o más bien, cuando el aprendizaje comprende el ser capaz de actuar pese a no saber qué es lo que sucederá exactamente.

El aprendizaje adquiere por tanto una calidad genuinamente activa y, por ende, impredecible cuando éste comprende un compromiso críticamente reflexivo con mundos vitales personales y sociales, sirviéndose de estos recursos de una forma variada, autónoma y "sin fronteras". Se puede entender útilmente como una modalidad específica de participación activa en la sociedad. Ambas, la capacidad individual y comunitaria de aprender activamente, son una creciente prioridad en la segunda modernidad, que se caracteriza por formaciones crecientemente complejas política y socialmente (así como económicamente) (Chisholm: 2000; Young: 1998). El aprendizaje activo es pues un conjunto de prácticas estrechamente asociadas con experiencias y lugares sociales, cuya adquisición y mantenimiento están inevitablemente relacionadas con modelos de posibilidades y riesgos individuales y sociales.

Las teorías de acción social sustentan el concepto de aprendizaje continuo arguyendo que el compromiso reflexivo consigo, con el otro y con el entorno social es la base de una sociedad civil democrática. Una experiencia de observación continua, de interpretación analítica y de impacto activo conjuntos construyen y reconstruyen tanto los mundos sociales como subjetivos. En este sentido, el aprendizaje es una actividad humana inherente integrada en la vida cotidiana (Eraut 2001; chaiklin/Lave: 1996; Polanyi: 1983). Sin embargo, el equilibrio entre el apredizaje no consciente, acomodativo y críticamente reflexivo difiere entre los diversos sujetos sociales, ambientes y entornos, incluidos en modos específicamente culturales e históricos (Bernstein: 2000; Giroux: 2001). La construcción del aprendizaje activo focaliza, por tanto, hacia dimensiones demostrables de autodirección, compromiso, variedad y transferibilidad en la creación de procesos vitales de aprendizaje como un todo, es decir, en su relación con una ciudadanía activa (cf. Lemke: 2003; Lewis: 2004).

La frase "educación para la democracia" era el título de una colección característica de ensayos escrita por educadores radicales en los sesenta y setenta en Europa y ambas Américas (Rubinstein y Stoneman: 1970). Era la época del movimiento de desescolarización, que tomó como propia la agenda educativa progresista de la modernidad de los primeros años del siglo XX y sus visiones y prácticas alternativas de enseñanza/formación y aprendizaje para niños y jóvenes. Los deescolarizadores argüían que la educación formal de la primera modernidad, esto es, la escolarización, se había tornado una expresión de la alienación institucionalizada: las escuelas instrumentalizan el potencial humano con fines económicos y políticos, y las pedagogías formales constriñen y deforman la capacidad humana. Los sistemas educativos formales operan sobre el principio de crear fallos mediante rondas repetidas de selección y acotación, usando criterios de evaluación normativos para hacer esto refiriéndose a cánones legitimados de información, conocimiento y competencia. Actuando así, la escolarización formal reproduce la economía y la cultura junto con una ciudadanía acomodada. Esto no es educación *para* la democracia; es decir, una educación que potencie y que apoye la formación de una ciudadanía activa capaz de construir y reconstruir comunidades económicas y culturales.

Los educacionalistas radicales proponían y experimentaron pues con formas alternativas de estructuración y aprendizaje, todas ellas basadas en una educación situada en contextos de integración, apertura y relevancia vital, poniendo a los aprendientes y a su desarrollo personal en el centro del interés educativo. En otras palabras, esta escuela de pensamiento [sic] variaba el interés hacia las etapas formales e informales del continuum del aprendizaje. Las alternativas exigentes y electivas a la oferta escolar estándar se han tornado crecientemente populares en los cuarenta años siguientes: la elección de los padres (menos la de los alumnos y estudiantes) prospera en la Europa de hoy, y donde se limita y restringe la elección, los padres levantan la voz y se muestran inventivos en sortear los obstáculos. No obstante, la mayoría de los padres desea elegir escuelas alternativas, no alternativas a las escuelas. La democracia aquí consiste más en la oportunidad de elegir, menos en rebatir la escolarización como una modalidad de educación para la democracia.

Los pasados cuarenta años de política y práctica han sido testigos de la rutinización de la innovación, de la institucionalización de alternativas: la educación formal y las opciones de adiestramiento han proliferado ambas paralelamente a los sistemas nacionales estándar, ambos dentro del sector público y como prestación privada. La integración de elementos de no formalidad e informalidad es innegablemente una característica básica de este proceso de diferenciación. Opciones establecidas hace ya tiempo como las escuelas Montessori o Steiner siempre han usado activamente el aprendizaje continuo como un conjunto variado de principios y métodos dentro de la estructura del aprendizaje formal. Pero las "escuelas de producción" danesas basadas en un enfoque de aprendizaje integrado y relevante para el día a día, las "magnet schools" americanas, embarcadas en conseguir la igualdad en las oportunidades educativas y motivar el compromiso con el aprendizaje atendiendo a los intereses especiales, y el que en los Paises Bajos las autoridades deban proporcionar fondos para crear escuelas con perfiles específicos siempre que exista un determinado nivel de demanda pública reafirman lo arriba citado.

Al mismo tiempo, los principales escenarios de aprendizaje formal también han cambiado en las últimas décadas, en algunos países y regiones más que en otras, en algunos niveles de oferta más que en otros (con el sector universitario como probablemente el más tradicional en muchos aspectos). En otras palabras, la educación formal y los diversos entornos de adiestramiento han comenzado hace ya tiempo a utilizar elementos de los principios y métodos no formales en una variedad de formas que en algunos casos nos permitirían afirmar que la política alcanza a la práctica.

En retrospectiva, resulta llamativo el hecho de que el análisis crítico educativo en Europa haya prestado su atención con casi absoluta exclusividad a la escolarización formal. Por un lado, la primera modernidad define a los niños y a los jóvenes como el objeto y el sujeto de la educación. Por el otro lado, las sociedades modernas no han desarrollado una educación convencional y sistemas de adiestramiento para adultos. Al contrario, ha surgido una multitud de remiendos, con diversos patrones de participación, dirigidos a determinadas necesidades y a una cierta demanda. A lo largo de cuatro décadas, el esencial caracter social del aprendizaje parece haber perdido fundamento frente a concepciones altamente individualizadas, no solo entre aquellos que enfatizan el propósito instrumental de la educación, sino entre los que apoyan tradiciones humanistas y principios de educación progresista. En la segunda modernidad, aparece en primer plano la construcción social del conocimiento y la acción.

Entornos de aprendizaje y desarrollo vital

No existe virtualmente ninguna teoría coherente o muy poca información investigativa sobre el aprendizaje "independiente de la edad". La literatura recogida por Cullen y otros (2002) encuentra poco material relacionado con una percepción conceptual y metodológica general de la pedagogía, pero sí mucho sobre enfoques cargados de valores y sobre análisis de grupos específicos de aprendientes y de propósitos de aprendizaje. La modernidad de primer nivel creó sistemas de enseñanza y de formación que están fundamentalmente estructurados por edad y nivel (de vida, de desarrollo). Mientras que las modernas teorías educativas siguieron el ejemplo de teorías de desarrollo infantil y construcciones históricas específicas sobre la niñez y la juventud. Nuestros sistemas educativos y de formación se basan en el supuesto de que el joven necesita aprender y, en principio, (debería) querer aprender.

Esto significa, por un lado, que el concepto y la práctica de la andragogía está subdesarrollado y casi es invisible en muchas (pero no en todas) partes de Europa. Esto lleva también, por otro lado, a la asunción de que tanto el aprendizaje per se como las pedagogías deben necesariamente diferir según edad y estado del aprendiente, y estas asunciones se reflejan en la oferta educativa. De Moura Castro (1999) indica, sin embargo, que la frecuencia de repetidores en la educación secundaria brasileña supone que hay gran cantidad de jóvenes adultos junto a jóvenes en estas escuelas: en ellas, el aprendizaje con grupos de diversas edades es un hecho, pero acontece en estructuras de aprendizaje originariamente diseñadas para el aprendizaje enfocado por edades. En otras palabras, creamos oportunidades de aprendizaje diversamente estructurado para diversos grupos de edad como un principio incuestionable, pero al mismo tiempo no se investiga suficientemente ni se dedica un esfuerzo político grande en mejorar nuestro conocimiento y práctica en caso de que los estudiantes sean adultos ... y, para empezar, ni siquiera sabemos qué queremos decir con el término "adulto" (cf. Blatterer: 2007; Pilcher/Williams/Pole: 2003).

Estas asunciones han de examinarse más detallada y críticamente. En primer lugar, la extensión de la fase juvenil, sin considerar la extensión de la educación inicial y la participación en la formación, significa que cada vez más *jóvenes adultos* se sientan en los bancos de colegios, centros de formación y universidades. En segundo lugar, indudablemente hay situaciones y propósitos en los cuales diversos tipos, métodos y oportunidades adaptadas a la edad tienen sentido social y educativo, pero esto no es siempre o automáticamente así, al menos hasta que no se pruebe lo contrario. Al contrario: excluida la opción de los casos independientes de la edad, ello puede producir una exclusión educativa y social en determinados grupos e individuos en ciertas fases vitales al restringir el acceso a oportunidades de aprendizaje y limitando el potencial de los procesos de aprendizaje intergeneracional. A mediados de los noventa la idea de una "educación de segunda oportunidad" transmite esta problemática subyacente: considera que hubo una primera oportunidad y que aquellos que no llegaron a la meta en un primer intento son personas que no rinden o marginados que pueden intentarlo otra vez para realizar el mismo tipo de carrera, para seguir con la analogía. El término "educación de posibilidades continuas" sería más apropiado, particularmente si admitiéramos que los objetivos y resultados del aprendizaje pueden diferir sustancialmente dependiendo de la edad y de la fase del alumno.

Una refocalización y un reposicionamiento de las conexiones conceptuales y prácticas entre las diversas materias (quién), los entornos de aprendizaje (dónde) y los procesos de aprendizaje (cuándo y cómo) implican la persecución de la idea de una "indelimitación positiva". Kirchhöfer (2000) describe el aprendizaje sin límites como más extenso (toda la vida), más especializado (práctico, próximo a la vida), más diferenciado (amplitud de miras), más flexible, más individualizado y más fortuito (ibid.: Fig. 5:31). Este nuevo paradigma del aprendizaje, añade este autor, está anclado en el proceso de vida social mismo y en una participación y estructuración autodirigidas.

Sin embargo, la educación político-profesional y el terreno de formación se caracteriza todavía por argumentaciones sectoriales a favor de sus excepcionales cualidades y especificaciones y, por ende, a favor de separaciones teóricas e institucionales entre comunidades de práctica muy especializadas. Esto requiere dos tipos de consideraciones: en primer lugar, las ideas de separación no casan con la realidad del aprendizaje en la segunda modernidad. En segundo lugar, las arquitecturas sin barreras se adaptan mejor a sociedades de flujo e interconectadas, en las que las trayectorias personales, sociales y profesionales, o sea: percibidas en progreso y recognición, son mucho más diferenciadas e individualizadas, al menos a nivel sbjetivo y, en cierto modo, desde el punto de vista de sus características objetivas. Para poner un ejemplo sencillo, la gente no clasifica sus motivaciones de aprendizaje, sus necesidades y sus preferencias en diferentes categorías con la etiqueta de "general" y "vocacional". Las categorías se sobreponen, y lo hacen por una buena razón, por la relevante aplicación del conocimiento y de la competencia que se utiliza en las diversas esferas vitales. Por ello, Tully (2004) dice que la informalización del aprendizaje es una consecuencia inevitable de la pluralización y de la fluidez de los sistemas normativos en todos los niveles de la sociedad. Cuanto más moderna y diferenciada es una sociedad, mayores son los esfuerzos dirigidos a establecer y mantener conexiones comunicativas, las cuales se constituyen también a nivel tecnológico. Los jóvenes se adaptan automáticamente a lo que, para ellos, es el estado natural de la cuestión, así es en este contexto que entienden y en el que adquieren espacio para moverse libre y autónomamente. Para los jóvenes europeos de hoy en día, las nuevas tecnologías de información y comunicación tienen una importancia central para adquirir competencia y autonomía. Ello supone que la educación informal significa cada vez más un aprendizaje autodirigido y tambien socializado (virtualmente) a través de la red, de comunidades multimedia y virtuales: esto leva a pensar en la necesidad de refocalizar o refijar la posición de nuestro entendimiento de los entornos de aprendizaje vitales.

El aprendizaje continuo y el discurso pedagógico

La investigación europea y el interés político en el aprendizaje continuado se deriva de dos preocupaciones principales. Primero, existe una clara necesidad de mejorar nuestra comprensión teórica del aprendizaje de por vida y generalizado en el contexto contemporaneo, lo cual implica de algún modo el redescubrimiento de modalidades de aprendizaje y participación que habían sido abandonadas en la primera modernidad (ver aquí: Chisholm et al.: 2006; Colley/Hodkinson/Malcolm: 2004; Dohmen:2001; du Bois-Reymond: 2005; OttoRauschenbach 2004). Segundo, desarrollar potenciales humanos, para un beneficio individual y social, significa, y no de forma menos importante, mejorar la capacidad de reconocimiento de dónde y cómo acontece el aprender y de una amplia panoplia de conocimientos y competencias que las personas de todas las edades adquieren y usan. El aprendizaje continuado comprende tres tipos de contextos característicos en los cuales el aprendizaje tiene lugar, como mostramos en el cuadro 1.

Cuadro 1: El aprendizaje continuado

Aprendizaje formal
Aprendizaje típico de una institucón educativa o de formación, estructurado (en términos de objetivos, tiempo o apoyo del aprendizaje) y concluyendo en una certificación. El aprendizaje formal es intencional desde la perspectiva del estudiante.

Aprendizaje no formal
El aprendizaje no viene de una institución educativa o de formación y no lleva a una certificación. Sin embargo, está estructurado (en objetivos, tiempo o apoyo al aprendizaje). El aprendizaje no formal es intencional desde el punto de vista del estudiante.

Aprendizaje informal
El aprendizaje es el resultado de actividades cotidianas relacionadas con el trabajo, la familia o el ocio. No está estructurado (en objetivos, tiempo o apoyo al aprendizaje) y típicamente no lleva a una certificación. el aprendizaje informal puede ser intencional pero en la mayoría de los casos no lo es (o es "incidental"/casual).

Fuente: Glossary, Lifelong Learning Communication (European Commission: 2001), drawing on the Lifelong Learning Memorandum (European Commission: 2000).

Para científicos educacionales o elaboradores de políticas, así como para profesionales que se encuentran trabajando en sectores y entornos específicos no hay nada nuevo en estas diferenciaciones, ni tampoco en lo que aún se denomina "educación para el desarrollo", o sea, enseñar y aprender en contextos de menor desarrollo económico. Los métodos y las disposiciones de aprendizaje no formal e informal son en efecto imperativos situacionales en paises y regiones frecuentemente aisladas, con comunicaciones y medios de transporte poco desarrollados, que no disfrutan de infraestructuras y servicios públicos efectivos y que, por encima de todo, son económicamente débiles y sufren altos niveles de pobreza y necesidad. En estas partes del mundo, resulta dificil crear sistemas de educación y formación similares a los existentes en Europa y otros países ricos y, además, resulta claramente ineficaz. Para dar mayores oportunidades de aprendizaje a la población como un todo, son esenciales diferentes conceptos que sean apropiados *culturalmente* y en este contexto, el aprendizaje no formal e informal ha asumido un papel y un propósito innovativos y fortalecedores.

Unos ciento cincuenta años después del desarrollo de la moderna educación y formación de masas, hay que hacer un esfuerzo consciente para considerar el aprendizaje que no tiene lugar en entornos escolares, en los cuales los profesores o los formadores no adoptan necesariamente un papel directivo o definitorio del propósito, los contenidos, los métodos y los resultados, y apreciar cómo otros modos de aprendizaje también son aptos y válidos dentro de sus términos. La confluencia de la legitimización institucionalizada de la educación y la formación y las experiencias de generaciones de personas para los que estos sistemas "formales" son parte de una infancia y una juventud típicas crea limitaciones que marcan y limitan la forma de pensar y actuar frente al hecho de la enseñanza/formación y del aprendizaje. Además, los términos "no formal" e "informal" se entienden y aplican bastante diferentemente en diversa areas de Europa, tanto desde un punto de vista cultural como educativo, lo cual alimenta toda suerte de malentendidos entre especialistas con diferentes idiomas y tradiciones.

El análisis de Dohmen, por ejemplo, considera el aprendizaje no formal como un término general para todos los aprendizajes que tienen lugar fuera de la educación formal y de los sistemas de formación y prefiere usar el término aprendizaje informal para denotar un espectro de altenativas que se superponen parcialmente, que son fuertemente incidentales (no planificadas y no conscientes) y totalmente de aprendizaje autodirigido. En comparación, el lenguaje formal tiene una calidad "reducida": toma un tema específico, típicamente lo observa desde una perspectiva disciplinaria particular, y desde ella lo prepara didácticamente. El aprendizaje informal, sin embargo, se sitúa en la complejidad de la vida real, realiza un planteamiento holístico del conocimiento y engloba una reflexión activa sobre la experiencia, lo que sirve como base a una acción social que tiene un impacto. Por ello, el aprendizaje informal no sucede en primer lugar para enseñar, sino para conseguir algo más y, por ello, éste aprendizaje es también una formación intencional. Para Dohmen, el aprendizaje informal abarca todo el aprendizaje autodirigido que ocurre directamente en y a través del día a día concreto y de la experiencia, pero fuera de la educación formal y de la instituciones de formación. Habilita a la persona a hacer mejor las cosas, pero no necesariamente a comprenderlas mejor y , por ello, aunque es adecuada para las necesidades de la vida moderna, no resulta suficiente. Como Saffard (1998) subraya: no solo el conocimiento experimental, sino también el proposicional son esenciales; esto es, aprender participando y aprendiendo a través de la adquisición.

El enfoque arriba citado representa la discusión habitual del aprendizaje continuado como se desarrolla en el entorno del aprendizaje adulto europeo, que interacciona cada vez más con esos que investigan el aprendizaje en el puesto de trabajo, donde el aprendizaje tácito e incidental es particularmente remarcable. La educación juvenil usa mucho más típicamente el término "no formal" para referirse a formas de aprendizaje estructurado que es tanto autónomo de los sistemas educactivos formales como se sirve de métodos y principios específicos y distintivos. Las claves del aprendizaje no formal en el sector juvenil se indican en el cuadro 2. Conforman lo que Cullen y otros. (2002) describen como la "nueva pedagogía", que se basa en la práctica y teoría constructivista y lleva a cuatro tipos principales de métodos: expositivo, interactivo, conversacional y experimental. Y más importante, la naturaleza del conocimiento se considera contextualizada, contingente y (típicamente) inmediatamente aplicable a algo es decir, representa un giro del conocimiento proposicional de la primera modernidad y hacia la mayor importancia del conocimiento experimental. Desde esta perspectiva, el proceso es tan importante como el resultado, lo cual tiende al uso de una evaluación formativa más que sumativa del resultado del aprendizaje. La educación de adultos, de jóvenes y la comunitaria (pero no menos algunas variedades de aprendizaje en el puesto de trabajo), como sectores de prestación, relacionados con sus herencias filosóficas y políticas, como una práctica pedagógica, apela a una historia al margen de los modernos sistemas de formación y educación. Su inteligencia colectiva acumulada dispone de recursos importantes para el desarrollo de nuestra comprensión teórica del aprendizaje continuo.

En realidad, estas tres formas de aprendizaje (formal, no formal e informal) no son en definitiva ni discreta ni mutuamente excluyentes. Más bien, comprenden posiciones adicionales a lo largo de un continuum multidimensional entre informalidad y formalidad. Esto se puede entender como que el término no formal es, estrictamente hablando, analíticamente superfluo, como Colley y otros (2003) han sugerido. Cualquier ejemplar educativo específico puede ser analizado a través de una serie de criterios o características de la organización y la forma de de la enseñanza y los propósitos de aprendizaje, las relaciones, los procesos y resultados. Como se demuestra en un estudio de un curso de formación profesional de larga duración para jóvenes educadores /Chisholm *et al.*, obra citada) un ejemplar puede mostrar elementos altamente formales (como tener lugar en un entorno universitario), y sin embargo corresponde en otros modos a la pedagogía no formal (utilizando una metáfora teatral como elemento didáctico) y al mismo tiempo representa informalidad (por medio de un aprendizaje incidental con participación en el autogobierno del estudiante). Esto implica que todas las situaciones de enseñanza/formación-aprendizaje están estructuradas a traves de múltiples dimensiones entre formalidad, no formalidad e informalidad. Cada una requiere un análisis detenido para comprender su significado educativo para los individuos, las comunidades y las sociedades.

Cuadro 2: Elementos del aprendizaje no formal en el sector juvenil

Elementos comunes en las definiciones exixtentes de aprendizaje no formal
* aprendizaje con un propósito
* diversos contextos
* una organización diferente y más ligera de prestación y entrega
* enseñanza y estilos de aprendizaje alternativos/complementarios
* menos reconocimiento desarrollado de resultados y calidad

Aspectos esenciales del aprendizaje no formal
* equilibrada coexistencia e interacción entre las dimensiones cognitiva, afectiva y práctica del aprendizaje
* conexión del aprendizaje individual y social, solidardad entre compañeros y relaciones simétricas entre enseñanza/aprendizaje
* holístico y orientado a procesos
* próximo a intereses de la vida real, experimental y orientado a aprender haciendo, utizando intercambios culturales y encuentros como elementos de aprendizaje
* voluntario e (idealmente) de acceso libre
* sus objetivos son sobre todo transmitir y practicar los valores y destrezas de la vida democrática

Métodos de aprendizaje y enseñanza/formación no formal
* métodos basados en la comunicación: interacción, diálogo, mediación
* métodos basados en la actividad: experiencia, práctica y experiencia
* métodos orientados socialmente: parejas, trabajo en equipo, trabajo en redes

Fuente: Chisholm et al.: 2006: Ch1

Los jóvenes en Europa consideran típicamente la escolarización con ambivalencia, incluso cuando logran un éxito académico y social en la educación secundaria (cf. du Bois-Reymond: 2004; Mørch/ du Bois-Reymond:2006). El que no sean "tratados como adultos" es una importante razón para su ambivalencia, y esto significa esencialmente que en situaciones educacionales formales, el discurso pedagógico concede al aprendiente poca autonomía y autodirección. Adicionalmente, muchos no ven la relevancia del conocimiento escolar para la vida cotidiana y laboral, aunque son completamente conscientes de la importancia de tener cualificaciones formales a este respecto. Muchos estudios confirman estos puntos, que son particularmente significativos para aquellos jóvenes que no son excelentes en términos académicos. Por ejemplo, Bates y Wilson (2002) refieren que los jóvenes trabajando para obtener cualificaciones nacionales en Inglaterra prefieren situaciones de aprendizaje no formal que les den discreción y responsabilidad en la organización y uso de su tiempo de estudio. Sin embargo, aún necesitan apoyo y guía del colegio, de sus compañeros y de la familia para negociar su régimen de aprendizaje autodirigido con éxito. La recontextualización del aprendizaje para admitir la autonomía de los aprendientes necesariamente implica también la recontextualización de la enseñanza/formación, y ello no solo hace una orientación activa del aprendizaje más importante para todos los jóvenes ... sino también la extensión en que los jóvenes estén dispuestos a desarrollar esta capacidad está socialmente y culturalmente diferenciada.

La mayoría de los jóvenes con más de 15 años en la UE no son participantes en ninguna forma de aprendizaje organizado, muchos de ellos (de todas las edades) que participan no lo hacen muy voluntariamente o con mucho interés; y casi en todas partes una significante minoría de aquellos más allá de la edad obligatoria de escolarización son muy claros en expresar que no desean participar en nada que ellos puedan definir como aprendizaje. Igualmente afirman que desde su propio punto de vista, aprenden mejor en contextos de aprendizaje no formales e informales (bien en casa, en el trabajo o en su ocio), e informan de una considerable variedad de actividades de aprendizaje autodirigidas (Chisolm/Mossoux/Larson: 2004; Kailis/Pilos: 2005; Pont: 2004). Muy pocos piensa que aprendan solo en contextos formales, mientras que solo dos quintos piensan que aprenden en entornos que comprenden todo el continuo del aprendizaje (formal, no formal e informal); pero los más jóvenes (aquellos de 15 a 24 años) son los más tendientes a reconocer el aprendizaje variado en este sentido. Aquellos (de todas las edades) que ya están bien calificados en el sentido formal son los más propensos a reconocer y a participar en un aprendizaje a lo largo de todo el continuo, mientras que aquellos con bajos niveles obtenidos de educación formal y aprendizaje no formal e informal sobresalen porque el aprendizaje formal está generalmente ausente de sus vidas. Finalmente, estas orientaciones y comportamientos, que acompañan con perspectivas y prácticas de aprendizaje activo, se encuentran más extendidas en los países nórdicos que en otras zonas de Europa, y sobre todo en comparación con los países del sur de Europa. Esta cultura postmoderna de aprendizaje activo de "ambos/y" (más aprendizaje y una mayor variedad de tipos de aprendizaje) es más típica de los países nórdicos, y entre ellos, más acusada entre la gente más joven y aún más entre las jóvenes. No hay duda de que esto va unido a principios y prácticas de política educativa, social y juvenil en los países nórdicos así como a antiguas tradiciones culturales de educación popular y participación social a todos los niveles.

La hipótesis es entonces que los jóvenes activos hacen un mayor uso del continuo de aprendizaje, recurren a una más extensa y variada paleta de recursos de aprendizaje de todo tipo y tienden a estar más implicados en una variedad de actividades sociales y políticas. Podríamos especular que es mas probable que estos jovenes elaboren cursos vitales de aprendizaje innovativo y que se integren en redes sociales abiertas. Estas experiencias probablemente se encuentran en una relación interactiva con la práctica de una ciudadanía activa y posiblemente forman ambas una "espiral virtuosa" enfocada a llevar adelante democracias integradoras desde el punto de vista social en Europa. Se ha polemizado mucho teórica y políticamente sobre que los tipos de valores y competencias que apoyan prácticas de ciudadanía activa se pueden desarrollar mejor en contextos no formales e informales, aunque esto no ha sido investigado sistemáticamente todavía.

Conclusión

¿Qué futuro hay para la educación para la democracia en tales circunstancias? Esto no es un aspecto puramente educativo, sino también una cuestión de regeneración de una participación social con sentido. La educación para la democracia en el sentido actual del término, una educación que es integradora, que potencia, que posibilita la participación activa en la sociedad, la economía, la cultura y la política, solo puede tener futuro si la gente quiere aprender y eso solo tiene sentido para la mayoría si el aprender resulta recompensado personal y socialmente en el más amplio de los sentidos. En principio, se puede entender el significado de la educación en la segunda modernidad como un viraje hacia cualidades y propósitos que resuenan con el potencial de una emancipación personal y social, como se sugiere en el cuadro 3.

Cuadro 3: La educación en la primera y en la segunda modernidad

primera modernidad	**segunda modernidad**
Educación como	Educación como
desarrollo personal	como organización
	del conocimiento orientado al sujeto
orientada al desarrollo	orientada al proceso
finita	infinita
lineal y acumulativa	encadenada y reflexiva
orientada a la seguridad	orientada al riesgo
conocimiento concreto	metaconocimiento
destrezas y conocimientos	competencias
certeza	ambivalencia
sistemática	ejemplar (basada en ejemplos)
orientada al texto y secuencial	orientada a la imagen y holística

Fuente: Bonß: 2003

La práctica educativa innovativa que pone en acción tales cualidades requiere combinaciones más complejas de aspectos de aprendizaje obtenidos de todo el continuo de aprendizaje. Sucesivamente, esto no solo significa reconocer el valor independiente del aprendizaje no formal e informal sino también hacer mejor uso de sus ventajas junto con aquellas del aprendizaje formal. Bajo la primera modernidad, la educación formal ha demostrado no ser nada atractiva a la mayoría de los ciudadanos de sea la edad que sea. Y para una mayoría considerable, los resultados no son efectivos (y realmente se hace un uso ineficiente de los recursos). La teoría y la práctica educativa a través del continuo necesita ahora claramente implicarse en una reconstrucción crítica y reflexionada de las necesidades y demandas culturales y sociales extremamente diferenciadas de la modernidad de segundo nivel, sin perder de vista el obtener una mejor comprensión de la recontextualización del discurso pedagógico (cf. Young: 2000).

Usar más entornos de aprendizaje no formales e informales trae consigo también nuevas tensiones y contradicciones. Estos entornos pueden escapar de los mecanismos reguladores formales que afectan el potencial emancipatorio de modos bien conocidos, pero no están menos sujetos a lo que se podría calificar como una "disciplina difusa", que parece ofrecer autonomía y autodirección pero que, como contrapartida, exige una inversión individual intensa y resultados demostrables. Como señala Huseman (2002), la auto-organización de los procesos de aprendizaje exige un gran esfuerzo individual. En términos biográficos, nos alejamos de los conceptos de trabajo y aprendizaje como periodos separados y secuenciales o de relativamente larga duración, hacia un trabajo y/o aprendizaje en forma de periodos paralelos o fusionados en secuencias y modelos múltiples y más cortos. El tiempo lineal de la primera modernidad se orienta hacia periodos cortos y hacia el futuro, en el cual el tiempo es una fuente finita y escasa que hay que organizar, en particular el tiempo de trabajo. El tiempo de aprendizaje se ha orientado más al desarrollo interior e individual, teniendo pocas asunciones normativas sobre velocidad, ritmo o dirección. En contraste, la segunda modernidad opera sobre la lógica de fluidos de Castell (1996, 1997, 1998), en la cual una movilidad y unos intercambios multidireccionales llevan a la innovación y al cambio. En este contexto, la idea de un apredizaje sin límites torna la atención hacia las perspectivas del aprendiente, hacia sus experiencias y sus comportamientos. La dirección a seguir señala hacia trabajar por una mayor sinergia entre contextos de aprendizaje en todo el espacio biográfico (diversas facetas vitales) y en el tiempo (toda la vida); la cuestión es la conveniencia y el mayor uso de actividades de aprendizaje más polifacéticas como una especie de flujo entre diferentes tiempos y espacios ... una especie de "aprendizaje unificado", si se prefiere este término.

La aplicación de su modelo de clasificación y estructuración del conocimiento educativo, Bernstein (1971, 2000), caracterizaba a la educación formal de la primera modernidad como una que mantenía una fuerte clasificación (división entre disciplinas o areas del conocimiento) pero que se dirigía hacia una estructuración más débil, es decir, una expresión más flexible y suelta del control pedagógico externo de los procesos de aprendizaje (relaciones profesor-alumno). En las sociedades de flujo de la segunda modernidad, los principios de clasificación están destinados a debilitarse pues lo que cuenta es el conocimiento, qué tipos de conocimientos se correlacionan y cómo se expresa y aplica el conocimiento. En contraste, parece que los principios estructuradores podrían reforzarse de nuevo, pero tendiendo a expresiones más fuertes de control pedagógico *interno* (Chisholm: 2006). Ahora los aprendientes deben responsabilizarse de su aprendizaje, los cuales se auto-dirigirán más y han de asumir la búsqueda de caminos a medida e individualizados al conocimiento y a la competencia. Las personas se convierten así en sus propios arquitectos. Los aprendientes se vuelven todos adultos sociológicos, en el sentido de ser creadores autónomos y responsables de unas bigrafías de aprendizaje potencialmente muy diferenciadas, y la atención del discurso pedagógico pasa a los aprendientes (más que a profesores/formadores). Otra cuestión es desde qué edad y nivel resulta practicable tal autodirigismo. Pero en general, estos cambios deben llevar por lógica a un debilitamiento de la relevancia percibida de lo se ha visto como atributos inherentes a los aprendientes hasta ahora, tal como género y edad. La unión simbólica de juventud y aprendizaje empieza a perder su carácter natural y los campos de autonomía de los jóvenes comienzan a extenderse hacia esferas de educación y aprendizaje. Para apoyar una renovación de la educación para la democracia, este desarrollo podría ser una bienvenida dimensión del reconocimiento de los jóvenes como ciudadanos con el derecho a la autodeterminación y a la participación ... Al mismo tiempo, ello conlleva una intensificación de la autodisciplina. Queda por describir y entender las implicaciones pedagógicas y sociales de ello.

Referencias bibliográficas

Attewell, Paul (1990): What is skill? In: Work and Occupations 17, 4, pp. 422-448.

Bates, Inge/Wilson, Pauline (2002): Family and education supporting independent learning. In: Learning and Skills Research 6, 1, pp. 20-22.

Bernstein, Basil (1996): Pedagogy, symbolic control and identity. Theory, research, critique. London: Taylor & Francis.

Bernstein, Basil (2000): *Pedagogy, Symbolic Control and Identity. Theory, Research, Critique.* London: Taylor & Francis, 2nd revised edition.

Bernstein, Basil (1971): On the classification and framing of educational knowledge. In: Young, Michael F. D. (ed.): Knowledge and Control. London: Collier-Macmillan. (Published in German as: Bernstein, Basil (1971): Klassifikation und Vermittlungsrahmen im schulischen Lernprozess. In: Zeitschrift für Pädagogik 17, 2, pp.145-173.)

Blatterer, Harry (2007): Coming of Age in Times of Uncertainty. Redefining Contemporary Adulthood. Oxford/New York: Berghahn Books.

Bonß, Wolfgang (2003): "Bildung" in der (Arbeits-) und „Wissensgesellschaft". In: Lindner, Werner/Thole, Werner/Weber, Jochen (eds.): Kinder- und Jugendarbeit als Bildungsprojekt. [Child and youth work as an educational project] Opladen: Leske & Budrich, pp 11-32.

Castells, Manuel (1996, 1997, 1998): The Information Age: economy, society and culture. Oxford: Oxford University Press, 3 vols.

Chaiklin, Seth/Lave, Jean (eds.) (1996): Understanding Practice. Perspectives on activity and context. New York, Cambridge University Press.

Chisholm, Lynne (2006): Generationen des Wissens, Wissensgenerationen und Wissensgenerierung. [Generations of knowledge, knowledge generations and the generation of knowledge.] In: Möller, Heidi (ed.): Bildung schafft Zukunft. [La educación crea futuro. Innsbruck: University of Innsbruck Press, pp. 17-30 (English-language manuscript available from the author).

Chisholm, Lynne (2000): The educational and social implications of the transition to knowledge societies. In: von der Gablentz, Otto/ Mahnke, Dieter/Padoan, Paulo/Picht, Robert (eds.): Europe 2020: Adapting to a Changing World. Baden-Baden: Nomos Verlagsgesellschaft, pp. 75-90.

Chisholm, Lynne with Hoskins, Bryony/Søgaard-Sorensen, Marianne/Moos, Lejf/Jensen, Ib (2006): At the end is the beginning: training the trainers in the youth field. Strasbourg: Council of Europe Publishing (se puede bajar en pdf en / pdf-download at http://www.training-youth.net/INTEGRATION/Tcourses/atte.html; accessed 10.09.2007).

Chisholm, Lynne/Hoskins, Bryony with Glahn, Christian (eds.) (2005): Trading Up: potential and performance in non-formal learning. Strasbourg: Council of Europe Publishing (se puede bajar en pdf en / pdf-download at http://book.coe.int/EN/ficheouvrage.php?PAGEID=36&lang=EN&produit_aliasid=1961; accessed 10.09.2007).

Chisholm, Lynne/Mossoux, Anne-France/Larson, Anne (2004): Lifelong Learning: Citizens' views in close-up. Luxembourg: EUR-OP (also available in French and German; se puede bajar en pdf en / pdf-download at http://www.cedefop.europa.eu/; accessed 10.09.2007).

Colley, Helen/Hodkinson, Paul/Malcolm, Janis (2003): Informality and Formality in Learning. London: Learning and Skills Research Centre (http://www.lsda.org.uk/pubs/dbaseout/download.asp?code=1492; accessed 20.05.2005).

Cullen, Joe/Hadjivassiliou, Kari/Hamilton, Emma/Kelleher, John/Sommerlad, Elizabeth/Stern, Elliott (2002): Review of current pedagogic research and practice in the fields of post-compulsory education and lifelong learning. Final report to the Economic and Social Research Council, London: Tavistock Institute.

Delors, Jacques (1996): Learning: The Treasure Within. Report to Unesco of the International Commission on Education for the 21ˢᵗ Century, Paris: UNESCO (se puede bajar en pdf en / pdf-download at http://unesdoc.unesco.org/images/0010/001095/109590eo.pdf; accessed 10.09.2007).

de Moura Castro, Claudio (1999): Adult education in the Americas: failed plans, fulfilled dreams. In: Tuijnman, Albert/Schuller, Tom (eds.): Lifelong learning policy and research. Proceedings of an international symposium. London: Portland Press (Wenner-Gren Series Vol. 75), Ch. 8.

Dohmen, Günther (2001): *Das informelle Lernen. Die internationale Erschließung einer bisher vernachlässigten Grundform menschlichen Lernens für das lebenslange Lernen aller.* Bonn: BMBF publik (se puede bajar en pdf en / pdf-download at http://www.bmbf.de).

Du Bois-Reymond, Manuela (2005): What does learning mean in the "Learning Society"? In: Chisholm, Lynne/Hoskins, Bryony with Glahn, Christian (eds.): Trading Up: Potential and Performance in Non-formal Learning. Strasbourg; Council of Europe Publications, pp. 15-24.

Du Bois-Reymond, Manuela (2004): Youth – Learning – Europe. Ménage à trois? In: Young: Nordic Journal of Youth Research 12, 3, pp. 187-204.

Eraut, Michael (2001): Theories of professional expertise. In: Paechter, Carrie (ed.): Knowledge, Power and Learning. London: Open University Press/Sage, pp. 109-127.

European Commission (2001): Making a European area of lifelong learning a reality. Communication from the Commission, COM(2001)678 final, Brussels, 21.11.2001.

European Commission (2000): A memorandum on lifelong learning. Commission

Staff Working Paper, SEC(2000)1832, Brussels, 21.11.2000.

Fuller, Alison/Unwin, Lorna (2004): Young people as teachers and learners in the workplace: challenging the novice-expert dichotomy. In: International Journal of Training and Development 8, 1, pp. 32-41.

Fuller, Alison/Unwin, Lorna (2003): Learning as apprentices in the UK workplace: creating and managing expansive and restrictive participation. In: Journal of Education and Work 16, 4, pp. 511-529.

Giroux, Henri A. (2001): Theory and Resistance in Education: Towards a pedagogy for the opposition. Westport/CT: Greenwood Press.

Huseman, Rudolf (2002): Differentiations of working and learning time – some reflections on the biographical aspect in self-organised learning processes in adult education. In: Harney, Klaus/Heikkinen, Anja/Rahn, Sylvia/Schemman, Michael (eds.): Lifelong learning: one focus, different systems. Studien zur Erwachsenenbildung, Band 19, Frankfurt am Main: Peter Lang, pp. 207-218.

Kailis, Emmanuel/Pilos, Spyridon (2005): Lifelong learning in Europe. Statistics in Brief: Population and Social Conditions 8/2005 (also available in French and German; se puede bajar en pdf en / pfd-download at http://epp.eurostat.ec.europa.eu/portal/page?_pageid=1073,46587259&_dad=portal&_schema=PORTAL&p_product_code=KS-NK-05-008; accessed 09.09.2007).

Kirchhöfer, Dieter (2000): Informelles Lernen in alltäglichen Lebensführungen. Chancen für berufliche Kompetenzentwicklung. QUEM-report, Berlin: Schriften zur beruflichen Weiterbildung, Heft 66.

Lave, Jean/Wenger, Etienne (1991): Situated learning – legitimate peripheral participation. Cambridge: Cambridge University Press.

Lemke, Christiane (2003): Aktive Bürgerschaft und Demokratie in der EU. [Active citizenship and democracy in the EU.] In: Klein, Ansgar/Koopmans, Ruud/Trenz, Hans-Jörg/Klein, Ludger/Lakusen, Christian/Rucht, Dieter (eds.): Bürgerschaft, Öffentlichkeit und Demokratie. [Citizenship, Public Sphere and Democracy.] Opladen: Leske & Budrich, pp. 101-116.

Lewis, Gail (2004): 'Do not go gently...': terrains of citizenship and landscapes of the personal. In: Lewis, Gail (ed.): Citizenship: Personal Lives and Social Policy. Milton Keynes/Bristol: Open University Press/The Policy Press, pp. 1-38.

Mørch, Sven/du Bois-Reymond, Manuela (2006): Learning in times of modernization. In: New Directions for Child and Adolescent Development 113, pp. 23-35 (Special Issue: Du Bois-Reymond, Manuela/Chisholm, Lynne (eds.): The Modernization of Youth Transitions in Europe. Hoboken, N.J.: Wiley Interscience).

Otto, Hans-Uwe/Rauschenbach, Thomas (2004): Die andere Seite der Bildung. Zum Verhältnis von formellen und informellen Bildungsprozessen. [The other side of education. On the relationship between formal and informal educational processes.] Opladen: VS-Verlag.

Pont, Béatrice (2004): Improving access to and participation in adult learning in OECD countries. In: European Journal of Education 39, 1, pp. 31-45.

Pilcher, John/Williams, Jane/Pole, Christopher (2003): Introduction. In: Sociological Research Online 8, 4 (Special issue: Rethinking adulthood: families, transition and social change; http://www.socresonline.org.uk/8/4/pilcher.html; accessed 10.09.2007).

Polyani, Michael (1983): The Tacit Dimension. Gloucester/MA: Peter Smith.

Rubinstein, David/Stoneman, Colin (eds.) (1970): Education for Democracy. Harmondworth: Penguin Education Specials.

Sfard, Anna (1998): On two metaphors for learning and the dangers of choosing just one. In: Educational Researcher 27, 2, pp. 4-13.

Tully, Claus J. (ed.) (2004): Verändertes Lernen in modernen technisierten Welten. Organisierter und informeller Kompetenzerwerb Jugendlicher. [Changed Learning in Modern Technicised Worlds. Organised and informal competence acquisition amongst young people.] Wiesbaden: VS Verlag für Sozialwissenschaften/GWV Fachverlage GmbH.

Wenger, Etienne (1999): Communities of practice: learning, meaning and identity. New York: Cambridge University Press.

Young, Michael F. D. (2000): Bringing knowledge back in: towards a curriculum for lifelong learning. In Hodgson, Ann (ed.): Policies, politics and the future of lifelong learning. London: Kogan Page.

Young, Michael F. D. (1998): The Curriculum of the Future. From the new sociology of education to a critical theory of learning. London/New York: RoutledgeFalmer.

El aprendizaje en actividades organizadas para la juventud en los Estados Unidos[1]

David M. Hansen

Introducción

Existe un creciente reconocimiento en los Estados Unidos de que las actividades juveniles organizadas, incluyendo las actividades extracurriculares y aquellas basadas en la comunidad, son un escenario importante donde los sujetos desarrollan una gran variedad de competencias no enseñadas de forma habitual en el escenario académico formal (Eccles, Barber, Stone & Hunt, 2003; Larson, 2000; Roth & Brooks-Gunn, 2003; National Research Council, 2002; Mahoney, Larson, & Eccles, 2005; Partnership for the 21st Century Skills, 2003; Pittman, Irby, Yohalem, & Wilson-Ahlstrom, 2004). El aprendizaje de habilidades, tales como la iniciativa o el trabajo en equipo, son cada vez más importantes para lograr el éxito tanto en la vida privada como en la pública. En el marco de trabajo político y en el laboral, por ejemplo, existe una gran demanda de personas que puedan ejercer como agente –aquellos que pueden innovar, llevar a cabo iniciativas y comprometerse en solucionar un problema de forma creativa– mientras trabajan con un grupo de personas heterogéneo y pluricultural.

Mientras existe un acuerdo incipiente sobre la importancia de las actividades juveniles organizadas entre diversas partes implicadas (es decir, legisladores, educadores e investigadores), existe un consenso menor sobre qué competencias se encuentran presentes en este escenario. Las actividades juveniles organizadas se han atribuido la capacidad de enseñar un sinfín de habilidades y apoyar una gran variedad de resultados para el desarrollo. Por ejemplo, las actividades juveniles organizadas han sido asociadas con el desarrollo de la planificación, organización y toma de decisiones, la capacidad

---

1 Trabajo de investigación patrocinado por W.T. Grant Foundation, Reed Larson, PI

de trabajar como un equipo, mejora del rendimiento académico, apoyo para las decisiones de la carrera profesional e institutos superiores, acrecentamiento de la responsabilidad social, reducción de comportamientos negativos e intensificación de la implicación y preocupación política. Mientras que se ha atribuido un gran aprendizaje a las actividades juveniles organizadas, poco trabajo empírico ha evaluado qué se aprende e incluso menos se ha examinado cómo sucede este aprendizaje.

Un objetivo principal de nuestro programa de investigación ha sido evaluar qué aprenden los adolescentes en las actividades juveniles organizadas y cómo lo aprenden (Dworkin, Larson, & Hansen, 2003; Hansen, Larson, & Dworkin, 2003; Hansen, 2006; Hansen & Larson, en prensa; Larson, Hansen, & Monetta, 2006; Larson, Hansen, & Walker, 2004; Larson & Hansen, 2005). En la primera parte de este artículo presento nuestros descubrimientos en el ámbito de "oportunidades de aprendizaje" a través de diferentes tipos de actividades juveniles organizadas y otras actividades de evaluación comparativa en las vidas de los adolescentes (clase académica, compañeros y trabajo). La segunda parte de este artículo presenta nuestra teoría de trabajo de cómo aprende la juventud lo que nosotros llamamos "iniciativa" (similar al concepto de entidad). Se puede acceder a una lista actualizada de las publicaciones tanto de nuestra investigación cuantitativa como cualitativa a través de nuestro sitio Web http://web.aces.uiuc.edu/youthdev/.

Oportunidades de aprendizaje en actividades juveniles organizadas

A pesar del entusiasmo de los potenciales para el desarrollo de las actividades juveniles organizadas, el trabajo empírico ofrece solamente información limitada sobre los procesos específicos para el desarrollo que tienen lugar en este escenario y cómo difieren estos procesos de un tipo de actividad a otra, de deportes, por ejemplo, a artes a actividades de servicios. Diferentes tipos de actividades ofrecen entornos, fines y relaciones diferentes (Rogoff, Baker-Sennet, Lacasa, & Goldsmith, 1995; Youniss, McLellan, & Yates, 1997). Se presupone que estas diferencias ofrecen oportunidades diversas para el desarrollo. Es esencial entender los diferentes potenciales de estas actividades para ofrecer información útil para mejorar el impacto evolutivo de las actividades juveniles.

Un objetivo de nuestra investigación ha sido evaluar el ámbito de experiencias para el desarrollo que tienen lugar en el conjunto de actividades juveniles organizadas (Hansen, Larson, & Dworkin, 1003; Larson, Hansen & Moneta, 2006). Los hallazgos presentados en este artículo provienen de la publicación de Larson, Hansen, & Moneta (2006). Los datos son el resultado de una muestra representativa de 2.280 adolescentes de undécimo grado en enseñanza secundaria (51 % mujeres, 49 % hombres) de 19 escuelas de Illinois (porcentaje de participación 98,7 %). Debido a que nuestro enfoque se encontraba en la gama completa de actividades juveniles organizadas en las que pudiesen participar los adolescentes, la selección pretendía reflejar la población económica, social y geográfica de este grupo de adolescentes. Esta muestra se aproximó mucho a estos porcentajes para esta población de adolescentes en los Estados Unidos.

Los estudiantes en este estudio rellenaron la Encuesta de Experiencia Juvenil, (Youth Experience Survey, YES, Hansen y Larson, 2005) en ordenadores portátiles para dos actividades seleccionadas aleatoriamente, que incluían actividades organizadas para jóvenes (por ejemplo, deportes, artes) y tres actividades comparativas (clases lectivas, salir con amigos y trabajo a tiempo parcial). YES cataloga las experiencias para el desarrollo de los jóvenes en estas actividades en seis áreas de competencia. Para facilitar la presentación, estas seis áreas de competencia se agrupan en experiencias personales y experiencias entre personas. Dentro del área de competencia personales incluimos: *trabajo de identidad*, es decir, exploración y reflexión, *iniciativa*, es decir, establecimiento de metas, esfuerzo, resolución de problemas y gestión del tiempo, y *regulación emocional*. Dentro del área de competencia entre personas incluimos: *trabajo en equipo y habilidades sociales*, es decir, proceso del grupo, comunicación de resultados, liderazgo y responsabilidad, *relaciones positivas*, es decir., diversas interacciones con compañeros y normas prosociales y *redes de adultos y capital social*, relaciones familiares, vínculos con la comunidad y vínculos con el trabajo y el instituto superior.

La encuesta comenzó catalogando todas las actividades en las que los adolescentes participaban actualmente, o en las que habían participado en los últimos tres meses. A los participantes se les presentaba un listado con actividades diferentes (67 actividades) que se agruparon en una de las seis categorías. El listado de actividades se basaba en la bibliografía de investigación (Eccles & Barber, 1999) y en nuestra investigación anterior. Cada una de las seis categorías ofrecía una respuesta "otros" que permitía a un participante insertar el nombre de una actividad si no se encontraba en el listado. La distribución de actividades para esta muestra de juventud se presenta en la Tabla 1. A los adolescentes también se les pedían que indicasen si participaban en una clase académica (inglés o matemáticas) y un trabajo. Se presupuso que todos los jóvenes pasaban su tiempo libre con amigos por tanto no se les pidió que indicasen la participación. La clase académica, el tiempo libre con amigos y trabajo en un puesto de trabajo en lo sucesivo son actividades de comparación.

Tabla 1
Número de estudiantes informando de la participación actual en actividades organizadas (N = 2.280)

Categoría actividades (%[1])	Nombres de actividades (Nº de jóvenes informando de cada actividad)
Deportes (62,1 %)	
Equipo	Baloncesto (342) Fútbol americano (213) Fútbol (198) Béisbol (181) Sófbol (151) Voleibol (128) Equipo de animadoras (73) Equipo gimnástico-deportivo (42) Hockey (40) Lacrosse (14) Majorettes (15) Waterpolo (4) Otros (4)
Individual	Bolos (231) Aeróbic (188) Pruebas de pista (176) Tenis (122) Golf (102) Lucha libre (80) Artes marciales (77) Equipo de natación (54) Campo a través (50) Gimnasia (42) Patinaje (25) Equipo de esquí (19) Equipo de buceo (13) Racquetbol (21) Banda (22) Otros (11)
Actuación y bellas artes (45,4 %)	
Musical	Banda (315) Coro (275) Orquesta (88) Otros (2)
Actuación	Danza (236) Teatro (209)
Clubes artísticos	Club de arte (227) Club de escritura creativa (107) Otros (48)

Organizaciones y clubes académicos (30,1 %)	
Educativo	Lengua extranjera (190) Club de matemáticas (63) Club de ajedrez (46) Club de ciencias (41) Club informático (37) Torneo de conocimientos (33) Club de discursos (30) Debate (24) Club de historia (24) Club de psicología (10) Club de lectores (5) Otros (6)
Gobierno estudiantil y liderazgo	Fiesta de graduación (178) Consejo escolar (148) Reencuentro de antiguos alumnos (112) Anuario (99) Revista literaria (31) Otros (9)
Cultural, social y honorífico	Clubes étnicos (29) NHS (Servicio Nacional de Salud) (16) Club de atletas de competición (5) Club Kcor Rock (2) Socorristas (2) Juventud y gobierno (2) Tri-M (2) Otros (7)
Orientadas a la comunidad (17,3 %)	
Comunidad	YMCA (73) Big Brother/Sister, Hermano/Hermana mayor (63)
Organizaciones	Scouts (61) Club chicos/chicas (43) 4-H (37) Otros (6)
Organizaciones Carrera profesional y técnicas	FFA, Futuros Granjeros de América (65) FBLA, Futuros Dirigentes Empresariales de América (49) Junior Achieve (32) FCCLA, Familia, Carrera Profesional y Dirigentes de la Comunidad de América (3) JETS (2) ROTC, Cuerpo de Entrenamiento de Oficiales de la Reserva (2) Otros (8)
Servicio (27,1 %)	
Comunidad	Servicios a la comunidad (176) Voluntariado (112) Servicio basado en la fe (100) Key Club (82) American Field (17) Civic Club (7) Interact (6) Club de medioambiente (4) Knight Buddies (2) Otros (8)
Tutoría a	compañeros (213) Asesoría a compañeros (70) Centro de escritura (1)
Grupos juveniles basados en la fe (19,3 %)	Grupo juvenil (398) FCA (82) Programa religioso (54)
[1] Porcentaje de jóvenes informando de al menos una actividad en esta categoría.	

A continuación el ordenador presentaba a cada participante el listado de actividades, incluyendo las actividades de comparación, en las que él o ella indicaban la participación. Entonces se les pedía a los participantes que indicasen la frecuencia de participación en cada actividad utilizando un gradiente de 5 puntos: 1 = "menos de una vez al mes" a 4 = "más de una vez a la semana". Tras la finalización de estas valoraciones, el servidor seleccionaba dos actividades objetivo de la lista de actividades disponible para cada participante para rellenar la YES (36 pares posibles). El objetivo del algoritmo era igualar el muestreo de todos los pares de actividades posibles de las seis actividades organizadas y las tres actividades de comparación. El algoritmo mantenía el recuento en una ma-

Tabla 2.
Número de estudiantes que rellenaron la encuesta YES en cada par de actividades (N = 2.280)

Primera actividad	Segunda actividad								
	1	2	3	4	5	6	7	8	9
Actividades organizadas	Submuestra A (N = 800 jóvenes)								
1. Deportes									
2. Actuación y bellas artes	114								
3. Organizaciones y clubes académicos	81	75							
4. Orientadas a la comunidad	50	30	36						
5. Servicios	65	56	53	35					
6. Grupos juveniles basados en la fe	53	45	34	29	44				
(Nº de jóvenes informando en cada categoría de actividad organizada)	(363)	(320)	(279)	(180)	(253)	(205)			
Actividades de comparación	Submuestra B (N = 1022 jóvenes)								
7. Clase académica	131	74	52	30	40	40			
8. Salir con amigos	127	69	50	32	40	34	156		
9. Trabajar en un puesto de trabajo	103	60	41	30	40	29	120	110	
(Nº de jóvenes informando en cada categoría de actividad organizada)	(361)	(203)	(143)	(92)	(120)	(103)			

Nota: No están incluidos los 72 jóvenes que informaron que participaban en una actividad solamente.

triz de tabulación de los pares de actividad que ya eran utilizados por otros estudiantes chicos o chicas en la escuela y fue programado para seleccionar el par de actividad que actualmente estaba menos representado en la matriz de tabulación para su sexo en esa escuela. En cada escuela nueva, los recuentos en la matriz se restablecían a cero. Los resultados de este algoritmo de selección para la muestra se representan en la Tabla 2.

Después de que fuesen seleccionadas por el ordenador dos actividades, se le presentaba a cada participante una serie de pantallas que contenían la YES. El participante rellenaba la YES para ambas actividades seleccionadas. Las pantallas del ordenador con los temas de YES fueron presentadas aleatoriamente y se insertaban animaciones breves cada 4 ó 5 pantallas en un intento de mantener el interés y la motivación.

Debido a que los participantes rellenaron la YES en dos actividades, pudimos utilizar el Modelo Lineal Jerárquico (Hierarchical Linear Modeling, HLM; Bryk & Raudenbush, 1992) para analizar los datos. HLM permite a los investigadores evaluar las asociaciones entre las variables que se anidaban dentro de los niveles de una jerarquía. Para estos datos, los niveles fueron las dos actividades, el participante y la escuela. Se realizaron análisis separados para cada una de las seis escalas YES, que fueron las variables dependientes. En el primer paso de cada análisis, se introdujo un conjunto de variables de control (sexo, estatus socioeconómico, región geográfica, frecuencia y horas de participación en la actividad) como indicadores de la variable dependiente. En el segundo paso del modelo, un conjunto de contrastes de actividad dicotómica fue añadido al modelo y se evaluó la varianza explicada por el segundo paso.

Los resultados evaluando las diferencias entre las seis categorías de actividades juveniles organizadas en las escalas de YES se presentan en primer lugar por actividad. De los resultados de comparar las experiencias YES entre los deportes y todo el resto de actividades juveniles surge que la juventud en deportes presenta los porcentajes más altos o porcentajes más bajos de las experiencias para el desarrollo YES comparado con el promedio para todas las actividades juveniles. La juventud en deportes informó de porcentajes significativamente más altos de experiencias para el desarrollo en las áreas de iniciativa, control emocional y trabajo en equipo y habilidades sociales comparados con los de experiencias a lo largo de actividades juveniles. Para ilustrar la magnitud de esta diferencia, el 61 % de la juventud en el deporte informó "sí, absolutamente" que yo "aprendí para impulsarme" comparado con el 36 % de la juventud a lo largo de las actividades juveniles. A continuación, la juventud en los deportes informó de porcentajes más bajos de experiencias para el desarrollo en las áreas de trabajo de identidad, relaciones positivas, redes de adultos y capital social. Sin embargo, la magnitud de estas diferencias fue modesta.

De los resultados de comparar las experiencias YES entre artes y todo el resto de actividades juveniles surge que las artes fueron considerablemente diferentes de la media a largo de las actividades juveniles para cuatro de las seis escalas YES. La juventud en artes informó de porcentajes significativamente más altos de experiencias para el desarrollo relacionadas con la iniciativa comparada con la media. A continuación, la juventud en artes informó de porcentajes significativamente más bajos de experiencias para el desarrollo YES en las áreas de trabajo en equipo y habilidades sociales, relaciones positivas y redes de adultos y capital social. La magnitud de estas diferencias fue la mayor para la escala de relaciones positivas. Por ejemplo, el 35 % de los participantes en artes informaron "sí, absolutamente" que ellos "aprendieron a ayudar a los demás" en comparación con el 51 % de los jóvenes en todas las demás actividades organizadas.

De los resultados para las organizaciones y los clubes académicos surge que el modelo de diferencias es coherente. Para todas las seis experiencias para el desarrollo YES, la juventud en organizaciones y clubes académicos informaron de porcentajes relativamente más bajos de experiencias en comparación con la juventud en todas las demás actividades juveniles organizadas. La magnitud de estas diferencias también fue sustancial. Por ejemplo, solamente el 19 % de estudiantes en organizaciones y clubes académicos informaron que ellos "aprendieron a controlar su carácter" en comparación con el 34 % de los jóvenes en todas las demás actividades.

El modelo de resultados para actividades orientadas hacia la comunidad indicó que la juventud en estas actividades informaba de unos porcentajes mayores de experiencias de redes de adultos y capital social pero porcentajes más bajas de experiencias en trabajo en equipo y habilidades sociales en comparación con el promedio para todas las actividades. La magnitud de estas diferencias fue modesta, sugiriendo que las actividades orientadas hacia la comunidad están más próximas al promedio de todas las actividades juveniles organizadas.

Los resultados para actividades de servicio y liderazgo indicaron que la juventud en estas actividades informaba de porcentajes mayores de experiencias interpersonales y eran menores solamente en experiencias relacionadas con la regulación emocional. La magnitud de las diferencias fue la mayor para la escala de relación positiva, donde el 39 % de la juventud en actividades de servicio informaba de tener la experiencia de "pude cambiar mi escuela o comunidad para bien", en comparación con el 20 % en todo el resto de actividades juveniles.

En último lugar, los resultados para las experiencias para el desarrollo YES en grupos juveniles basados en la fe se representan como un modelo coherente. Los grupos juveniles basados en la fe informaron de porcentajes significativamente mayores de todos los seis tipos de experiencias para el desarrollo en comparación con la media de todas las demás actividades. Además, la magnitud de estas diferencias es razonablemente considerable para muchas de las escalas. Por ejemplo, el 66 % de la juventud en grupos basados en la fe informaron haber tenido la experiencia de identidad de "Esta actividad me hizo pensar en quién soy yo" en comparación con el 33 % de estudiantes en otras actividades organizadas.

En análisis adicionales, se compararon experiencias para el desarrollo en actividades juveniles organizadas en los tres escenarios de comparación: clase, amigos y puesto de trabajo. Los hallazgos de este análisis indicaron que habían diferencias significativas en los porcentajes de experiencias para el desarrollo entre actividades juveniles organizadas y los tres escenarios de comparación. En primer lugar, y más notable, la juventud en actividades organizadas informó de porcentajes significativamente mayores para todas las experiencias para el desarrollo en comparación con la juventud en una clase académica. La magnitud de estas diferencias también fue repetidamente cuantiosa. En segundo lugar, en comparación con el tiempo libre con amigos, las actividades juveniles organizadas no fueron coherentemente más altas o más bajas. Sin embargo, el tiempo libre con amigos fue mayor en experiencias negativas (no se presentaron experiencias negativas). En último lugar, en comparación a trabajo en trabajo a tiempo parcial, la juventud en algunas actividades organizadas informó de porcentajes de experiencias mayores. Aquellos orientados a la comunidad, servicio y basados en la fe tenían porcentajes más altos de experiencias sobre identidad, relación positiva y redes de adultos.

Estos hallazgos en conjunto indican que las actividades juveniles organizadas son una fuente importante de oportunidades para que los adolescentes experimenten en desarrollo. Además indican que no todas las actividades organizadas ofrecen las mismas oportunidades para el desarrollo. Los deportes, por ejemplo, destacaron como un escenario para porcentajes altos de aprendizaje de iniciativa. Los modelos de experiencias en actividades juveniles organizadas sugieren que hay diferentes procesos de mediación en programas diferentes responsables de ellos.

En último lugar, las diferencias entre actividades juveniles organizadas ganan un significado adicional a la vista de la comparación con otras actividades de evaluación comparativa de las vidas de los jóvenes. Las actividades organizadas destacaron con fuerza y de manera significativa de las experiencias de los jóvenes en el núcleo de clases escolares para cada dominio de experiencia personal y entre personas sobre las que se indagó en la YES. En comparación con el trabajo a tiempo parcial, algunas actividades organizadas tuvieron porcentajes mayores. Aunque no es el centro de este artículo, es importante advertir que la juventud informó que sus trabajos a tiempo parcial les ofrecieron experiencias relacionadas con muchas habilidades no académicas.

Una teoría de trabajo de desarrollo de iniciativa

En un segundo estudio cualitativo, nos centramos de forma más profunda en los procesos subyacentes en las experiencias para el desarrollo en actividades organizadas para jóvenes. El objetivo de este estudio es desarrollar una teoría inductiva sobre los procesos para el desarrollo en las actividades juveniles. Uno de estos procesos para el desarrollo implica aprender 'iniciativa': la capacidad para dirigir el esfuerzo acumulativo y la atención con el transcurso del tiempo para lograr una meta a largo plazo (Larson, 2000). Nosotros consideramos la iniciativa como una competencia esencial con relevancia para la vida privada y pública.

Los datos cualitativos para esta investigación proceden de un estudio de dos programas juveniles de gran calidad. Para entender el desarrollo de los acontecimientos en cada uno de estos programas se recogió la información desde tres perspectivas. Se realizó una serie de entrevistas llevadas a cabo con diez jóvenes de cada uno de estos dos programas. También se entrevistaron los dirigentes adultos de cada programa. Se realizaron entrevistas personales al inicio, a la mitad y al final del estudio y también se realizaron entrevistas telefónicas y quincenalmente. A intervalos periódicos, un miembro de nuestro equipo de investigación visitó el programa para coordinar observaciones de los participantes.

En base a los resultados de nuestros estudios cualitativos hemos empezado a formular la teoría sobre cómo se aprende la iniciativa en dos programas de liderazgo juvenil de gran calidad (Larson, Hansen y Walker, 2003; Larson y Hansen, 2005). Un hallazgo clave de este trabajo es que la juventud aprende iniciativa a través de la experiencia de los retos dentro del programa. Es más, según los datos sugieren la juventud se enfrenta a estos retos que empieza a desarrollar nuevas maneras de razonamiento que ampliaba su capacidad de ejercer entidad durante períodos más prolongados de tiempo y dentro de "sistemas humanos" complejos (por ejemplo, sistemas gubernamentales institucionales).

Nuestros hallazgos en el desarrollo de la iniciativa en actividades juveniles sugieren que los jóvenes aprenden a como actuar en su mundo, para ejercer entidad, a través de un compromiso activo con los retos de un proyecto con el transcurso del tiempo. Es importante destacar que los líderes adultos de estos programas jugaron un papel de apoyo clave que facultaron a los jóvenes para hacer frente a los retos con éxito. De esta manera, dentro de un entorno de apoyo como es debido, la juventud es capaz de aprender a cómo impactar en las personas e instituciones.

Referencias bibliográficas

Bryk, A., & Raudenbush, S. W. (1992): *Hierarchical linear models: Applications and data analysis methods*. Newbury Park, CA: Sage.

Dworkin, J. B., Larson, R., & Hansen, D. (2003): Adolescents' accounts of growth experiences in youth activities. *Journal of Youth and Adolescence, 32*, 17-26.

Eccles, J. & Barber, B. (1999): Student council, volunteering, basketball, or marching-band: What kind of extracurricular involvement matters? *Journal of Adolescent Research, 14*, 10-43.

Eccles, J., Barber, B., Stone, M. & Hunt, J. (2003): Extracurricular activities in adolescent development. *Journal of Social Issues, 59*, 865-889.

Hansen, D. M., Larson, R., & Dworkin, J. (2003): What Adolescents Learn in Organized Youth Activities: A Survey of Self-Reported Developmental Experiences. *Journal of Research on Adolescence, 13* (1), 25-55.

Hansen, D. M., & Larson, R (2005): *The Youth Experience Survey 2.0*. Unpublished manuscript, University of Illinois at Urbana-Champaign.
http://web.aces.uiuc.edu/youthdev/

Hansen, D. M. & Larson, R. (en prensa): Amplifiers of Developmental and Negative Experiences in Organized Activities: Dosage, Motivation, Lead Roles, and Adult-Youth Ratios. *Journal of Applied Developmental Psychology*.

Larson, R & Hansen, D. (2005): The development of strategic thinking: Learning to impact human systems in a Youth Activism program. *Human Development, 48, 327-349*.

Larson, R. (2000): Towards a psychology of positive youth development. *American Psychologist, 55* (1), 170-183.

Larson, R., Hansen, D., & Walker, K. (2004): Everybody's gotta give: Adolescents' development of initiative within a youth program. In. Mahoney, J., Eccles, J., & Larson, R. (Eds.). *Organized activities as contexts of development: Extracurricular activities, after-school and community programs* (pp. 159-184). Hillsdale, NJ: Lawrence Erlbaum Associates.

Larson, R., Hansen, D., & Moneta, G. (2006): Differing profiles of developmental experiences in across types of organized youth activities. *Developmental Psychology, 42* (5), 849-863.

National Research Council Institute of Medicine (NRC), (2002): *Community programs to promote youth development*. Washington, D. C.: National Academy Press.

Partnership for 21st Century Skills (2003): *Learning for the 21st century*. Retrieved January 5, 2005, from http://www.21stcenturyskills.org

Rogoff, B., Baker-Sennet, J., Lacasa, P., & Goldsmith, D. (1995): Development through participation in sociocultural activity. *Cultural practices as contexts for development: New Directions for Child Development, 67*, 45-65.

Roth, J., & Brooks-Gunn, J (2003): What exactly is a youth development program? Answers from research and practice. *Applied Developmental Science, 7*, 94-111.

Youniss, J., McLellan, J. A., & Yates, M. (1997): What we know about engendering civic identity. *American Behavioral Scientist, 40*(5), 620-631.

Voluntariado juvenil en Corea

Young-Kyoon Park

Introducción

El día 31 de mayo de 1995, en su *Plan de reforma educativa para el establecimiento de un nuevo sistema educativo*, la Comisión Presidencial sobre la reforma educativa –como parte de su plan para reforzar la formación del carácter–, impulsó hacer obligatorio el registro y la gestión del contenido y el tiempo pasado en la formación de actividades de formación de grupo y de voluntariado, tanto dentro como fuera de la escuela, con el Registro de Actividad Escolar. Esta información podría entonces ser utilizada cuando los estudiantes avancen a sus niveles superiores. Dicha iniciativa permitió que los logros de la actividad del voluntariado queden reflejados en los registros de enseñanza superior de los estudiantes y en el proceso de selección para la admisión en las universidades.

Se podría decir que la creación del Registro refleja el clima social actual en Corea, que acentúa un cambio del sistema educativo existente centrado en los exámenes de admisión a "educación centrada en el carácter."

Desde luego había otras formas de actividades de voluntariado juvenil en Corea antes de estas reformas educativas, como aquellas que se centraban en las organizaciones religiosas u otras juveniles locales. Sin embargo, el voluntariado juvenil no quedó institucionalizado en Corea hasta la introducción de la formación del carácter basada en la actividad a través de las reformas educativas anteriormente mencionadas.

La actividades de voluntariado juvenil, en su gran mayoría, han sido evaluadas como extremadamente positivas, deseables y bien orientadas. Sin embargo, incluso ahora, después de que hayan transcurrido diez años desde la institucionalización del voluntariado juvenil, el sistema todavía tiene que ser reconocido al mismo nivel que los estándares del voluntariado adulto establecido. En efecto, debido a diversos motivos, deficiencias del programa, falta de oportunidades de voluntariado, condiciones insuficientes para los profesores y monitores de actividades, así como la emisión de certificados de finalización falsos, las actividades de voluntariado juvenil llegan a verse como superficiales y algo que se hace para matar el tiempo. Tales factores han dado como resultado no solamente el estancamiento del voluntariado juvenil, sino también han provocado una gran crítica pública.

En particular, aunque las actividades del voluntariado juvenil se han dirigido anteriormente destinando tiempo fuera del programa de estudios normal, a partir del 7° Plan de Estudios instituido en el año académico 2001, un mínimo de diez de un total de sesenta y ocho horas designadas para las actividades especiales se deben utilizar para actividades de voluntariado. Además, puesto que cada ciudad y provincia trabaja para seguir las directrices establecidas por el Ministerio de Educación y Desarrollo de Recursos Humanos, se necesita un sistema de guía más sistemático para el voluntariado.

Servicio de voluntariado juvenil en Corea

En Corea, se introdujo la política nacional del voluntariado juvenil en el año 1996. Justo un año antes de que el sistema fuese institucionalizado, se presentó un informe muy importante sobre la reforma educativa al Presidente de Corea por parte de la Comisión Presidencial. Según este informe, existía una necesidad urgente de reforzar la educación en la escuela centrándose en la formación del carácter y que una naturaleza humana sana se puede cultivar a través de actividades de voluntariado.

Las generaciones jóvenes pueden entender de pronto el significado verdadero de su existencia y la gratitud por su entorno donde participan en trabajos de voluntariado. Los servicios de voluntariado son programas significativos que hacen que los jóvenes conozcan su papel en la compleja sociedad de hoy día. Es más, pueden tener la oportunidad de aplicar a sus propias vidas lo que han aprendido en la escuela. Como consecuencia, pueden mejorar la eficacia de lo que aprenden.

Con el fin de promocionar las actividades de voluntariado en Corea, el gobierno ha establecido y ha estado haciendo funcionar centros de voluntariado juvenil en toda la nación. Comenzando por el Korea Youth Volunteer Center fundado en 1996, actualmente existen dieciseis centros de voluntariado juveniles (Youth Volunteer Centers) en las ciudades metropolitanas y en las provincias en todo el país. Cada ciudad o provincia importante dispone de un centro de voluntariado juvenil y se ha planificado la construcción de más centros de voluntariado juveniles en ciudades locales, comarcas y distritos. En el año 2006, se incorporó el Korea Youth Volunteer Center al Korea Youth Service Center y actualmente todos los dieciseis centros de voluntariado juveniles ubicados en diversas provincias y ciudades metropolitanas alrededor del país también han sido incorporados a los centros de servicio juveniles.

Desde el año 2006, el Korean Youth Volunteer Center es gestionado por el Korean Youth Service Center, y tiene previsto unificar los otros centros de voluntariado juveniles en centros de servicios juveniles locales con el fin de gestionar mejor y dar apoyo a las actividades de voluntariado, a grandes rasgos gestionar diferentes actividades experimentales y lograr la capacidad de documentar cuidadosamente todas estas actividades se encuentran todas ellas en consideración.

Participación juvenil

El Centro Coreano de Voluntariado Juvenil (Korea Youth Volunteer Center - KYVC) fue fundado en junio de 1996. A partir del informe de la Comisión Presidencial sobre la reforma educativa, el Ministerio de Cultura y Deportes decidió establecer centros de voluntariado en Corea y se lanzó el KYVC. Sin embargo, el KYVC quedó integrado en el Korea Youth Service Center (KYSC) en marzo de 2006.

Las áreas principales de negocio del KYVC pueden clasificarse en cinco áreas: investigación y desarrollo, educación y formación, relaciones públicas y cooperación, evaluación y apoyo y suministro de información. En el año 2005, había desarrollado algunos logros importantes y se había publicado un libro blanco sobre las actividades de voluntariado juveniles que había dirigido.

Cuadro 1								
Participantes totales en actividades de voluntariado								
Total	1997	1998	1999	2000	2001	2002	2003	2004
3.886.401	118.053	251.092	413.698	544.848	506.797	717.143	861.142	930.239
Fuente: Comisión nacional de la juventud (2005).								

Desde que se abrió el KYSC el número de jóvenes que participan en actividades de voluntariado ha crecido ininterrumpidamente a través de los centros de voluntariado juveniles en 16 ciudades y provincias. Desde diciembre de 2004, un total de 930.239 jóvenes han participado en actividades de voluntariado en todo el país. Analizando el contenido de las actividades de voluntariado encontramos unas altas tasas de participación en los campos de desarrollo de comunidad local, ayuda y conservación de instalaciones medioambientales en lugares tales como organizaciones públicas y grupos, instalaciones públicas y centros de bienestar social, etc.

Cuadro 2			
Participantes según campos y sectores de actividad			
Campos de actividad del voluntariado		**Sectores de actividad del voluntariado**	
Campos	N° Participantes	Sectores	N° Participantes
Ayuda	166394	Organizaciones Públicas	358629
Actividades de consolidación	70279	Bienestar Social	141785
Actividades de orientación	28834	Facilidades públicas	178227
Campañas	51057	Contingencias	54665
Caridad	36445	Poblaciones agrícolas	18323
Ambiente	121948	Ríos y montañas	56659
Desarrollo de la comunidad	321115	Otros terrenos	121348
Otros campos	135173		

Las características del voluntariado juvenil

El voluntariado juvenil es el uso de los recursos mentales y físicos de uno para la mejora de los demás o de la comunidad de manera continuada durante un período de tiempo sin esperar una compensación económica. De tales actividades se siente tanto el propósito como la esperanza, mientras que al mismo tiempo se descubren el talento y el carácter interior de uno. Es más, a través de experimentar directamente la esfera vital de la comunidad donde se vive, la juventud puede cultivar una naturaleza humana sana, mientras se pone en práctica lo que han aprendido.

El voluntariado juvenil es diferente del voluntariado adulto en que el centro de la actividad está compuesto por jóvenes que se encuentran todavía en el proceso de madurar y por tanto el aprendizaje a través del voluntariado se convierte en una meta más que el voluntariado completo en el sentido tradicional del término. Es decir, el voluntariado juvenil debe incluir el aprendizaje a través del concepto de "aprendizaje de servicios." Por consiguiente, el voluntariado juvenil añade un significado mayor a los resultados educativos del aprendizaje logrado por el joven en el proceso de voluntariado durante los resultados reales de sus actividades de voluntariado. En este sentido, las características del voluntariado juvenil se pueden expresar como sigue.

En primer lugar, el voluntariado juvenil consiste en actividades con guía educativa más que actividades voluntarias basadas en una participación de libre albedrío personal y completo. Debido al hecho que el voluntariado juvenil tiene un gran significado educativo, el Ministerio de Educación, a través de su plan de reforma educativa ha estado fomentando el voluntariado juvenil como una forma de reforzar el carácter humano. En particular, con el 7° Programa Educativo el voluntariado juvenil ha sido designado como un área de actividad especial, teniendo como resultado que el voluntariado forma parte del plan de estudios y como consecuencia formando parte de una actividad dirigida por la escuela.

En segundo lugar, el voluntariado juvenil es una actividad en la que las escuelas intervienen durante todo el proceso, desde la planificación inicial hasta las etapas de evaluación finales. El voluntariado juvenil debe consistir en actividades educativas significativas que fomenten el crecimiento de los jóvenes y les permita contribuir en la sociedad. Independientemente de si el voluntariado juvenil como parte de los programas de aprendizaje escolar se organiza de manera individual o en unidades escolares, su plan debe ser establecido antes de llevarse a cabo. Es más, como parte de este proceso o bien el director de la escuela o el director del programa deben aprobar primer cualquier programa de voluntariado antes de que éste se pueda iniciar.

En tercer lugar, el voluntariado juvenil se debe llevar a cabo de manera que se tenga en consideración el nivel de desarrollo físico, intelectual, social y moral de los estudiantes de la escuela elemental, media y superior y desarrolle las actividades adecuadas según el caso.

En el caso de las escuelas elementales, más que guiar a los estudiantes a través de la práctica del voluntariado completo y real, es mejor centrarse en cultivar un espíritu y actitud de voluntariado, con cualquier voluntariado real realizado o bien en los terrenos de la escuela o cerca de la escuela. Para las escuelas de enseñanza media, aunque puede ser difícil dirigir actividades completamente voluntarias, es posible practicar el voluntariado. Así, basado en el concepto del aprendizaje del servicio, los estudiantes practican el voluntariado centrado en lo que han aprendido en la escuela, ampliando su área de actividad de voluntariado no solamente a los terrenos inmediatos a la escuela sino también a la sociedad local y a las instituciones públicas.

En último lugar, en el nivel de escuela superior, el voluntariado estudiantil verdadero se fomenta en que las áreas de actividad se amplíen a diversas áreas de la comunidad local. En particular, se les enseñaría a los estudiantes de la escuela superior a que se comprometan en actividades que estén relacionadas con rutas de carreras profesionales que estén considerando para el futuro ya que a través de tales experiencias pueden obtener una ayuda muy valiosa para elegir la ruta correcta hacia su carrera profesional. La meta de los educadores en este punto es inculcar un sentido de voluntariado completo y un deseo suficiente para hacer tales actividades que continuarán con los estudiantes mientras se desarrollan en adultos.

Para los jóvenes, que todavía se encuentran en el proceso de madurar a adultos, el voluntariado debería interpretarse como estando más cercano al concepto de "aprendizaje de servir" más que el voluntariado basado completamente en el libre albedrío. El proceso de voluntariado juvenil, por tanto, posee su mayor mérito en el desarrollo del carácter humano centrado en las experiencias del aprendizaje práctico.

El proceso del voluntariado juvenil

El voluntariado juvenil se puede dividir en dos tipos principales: 1) actividades dirigidas conforme a los planes escolares o planes de estudios educativos; 2) actividades por fuera de los planes de estudios escolares, o como planes individuales.

Proceso de voluntariado dirigido conforme a los planes de estudios educativos escolares o planes escolares

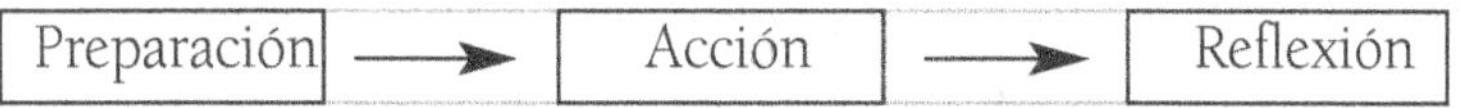

Preparación:

- La etapa de preparación consiste en desarrollar conciencia del tema, aprendizaje preliminar y el establecimiento del plan de ejecución.

- La conciencia del tema hace referencia al aprendizaje por parte de la juventud de la importancia de su voluntariado y qué tipos de asuntos pueden convertirse en objetivos de sus actividades. A través de este proceso los estudiantes pueden identificar actividades concretas a ejecutar.

- El aprendizaje preliminar hace referencia a adquirir el conocimiento y los conocimientos prácticos necesarios para ejecutar las actividades concretas.

- Cuando se establece el plan de ejecución, diversas tareas tales como las encuestas preliminares, la selección de actividades posibles, la adquisición de consentimiento de aquellos a cargo de las instalaciones objetivo y la inspección de todos los contenidos y materiales de la actividad.

Acción:

- La etapa de acción consiste de realmente ir a los lugares objetivos, o dentro o fuera de la escuela, reunirse con aquellos que son objetivo en la actividad y dirigir las actividades de voluntariado.

- Se debe prestar atención especial a: El conocimiento de consideraciones especiales de las actividades de voluntariado / Precauciones de seguridad / Comprobaciones para asegurar que las actividades están siendo implementadas tal como se había planificado / Medidas para tratar los cambios de la situación / Mantenimiento de relaciones humanas a lo largo del proceso de actividad / Garantía de que se siguen las instrucciones del dirigente / Cooperación mutua entre los voluntarios.

Reflexión:

- La etapa de reflexión consiste en la comprobación y registro de los resultados educativos de las actividades y el nivel de satisfacción tanto de los voluntarios como de los receptores del voluntariado. Se deberían realizar las evaluaciones inmediatamente tras la conclusión de la etapa de acción.

- Se pueden realizar las reflexiones de diversas maneras con el fin de determinar hasta qué punto el programa de voluntariado logró sus objetivos originales, incluyendo el escrito de las impresiones sobre las experiencias individuales, entrevistas, cuestionarios, reuniones informales y ceremonias de entrega de premios para los participantes ejemplares.

- Los profesores pueden utilizar la instrucción de seguimiento para ayudar a asegurar que los beneficios de la experiencia del voluntariado se extienden desde el joven individual a sus familias, otros grupos sociales y la comunidad local.

Proceso de voluntariado dirigido prescindiendo de los planes de estudios escolares o planes individuales

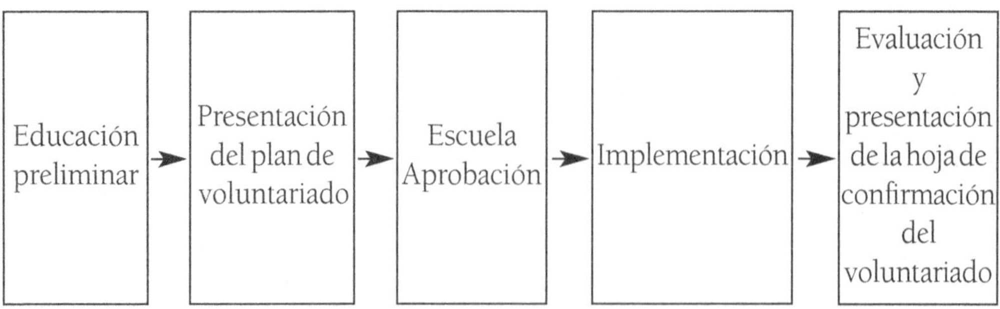

El voluntariado dirigido prescindiendo de los planes de estudios escolares o como planes individuales hace referencia al voluntariado en el que el voluntariado joven como individuos, como grupos formados ellos mismos, o como unidades familiares.

El voluntariado dirigido prescindiendo de los planes de estudios escolares también debe apoyarse y fomentarse activamente por parte de las escuelas y las escuelas deben ofrecer instrucción y aprobar de manera anticipada toda la educación preliminar y los detalles del programa.

Cada joven particular debe, tras la finalización del voluntariado, presentar una hoja de confirmación del voluntariado a la escuela y reunirse con el instructor encargado, después de lo cual se dirigen las evaluaciones e instrucciones de seguimiento.

El voluntariado juvenil es un proceso de aprendizaje en el que el conocimiento se pone en práctica a través de la experiencia real. Por consiguiente, se centra en objetivos educativos mientras incorpora instrucción, guía, regulación y evaluación en la actividad de voluntariado. Por esta razón, aporta un significado mayor a los resultados educativos del aprendizaje logrado por la juventud en el proceso de voluntariado sobre los resultados reales de sus actividades de voluntariado. En este sentido, se puede considerar como un "aprendizaje de servicio," que se lleva a cabo a través de un proceso de preparación, acción y reflexión.

El programa de voluntariado

El ámbito del voluntariado está creciendo y haciéndose cada vez más variado, sobrepasando la ayuda de aquellos alienados o abandonados por la sociedad a diversos tipos de implicación en la comunidad local e incluso voluntariado internacional. Como por ejemplo, el voluntariado en Sri Lanka (Ceilán).

Del 7 al 16 de mayo de 2005, un grupo compuesto por 176 voluntarios jóvenes y sus instructores visitaron las tres zonas del desastre de Galle, Mahatara, y Hanbantota en Sri Lanka para ayudar en las tareas de recuperación del tsunami. Los voluntarios jóvenes fueron acompañados por veinticinco trabajadores jóvenes, ocho funcionarios, dos equipos de noticias y un equipo médico, y en los sitios del desastre se les unieron nueve miembros de la organización de voluntarios local KOICA y tres misioneros. Además, también participaron 5.457 jóvenes locales y otros ciudadanos junto con dieciseis representantes del National Youth Service Center. Los objetivos de esta actividad eran difundir el voluntariado juvenil a través de la participación en el Día Mundial del Servicio Voluntario Juvenil, que tiene lugar anualmente en todo el mundo, y, a nivel nacional, ayudar en las tareas de recuperación en las áreas devastadas por el tsunami en Sri Lanka. Es más, a través de estas actividades los voluntarios jóvenes intentaron reforzar los esfuerzos de cooperación internacional, mejorar la imagen internacional de sus naciones y contribuir a la mejora del liderazgo juvenil mundial.

Introducción al voluntariado juvenil japonés

En Japón ha habido esfuerzos para cambiar la dirección de la educación en base a una reconsideración de las ventajas y desventajas de la educación escolar. Con el fin de cambiar el plan de estudios educativo actual basado en la clase, se está introduciendo a gran escala un plan de estudios nuevo incluyendo un sistema de voluntariado de educación basada en la experiencia.

En Japón, existen dos posturas generales en relación con el voluntariado juvenil. El primer punto de vista considera el voluntariado juvenil un objetivo de aprendizaje. Conforme a este punto de vista, a través de la experiencia del voluntariado, los jóvenes pueden aprender a pensar por ellos mismos y hacer preguntas con el fin de solucionar estrategias por sí mismos. Es más, empezando por familiarizarse con los asuntos de la comunidad local, pueden obtener experiencia directa en el aprendizaje de valores teóricos, prácticos y morales de forma simultánea de forma integrada. Por consiguiente, este punto de vista se encuentra en la postura e intereses de la educación, con el propósito de propiciar mentes que puedan comprender más que simplemente producir resultados rápidos.

El segundo punto de vista considera el voluntariado juvenil una extensión de la educación del voluntariado. El voluntariado está compuesto por actividades no educativas y por tanto el enfoque principal de tales actividades sería la independencia y espontaneidad de la juventud. La evaluación también es dirigida por los jóvenes mismos, en base a sus experiencias de voluntariado personales y teniendo en consideración los comentarios y consejo de sus instructores. En base a este punto de vista, el Gobierno de Japón, y en particular el Ministerio de Educación, Cultura, Deportes, Ciencia y Tecnología y el Ministro de Sanidad, Trabajo y Bienestar, está liderando la introducción de tales actividades de voluntariado en Japón.

Estos dos departamentos gubernamentales están planificando actualmente la expansión de actividades de voluntariado en todo Japón a través de toda la legislación, procedimientos administrativos, exámenes de oposiciones a puestos públicos e instrucción. A través de las medidas gubernamentales para fomentar la participación en actividades relacionadas con el bienestar social, se ha abierto la puerta a más posibilidades de voluntariado. Ahora las organizaciones privadas trabajan junto con las agencias gubernamentales y las organizaciones autónomas locales en empresas encargadas mientras se recibe apoyo financiero del gobierno. Además, estas empresas también confían en sus propias capacidades para conseguir fondos recibidos a través de donaciones y recaudación de fondos específicas para la actividad. Puesto que la Oficina de Formación Permanente del Ministerio de Educación, Cultura, Deportes, Ciencia y Tecnología ha sido puesta a cargo de las actividades de voluntariado, se puede deducir que las actividades de voluntariado en Japón están estrechamente relacionadas con la formación permanente.

Básicamente, el voluntariado juvenil se considera que forma una fundación para el aprendizaje que permite a los jóvenes lograr el desarrollo personal y la realización personal. Es más, el aprendizaje es necesario para la ejecución de actividades de voluntariado, durante la cual los instructores animan a los estudiantes a utilizar el conocimiento que han aprendido. Desde este punto de vista la Oficina de Formación Permanente planea diversos tipos de políticas y proyectos, fomentando la inversión, y el apoyo, a la educación escolar. Además, como parte de un plan de estudios de aprendizaje para el propósito de ampliar las actividades de voluntariado en las escuelas, se han definido claramente las actividades de voluntariado como actividades especiales que se centran en propiciar una actitud de querer luchar por obtener el bienestar público y el avance social y fomentar un espíritu de servicio social.

En el año 1993, se notificó a todas las juntas educativas de todas las ciudades y municipios de Japón que las evaluaciones en las que se reflejaban las actividades de voluntariado de los estudiantes serían exigidas durante las selecciones para la admisión en las escuelas superiores. Además también se destacó que los perfiles para los procedimientos de selección para la universidad también incluirían evaluaciones de actividades de voluntariado. El Ministerio de Educación, Cultura, Deportes, Ciencia y Tecnología deseaba desarrollar un modelo de experiencia de voluntariado a través de la acción colectiva entre las escuelas y las comunidades locales. Para este fin, empezó a fomentar actividades de investigación práctica para el aprendizaje mediante la experiencia laboral centrándose en los estudiantes de escuelas superiores mientras que de manera simultánea patrocinaba el desarrollo de "Materiales de instrucción del consejo de investigación y educación del voluntariado" y la creación de un "Registro de voluntarios de ciencia y tecnología."

También en el ámbito de la educación social, el Gobierno japonés actualmente está fomentando proyectos integrados de actividades de voluntariado de formación continua además de implementar actividades en grupo de fin de semana y formación de voluntariado juvenil. Además, como parte de su iniciativa de difundir las actividades, ha designado ciertas escuelas como escuelas de colaboración con el voluntariado que trabajan sobre todo para desarrollar actividades arraigadas en la comunidad local. Estas escuelas, designadas como "Escuelas modelo ascendidas," pueden entonces compartir sus programas e información con otras escuelas locales en un esfuerzo de extender todavía más y consolidar las actividades.

Actualmente hay aproximadamente 12.400 escuelas de este tipo designadas como escuelas de colaboración con el voluntariado. Mientras, el Ministerio de Sanidad, Trabajo y Bienestar está tomando medidas para fomentar la participación ciudadana en actividades de bienestar social a través de evaluaciones y fomentando la difusión del "Seguro del voluntario."

Conforme a informes recientemente publicados, aproximadamente el 33% de todos los jóvenes japoneses tienen experiencia en la realización de actividad de voluntariado de algún tipo. Es más, los tipos más habituales de actividades de voluntariado entre los jóvenes japoneses son aquellas relacionadas con la protección de la naturaleza y el medio ambiente (alrededor del 53%). Esto es seguido por actividades dirigidas a encauzar a los chavales más jóvenes a deportes y otras actividades de recreo (alrededor del 32%), actividades de ayuda a ancianos o discapacitados (alrededor del 24%), y actividades para conservar y fomentar los fiestas tradicionales locales e historia, etc. (alrededor del 22%).

En relación con el hecho de cuándo se realizan las actividades de voluntariado, el porcentaje de aquellos que realizan trabajo de voluntariado durante las vacaciones era del 43%, con alrededor del 42% siendo realizado durante las vacaciones escolares largas o del trabajo, como las vacaciones de verano. En definitiva, las motivaciones de los jóvenes japoneses para comprometerse en actividades de voluntariado incluyen lo siguiente: "Quiero ayudar a aquellos que se encuentran en actividades difíciles" (alrededor del 46%), "Quiero hacer de mi comunidad y sociedad un lugar mejor" (alrededor del 40%), "Quiero hacer algo nuevo y emocionante" (alrededor del 33%) y "Quiero conocer gente nueva" (alrededor del 23 %).

Referencias bibliográficas

Japan Experiential & Volunteer Activity Promotion Center (2006). Página Web http://volunteer.nier.go.jp/

National Youth Commission & Korea Youth Volunteer Center (2006). A white paper on youth volunteer activities.

National Youth Commission (2006). Página Web http://youth.go.kr/

Osaka Volunteer Association (2006). Página Web http://www.osakavol.org/

Voluntariado, desarrollo juvenil y aprendizaje informal

Dina Krauskopf

Introducción

Iniciamos este capítulo analizando algunas características de las juventudes contemporáneas que son fundamentales para reconocerlas como sujetos de acciones, lo que incluye el voluntariado. Más adelante revisamos las diversas modalidades de voluntariado, sus aportes al desarrollo juvenil, destacando las modalidades de servicio y la importancia del aprendizaje informal. Finalmente se revisan algunas políticas y estrategias necesarias para el fortalecimiento del voluntariado juvenil.

El lugar que ocupa la juventud, en nuestras sociedades, frecuentemente la invisibiliza y aisla del desarrollo. A veces se ha entendido el servicio juvenil como un rito de pasaje que contrarresta las tendencias negativas de la gente joven en la transición de la adolescencia a la adultez. En realidad no se trata tanto de cumplir con el modelo adulto, sino de alcanzar un sentido de vida positivo basado en oportunidades y capacidades reales. La adultez ya no es homogénea ni estática; también ha experimentado grandes transformaciones para responder a los desafíos variados de la vida actual, enfrentando la prolongación de la vida con la difícil demanda de continuar aprendiendo en el contexto de la velocidad de los cambios tecnológicos y sociales (Krauskopf, 2003).

James Coleman (1972) destaca que la transición a la adultez está dificultada en la moderna sociedad industrial y que la dependencia juvenil es prolongada. Señala que la juventud moderna es rica en educación, pero pobre en acción, lo que sería el reverso de lo que ocurría en la centuria anterior. Observa que la cultura juvenil ha sido ampliamente segregada de las responsabilidades y valores adultos. Respecto a esto, cabe reafirmar los efectos negativos que emergen cuando ".. se priva (al joven) de la capacidad de acción, se le mantiene en la impotencia y por lo tanto, en la omnipotencia del pensamiento"(Aberastury 1973:42). Por lo contrario, el voluntariado, y más específicamente, el aprendizaje - servicio, constituyen una vía idónea para fomentar un desarrollo juvenil exitoso.

En América Latina se enfrentan condiciones de desarrollo y polarización socioeconómica al interior de las sociedades. Se ha agudizado la brecha en el acceso de oportunidades entre los grupos en ventaja socioeconómica y aquellos que no lo están (Lechner, 1998). Un proceso de acumulación de desventajas o vulnerabilidades es un frecuente antecedente de la exclusión (Minujim, 1998).

Los jóvenes con mayores recursos económicos se empiezan a parecer más a los jóvenes con las mismas condiciones económicas de todas partes del mundo. La globalización y modernización los incluye en el acceso a la informática, a los conocimientos vigentes y la exposición a los adelantos. Los grupos de menores recursos, van quedando alejados de los avances. Las juventudes, más claramente, se constituyen en sujeto heterogéneo, expuesto a diversos grados de vulnerabilidad y exclusión (Krauskopf, 2005). Un desafío importante es el diseño de programas de voluntariado para la inclusión de grandes sectores de jóvenes excluidos.

¿Transición o desarrollo juvenil?

En el desarrollo juvenil toman gran importancia, la subjetividad personal y colectiva de los grupos juveniles, la globalización, la modernización, la velocidad de los cambios socioculturales, el posicionamiento por edad, el grado de inclusión socioeconómica y de integración social. En el período juvenil, el desarrollo intelectual, sexual y social trae nuevos recursos para la diferenciación identitaria del grupo familiar y para el replanteamiento de las relaciones con el mundo.

Si bien las familias continúan jugando un papel significativo en el enriquecimiento y fortalecimiento del desarrollo juvenil, otras dimensiones, provenientes de un marco más amplio de la sociedad (medio escolar, comunitario, laboral, social, político, comunicación masiva, informática) pasan a desempeñar determinaciones fundamentales. Por ello ejercer un voluntariado organizado tiene más importancia en los tiempos actuales, ya que brinda la posibilidad de poner las ideas y valores en práctica. Esto permite enriquecer las conceptualizaciones, acciones e incorporación social de los jóvenes.

Los científicos sociales y los diseñadores de políticas han planteado tradicionalmente una *moratoria psicosocial* para enfrentar la fase juvenil como un período de preparación para el futuro y de riesgo en el presente. Este enfoque, que establece el ensayo y error como experiencia necesaria para llegar a la adultez, desconoce la importancia de la *participación real* del sujeto joven. Además, dicho concepto no considera que las capas juveniles pobres deben atender tempranas demandas de supervivencia económica, por lo que, desde la pubertad o antes,se desencadena una *premura social para el cumplimiento de responsabilidades.*

Consideramos valiosa la existencia de ritos de pasaje, pero afirmamos que el período juvenil es más que una mera transición. Es una fase de desarrollo particularmente importante y tiene el mismo status de las demás etapas del ciclo vital (nunca han sido llamadas transiciones). La apertura de oportunidades con participación efectiva, amplía los campos de experiencia, empodera al joven con credenciales para una inserción exitosa y ofrece metas ante las cuales hay motivación y estima para posponer pseudosoluciones inmediatistas riesgosas (Krauskopf, 1994). Los servicios de juventud aportan esta alternativa en contraposición a la visión estigmatizante de lo juvenil en el contexto del ensayo y error carente de compromiso social.

Estamos claros que los acelerados cambios sociales han llevado a nuevas relaciones intergeneracionales en todo el mundo. El lugar de las juventudes y los adultos en las sociedades está cambiando. Las personas jóvenes ya no se consideran solo un pre-proyecto de futuro, poseen saberes que las generaciones mayores desconocían (Krauskopf, 2003), su participación tiene nuevas características. Buscan efectividad a corto y mediano plazo, les interesa alcanzar metas palpables, ser miembros de organizaciones más horizontales que jerárquicas y pertenecer a redes vinculantes y flexibles, con coordinaciones transitorias (Serna, 1998). Las actividades del voluntariado organizado son más efectivas cuando involucran procesos en los cuales los jóvenes son *agentes activos y conscientes de su propio desarrollo* (Larson et. al. 2006). Thompson y Toro (1999) destacan que la *inclusión de las metas e intereses personales y sociales de las personas jóvenes* en actividades de voluntariado permite dar satisfacción a las propias necesidades: complementar algún aspecto de la vida laboral, constituir la vía inicial de formación para ejercer una profesión, disfrutar del tiempo libre, adquirir prestigio, etc.

El rol de la educación y el aprendizaje informal

En los países latinoamericanos, la educación escolar es considerada la política pública por excelencia dirigida hacia niños y adolescentes. Sin embargo, hay un incremento de planteamientos que señalan que la institución escolar debe reestructurarse para la satisfacción y el logro del desarrollo de los estudiantes. Es grave el desfase del tiempo social en el sistema escolar: *la enseñanza se apoya en el pasado y en una promesa de futuro, en tanto los adolescentes viven el presente sobredimensionado.* El conocimiento que así reciben los estudiantes es percibido como un cheque postfechado para el futuro, sin valor en el presente (Parra, 1998). En el área rural, la instrucción formal ha constituido más un puente que favoreció el proceso migratorio a las ciudades, que la adquisición de conocimientos y habilidades para los jóvenes del campo (Reuben, 1990).

Elicegui (1998) señala la existencia de instituciones escolares que enfatizan "el puro aprendizaje académico" donde se privilegia la teoría sobre la práctica. Cita a Nel Nodding de la Universidad de Stanford que señala la fundamental *discordancia* entre el modo en que los adolescentes son educados y lo que ahora sabemos que necesitan experimentar para aprender.

Con este análisis no pretendemos hacer una evaluación exhaustiva del sistema escolar, sino señalar condiciones que hacen del trabajo voluntario organizado una opción de aprendizaje informal sumamente enriquecedora para el desarrollo juvenil. Larson et.al. investigan la actividad voluntaria en colegios norteamericanos y encuentran que *las experiencias de desarrollo ocurren significativamente mas a menudo en programas juveniles que en las clases escolares.* Concluyen que las actividades juveniles organizadas, incluyendo las extracurriculares y los programas basados en la comunidad, son contextos que proveen condiciones para que los adolescentes se involucren activamente en su desarrollo psicosocial. Destacan que, si bien las *actividades informales con amigos* pueden compararse con actividades organizadas, en tanto proveen ciertas experiencias de desarrollo positivo, las *actividades organizadas* proveen menos riesgo de experiencias negativas como el stress, presencia de adultos con comportamiento inapropiado, presión negativa de los pares, discriminación negativa que lleva a algunos a ser marginados del grupo.

Enfoques del voluntariado

El voluntariado no es una actividad homogénea. Es preciso situarlo en las diferentes esferas de acción y reconocer que sus perspectivas varían según el contexto en que se desenvuelve y los enfoques de su acción. Nos referiremos a las modalidades más frecuentes y en especial al voluntariado organizado.

1) Voluntariado espontáneo. Es coyuntural y no institucionalizado; ha contribuido a solucionar oportunamente muchas necesidades de poblaciones carentes. A sido a veces la la única alternativa posible frente a situaciones como catástrofes o emergencias ambientales (Thompson y Toro, 1999). El Banco Mundial (2005) denomina *servicio informal* a las actividades que son producto de una ética de servicio en familias, escuelas, organizaciones, etc.

2) Actividad voluntaria en colegios. Puede ser organizada en mayor o menor grado y cubrir diversas áreas de actividad como: los deportes; en el area artística, la música, la danza y el drama; la participación comunitaria; los clubes y organizaciones académicas, las asociaciones estudiantiles, etc.

3) Voluntariado organizado formal. Sus principales enfoques en América Latina son:

3.1. El voluntariado como ejercicio de la ciudadanía. No se trata de la simple pertenencia a una nación por el hecho natural del nacimiento ni el derecho electoral con la mayoría de edad. La ciudadanía se da cuando la población disfruta de derechos que garantiza el medio social: su legitimidad se encuentra en el respaldo del estado a los miembros de la sociedad. Ciudadanía y voluntariado son dos importantes componentes de la sociedad civil en la medida que son expresión de participación, compromiso y responsabilidad (CESJ, 2000). Para Thompson y Toro (1999) el voluntariado como mecanismo de participación ciudadana activa y consciente tiene el potencial de convertirse en una fuerza de cambio social y cultural de gran alcance en la América Latina de hoy. La acción ciudadana reconoce la capacidad de sujetos sociales y requiere una relación equitativa de colaboración mutua para el mejoramiento de las condiciones sociales. De esta forma *el voluntariado se concibe como el aprendizaje de doble vía* que genera una transformación real de la conciencia hacia formas más consistentes y duraderas de solidaridad. Para el éxito de los proyectos es necesaria la capacitación que valoriza el trabajo voluntario como participación ciudadana consciente y el acompañamiento tanto al voluntario como a la institución receptora.

3.2. El voluntariado también es crecientemente visto como una vía de aporte económico y de sostenimiento de la democracia. Frente a las deficiencias del estado en la reducción de las desigualdades sociales, diversas instituciones alientan el desarrollo del voluntariado como supletorio de las responsabilidades estatales (op.cit.). Al reconocerse su valor económico, el voluntariado es incluído en la casi totalidad de proyectos de desarrollo local que aprueban los gobiernos, la banca multilateral y las empresas que hacen inversión social.

En la literatura norteamericana, se ve al voluntariado como una *escuela de la práctica democrática* donde sus organizaciones son portadoras de valores para la vida colectiva, tales como la solidaridad, la justicia, el respeto a la vida y el altruismo.

3.3. El voluntariado motivado por la responsabilidad con la sociedad y con el planeta está estructurado principalmente bajo el concepto de solidaridad y es propio de la actual relación entre lo local y lo global.

3.4. La acción política y la religiosa son hoy, quizás, los motores más importantes para el desarrollo del voluntariado social en América Latina. Los perfiles que adopta el voluntariado están claramente asociados a los ciclos políticos predominantes entre dictaduras y democracias. El vacío dejado por la política –sea por el cierre autoritario de los sistemas políticos o bien por el fracaso de los partidos en satisfacer necesidades ciudadanas - dio lugar a nuevas formas de acción directa de los jóvenes en torno a temas específicos – mujer, medio ambiente, derechos humanos- basados fundamentalmente en trabajo voluntario (op.cit.). Otra modalidad, más vinculada a metas de algunos estados son las movilizaciones como las campañas de salud, alfabetización, etc.

En las experiencias latinoamericanas orientadas al ejercicio de la ciudadanía y la transformación social, tanto de raigambre religiosa como política y solidaria, se observan algunas dimensiones encontradas en el estudio de Larson et. al. como la integración de jóvenes y adultos, oportunidades para el desarrollo del identidades con capacidad de gestión, un sistema de creencias prosociales que se dirige a preguntas fundamentales para el desarrollo humano. Los jóvenes pueden tratar aspectos de relevancia en sus vidas *compartiendo la visión del mundo con sus pares interconectados con adultos.*

Servicio voluntario y aprendizaje informal

Una de las formas mas efectivas de aprendizaje informal del voluntariado organizado se da como parte de un proyecto de servicio. Podemos distinguir el aprendizaje-servicio, básicamente escolar, y el servicio cívico, básicamente nacional.

1. Aprendizaje-servicio. Deriva de una metodología internacional que está basada en *actividades de voluntariado realizadas en el marco escolar* con un nivel importante de formalización. El proceso de aprendizaje-servicio intenta asegurar tanto el *beneficio de los prestadores como el de los receptores*, poniendo el acento igualmente en el hecho del aprendizaje como en el servicio prestado (Elicegui, 1988). Según Tapia (1998), tres aspectos explican el creciente desarrollo de experiencias de aprendizaje-servicio en las escuelas latinoamericanas: la crisis del estado benefactor, la expansión de las organizaciones comunitarias (también llamadas "no gubernamentales" o del "tercer sector") y la creciente demanda de la sociedad hacia la escuela.

2. Servicio cívico. Agrupadas bajo este término están las organizaciones de "servicio nacional" *equivalentes al servicio militar* o sustitutivo y los *trabajos juveniles voluntarios u obligatorios* organizados desde el estado o las universidades para promover objetivos nacionales o locales significativos (como la preservación ambiental la integración étnica, la atención de emergencias, u otros). El servicio cívico ha sido definido por Sherraden y Eberly (1984) como un *período de servicio a la comunidad, sociedad o el mundo*, institucionalizado como parte de una *estructura de oportunidades para las personas jóvenes, con o sin compensación financiera mínima*, pero reconocido y legitimado por la sociedad y el estado. Frecuentemente incluye procesos de aprendizaje- servicio, por lo que no consideramos que esta metodología pueda atribuirse exclusivamente al nivel escolar. Se trata de un trabajo horizontal, que desarrolla la colaboración entre pares y cuenta con la colaboración intergeneracional.

Dichos factores también contribuyen al vigor con el que diversas Universidades han establecido el *servicio juvenil universitario*. Un caso destacado lo contituyen los treinta años del Programa de Trabajo Comunal Universitario (TCU) en la Universidad de Costa Rica Rica. Esta exitosa estrategia se ha consolidado hasta constituir un modelo que se desarrolla con importantes alianzas locales con la posibilidad de enlazarse con políticas públicas (Entrevistas: Perez, Meoño, 2006). Se trata de un requisito de graduación en que estudiantes y profesores se vinculan de modo dinámico con las comunidades de escasos recursos para contribuir a la superación de los problemas concretos de éstas. Procura reintegrar el beneficio social de la educación universitaria pública con servicios para la comunidad (Perez y Meoño, 2006).

Entre sus características se encuentra el establecimiento del diálogo directo y el intercambio de saberes con la comunidad, así como su participación y la de las contrapartes en todo el proceso. El trabajo es interdisciplinario, en equipo, con integración de la docencia y la investigación. La atención prioritaria se brinda a areas problema identificadas que dan lugar a programas de acción social. Esto requiere del comnpromiso, la solidaridad y la sostenibilidad de las acciones mediante la continuidad de los proyectos y la apropiación de los procesos por parte de las comunidades y las contrapartes.

Actualmente se desarrollan cien proyectos por año, en los participan alrededor de 2.500 estudiantes y doscientos docentes, con un aproximado de 650.000 horas de servicio a la sociedad costarricense. En los últimos siete años en promedio se ha impactado de forma directa en 130.000 personas anualmente, número muy significativo, si se toma en cuenta que la población total costarricense se acerca a las cuatro millones y medio (Perez y Meoño, 2006).

En Africa se destaca el *servicio nacional* donde un programa obligatorio de todas las Universidades nigerianas y los graduados politécnicos, requiere que trabajen fuera de su hogar y con otros grupos tribales. Approximadamente 710,000 jóvenes nigerianos han trabajado en el programa entre 197 y 1999 (Banco Mundial, 2005)

Impacto del trabajo voluntario en el desarrollo juvenil

El impacto de la actividad voluntaria organizada es multi-dimensional (Eberly, 1986), involucra a todos los sectores que interactúan, sus efectos dependen de los procesos y contextos que involucra y las etapas de la vida por las que atraviesan los jóvenes participantes. Las investigaciones sugieren que los programas de servicio mas organizados proveen los mayores beneficios a los participantes y a las comunidades involucradas (Banco Mundial, 2005).

Según testimonios recogidos durante una evaluación de Kellog Foundation en América Latina, aún el más pequeño y sencillo acto voluntario, realizado con total integridad y conciencia, puede *transformar la vida* de los participantes. Tanto el voluntario como el receptor crecen si la relación que se establece entre ellos es cualitativamente buena, es decir, *responsable, confiable y es fuente de aprendizaje permanente para ambos* (Thompson y Toro, op.cit.). El servicio voluntario brinda la oportunidad a la capacidad de modificación del entorno junto con la posibilidad de *apreciar lo que hizo una diferencia en el contexto y produjo cambios mensurables y valorados* (Elicegui, 1998). Se aprecia un *empoderamiento* transformador donde se destaca la confianza en la capacidad para cambiar el colegio o la comunidad para mejor.

Existen importantes impactos tanto en la etapa escolar como para la vida profesional y ciudadana. En el plano psicosocial Larson et. al. encuentran efectos positivos en el *desarrollo socioemocional, interpersonal y personal*. Destacan que las actividades en comunidad amplían tanto el *capital humano* como el *capital social*.

La influencia del aprendizaje servicio en la etapa escolar ha sido ampliamente documentada. Jeremy Rifkin (1996:33) señala que "El aprendizaje-servicio es un antídoto esencial para el mundo crecientemente aislado de la realidad virtual y simulada que los niños experimentan en la clase y en sus hogares, frente al televisor o a su computadora. Darle a los jóvenes una oportunidad para una participación más profunda en la comunidad los ayuda a desarrollar el sentido de la responsabilidad y solvencia personal, alienta la auto-estima y el liderazgo, y sobre todo, permite que crezcan y florezcan el sentido de creatividad, iniciativa y empatía".

Elicegui destaca que el aprendizaje-servicio fomenta la autoestima necesaria para proponerse *proyectos de vida que incluyan horizontes como estudio, desarrollo personal*, etc. Los vínculos escuela-comunidad y la valoración del significado de los aprendizajes escolares en realidades concretas, contribuyen tanto a la permanencia como a la reinserción de los estudiantes que no han sido retenidos por el sistema escolar. Este experto reporta que experiencias nacionales y evaluaciones hechas internacionalmente, demuestran que los proyectos de intervención comunitaria incorporados al aprendizaje-servicio *aumentan los niveles de retención y rendimiento escolar en zonas críticas*, permiten *aplicar los contenidos aprendidos* en el aula en la vida real, optimizando el *desarrollo de competencias*, orientan a los estudiantes a las realidades del mundo laboral, promueven la *capacidad de iniciativa y la autoestima* de los estudiantes, mejoran las *habilidades de comunicación*, desarrollan en los adolescentes un sentido de *responsabilidad ciudadana*.

Las organizaciones comunitarias que trabajan en proyectos vinculados a educación, por lo general, desarrollan formas de *apoyo escolar a jóvenes en riesgo* y favorecen la *reinclusión en el sistema educativo* a través de la motivación directa de autoridades y líderes juveniles o mediante talleres y cursos de capacitación en educación no formal (op.cit.). Evaluaciones realizadas en escuelas de áreas de riesgo, comprueban que los proyectos de "aprendizaje-servicio" *reducen los niveles de fracaso y de violencia escolar* (Brynelson, 1997). Halsted (1998:33) relata un caso:"Alumnos con conflictos y con antecedentes de ausencias injustificadas fueron elegidos para desempeñar roles de servicio en un programa extra-escolar en un centro de recreación. Se les permitía cumplir con sus tareas comunitarias sólo si su asistencia semanal era perfecta. *Sin escuela, no hay servicio.* Esta estrategia funcionó. La asistencia mejoró en general, conjuntamente con la actitud hacia la escuela". El requisito de *pertenencia a la escuela para participar en programas de desarrollo juvenil* comunitario en zonas de exclusión ha demostrado ser un criterio exitoso en otros programas (Krauskopf y Vargas, 2003)

Para Mead (1967) la existencia de un sistema de servicio juvenil puede prevenir los matrimonios tempranos que se dan como un recurso para alcanzar un pseudo - status adulto. Plantea que el servicio provee de una oportunidad para establecer una identidad y sentido de autorespeto antes de hacer elecciones de carreras o establecer hogares, lo cual considera particularmente valioso en el caso de muchas mujeres jóvenes que viven una situación tradicional de género.

Sherraden et. al.(1999) reportaron varios estudios, en Estados Unidos, que informan sobre impactos positivos de servicio cívico en *empleo, responsabilidad social y personal, participación electoral y educación. El riesgo de embarazo* es menos probable en muchachas que participan en el servicio comunitario. Un estudio recientemente concluído en los Estados Unidos encontró que los programas de servicio eran la única intervención, entre muchas otras investigadas, que tenía un impacto positivo evaluado sobre el riesgo de embarazo en adolescentes, aún cuando estos programas no estuvieran focalizados en educación sexual. Esto se mantuvo en múltiples grupos étnicos, residencia rural y urbana y en colegios de nivel económico alto y medio (Banco Mundial, 2005).

Thompson y Toro citan investigaciones realizadas en Estados Unidos, que muestran que cuando los niños y jóvenes participan en actividades voluntarias o tienen padres que lo hacen, hay grandes probabilidades de que se conviertan en *adultos socialmente responsables*.

En Cuba se efectuó un extenso cuestionario sobre las misiones internacionalistas en Angola y para el 93% de los participantes, la misión ejerció un *influjo benefactor en sus vidas*, les dio la *posibilidad de hacer algo útil y valioso y fortalecer los rasgos del carácter* (CESJ, 2000). Elicegui reporta que en África, desde la independencia, varios estados han desarrollado programas de servicio juvenil comunitario nacional en regiones de etnias diversas a los voluntarios, logrando, en muchos casos, contribuir a una mayor *integración nacional en la diversidad*, ya sea entre diferentes etnias, o entre áreas urbanas y rurales.

Las actividades orientadas a la comunidad proveen a las juventudes de oportunidades para el *aprendizaje de normas prosociales, liderazgo, el trabajo en equipo y las habilidades sociales, las relaciones positivas*, fomento de *iniciativa, conexiones con adultos la capacidad de integrarse a una diversidad de pares*. actividades de servicio voluntario muestran un impacto en el desarrollo de la *responsabilidad social y ética* asi como en la *identidad ciudadana*, fortalecimiento de *valores intrínsecos al trabajo*, mayor *compromiso en la adultez para actividades comunitarias, reducción del prejuicio e incremento de la valoración de la diversidad*. (Larson et. al. 2006).

La *identidad se fortalece con un sentimiento positivo*, cuando las personas jóvenes tienen la oportunidad de estar involucradas en servicios de la comunidad, pueden desarrollar sus propios puntos de vista en estos ámbitos, tienen apoyos para sus metas de parte de la familia, los maestros y los amigos. Las interacciones que permiten el desarrollo de un sentido de *pertenencia y conexión afectiva* hacia otros, son aquellas en que los adultos proven apoyo emocional y social a los adolescentes al mismo tiempo que les permiten *independencia psicológica*. Esto se torna un *fuerte predictor de desarrollo positivo* (Family and Youth Services Bureau, 1997).

Políticas y fortalecimiento del voluntariado juvenil

Para el afianzamiento de proyectos de voluntariado juvenil es necesario fortalecer estructuras solidarias que actúen en conjunto. Esto implica contar con políticas públicas que sirvan como marco de referencia, den legitimidad y apoyo a los programas respectivos. A continuación destacamos algunos aspectos que contribuyen a su fortalecimiento.

1. Las alianzas

La eficiencia operativa de las organizaciones y de su capacidad de establecer alianzas con el sector público, las instituciones de servicio, las universidades, las ONGs, los gremios y asociaciones de profesionales, los empresarios, la participación de las juventudes y los sectores de oferta potencial junto con la responsabilidad del estado, la internacionalización de los apoyos y experiencias, son elementos necesarios en la elaboración de estas políticas, planes y programas de voluntariado juvenil.

2. La cultura de voluntariado

En la medida que se fortalece más ampliamente la cultura de voluntariado, mayor es la extensión del voluntariado en la vida juvenil. Más allá de las modalidades analizadas en este trabajo, queremos destacar la importancia de las redes juveniles, los Festivales nacionales e internacionales y las movilizaciones para contribuir a la solución de problemas. Todo ello fortalece la pertenencia y proyección del voluntariado.

3. El marco legal

En mayor o menor grado los estados estan desarrollando marcos legales para fortalecer las actividades de voluntariado. Esto incluye el sistema de derechos en la actividad social voluntaria, las normas para su ejecución y las garantías para su realización.

Un caso interesante es Cuba, donde un amplio marco legal preside el sistema de ejecución del voluntariado que sustenta el activismo y la participación social de la juventud. El trabajo voluntario se incluye en propia *Constitución de la República* y en el *Código de Trabajo* donde se menciona, entre otros puntos, la contribución de las entidades laborales estatales y la organización sindical a la elaboración de planes promovidos por el Movimiento de Innovadores y Racionalizadores y por las Brigadas Técnicas Juveniles para la introducción en la producción de nuevas técnicas y tecnologías. El *Código de la Niñez y la Juventud* de este país tiene varios artículos al respecto y señala en el art. 38 que "los estudiantes que tienen edad laboral, de acuerdo a su decisión libre y voluntaria, realizan trabajo retribuído durante el período de vacaciones según las posibilidades y necesidades de la economía nacional". En el artículo 64 se refiere al trabajo juvenil que se realiza sin remuneración en bien de la sociedad y en el artículo 65 se refiere concretamente a la entrega internacionalista de los jóvenes (CESJ, 2000).

Otro ejemplo es el caso brasileño. Desde que se aprobó la ley del Voluntariado en 1998, ésta se convirtió en un punto de referencia indispensable para voluntarios e instituciones. Al visibilizar el voluntariado como práctica de ciudadanía, se generó un movimiento amplio de organizaciones voluntarias decididas a influir en las políticas públicas. El rápido crecimiento y presencia pública de los programas de voluntariado en Brasil es el resultado de este movimiento (Thompson y Toro, op.cit.).

4. La investigación

Sherraden destaca la falta de conocimientos teóricos y evidencias empíricas suficientes acerca de los servicios juveniles como una de las causas subyacentes en la debilidad del interés público y la innovación política en el apoyo al desarrollo del voluntariado juvenil. El servicio-aprendizaje es de sumo interés para la definición de políticas educativas y sociales, para lo que se requiere un mejor conocimiento de esta metodología. Larson *et. al.* señalan que para comprender los potenciales de los diferentes contextos y concluir información útil para la práctica y las politicas es esencial diferenciar los procesos específicos de desarrollo que ocurren a travez de las actividades organizadas. Thompson y Toro coinciden con la necesidad de resolver la falta de un conocimiento más sistemático acerca de las "mejores prácticas" en el campo del voluntariado.

Breves consideraciones finales

En el voluntariado participan importantes contingentes de jóvenes. En estas actividades se destacan los programas de servicios nacionales y de aprendizaje-servicio. Contribuyen a validar a los jovenes como ciudadanos, capital humano y promover el progreso del capital social de las comunidades. En la medida que el voluntariado estructura relaciones cívicas que acercan diversos actores sociales, permite la inclusión de las juventudes eliminando la discriminación generacional y aporta a la comprensión de diversos grupos sociales y culturales. Las diversas expresiones del voluntariado organizado contribuyen a disminuir los vacíos actuales en la incorporación social juvenil y las limitaciones existentes en el plano del aprendizaje formal, que afectan el desarrollo psicosocial de las personas jóvenes.

Cruciales efectos en los jóvenes y las comunidades han sido reportados como impacto de las actividades de voluntariado organizado, aun cuando hay un déficit de análisis de género y situación socioeconómica. Consideramos necesario un Estado del Arte sobre los conocimientos y prácticas del voluntariado que permita avanzar en su fortalecimiento y dar fundamentos innovadores para el desarrollo de políticas que orienten el quehacer voluntario a las necesidades de las sociedades y sus juventudes.

Referencias bibliográficas

Aberastury, Arminda (1971): "Adolescencia". En *Adolescencia*. Aberastury et. al, Ediciones Kargieman. Buenos Aires.

Banco Mundial (2005): "Youth Service: A strategy for Youth and National Development" Children and Youth, Vol 1, Number 2.

Barber, B., Eccles, J., & Stone, M. (2001): "Whatever happened to the jock, the brain, and the princess? Young adult pathways linked to adolescent activity involvement and social identity". *Journal of Adolescent Research, 16,* 429–455

Bronfenbrenner, U. (1979): "The ecology of human development". Cambridge, MA: Harvard University Press.

Brustad, R., Babkes, M. L., & Smith, A. L. (2001): "Youth in sport: Psychological considerations". In R. N. Singer, H. A. Hausenblas, & C. M. Janelle (Eds.), *Handbook of sports psychology* (2nd ed., pp.604–635). New York: Wiley.

Brynelson, Wade. (1997): II Seminario Internacional de Educación y Servicio a la Comunidad, *El aprendizaje-servicio en California.*

Centro de Estudios Sobre la Juventud. CESJ (2002): *"Juventud cubana: Voluntariado y ciudadanía."* La Habana, Cuba.

Coleman, James (1972): "Youth: Transition to Adulthood, Report on Youth of the President's Science Advisory Committee". Chicago: University of Chicago Press.

Dubas, J. S., & Snider, B. A. (1993): "The role of community-based youth groups in enhancing learning and achievement through nonformal education." In R. M. Lerner (Ed.), *Early adolescence: Perspectives on research, policy, and intervention* (pp. 150–174). Hillsdale, NJ: Erlbaum.

Duda, J. L., & Ntounumis, N. (2005): "After-school sport for children: Implications of a task-involving motivational climate". In J. Mahoney, R. Larson, & J. Eccles (Eds.), *Organized activities as contexts of development* (pp. 311–330). Mahwah, NJ: Erlbaum

Eberly, Donald (1986). "National Youth Service in the 1990's", in Anthony Richards and Lidia Kemeny, eds., *Service Through Learning, Learning Throug Service* No.1, Halifax, NS: Dalhousie University.

Elicegui, Pablo. (1998); "Servicio comunitario y aprendizaje-servicio" Informe final sobre experiencias de "aprendizaje-servicio" en el marco nacional e internacional. Presidencia de la Nación, Secretaría de Desarrollo de la Nación (CENOC), Ministerio de Cultura y Educación. República Argentina.

Family and Youth Services Bureau (1997): "Understanding Youth Development: Promoting Positive Pathways of Growth". E.E.U.U.

Flanagan, C. (2004): "Volunteerism, leadership, political socialization, and civic engagement". In R. Learner & L. Steinberg (Eds.), *Handbook of adolescent psychology* (2nd ed., pp. 721–745). Hoboken, NJ: Wiley.

Johnson, M. K., Beebe, T., Mortimer, J., & Snyder, M. (1998): Volunteerism in adolescence: A process perspective. *Journal of Research on Adolescence, 8,* 309–322.

Johnson, Lissa. (2004): "Voluntariado juvenil y servicio cívico en América Latina y el Caribe: Una posible estrategia del desarrollo económico y social. Antecedentes para una agenda de investigación". Instituto de Servicio Global, Centro para el Desarrollo Social Universidad de Washington. St. Louis

Halsted, Alice, (1998): *"Educación redefinida: la promesa del aprendizaje-servicio"* en *El Servicio a la Comunidad como Aprendizaje Escolar,* Actas del 1| Seminario Internacional "Educación y Servicio Comunitario", Ministerio de Cultura y Educación de la Nación, Secretaría de Programación y Evaluación Educativa, República Argentina.

Hamilton, S., & Fenzel, L. (1988): "The impact of volunteer experiences on adolescents' social development". *Journal of Adolescent Research, 3,* 65–80.

Hansen, D. M., Larson, R., & Dworkin, J. (2003). "What adolescents learn in organized youth activities: A survey of self-reported developmental experience". *Journal of Research on Adolescence, 13,* 25–56.

Krauskopf, Dina (1994): "Adolescencia y Educación". Segunda Edición. EUNED, San José.

Krauskopf, Dina (2003): "Proyectos incertidumbre y futuro en el período juvenil.". *En Archivos argentinos de pediatría.* 101(6) 495-500.

Krauskopf, Dina y Vargas, Ginet (2003): "Los proyectos de participación adolescente: su sistematización y lineamientos estratégicos". Informe latinoamericano de consultoría. UNICEF.

Krauskopf, Dina (2005): "Die jugend und der untergang des psychosozialen moratoriums". En Overwien, Bernd. *Von sozialen subjekten. Kinder und jugendliche in verschiedenen welten.* IKO.Interkulturelle Kommunikation.Frankfurt-London

Larson, Reed; Hansen, David; Moneta, Giovanni.(2006): *"Differing profiles of developmental experiences across types of organized youth activities."* Devepolmental psychology, Vol 42, N° 5, 849-863.

Lechner, Norbert (1998): "Condiciones de Gobernabilidad Democrática en América Latina". En *Chile 97. Análisis y Opiniones.* FLACSO. Chile. Santiago.

Lerner, R. D. (2002). "Concepts and theories of human development" (3rd ed.). Mahwah, NJ: Erlbaum.

Mahoney, J. L., & Cairns, R. B. (1997): "Do extracurricular activities protect against early school dropout?" *Developmental Psychology, 33,* 241–253.

Markstrom, C. (1999): "Religious involvement and adolescent psychosocial development". *Journal of Adolescence, 22,* 205–211.

Marsh, H. W., & Kleitman, S. (2002): "Extracurricular school activities: The good, the bad, and the nonlinear". *Harvard Educational Review, 72,* 464–514.

McIntosh, H., Metz, E., & Youniss, J. (2005): "Community service and identity formation in adolescents". In J. Mahoney, R. Larson, & J. Eccles (Eds.), *Organized activities as contexts of development* (pp. 331–351). Mahwah, NJ: Erlbaum.

Mead, Margaret (1967). *"A National Service System as a Solution to a Variety of National Problems", in Sol Tax, ed.,* The Draft, *99-109. Chicago: University of Chicago Press*

Minujin A. (1988): "Vulnerabilidad y Exclusión en América Latina". En *Todos Entran: Propuestas para Sociedades incluyentes.* UNICEF.Cuadernos de Debate.

Moskos, Charles (1988): "A Call to Civic Service." New York: Free Press, 1988.

Parra, Rodrigo: (1998): "El tiempo mestizo. Escuela y modernidad en Colombia" in

Perez,María; Meoño, Rita (2006): "Trabajo Comunal Universitario:La Conquista de un

Derecho". Editorial Universitaria de la Universidad de Costa Rica.

Reuben, W. (1990). *"La juventud rural en América Latina y el Caribe".* Serie de publicaciones misceláneas. IICA, San José.

Serna, Leslie (1998): "Globalización y Participación Juvenil". En *Jóvenes. Rev. de Estudios sobre Juventud.* 4ª. Época. Año #5, México.

Sherraden, Michael; Youngdahl, Benjamin. (1999) "Youth Service as Strong Policy". *St. Louis, USA. Washington University*

Sherraden, Michael, and Eberly, Donald (1984). "Individual Rights and Social Responsibilities": Fundamental Issues in National Service, *Public Law Forum* 4(1), 241-257

Tapia, M. N. (1998): *Hacia la inserción curricular del aprendizaje-servicio,* conferencia realizada en el 2º Seminario Internacional sobre Educación y Servicio Comunitario, Ministerio de Cultura y Educación, Buenos Aires.

Thompson, Andrés y Toro, Olga. (1999) "El voluntariado social en América Latina. Tendencias, influencias, espacios y lecciones aprendidas." En *Sociedad Civil, Análisis y Debates, México, Nr. 9 Vol. III*

Yates, M., & Youniss, J. (1996). "Community service and political-moral identity in adolescents". *Journal of Research on Adolescence, 6,* 271–284.

Entrevistas a informantes calificados

Dra. María Perez. Vicerrectora de Acción Social.Universidad de Costa Rica.Noviembre,2006

Dra.Rita Meoño.Directora de Gestión. Vicerrectoría de Acción Social.Universidad de Costa Rica.Diciembre,2006

PARTE 3

Patrones de vulnerabilidad
y procesos sociales de inclusión/exclusión

Entre la incertidumbre y el riesgo: ser y no ser, esa es la cuestión… juvenil

José Antonio Pérez Islas*

En México como en muchos otros países de América Latina y Europa se ha colocado como un tema central dentro de las políticas de juventud gubernamentales, la cuestión del primer empleo; y al respecto, habría que hacerse muchas preguntas de este interés nunca antes mostrado; ¿por qué ahora si las tasas de desempleo juvenil desde hace 20 ó 25 años han representado el doble o más de las tasas de la población total?; pero a todo esto: ¿a qué le están llamando primer empleo? Lo más natural e ingenuo sería responder: es el proceso de entrada a una ocupación o actividad donde por primera vez se va a recibir un sueldo, un salario o un pago específico por el trabajo realizado para la elaboración de un producto o de un servicio. Esta respuesta, por cierto, está implícita o explícitamente presente en muchos de los programas que en este tema se diseñan e instrumentan, y tiene varios presupuestos, que pocas veces se asumen, algunos de los cuales serían:

- Primero, que existan empleos, y empleos donde los jóvenes puedan incorporarse (que para fines prácticos deberían ser la población objetivo por excelencia de esta condición, aunque ciertamente en la realidad no los únicos).

- Segunda, que los jóvenes quieran incorporarse a *esos* empleos, donde precisamente, se supone también, llegan los jóvenes para adquirir experiencia, y, por lo tanto, en esta racionalidad, deberían de cobrar menos, porque saben menos.

- Tercera, que una vez pasado ese primer empleo, las ocupaciones consecutivas van a ser diferentes y sobre todo mejores, permitiendo una trayectoria de progreso o un ascenso con respecto al inicio.

* Este trabajo ha sido fruto de un largo proceso, una parte fue presentada en *International Youth-Researcher-Meeting & International Conference on National Youth Policy* (Viena, Austria 11-14 diciembre 2006). Una segunda versión fue presentada en el Seminario sobre Primer Empleo, UNAM-CIIJ, Ciudad de México, 7 de Junio de 2007, que ahora es corregida y aumentada gracias también a múltiples comentarios, sobre todo las largas pero interesantísimas discusiones con Ma. Herlinda Suárez Zozaya.

• Cuarta, que pasada la frontera del primer empleo, por definición los consecutivos seguirán: entonces habrá un segundo empleo, un tercero y así, hasta que la muerte los separe.

• Quinta, que el primer empleo es la consecuencia lógica de haber salido de la familia, estado en la escuela (poco o mucho tiempo) y, finalmente, cumpliendo el meta-destino lineal de todo ser humano: es el momento de convertirse en trabajador. Por lo tanto, es una decisión racional, evaluada y pertinente para atravesar dicha frontera.

• Sexta, que uno se tiene que emplear necesariamente, en una ocupación asalariada.

El problema es que estos presupuestos generalmente no se cumplen o sólo lo hacen de una manera parcial. Las tasas de desempleo abierto juvenil siguen siendo muy altas; las nuevas generaciones, lo que menos quieren son esas ocupaciones que se le ofrece, es decir, las repetitivas y aburridas, donde el largo plazo promete mucho, pero en el corto prácticamente no ofrece nada. La precarización del empleo, sobre todo el juvenil, donde los periodos de desempleo y ocupación se mezclan y combinan *ad infinitum*; en la mayoría de ellos, si bien va son pases laterales, donde no hay o no cuenta la acumulación de experiencia, ni la antigüedad.

Pero sobre todo, en la interpretación lineal del primer empleo, está el presupuesto central: de entenderlo como un rito de paso, es decir, que una vez que se cumplió, la incorporación social ya se dio y empieza la vida productiva. A esta visión ingenua, obviamente, hay que oponerle una mirada que la problematice, para poder colocar y entender esta condición como un proceso tan complejo y diverso que posee infinidad de implicaciones, sobre todo porque se está produciendo en contextos totalmente diferentes a las que había hace dos décadas.

El objetivo del presente documento, sólo es proponer algunas hipótesis que ayuden, a generar un debate productivo para entender las diferentes aristas que tiene este proceso en la mayoría de los países de América Latina y, consecuentemente, poder cimentar otro tipo de políticas más pertinentes a las nuevas condiciones.

Un poco de historia

La sociedad moderna ha estado estructurada alrededor de la centralidad del concepto de trabajo; sobre él se construyeron los proyectos de educación (como formación de la fuerza de trabajo), de seguridad social (su acceso y no acceso al asalariado y su familia), de participación política (mediante la fuerza de sindicatos y agrupaciones laborales), de tiempo libre (generado como concepto opuesto o complementario al tiempo ocupado) y, hasta de seguridad pública (lo que significó convertirse en peligroso si no se tenía una ocupación). Pronto el concepto general de trabajo, se fue reduciendo y se equiparó a la ocupación asalariada, es decir al empleo, primero centrado en la industrialización, que formó identidades y luchas obreras, para posteriormente trasladarse al sector servicios, donde generó privilegios y sentidos críticos de las clases medias hasta que apareció la crisis de la década de los ochenta. Instituciones, actores, itinerarios de inclusión y exclusión, políticas públicas, historias de vida, luchas sociales, estructuras económicas, conflictos políticos, teorías sociales, derechos y obligaciones, procesos de constitución de lo juvenil, todo, o casi todo, tenía sentido bajo este concepto: trabajo.

Pero este modelo, por llamarlo de alguna manera, ha entrado de nuevo en un periodo de profunda transformación, quizá no desaparecerá, como pretendían anunciárnoslo, los teóricos de los fines (fin de las ideologías, fin del trabajo, fin de la historia, etc.), la pregunta central es ¿hacia dónde va? Todavía no queda claro su destino, aunque ya empezamos a tener algunas evidencias: por primera vez la productividad ha crecido sin hacerlo la ocupación laboral; el crecimiento económico se ha desligado de la equidad de las rentas *per cápita*; la instrucción se vincula cada vez menos al ingreso; la movilidad de la fuerza de trabajo no se equipara con la movilidad del capital; el empleo ya no asegura una identidad ni la incorporación a la ciudadanía basada en el territorio; y, finalmente, algunos miembros de las nuevas generaciones nunca conocerán lo que significa un trabajo formal.

De nuevo todo, o casi todo, lo que se ha intentado hacer para recuperar la anterior estructura societal, tiene muy pocas posibilidades de lograr su relanzamiento, según lo que nos dicen las tendencias a nivel mundial. Por lo tanto, todas (o casi todas) las instituciones están "haciendo agua": la escuela ya no funciona, salvo como mecanismo clasificatorio original; en la seguridad social se pronostica un colapso de grandes dimensiones debido a la saturación de sus capacidades y al crecimiento de las pensiones y jubilados; la participación social y política tradicional menos, porque no tiene sentido y a nadie le interesa (salvo los intereses directamente involucrados y beneficiados) y así, podríamos seguir.

En este contexto, al perder capacidad real y simbólica el concepto de trabajo tradicional y sus instituciones derivadas, encargadas de socializar e integrar a las nuevas generaciones con base en el estatuto salarial y como eje organizador de la sociedad, y ya no responder adecuadamente a los individuos "recién llegados", como llamaba Bourdieu (1999) a los sectores juveniles, su proceso de "incorporación social", se ha ido moviendo a una diferente manera de afrontar la situación y lograr, si no la integración, cuando menos la sobrevivencia ante las nuevas condiciones.

A esto se le han llamado actividades "informales", que en un principio se consideraron coyunturales y acotadas a un sector, y que las más de las veces fueron consideradas como fuera del proceso central de desarrollo económico (antes llamadas también marginales), pero después se fue observando que se hicieron extensivas a sectores que la misma dinámica de agotamiento del modelo económico fue expulsando de las actividades productivas formales. Esto es importante porque, en varios sentidos, las actividades informales se vuelven funcionales al mismo proceso de producción y llegan para quedarse (cuando menos en este modelo instaurado), afectando sobre todo a los recién llegados (los efectos en la población juvenil los conocemos: mayores tasas de desempleo, devaluación educativa, permanencias laborales intermitentes, etc.), pero ahora también se transforma, haciéndose extensiva de la producción al consumo. De tal manera, que la informalidad pasó de ser una serie de características laborales de ciertos individuos, a nuevas formas de relación/vinculación con diferentes instituciones sociales que van más allá de lo económico. Hasta aquí la historia.

La "incorporación" de los jóvenes al mundo laboral en este contexto

Nuestra hipótesis es que en la actualidad, se produce una estrecha relación entre la desestructuración o informalidad y la desinstitucionalización de la sociedad, porque en buena medida los caminos de "incorporación" tradicional a la adultez, desde donde se formaba al sujeto par que asimilara roles y ocupara una determinada posición social, se encuentran fracturados o cuando menos obstaculizados, ya que las instituciones "responsables" de facilitar esos tránsitos juveniles fueron diseñadas para otros contextos y modelos económico-políticos.

Bien dice Felix Ortega: "Los fundamentos teóricos de este itinerario [roto] han sido esencialmente cuatro: la concepción durkhemiana de la educación como preparación para la 'vida seria'; el desarrollo del conocimiento como adaptación, de J. Piaget; el *superyo* freudiano entendido como instancia represora de las pulsiones del *ello* y, por lo mismo, capaz de hacer posible el principio de realidad; y, el estructural-funcionalismo que concibió la estructura de la personalidad como resultado de la interiorización de roles y expectativas sociales a través del proceso de socialización." (Ortega, 2006: 19)

Ello deviene necesidad para los jóvenes de agenciarse caminos y estrategias diversificadas con el fin de "ubicarse", así sea como mera sobrevivencia o quizá hasta de resistencia ante las escasas opciones que se tienen en este proceso de incorporación. Es decir, las pocas alternativas para "optar", para seleccionar, para decidir, que poseen los jóvenes en la actualidad, hace aparecer las cosas como que "les suceden", casi en función del azar o del destino, junto con la autoculpa de no haber sabido "decidir" de manera acertada; a situaciones que están por fuera del control de ellos y, por lo tanto, las y los jóvenes recurren a lo que tienen a mano (de maneras diferenciales dada su condición), para construir alternativas de semi-incorporación; finalmente, como reiteraba Bourdieu (2001: 16), la decisión no está marcada por lo racional, sino por lo razonable, y muchas veces lo razonable no es ser racional.

Esto por ejemplo, no lo considera el enfoque que adopta el último informe del Banco Mundial (2006) donde propone que las políticas públicas fortalezcan las capacidades de los jóvenes como "tomadores de decisiones", como si fuera sólo un asunto de "malas decisiones" que hay que corregir con "segundas oportunidades", aunque las condiciones donde se toman dichas decisiones, no sean las más adecuadas. Porque si así lo fuera, el 62% de los jóvenes que trabajaban en México en 2005 (CIEJ-IMJ, 2006) y que declararon que su primer trabajo se dio antes de cumplir los 18 años (la edad legal para hacerlo) ¿tomaron únicamente "una mala decisión"? Lo cierto es que tenemos de entrada, que dos de cada tres muchachos tuvieron su incorporación laboral en actividades informales, por el sólo hecho de la edad, si no es que en condiciones de ilegalidad (sorprende que la edad modal del primer trabajo son ¡los 13 años, y la mediana: 16!); y mientras la mitad afirma que decidió por él/ella mismo/a empezar a trabajar, otro 50% reconoce que la familia y otras condiciones los llevaron a tener que laborar, siendo la presión familiar mayor sobre los varones, que sobre las mujeres.

Por eso es que el llamado "primer empleo" no se refiere al aspecto liminal entre hacer algo sin pago y luego recibir pago por ello; tampoco es salir de la inactividad económica sea por formación escolar, estado civil o situación coyuntural y pasar a desarrollar actividades remuneradas. En realidad, esta incorporación a desarrollar actividades mercantiles (por la venta de fuerza de trabajo) empieza en la familia, a la cual hay dejarla de considerar como un cuerpo aislado de la economía, así como a los mercados de trabajo habría que dejarlos de considerar como un mero encuentro o desencuentro entre oferta y demanda, sin conexión con los propios grupos sociales que, como actores, son protagonistas en la construcción y diseño de estrategias de sus propios mercados, en ocasiones, a partir de la familia misma, obvio con las restricciones estructurales los circundan.(De la Garza Toledo: 2006)

Barrére-Maurisson (1999: 33-39) plantea muy adecuadamente que tanto familia como trabajo son dos elementos que conforman un todo bajo tres principios: el de articulación, porque ambos son interdependientes (lo que sucede en uno afecta necesariamente al otro); el principio de génesis, donde ambos están permanentemente en estado de desestructuración–reestructuración, son a la vez estructurados y estructurantes; y, el principio de regulación, que dada la permanente dinámica de los dos principios anteriores, se necesitan diversas normas para mantener la articulación entre ambos, lo que les da también autonomía a cada uno con sus propias reglas.

De esta manera, si las cosas están cambiando en el mundo del trabajo necesariamente lo harán en el mundo familiar; y nuestra hipótesis plantea que la familia lo ha estado haciendo, a pesar de todas las dificultades, dado que es la única institución que se está moviendo conforme las necesidades de sus miembros; así, cuando la mujer salió a trabajar se hicieron los ajustes necesarios (obviamente, no sin conflicto dada la normatividad previa establecida) y ahora que los hijos no pueden encontrar un empleo, una vivienda o un ingreso adecuado, de nueva cuenta se ajusta, se vuelve subsidiaria y los mantiene (en ambos sentidos) en su seno. De ahí que los jóvenes mexicanos asignen las mayores calificaciones de confianza a la institución familiar (en un rango entre 0 y 10, la calificación promedio que le asignan es de 9.1), muy por encima de las demás instituciones; a tal grado que en la actualidad las familias son el principal vehículo para que los y las muchachas encuentren ocupación (47% de los hombres y 39.6% de las mujeres fueron contratadas o recomendadas por un familiar en su primer empleo).

La familia, que hasta hace poco se le había enviado al rincón desde muchas perspectivas analíticas como mera "reproductora de fuerza de trabajo", espacio sólo complementario a la actividad productiva que transforma la sociedad y la naturaleza; o como lugar de lo privado, donde se quedan los afectos en oposición a lo público, donde se ubican las luchas centrales de búsqueda y ejercicio del poder, ha sido central en la vida cotidiana y sobre todo, en las trayectorias de vida de las nuevas generaciones. Contradictoriamente, a lo tantas veces buscado y demandado por los grupos más conservadores de la sociedad, para defender la familia y a su apocalíptica destrucción; la institución familiar ha mostrado ser una de las instituciones más flexibles y sensibles a los cambios, en particular en sociedades como la mexicana, donde la familia paterna es el centro de muchas decisiones. Las familias de los jóvenes han permitido que los anquilosamientos de otras instituciones no los afecten tan directamente, están sirviendo de amortiguador a la pauperización económica; generando que, de nueva cuenta, tal y como lo fue al inicio del proceso de industrialización, hasta que la escuela le quitó los procesos de formación y la fabrica los de producción, la institución familiar se ha vuelto multifuncional: atiende a los muchachos, les consigue trabajo, y hasta toma decisiones por ellos mismos. Finalmente el trabajo ya no divide lo público de lo privado.

La otra institución vinculada con este proceso de incorporación laboral es la escuela, y sobre la relación entre ambos se han escrito ríos de tinta, además de programas y políticas públicas; no obstante, un elemento pocas veces asumido es que finalmente los educandos, antes de ser estudiantes, son jóvenes, lo que implica actualmente un cúmulo de experiencias, aprendizajes y expectativas que en ocasiones no están vinculadas con la propuesta de conocimiento que propone el espacio escolar. Esto ha generado una distancia cada vez mayor entre la manera en que las y los jóvenes están forjando sus vidas y los principios organizadores de la escuela; sobre todo que "la escolarización se basa en una supuesta relación lineal entre la escuela y el trabajo, donde la escuela se considera el marco educativo *anterior* en que se produce 'el aprendizaje', y el trabajo el marco *posterior* donde se 'aplica' el aprendizaje. Las pautas de vida de estos jóvenes impugnan cada vez más estos supuestos lineales y categóricos en la medida en que toman decisiones pragmáticas para equilibrar y negociar una gama de compromisos personales, profesionales y educativos en sus vidas". (Wyn y Dweyer, 2000: 25)

Esta tendencia es la que he llamado la des-ubicación de los procesos escolares formales en la vida de los jóvenes, que con un mejor manejo cultural de los avances tecnológicos y de comunicación que sus profesores, en ocasiones tienen un mejor conocimiento de la información (cuando menos la que a ellos les interesa); como lo afirman Corea y Lewkowicz (2004), en una época que se podría caracterizar como "la era de la fluidez", la escuela se fundó

… como una institución pensada para habitar en un medio sólido, en un medio estable, en condiciones regulares, en tiempo de progreso. Es decir, la escuela forma a los hombres del mañana; supone la existencia de una regularidad temporal que se puede pensar en etapas: presente, pasado y mañana. Corea y Lewkowicz (2004: 65)

Así al día de hoy, la vida no pasa por la escuela, ni la escuela por la vida de las nuevas generaciones y muchas de las reformas intentadas siguen insistiendo en un cambio de los contenidos, sin darse cuenta que lo que se necesita es una transformación en las formas de relación intra y extramuros entre jóvenes y adultos. Cerca de una tercera parte de los jóvenes abandonan la escuela porque no les gusta estudiar (29.1% según la ENJ05), es decir, se aburren en la escuela y quizá sólo la utilicen para librarse de las actividades domésticas o para convivir con los amigos.

Una tendencia adicional vinculada con lo anterior, tiene que ver con el nomadismo de las relaciones juveniles de género (que puede ir de los tradicional a lo innovador, pero también a la inversa); en este sentido, se ha detectado que a pesar de que las mujeres jóvenes todavía están un poco por debajo de los niveles educativos respecto a sus pares varones, esta distancia se está acortando a pasos agigantados y en muchos casos, como en la enseñanza preuniversitaria y universitaria, ya se le dio la vuelta a los números y las jóvenes presentan mejores promedios educativos que los varones. De hecho se puede observar, que se está modificando la actitud de los padres de familia que antes preferían mantener en la escuela al hijo varón (bajo el pretexto de que su hija finalmente se iba a casar y la iba a mantener el esposo), mientras que ahora, ante problemas económicos la familia deja a las jóvenes hijas en la escuela y envía a los varones al mercado de trabajo. Por otra parte, sobre todo en las zonas maquiladoras, las jóvenes tienen una mayor facilidad de conseguir empleo (con tasas de desempleo prácticamente en cero, independientemente de la calidad del mismo); pero lo que más llama la atención, ya corroborado previamente con investigación cualitativa (Pérez Islas y Urteaga, 2001)[1] es que las jóvenes mujeres están presentando perspectivas más asertivas sobre su vida que si se añaden a las tendencias de mejores niveles de educación, representarán una importante transformación en las relaciones de género, que habría que repensar. Sobre todo en países latinoamericanos como México, donde el machismo persiste con mucha fuerza, lo que provoca que los jóvenes varones educados desde niños a jugar el rol de proveedor y patriarca, se encuentren en un momento dado, desubicados, cuando las opciones que tienen les impiden desempeñar ese papel, lo que genera frustración y, en el peor de los casos, usar la agresión física, como único ámbito donde las mujeres tienen menos posibilidades de defensa.

En pocas palabras, dadas las actuales condiciones de desinstitucionalización, entendida a partir de la propuesta de Robert Castel, como "una desvinculación respecto de los marcos objetivos que estructuran la existencia de los sujetos" (Castel, 2004: 472), tienen pocas posibilidades de producir códigos compartidos con esas instituciones que no los interpelan. Esto se convierte en una sentencia cada vez más extendida: "con respecto a la generación joven, hacerse adulto y tener un empleo son dos momentos que no coinciden" (Longobardi, 2001: 30). Pero si hay una desigualdad generacional, también existe una diferencia intergeneracional, que a continuación analizaremos.

Las dos fuerzas que están modificando el proceso de incorporación juvenil al trabajo.

Si recordamos la propuesta de considerar a los hombres como los verdaderos factores de producción planteada por Adam Smith, reinterpretada por Marx (1974) en su teoría del valor y base de su crítica al modo de produc-

---

1 Un fragmento de este estudio se publicó en Pérez Islas y Urteaga, (2001).

ción capitalista, donde propone que la fuerza de trabajo queda reducida a una simple mercancía, al convertirse en dinero, pero que a diferencia de otras mercancías, el trabajo humano es fuente creadora de valor (no lo es el capital); que es de donde surge la plusvalía, es decir, el trabajo excedente o no pagado (el trabajo abstracto, que crea valor de cambio), en función del trabajo socialmente necesario. Este tiempo ha variado según el avance de las fuerzas productivas del trabajo (la tecnología, el incremento en la formación profesional, los mejores sistemas organizativos, etc.), pero en la realidad, el capital sigue quedándose con el plus-trabajo del plus-tiempo, estableciéndose la "fetichización del trabajo" (es decir, la idea que trabajo = salario), lo que a fin de cuentas genera la concepción en los individuos de que la jornada total de trabajo equivale al salario y, por lo tanto, a más trabajo más dinero. Esto por ponerlo gráficamente daría una relación de la siguiente manera:

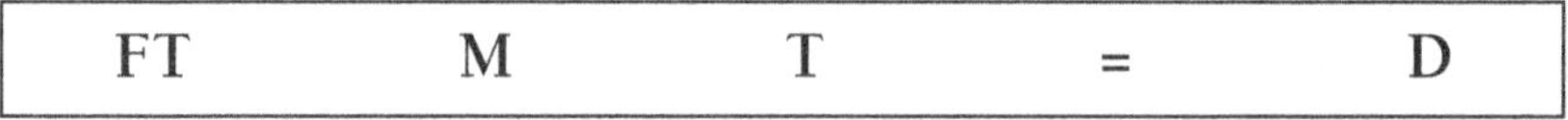

Es decir que la fuerza de trabajo (FT) al convertirse en la mercancía y vender su trabajo (T), recibía a cambio dinero (D) para su subsistencia; de tal manera, que entre más trabajo (T) se realizara o durante más tiempo, se podía consecuentemente obtener más (D) dinero.

Lo que aquí planteo es que en las condiciones estructurales y coyunturales que en la primera parte de este escrito se señalaron y donde las instituciones tradicionales (escuela-famila-empleo) se encuentran inmersas en un profundo proceso de tensión, esto genera nuevas formas de actuar de los sujetos sociales, donde accionan dos fuerzas que trabajan en sentidos opuestos sobre los individuos, sobre todo en los/las jóvenes, con un similar grado de potencia, cuando menos hasta estos momentos. Ambas fuerzas se basan en una transformación que desde las nuevas generaciones está permeando cada vez con mayor incidencia en torno al concepto "trabajo"; dado que se han acabado los empleos para toda la vida, el trabajador permanente y de tiempo completo, así como las sociedades de pleno empleo. (Guiddens, 1998: 144-149)

La fórmula tradicional comienza a transformarse en dos variaciones que dependen de qué fuerza predomine en las relaciones y en las apuestas que hagan los jóvenes y sus familias: la de la *Incertidumbre* (I), es decir la competencia, o la del *Riesgo* (R), que es la de la resistencia. Veamos cada una de ellas.

La competencia

La primera de estas fuerzas tiene que ver con lo que se ha dado por llamar segunda modernidad, modernidad reflexiva, globalización, capitalismo informacional, etc. Este es un proceso que implica jugar con todas aquellas relativamente nuevas reglas que tienen que ver con la competitividad, la internacionalización, tecnología, flexibilidad, adaptabilidad, movilidad e interconectividad, y que a últimas fechas se están promocionando como "la" salida de la vieja modernidad. Cierto, muchos sectores y actores sociales le están apostando a esta opción, universidades, políticas públicas, medios de difusión masiva, cursos empresariales, dinámicas de las mismas empresas, teorías académicas, etc.

En esto también se están implicando un buen número de jóvenes en nuestros países de América Latina: asistiendo a escuelas regidas por "la calidad total"; estudiando idiomas (sobre todo inglés y pronto chino mandarín); dominando todo lo que de informática aparezca (cuando menos los *software* y *hardware* que se ofrecen, aunque no su diseño, que siempre es importado y restringido a élites); comunicados las 24 horas del día (Internet, televisión vía satelital, telefonía móvil ilimitada), con un consumo internacionalizado o trasnacionalizado gracias al poder de su firma (o a la de sus padres) y, con una disponibilidad y capacidad de movilidad laboral, social, cultural, inconmensurable (hoy pueden estar aquí, mañana al otro lado del mundo). También es cierto que muy pocos logran este estatus en su integralidad, pero esto no implica que sean muchos los que están embarcados en esta empresa los 365 días del año, aunque lo logren sólo parcialmente.

Estos sectores invierten cuantiosos recursos y esfuerzos personales, porque el mayor pecado diría García Canclini (2004: 73ss), es estar desconectado, no sólo referido a la conectividad tecnológica, sino a la conexión en redes y a la posibilidad de movilidad (real y virtual) para transitar diferentes territorios (también reales y virtuales), así como no poder acceder a las nuevas posibilidades que ofrece la industria cultural, basada cada vez más en estas conexiones. Nada más por eso, se busca ir a determinadas escuelas nacionales, pero sobre todo del extranjero; por eso se asiste a ciertos lugares de moda (centros comerciales, discotecas, bares, lugares tur´siticos, etc.) y se busca trabajar en determinadas empresas (sobre todo transnacionales) vinculadas a cuestiones tecnológicas, financieras o de comercio internacional.

La única condición para pertenecer o para intentar pertenecer a este grupo es que cualquier actividad que se intente o empresa que se inicie: hay que hacerla SOLO, *individualmente* es la única forma de competir en este juego; de ahí que las trayectorias laborales se individualizan al máximo. Si bien los beneficios prometen ser muchos, también los riesgos, como lo ha planteado Richard Sennett (2000), ya que todo es a corto plazo: la amistad, las relaciones con el barrio o la escuela, el compañerismo en el trabajo, y muchos de los lazos sociales; en palabras de George Sorors, (1998): las relaciones entre seres humanos han sido sustituidas por transacciones. Se disuelven así, los vínculos de confianza y compromiso (porque todos son competidores) y se genera una identidad laboral débil (se corroe el carácter que necesita del largo plazo para madurar). Los procesos de incorporación laboral bajo este esquema, son una apuesta a la incertidumbre permanente, porque creen los inmersos en esta aventura, que serán de los pocos escogidos, porque aquí "el-ganador-se-lo-lleva-todo"; no hay segundos lugares.

> Este rasgo de personalidad da un sujeto que se asemeja más al consumidor, quie siempre ávido de cosas nuevas, deja de lado bienes viejos aunque todavía perfectamente utilizables, que al propietario celosamente aferrado a lo que ya posee. (Sennett, 2006: 12)

La apuesta debe ser individual y ciertas instituciones apoyan este camino con estructuras que fomentan la competencia permanente, dotan de recursos fácilmente desechables o intercambiables (como los cursos de mercadotecnia), promueven una cultura del esfuerzo individualizado; y, pero al final, como dice el adagio: los solitarios no son solidarios. Solos van y solos se quedan, porque como de nueva cuenta afirma Sennett (2006: 28): "Solos, descubrían de pronto el tiempo, el tiempo amorfo que tanto los había entusiasmado, la ausencia de reglas de procedimiento, de reglas para seguir adelante, Su nueva página estaba en blanco. En este limbo, sin un relato vital, descubrían el fracaso".

La fórmula en este sentido hace que la T cambie con un elemento, donde se busca hacer cada vez menos trabajo "aburrido" y repetitivo que es además el que paga menos; a cambio predomina la "estética del consumo" que premia la intensidad y la diversidad de las experiencias, con el fin de obtener gratificaciones inmediatas (Bauman, 1999: 43-70), aunque se incremente la *incertidumbre* (I) al corto plazo; el dinero no depende de cuanto trabajes, sino de cómo manejes ciertos intangibles y de cuánto apuestes; de todas maneras, las reglas se hacen mientras juegas y la superficialidad cubre todas las relaciones. En esta nueva concepción del trabajo se buscan los empleos en las bolsas de trabajo, en relaciones públicas, en las industrias culturales (la televisión, sobre todo), los deportes, etcétera. Las y los jóvenes se esfuerzan por llegar aunque sea momentáneamente y si tienen el privilegio de obtenerlo, saben que no es por mucho tiempo, pero además no importa, finalmente la vida es corta (aunque sea la laboral). De esta manera el trabajo se empequeñece (t) y se incrementa la *incertidumbre* (I).

| MO | M | t+I | = | D |

La resistencia

La tensión hasta aquí descrita, que presiona a las instituciones tradicionales como la familia, la escuela, el empleo, hace que se erosionen y transformen muchas estrategias de socialización juvenil; pero al mismo tiempo, las antiguas formas siguen persistiendo para no desaparecen del todo; es más, siguen siendo efectivas para amplios grupos de jóvenes, aunque la salida tenga que ver con procesos informales que amortiguan la rigidez de las normas basadas en la institucionalización tradicional. Así tenemos que ante las pocas posibilidades de lograr la plena autonomía, las familias resisten por un tiempo mucho mayor la permanencia de sus hijos en el hogar, sea por lo complicado de obtener viviendas propias o por la escasa posibilidad que da un empleo con ingresos y seguridad precarios (en México por ejemplo, entre el año 2000 y el 2005, se ha retrasado en promedio un año la salida de la casa paterna, según el comparativo entre las dos Encuestas Nacionales de Juventud realizadas). La escuela por su parte, entra en un juego donde a pesar que en el imaginario juvenil persiste la idea de su utilidad (aunque sea en abstracto, el 79.6% afirma que entre "mucho" y "algo" la escuela le sirvió "para obtener conocimientos" según la ENJ05), al momento de la consecución de un empleo o de la aplicación de los conocimientos adquiridos en ella, se palpa su no funcionalidad, entonces se permanece en ella muy informalmente, hasta que las condiciones familiares lo permitan o hasta que ya les aburra a los jóvenes.

No obstante, esta informalidad institucional tiene sus méritos, porque se consigue trabajo relativamente fácil, se desligan sin muchas complicaciones de la pareja, se gana dinero más rápido y sin tantos requisitos, se dispone de mayor tiempo libre para compartir con los amigos, no se necesita acumular antecedentes laborales para el siguiente empleo. La constante en este entorno es lo opuesto al ámbito *competencia*, previamente descrito; no obstante, un nuevo elemento aparece, aquí la clave es *pertenecer a algún grupo,* asociación, vecindario, pueblo; la razón: es algo que nos enseñaron ya hace algunos años, los clásicos estudiosos de las sociedades de las esquinas, que solamente acompañados se sobrevive en ese mundo. Las redes sociales son fundamentales para la incorporación laboral de estos jóvenes (78.5% de los jóvenes obtienen su primer empleo gracias a estas redes informales, sean familiares, conocidos, amigos, etc. y la proporción desciende relativamente poco a 61,4% para los siguientes empleos, según la ENJ05), bajo este esquema, nadie se salva sólo y lo que ahora se ha llamado capital social, es central para poder interpretar muchas de las actitudes juveniles, pues la participación en colectivos asegura tanto la identidad social de los individuos como la protección cercana. La fórmula quedaría así:

$$MO \qquad M \qquad t+R \qquad = \qquad D$$

Aquí el trabajo (T) se empequeñece también (t) y se vincula con el *Riesgo* (R), dado que ahora no deja dinero tener o hacer más trabajo, sino estar en una actividad donde persista el riesgo, que entre mayor sea, mejores ganancias dejará, por ejemplo, comerciar discos o dvds *piratas*, representa cierto nivel de complicación con la policía, pero en el peor de los casos equivale a una multa y/o algunos días de cárcel; en cambio, comercializar droga, armas o personas, aunque puede significar el mismo esfuerzo (caminar, ocultarse, estar alerta, negociar con el proveedor y/o con el consumidor, etc.) aumenta exponencialmente el riesgo que puede llegar hasta la muerte, aunque de manera equiparable se incrementan las ganancias. Muchas de las trayectorias laborales en estos sectores, son colectivas.

Esta dimensión del trabajo igual implica otras consecuencias, como la resistencia a la acumulación originaria del capital, porque no tiene sentido; para los jóvenes inmersos en este contexto, por ejemplo, ahorrar, porque generalmente el dinero que hoy se puede disfrutar, para qué guardarlo para mañana, si no se sabe si existirá ese mañana.

Como decíamos más arriba estas dos fuerzas (de competencia y de resistencia), se encuentran tensionando a las instituciones, por un lado la individuación del trabajo y la pérdida de la identidad colectiva; por otro, la persistencia y ampliación de la informalidad como una práctica que aprovecha los recursos comunitarios, pero renuncia (aunque no totalmente) a subirse a la nueva modernidad, cuando menos por la puerta de enfrente (también a manera de ejemplo, el uso de la tecnología en los comerciantes ambulantes organizados es central, tanto para realizar las copias piratas que venden –cada vez más parecidas a las originales–, como para cuidarse de las redadas policíacas, mediante sistemas de vigilancia basados en el teléfono celular). De ahí que las instituciones en América Latina en general y concretamente en países como México, los jóvenes mismos se encuentran en una difícil encrucijada y, por lo tanto, desgarrándose sin saber todavía cómo solucionar esta contradicción.

El dinero aunque sea ilusoriamente según Marx, representaba la medida del trabajo y los bienes producidos, es decir el trabajo social, marcado por la división social del trabajo y las relaciones de poder entre las clases; pero para las nuevas generaciones sólo distinguen entre tener dinero y no tenerlo y esa desigualdad no tiene ya ninguna representación política, pues se ha perdido la relación entre trabajo, esfuerzo y posibilidad de comprar bienes. Para los jóvenes dice Longobardi (2001: 25): "lo que se puede ganar es siempre demasiado poco en comparación con lo que se desea tener".

Obviamente entre estos dos polos hay un *continuum,* lo que quiere decir, que hay grandes sectores juveniles que van y vienen entre ambos mundos, es una nueva modernidad-precariedad, haciendo uso de los recursos como más le sirvan en momentos precisos: así pueden laborar en el sector formal pero consumir en el informal; o, trabajar en el informal y estudiar para obtener una credencial educativa oficial.

La inserción laboral de los jóvenes es más que conseguir un primer trabajo, debiera ser la posibilidad de crear sociabilidad, no sólo representada en vínculos y relaciones sociales, sino también en la inscripción del joven en estructuras dadoras de sentido. De lo contrario se continuará con el proceso de desafiliación, no como ausencia completa de vínculos institucionales, sino como "la ausencia de inscripción del sujeto en estructuras dadoras de sentido" (Castel, 2004: 421).

Entre la incertidumbre y el riesgo, por la degradación de la situación económica y social y la desestabilización de los modos de vida, la vida de muchos jóvenes pende de un hilo. Como se puede apreciar, lo único que queda claro es que las nuevas generaciones están enfrentando desafíos que los adultos tampoco sabemos resolver, quizá su reto no esté en ser o no ser, como se lo planteaba Hamlet, sino en paralelo, ser y no ser, *may be, that is the cuestion*.

Referencias bibliográficas

Banco Mundial (2006), *Development and the Next Generation*. World Development Report 2007, Washington, D. C.

Barrière-Maurisson, M.-Agnès (1999), *La División Familiar del Trabajo. La vida doble*, Ed. Lumen/Humanitas, Buenos Aires.

Bauman, Zygmunt (1999), *Trabajo, consumismo y nuevos pobres*, Gedisa, Barcelona.

Bourdieu, P., (2001), *Poder, Derecho y Clases Sociales*, Desclée de Brouwer (Palimpsesto, Derechos Humanos y Desarrollo), Bilbao (2ª. edic.).

Bourdieu, Pierre. (1999), *La distinción. Criterio y bases sociales del gusto*. Taurus, Madrid,.

Castel, Robert (2004), *La metamorfosis de la Cuestión Social. Una crónica del salariado*, Paidós, Buenos Aires.

CIEJ-IMJ (2006), *Encuesta Nacional de Juventud, 2005* (ENJ05). México.

COREA, Cristina e Ignacio LEWKOWICZ (2004), *Pedagogía del aburrido. Escuelas destituidas, familias perplejas*, Paidós Educador, Buenos Aires.

De La Garza Toledo, Enrique (2006), "Notas acerca de la construcción social del mercado de trabajo: crítica de los enfoques económico y sociodemográfico", en Teresa Páramo (coord.), *Nuevas realidades y dilemas teóricos en la Sociología del Trabajo*, UAM-Plaza y Valdés Editores, México, pp. 43-65.

García Canclini, Néstor (2004), *Diferentes, Desiguales y Desconectados. Mapas de la Interculturalidad*, Gedisa Editorial, Buenos Aires.

Guiddens, Anthony (1998), *Más allá de la Izquierda y la derecha. El futuro de las políticas radicales*, Cátedrá, Col. Teorema, Madrid.

Longobardi, Giannina (2001), "¿Qué valor tiene el dinero? Significado de las relaciones femeninas y su resistencia al capital", A. Buttarelli et al, *Una Revolución Inesperada. Simbolismo y sentido del trabajo de las mujeres*, Nancea, S. A, de Ediciones, Madrid, pp. 23-40.

Marx, Carlos, *El Capital. Crítica de la Economía Política* (Tomo I), FCE, México.

Ortega, Felix (2006), "Marcos de integración sociopolítica", *Jovenes, Revista de Estudios sobre Juventud*, CIEJ/IMJ, año 10, núm. 34, México, enero-junio, pp. 18-39.

Pérez Islas, J. A. y Maritza URTEAGA (2001), "Los nuevos guerreros del mercado. Trayectorias laborales de jóvenes buscadores de empleo" en, Enrique Pick (coord.) *Los jóvenes y el trabajo. La educación frente a la exclusión social*, UIA-UNICEF-IMJ-CONALEP-CINTERFOR-RET, México, pp. 355-399.

Pérez Islas, J: A. y Maritza URTEAGA (2000), *Los jóvenes buscadores de empleo*, CIEJ-IMJ, México, (inédito).

Sennett, Richard (2000), *La Corrosión del Carácter. Las consecuencias personales del trabajo en el nuevo capitalismo*, Anagrama, Col. Argumentos, Barcelona.

Sennett, Richard (2006), *La cultura del nuevo capitalismo*, Anagrama, Col. Argumentos, Barcelona.

Soros, George (1999), *La Crisis del Capitalismo Global*, Plaza & Janes Editores, Barcelona.

Wyn, Johanna y Peter Dwyer (2000), "Nuevas pautas en la transición de la juventud en la educación", en *Revista Internacional de Ciencias Sociales*, No. 164, UNESCO, junio, pp. 17-29.

Juventud y movilidad en Canadá: migración interna, inmigración e implicaciones de políticas públicas

Marc Molgat

Introducción

Es discutible que la atención dada en Norteamérica y Europa a la "inmovilidad" de los jóvenes (es decir, aquellos que viven con sus padres hasta bien avanzado en sus veinte), y a algunos de sus corolarios tales como la falta de autonomía e independencia entre los jóvenes y la dificultad para tener acceso a buenos trabajos y viviendas asequibles, ha hecho que se desvíe la investigación de una de las características muy importantes de los jóvenes de hoy: su gran movilidad geográfica. En muchas partes de Canadá, dicha movilidad se ha convertido en una parte intrínseca de la edad adulta. En la provincia de Québec, la movilidad geográfica interna es esencialmente una exclusividad de los jóvenes (Duchesne 2002) y más de la mitad de los individuos con edades entre 20 y 34 ha migrado de una región a otra dentro de la provincia (Gauthier *et al* 2006). Lo mismo se puede decir de los inmigrantes a Quebec, de los cuales el 26 % tienen edades menores de 20 años y otro 45% de 20 a 34 años (ISQ 2006a). De modo que, a pesar de la creciente preocupación por la transición retardada de dejar la casa familiar, el fenómeno de la movilidad (sea interna o internacional) parece plantear un reto para conceptos comúnmente sustentados sobre las transiciones de los jóvenes.

En este capítulo, me estaré refiriendo básicamente a Quebec, que es la única provincia de habla francesa de Canadá. Con una población de aproximadamente 7,6 millones, representa algo menos que un cuarto de la población canadiense. La mayoría de los habitantes de la provincia vive en áreas urbanas, Como la región de Montreal (3,6 millones de residentes), Ciudad de Quebec (700.000 residentes) y Gatineau (300.000). Estos se pueden describir como los centros urbanos más importantes de Quebec. Y, como en la mayoría de países occidentales, atraen la mayor parte de los migrantes internos e internacionales, con Montreal como el "imán" más fuerte.

Aunque este capítulo proporcionará algunos datos contextuales básicos respecto al número de jóvenes que se mueven de un lado a otro dentro de Quebec o los que llegan a Quebec desde fuera de Canadá, me concentraré en los vínculos entre movilidad geográfica y la transición hacia la edad adulta, y más específicamente en la transición desde la escuela hacia el trabajo ente la juventud móvil. Empezaré a establecer algunos vínculos teóricos entre la transición de los jóvenes y movilidad y luego pasaré al análisis de la migración interna con base en encuestas realizadas en Quebec. Luego abordaré el asunto de la integración de los jóvenes de origen inmigrante, con base en consideraciones teóricas, investigaciones disponibles y datos de censos. Finalmente, haré un breve esbozo de algunas implicaciones de políticas y, en conclusión, subrayaré algunos asuntos que requieren más investigación sobre jóvenes y movilidad.

Vínculos entre movilidad y transición de jóvenes

Recurriré a la obra de Johnn Urry, Vincent Kaufmann y otros para extraer algunos vínculos analíticos entre transición de jóvenes y movilidad. En su sociología de movilidades, Urry (2000: 49-76) identifica cuatro tipos de movilidades relacionadas a sociedades de redes: las movilidades de objetos (de productores a consumidores, pasando a través de cadenas de revendedores), movilidades imaginativas (a través de la televisión y la radio, por ejemplo), movilidades virtuales (a través de Internet) y finalmente movilidades corpóreas (aquellas de individuos). En términos de viaje corpóreo, Kaufmann identifica cuatro formas principales de movilidad de acuerdo con su duración y el área donde se vive (Kaufmann 2002: 41-42). La movilidad diaria ocurre cuando la movilidad es de corta duración y al interior del área de vivienda; también hay viaje cuando es de corta duración, pero se lleva a cabo fuera del área de vivienda; por otro lado, la movilidad residencial y la migración ocurren en un lapso más largo de tiempo y difieren según ocurran dentro o fuera del "área de vivienda". Por supuesto, ambas nociones de área de vivienda y duración pueden variar considerablemente en términos de cómo los individuos representan sus espacios vitales y el tiempo. Pero lo que es importante anotar es que la movilidad puede llevarse a cabo en formas que son significativamente diferentes del pasado reciente, debido en gran parte a la aceleración de las velocidades de viaje y a los medios tecnológicos que permiten estar "lejos y aún cerca" de la gente y las instituciones con los que uno quiere o necesita interactuar. Estas diferencias tienen que ver con "conexidad", la direccionalidad de la movilidad y la condición de ubicuidad de los actores móviles (ibid: 22-27).

En la primera de estas diferencias, la conexidad se refiere a "el establecimiento de relaciones usando el intermediario de sistemas técnicos" y se opone a la contigüidad como "relaciones establecidas por proximidad espacial" (p. 22). La direccionalidad de movilidad también es diferente en el sentido de que ya no es tan irreversible como en periodos anteriores. Incluso aquellos que están restringidos a ser móviles a través de la migración pueden ver su movilidad como reversible en el sentido de que podrán mantener vínculos con su familia y amigos en la región o país de origen a través de medios de comunicación modernos, e incluso pueden considerar regresar en el largo plazo. Finalmente, la condición ubicua de los migrantes se refiere a problemáticas de identidad y cultura. Como lo señala Kaufmann (2002): "Unidad se refiere a la idea del actor individual localizado formando un todo coherente con una identidad y una cultura. Ubicuidad se refiere, por el contrario, a un actor plural caracterizado por la multiplicidad de sus papeles e identidades y la posibilidad de actuar a distancia" (p. 27). Así, la movilidad puede contribuir a la expresión de «múltiples identidades sociales» dentro de la misma persona o «el desarrollo de identidades con más de una referencia espacial», como en el caso de las diásporas. La obra de Alain Tarrius (2002) sobre redes de inmigrantes en Europa, específicamente en Francia y España, señalan claramente esta idea de ubicuidad pero también subraya el hecho de que la globalización ocurre también "desde abajo", esto es, desde el punto de vista de movilidades individuales internacionales y bajo el escrutinio de la sociedad y las prácticas comerciales de fusiones corporativas y deslocalización de líneas de producción.

Las movilidades corpóreas pueden de esta manera tener efectos sobre las vidas de los individuos. En el periodo de la juventud, se puede discutir que la movilidad complica las transiciones hasta la edad adulta. Hablando en términos generales, la entrada a la edad adulta en Canadá y Quebec se ha convertido en un proceso complejo y prolongado: El estudio de las transiciones de adultos jóvenes muestra que están prolongando su educación, dejan y regresan a la casa de los padres, tienen más dificultades para obtener trabajos estables y bien pagos y aplazan la formación de parejas y vida familiar (Beaujot 2004). Esto repercute en la construcción de autonomía e independencia financiera y contribuyen en desdibujar las fronteras entre las identidades de los jóvenes y las de los adultos (Molgat, próximamente). Estas problemáticas planteadas por la movilidad geográfica, como mantener vínculos sociales a distancia y luego establecerlos en un medio nuevo, y construir identidad a partir de presiones internas (aquellas del individuo) y externas que son múltiples y a veces contrastan, pueden ser consideradas como causante de una mayor complicación de la tarea de seguir avanzando con su vida, especialmente si la movilidad ocurre antes de alcanzar la independencia económica o si las generaciones anteriores en una familia de inmigrantes no se han integrado (o no lo ha hecho satisfactoriamente) al mercado del trabajo. Por otro lado, la movilidad también puede verse como un medio de permitir o facilitar transiciones, especialmente si están asociadas con la adquisición de destrezas educativas o la entrada al mercado del trabajo. Desde ambas perspectivas, movilidad y transiciones deben considerarse juntos si vamos a procurar más comprensión de la integración de los jóvenes migrantes al mercado del trabajo.

Migración interna

En Canadá, muy pocos estudios han abordado la migración interna de jóvenes. Por supuesto, hay estadísticas disponibles sobre flujos de migración interprovincial y beneficios de la inmigración. Muestran básicamente que las áreas metropolitanas de Vancouver, Toronto y Montreal están atrayendo grandes números de inmigrantes y que las provincias más ricas de Columbia Británica y Alberta tienen tasas de migración interprovincial positivas. Otras provincias son estables, como Québec, o tienen resultados de migración negativos, principalmente en las provincias del este del país. Otros estudios estadísticos muestran que las áreas rurales están experimentando pérdidas de población (Dupuy *et al* 2000); En consecuencia, cierto número de pueblos y aldeas están empezando a experimentar problemas para mantener sus instituciones sociales tales como escuelas primarias, no sólo porque los cierres de plantas afectan las economías locales, sino porque los jóvenes de las localidades están saliendo y muy pocos regresan o vienen pocos recién llegados están arribando para reemplazarlos, Estas últimas tendencias muestran claramente cómo la movilidad de los jóvenes afecta involuntariamente las estructuras sociales, contribuyendo al efecto espiral negativo sobre la viabilidad de algunas regiones y poblaciones.

En Québec y en otras provincias, la movilidad geográfica de los jóvenes ha causado muchas preocupaciones sociales, pero los debates se han enmarcado dentro de términos económicos. El saber económico convencional ha llevado a responder a la penuria regional en forma de políticas con miras a fomentar el desarrollo económico y a "retener" los jóvenes en su región, es decir, evitar que se vayan para buscar empleo en otra parte. En una perspectiva diferente, algunos economistas han sugerido que la política sea desarrollada para manejar mejor la reducción previsible de las comunidades periféricas. Además, sugieren que los gobiernos necesitan abordar la problemática de las transiciones demográficas y económicas en las áreas periféricas concentrándose en áreas que tienen más posibilidades de desarrollo (Shearmur & Polèse 2002).

Sin embargo, la investigación sobre la migración interna de jóvenes en Québec muestra que algunos de los preceptos de estos argumentos pueden estar sesgados, particularmente en términos del porqué se van los jóvenes, cómo ven su región de origen y por qué razones pueden regresar eventualmente.

¿Por qué se van?[1]

Una primera y más importante observación es que una mayoría de jóvenes en Québec han migrado al menos una vez desde que dejaron la casa familiar. De hecho, 53 % han mudado de su región de origen para vivir en otra

---

[1] Los datos y tablas expuestos en las siguientes secciones proceden de una encuesta sobre migración de jóvenes llevada a cabo en 2004-2005 con 5.997 encuestados con edades de 20 a 34 que viven en Québec o cuya familia vivió en Québec en el momento del estudio. El nivel de confianza es de 0,95 y el margen de error es de 1,3%. El informe de la investigación, incluyendo una descripción detallada de la metodología, está disponible en Gauthier *et al* (2006).

parte y más de siete de diez (72 %) de estas primeras migraciones ocurren al dejar la casa. Las edades de la primera migración también son sorprendentemente bajas, teniendo en cuenta un contexto donde el comentario social ha sido una inquietud para los jóvenes que siguen viviendo en la casa familiar (Tabla 1). Más de la mitad (53,5 %) de las primeras migraciones ocurren antes de que los encuestados alcanzan la edad 20 años, y otro 19 % a la edad de 20 y 21. Aunque un número casi igual de hombres y mujeres han migrado al menos una vez (49,8 % y 50,2 % respectivamente), los hombres tienden más que las mujeres a migrar a los 16 y 17 y tienden más a hacerlo después de haber alcanzado los veinte años.

Cuadro 1.
Edad a la primera migración de hombres y mujeres (%)

Género	Edad					
	16-17 años	18-19 años	20-21 años	22-23 años	24-25 años	26 años +
Hombres	19,9	30,4	19,4	11,5	8,6	8,4
Mujeres	25,7	31,0	18,6	11,0	5,8	5,8
Total	22,8	30,7	19,0	11,3	7,2	7,1

Las razones de las primeras migraciones subrayan claramente las afirmaciones anteriores relacionadas con problemas económicos en la región. En la Tabla 2, los porcentajes sustentan las afirmaciones respecto a las primeras migraciones. Las tasas de respuestas pueden clasificarse como altas (más del 50 %), medianas (del 25 al 50 %) o bajas (debajo del 25 %). Aquellos que marcan tasas altas de respuestas son "para llevar mi propia vida" (77 %), "para mejorar mis perspectivas hacia el futuro" (62 %), "para proseguir mis estudios" (58 %) y "para tener una buena calidad de vida" (52 %). Las tasas medianas de respuestas tienen que ver "con aventura" (41 %), "para vivir en un ambiente con el que se identifica uno" (31 %) y "por razones laborales" (30 %). Finalmente, las tasas bajas de respuestas tienen que ver con: "para reunirme con o para seguir mi pareja" (21 %), "para beneficiarme de un mejor entorno económico" (18 %), "para estar más cerca de la familia y los amigos" (9 %), "debido a problemas familiares" (7 %) y "para comprar una casa" (7 %).

Cuadro 2
Razones de la primera migración (migraciones interregionales - %)

Razones para partir	Migraciones interregionales
… para llevar mi propia vida	77
… para mejorar mis perspectivas hacia el futuro	62
… para proseguir mis estudios	58
… para tener una buena calidad de vida	52
… por aventura	41
… para vivir en un ambiente con el que se identifica uno	31
… por razones relacionadas con trabajo	30
… para reunirme con o para seguir a mi pareja	21
… para beneficiarme de un mejor entorno económico	18
… para estar más cerca de la familia y los amigos	9
… debido a problemas familiares	7
… para comprar una casa	7

Se pueden derivar tres conclusiones de estas respuestas. La primera es que la mayorías de las migraciones ocurre por estudios, sea que representan una mudanza para estudios a nivel postsecundario colegial («Cégep») o universitario. Un análisis más detallado de los datos de una encuesta anterior (1998-99) sobre migraciones de jóvenes en Québec muestra que los jóvenes de regiones y áreas rurales donde no hay establecimientos de educación postsecundaria o donde no se ofrecen programas postsecundarios especializados específicos, tienden a migrar por estudios en mayor número que los jóvenes de otras regiones (LeBlanc et al, 2002). Segundo, las respuestas tienden a mostrar que las primeras migraciones son percibidas más como una forma de proseguir cada uno son su propia biografía (mejorar oportunidades, llevar su propia vida, aventura, etc.) que una expresión de transiciones relacionadas con trabajo, comenzar una familia o comprar una casa. Finalmente, queda muy claro que las primeras migraciones no pueden equipararse con tratar de escaparse de una región plagada de aflicciones económicas. En fin, los jóvenes no parecen escoger irse de su región; en cambio, escogen proseguir sus estudios y escogen las instituciones y los lugares donde esto se puede lograr, o buscar proseguir con sus propias biografías, sea en relación con transiciones estatutarias o no. Por supuesto, la decadencia económica en ciertas regiones periféricas puede tener influencia sobre los las percepciones y las elecciones de los jóvenes, pero no es básicamente en términos de economía y trabajo que los jóvenes migrantes expresan sus razones de partida.

¿Migraciones reversibles?

Si las migraciones internas no pueden ser explicadas completa y satisfactoriamente mediante prospectos de empleo y decadencia económica, entonces las decisiones para el regreso sí pueden serlo. La cuestión de si las migraciones son reversibles o no depende de cómo los jóvenes ven su región de origen, si sienten que su condición residencial es permanente y qué razones pueden de hecho justificar un eventual retorno.

En términos de cómo los jóvenes ven su región de origen, las respuestas varían de acuerdo con los perfiles de migración y muestran que la representación de la situación económica en la región de origen puede tener influencia sobre la decisión de regresar. Los no migrantes y los migrantes en retorno tienen generalmente una visión más positiva que los migrantes que viven fuera de la región, especialmente en cuanto a sus conceptos sobre oportunidades de empleo. Casi la mitad de todos los migrantes que viven fuera de su región de origen son de la opinión de que no hay ningún trabajo disponible para ellos allí (44 %) y las oportunidades de progreso serían inexistentes (48 %).

También hay que considerar el potencial para las migraciones inversas examinando los potenciales de movilidad. Es decir, si la situación residencial es considerada permanente o no y si los jóvenes están abiertos a la posibilidad de regresar o no. Los datos de la encuesta muestran que la situación de residencia temporal es alta para tanto los migrantes (55 %) como los migrantes en retorno (49 %). La movilidad residencial potencial también es más importante cuando los encuestados tienen edades de 20 a 24 años (73 %) que a mediados de sus veinte (50 %) y a 30-34 años (37 %). Mientras los jóvenes móviles avanzan en edad, terminan sus estudios y pasan a formar vida de pareja y de familia lo que trae una mayor estabilidad geográfica. También, la mayoría de los migrantes expresa un interés de regresar a su región bajo las «circunstancias adecuadas»: casi el 60 % de los migrantes dice que regresarían si las circunstancias les permitiera hacerlo. Está respuesta es más frecuente entre aquellos con edades de 20 a 24 años (73 %) y menos entre los grupos de edades de 30 a 34 (37%); los hombres también manifiestan un mayor interés que las mujeres (55 % y 46 % respectivamente).

Entonces, si muchos estuvieran dispuestos a invertir su migración, ¿bajo qué circunstancias podría ocurrir esto? A los encuestados se les dieron catorce posibles razones y se les solicitó que identificaran cuáles correspondían a su caso (Tabla 3, Columna A). En general, las razones más frecuentemente escogidas fueron: "tener una buena calidad de vida" (86 %), "poder vivir" (76 %) y "tener su propia hogar" (72 %). Otras razones importantes son: "estar cerca de la naturaleza", "estar más cerca de sus padres" y "criar sus hijos". De esta manera, aunque las oportunidades de trabajo jugaron un papel importante en las consideraciones de migraciones futuras, igualmente ocurrió con los elementos relacionados con la calidad de vida y la familia. También se debe observar que, contrariamente a las primeras migraciones, proseguir carreras educativas es el elemento menos importante al considerar regresar a la región de origen (9 %). Las respuestas varían poco en términos de edad, pero los hombres y las mujeres pusieron distintos énfasis en ciertos temas relacionados con el trabajo (mencionado más frecuentemente por los hombres) y la familia (mencionado más por las mujeres)[2].

---

2 Los datos sobre género y diferencias de edad en este párrafo y el siguiente no están presentados en tablas.

Cuadro 3		
Razones para regresos potenciales a la región de origen (%)		
Razones	Columna A Migrantes interregionales	Columna B Regreso Migrantes interregionales
…para tener una buena calidad de vida	86	82
…para ganarse la vida	76	71
…para tener su propio hogar	72	62
…para estar más cerca de sus padres	68	61
…para estar cerca de la naturaleza	63	56
…para criar sus hijos	60	52
…para estar cerca de sus amigos	49	43
…para tener mejores condiciones de trabajo	47	40
…para reunirme con o para seguir a mi pareja	45	30
…para comenzar o ocuparse del negocio familiar	39	28
…para tener vivienda a más bajo costo	29	18
…para proseguir mis estudios	9	10
…por otra razón	6	10

Finalmente, me dirijo a aquellos que han regresado. Estos encuestados representan el 32 % de todos los jóvenes migrantes que dejaron por primera vez su región de origen. ¿Por qué han regresado? En general, las respuestas son el reflejo de aquellas dadas por los jóvenes que considerarían la posibilidad de regresar a sus regiones bajo las circunstancias adecuadas (Tabla 3, Columna B): los indicadores de calidad de vida, trabajo y familia son más frecuentemente mencionados, con la diferencia nuevamente entre hombres y mujeres en términos de trabajo y familia. Sin embargo, la cercanía a la naturaleza y a amigos marca más alto y tener su propio hogar marca más bajo que en las consideraciones de migraciones inversas potenciales. Los migrantes en retorno, con edades entre 20 y 24 años, mencionan la cercanía a amigos (73 %) en mayores proporciones que aquellos de edades entre 25-29 (67 %) y 30-34 (51 %). Finalmente, parece que los jóvenes que mantienen fuertes lazos con la familia, los amigos y otros contactos en la región de origen, y que regresan frecuentemente, tienden más a invertir su migración inicial.

Quisiera concluir esta sección con una breve observación sobre la integración de los jóvenes migrantes cuando dejan su región por primera vez. Aunque la mayoría logra integrarse muy fácilmente en su nuevo medio y tienen el apoyo de sus padres, amigos y préstamos estudiantiles para hacer transiciones exitosas a la educación postsecundaria y a veces al trabajo, algunos experimentan más dificultades. Aquellos que experimentan mayores dificultades – y que pueden terminar en la calle o en otras condiciones de vida precaria – son de hecho jóvenes que dejan su región antes de la edad de los dieciocho años y frecuentemente antes de haber terminado su educación secundaria.

También tienden menos a recibir apoyo familiar cuando tratan de integrarse en una nueva ciudad, encontrar vivienda y trabajo, porque partieron en malos términos con sus padres vivieron en hogares sumidos en la pobreza (Molgat 2003; Molgat & Gauthier 1999). En este sentido, parece que la movilidad hace que las transiciones sean más difíciles cuando ocurren temprano y dentro de trayectorias ya establecidas de restricciones. Al examinar los vínculos entre movilidad y vulnerabilidad, uno necesita, en consecuencia, tomar en consideración no sólo la edad sino también la biografía y los eventos que conducen a la partida y posiblemente impidan el establecimiento de apoyo social a distancia o la integración de estructuras sociales que traen seguridad y estabilidad de ingresos (Molgat 2002).

Inmigración

La cuestión de inmigración de jóvenes e integración en la sociedad canadiense ha recibido cierta atención de investigadores sobre jóvenes en años recientes, pero estos estudios están centrados generalmente sea en el conflicto intergeneracional de la familia durante la adolescencia o en la participación de jóvenes inmigrantes o minorías visibles en pandillas de calle. Aunque se ha hecho algo de investigación sobre experiencias escolares de algunos grupos específicos de jóvenes inmigrantes en ciudades en Canadá, se necesita hacer mucho para comprender mejor cómo los inmigrantes jóvenes y los jóvenes descendientes de los inmigrantes hacen la transición de la escuela al trabajo. Al hacerlo, y al tomar prestado de una perspectiva sociológica sobre el multiculturalismo (Wieviorka 1998), la investigación debería poder distinguir cómo las diferencias socioeconómicas entre los jóvenes de minorías y el resto de los jóvenes se reproducen o se reducen durante la transición a la edad adulta.

Al estudiar este y otros patrones de integración de jóvenes de origen inmigrante, es importante ser claros en cuanto a qué grupos se refiere. El uso de términos tales como jóvenes extranjeros o jóvenes inmigrantes para identificar todos los jóvenes de origen inmigrante tiende a ocultar la diversidad de las experiencias que vinculan inmigración e integración y mejoras la posibilidad de tratar a aquellos de origen inmigrante como un solo grupo de extranjeros que poseen ciudadanía de segunda clase (de Rudder, 1997). Simard (1999) sugiere por consiguiente que es importante hacer distinciones más claras en las investigaciones porque las experiencias de integración pueden variar considerablemente de acuerdo con la situación de inmigración, el lapso de tiempo desde la llegada y la sucesión de generaciones. De modo que trataré de hacer las distinciones entre las experiencias de jóvenes nacidos en otras partes y aquellos nacidos en Canadá de padres inmigrantes. También, examinaré las experiencias de integración de jóvenes pertenecientes a minorías étnicas "visibles" pero que posiblemente vengan de olas de inmigrantes anteriores.

Las teorías sobre la integración de inmigrantes a la sociedad corriente pueden dividirse en dos paradigmas principales (Molgat & Saint-Laurent 2004). El primero se deriva del modelo de asimilación lineal o el "modelo ortodoxo". Desarrollado en el contexto de la inmigración a los Estados Unidos a comienzo del siglo veinte, este modelo supone un parecido creciente a lo largo de generaciones de grupos de minorías y mayorías. Los descendientes de la primera generación adquieren así la cultura de la nueva sociedad y tienen patrones fuertes de movilidad ascendente, hasta que la segunda o tercera generación alcance o sobrepase el grupo dominante (Warner & Strole 1965). Las carreras educativas exitosas son consideradas el elemento clave en el sostenimiento de la movilidad social ascendente y los padres inmigrantes se esfuerzan arduamente en la búsqueda de los logros educativos de sus hijos, contribuyendo así a una notable "orientación hacia el éxito" de la segunda generación en Canadá (Boyd & Grieco 1998). En este modelo, los problemas escolares se asocian con estancamiento o revés del patrón de movilidad (Gans 1992). El problema con el modelo asimilacionista es que no puede explicar muchos anti-ejemplos, tales como el hechos de que miembros de algunos grupos étnicos tienden a integrarse más rápidamente que otros y más fácilmente en áreas o ciudades donde algunos grupos están más concentrados. Portes y Zhou (Portes 1995, Portes & Zhou 1993) desarrollaron en consecuencia el modelo de "asimilación segmentada" según el cual la segunda generación puede integrarse a enclaves étnicos que son social y económicamente activos *o* se adhieren a identidades de subclases con integración deficiente al mercado laboral. El modelo de subclases supone una deficiente integración del capital social en la comunidad, pobreza o ausencia de influencia parental en la fijación de metas, residencia en áreas pobres dentro de la ciudad, barreras raciales que han creado con el tiempo una cultura de subclase e instituciones que permiten que la cultura de subclase se comunique y/o se experimente. Estos dos modelos completan el primero en el sentido que todos los tres pueden coexistir en el análisis de la integración de los inmigrantes porque representan la experiencia de distintos grupos.

Todos los tres modelos están basados sin embargo en la experiencia de los inmigrantes y la situación en los Estados Unidos. Los dos últimos han sido asociados a los jóvenes caribeños (para el modelo subclase) y los grupos de origen chino y cubano (para el modelo de integración étnica económica) (Portes 1995, Portes & Zhou 1993). La investigación hecha por Boyd en Canadá generalmente descuenta estos últimos modelos esencialmente porque los jóvenes que representan una segunda o tercera generación de inmigrantes e inclusos aquellos nacidos fuera del país pero que llegaron antes de la edad de 15 años (la llamada generación 1.5) tienen considerablemente mayores logros escolares que aquellos cuyos padres nacieron en Canadá (Boyd 2000; 2002). Sin embargo, su análisis de datos de censos continúa y todavía no ha cubierto la transición al mercado laboral en el momento en que fue escrito este capítulo.

También se puede tomar en consideración un segundo paradigma, el del desarrollo de discriminaciones basadas en prejuicios raciales, y que emana del relativo éxito relacionado con los patrones de integración. Esta tesis fue desarrollada por Lapeyronnie (1997) con base en los escritos de Tocqueville y Myrdal (quienes de hecho analizaron la situación de los negros en América). La paradoja de la asimilación es la siguiente: la apertura de oportunidades para la integración de minorías sobre la base del respeto por los principios democráticos y de igualdad crea mejores condiciones de vida para estos grupos y se vuelven comparables a aquellos de la mayoría. El grupo dominante, sin embargo, que se enfrenta a esta movilidad ascendente, tiende a querer mantener sus privilegios y una cierta distancia social. Las formas de diferenciación basadas en la discriminación son ya impuestas e implementadas. Aunque los Estados Unidos tiene una larga historia de prejuicios raciales estructurales e institucionales hacia los negros (como se puede ver en la historia muy reciente en temas como el derecho al voto, la segregación racial en las escuelas y el acceso a vivienda y empleo), en la actualidad, se puede discutir que las prácticas discriminatorias ocurren a nivel individual, pero que puede convertirse en parte de un discurso social más o menos visible y aceptado sin que sean institucionalizadas. Al mismo tiempo, sin embargo, los grupos minoritarios asimilan los mismos principios de democracia e igualdad. Y enfrentados a la discriminación, desarrollan sentimientos de injusticia y frustración. Esto podría explicar la fuerte adherencia a identidades y comunidades de origen étnico, resignación frente a la discriminación y también, formas de sublevación contra la sociedad dominante.

Antes de presentar los datos del censo canadiense que permitieran adoptar uno u otro (o ambos) de estos paradigmas, es importante entender el contexto general de la inmigración en Canadá durante los últimos cincuenta años. En esencia, los inmigrantes a Canadá han venido de manera creciente no de Estados Unidos y Europa sino de Asia y el Medio Oriente. En consecuencia, los inmigrantes tienden más a ser "minorías visibles" (el 73 % de los inmigrantes en los años de 1990) que en el pasado y puede que tengan que avanzar una mayor distancia en términos de aculturación. En la provincia de Québec, se ha puesto énfasis en el reclutamiento de inmigrantes que hablan francés. Entre 2001 y 2005, la inmigración de países donde se habla francés fue más importante que en otras provincias: desde Marruecos (8,1 %), Argelia (7,8 %), Francia (8,0 %), Rumania (6,3 %) y Haití (4,0 %); Sin embargo, los inmigrantes de la China (9,3 %) siguió siendo el grupo más importante de inmigrantes a Québec durante el mismo periodo (ISQ, 2006a). Como en otras partes de Canadá, los inmigrantes en Québec están caracterizados por su baja edad a la llegada: el 26 % es menor de 20 años, el 45 % tiene entre 20 y 34 años y sólo el 29 % tiene 35 años o más (ISQ 2006b). Finalmente, la inmigración se basa sólidamente en la situación económica y las calificaciones profesionales. Desde los años de 1980, los inmigrantes a Québec tienden más a ser lo que se denomina "inmigrantes económicos o independientes" que aquellos que llegan debido a medidas de reunificación familiar o que buscan protección como refugiados. En 2005, los inmigrantes económicos (60,8 %) sobrepasaron ampliamente los inmigrantes de reunificación familiar (21 %) o los refugiados (16,5 %) (ISQ 2006c)

La mayoría de las investigaciones hechas en Canadá sobre la integración a través de la escolaridad de los jóvenes de origen inmigrante, básicamente la generación 1.5 (aquellos nacidos fuera de Canadá y que llegan antes de la edad de 15 años) y la 2ª generación, muestra que los jóvenes inmigrantes entre los 15 a 19 años: 1) están asistiendo a la escuela en la misma proporción o más alta que aquellos nacidos en Canadá de padres no inmigrantes; 2) no tienen problemas específicos en la escuela; y 3) no tienden más a abandonar la escuela que aquellos cuyos padres nacieron en Canadá (Boyd 2002, Lock & Hanvey 2000, Moisset *et al* 1995, Sullivan 1988). Los estudios hechos sobre educación postsecundaria de los jóvenes de origen inmigrante concuerdan con estos resultados: los inmigrantes con edades de 20 a 24 años tienen más del doble de la probabilidad de los jóvenes nacidos en Canadá de proseguir educación postsecundaria (54 % vs 26 %) (Lock & Hanvey 2000). Sin embargo, una perspectiva centrada en género y origen étnico específico puede traer cierto matiz a esta historia de éxito. Por ejemplo, las mujeres negras jóvenes nacidas de padres caribeños entran a la universidad más frecuentemente que mujeres canadienses jóvenes en promedio (46 % vs 41 %), pero esto no resulta lo mismo para sus contrapartes masculinos (26 % vs 36 %) (Simmons y Plaza, 1998). Sin embargo, en general, las generaciones 1.5 y 2ª 2nd prosiguen estudios más que los jóvenes nacidos de padres canadienses, más que sus padres y más que la siguiente generación, lo que lleva a algunos sociólogos a llamarlos artífices de "transiciones triunfantes" (Boyd & Grieco 1998). Aunque los logros educativos de sus padres responden parcialmente por este éxito (*ibid*), también se sostiene más generalmente que los padres y jóvenes inmigrantes –y sus comunidades– otorgan gran valor a la escolaridad como medio principal de integración a la sociedad (Molgat & Saint-Laurent 2004, Boyd 2002).

Si los migrantes jóvenes y las generaciones 1.5 y 2ª resultan exitosos en términos de escolaridad, no se puede decir exactamente lo mismo de la integración al mercado laboral. La investigación sobre la transición al mercado laboral de inmigrantes en Canadá ha sido obstaculizada en el pasado por la recolección intermitente de información de los orígenes nacionales de los padres[3] de los encuestados de los censos. Sin embargo, se puede extraer alguna información

---

3 Sin embargo, La Oficina de estadísticas de Canadá [Statistics Canada] ha estado solicitando está información en algunas encuestas desde mediados de los años de 1990 y los investigadores están analizando actualmente estos datos para evaluar la integración de los jóvenes de origen inmigrante al mercado de trabajo.

de datos sobre jóvenes de «minorías visibles[4]» y minorías no visibles ya que la mayoría de los jóvenes de grupos de minorías visibles en Canadá tienen padres o abuelos que inmigraron a Canadá. Es posible que ellos mismos también hayan sido inmigrantes. Algunos indicadores de la transición de la escuela al mercado del trabajo para los jóvenes de grupos de minorías visibles en Québec sustentan claramente las conclusiones de las investigaciones sobre el éxito educativo de jóvenes de origen inmigrante (Tabla 4). En edades de 15 a 24 años, están asistiendo a instituciones de educación secundaria o postsecundaria con más frecuencia que los jóvenes de minorías no visibles, y tienden más como jóvenes de minorías no visibles a entrar a estudios postsecundarios. A los jóvenes de algunos grupos les va mejor que otros en este respecto, básicamente aquellas minorías árabes y varias asiáticas visibles.

Las tasas de desempleo y los ingresos, sin embargo, no concuerdan generalmente con la tasa de desempleo para los jóvenes de minorías visibles que ronda por el 20 % en comparación con el 13 % para otros jóvenes. Algunos grupos tienen una desventaja particular a pesar de sus niveles de estudios postsecundarios considerablemente altos, en particular aquellos de grupos de minorías visibles negros (24 %) o árabes (23 %). Junto con un promedio más bajo de ingresos, en particular para los negros, la impresión de que la discriminación está en juego es difícil de ignorar.

Sin embargo, la posición de migrantes de algunos jóvenes de grupos de minorías visibles puede tener influencia sobre algunos de estos números. Una reciente investigación longitudinal llevada a cabo en los años de 1990 y a comienzos de los años 2000 muestra que en los primeros tres años después de la llegada, los inmigrantes a Québec – particularmente aquellos que no provienen de los Estados Unidos o Europa occidental- tienen dificultades para adaptarse al mercado laboral y para encontrar empleos que permitan avanzar y alzas salariales convenientes (Piché, Renaud & Gingras 1999); sin embargo, diez años después a los mismos inmigrantes les ha ido tan bien en términos de empleo como sus conciudadanos (Renaud, Piché & Godin 2005). Las razones para esta recuperación no son claras: pueden ser el resul-

---

4 Este término es usado por la Oficina de estadísticas de Canadá [Statistics Canada] para identificar diferentes grupos de acuerdo con su raza, color de piel o visibilidad y es usado en las legislaciones y los programas sobre equidad del Gobierno federal. Se han identificado diez grupos de minorías visibles (Vea la Tabla 4).

Cuadro 4.

**Indicadores de integración de jóvenes de grupos de minorías visibles
(15-24 años, Québec, 2001)**

	No asiste a la escuela (%)	Estudios post-secundarios * (%)	Tasa de desempleo (%)	Ingreso promedio (% de ingreso de aquellos que no son minorías visibles **)
Minorías no visibles	34	51	13	100
Minorías visibles	25	50	20	90
Latinoamericanos	30	39	16	84
Del oeste asiático	25	42	19	82
Del sur asiático	32	46	19	87
Negros	26	47	24	87
Del sudeste asiático	24	52	18	98
Filipinos	30	55	9	92
Árabes	21	59	23	103
Chinos	14	60	14	106
coreanos	13	65	16	78
Japoneses	17	75	12	80

Fuente: Oficina de estadísticas de Canadá [Statistics Canada], 2001 Datos de Censo. Los cálculos son del autor.

* Parcial o terminado y actualmente matriculado o no.

** Los daros reflejan el ingreso promedio de individuos que han trabajado tiempo completo durante todo el año precedente al censo. El ingreso promedio es de 21 098 $ para los de 15 a 24 años y 38 637 $ para los de 25-44 años (canadiense $, 2000).

tado de las estrategias de los inmigrantes para tratar con la falta de reconocimiento de las habilidades que adquirieron en su país de origen (Alboim, Finnie & Meng 2005) y pueden basarse en la asimilación segmentada en una comunidad étnica (para evitar así las potenciales prácticas discriminatorias de contratación) o la adquisición de habilidades a través de varios programas de capacitación, incluyendo importantes reorientaciones de carrera a través de la inscripción en programas postsecundarios y la terminación de los mismos; también pueden basarse parcialmente en la situación económica muy favorable en Canadá a partir de los años 90 y principios de los 2000; finalmente, es posible que se puedan explicar por una evolución positiva de actitudes hacia los inmigrantes en Québec.

Los datos en la tabla también abren cierto número de interrogantes acerca de los mismos grupos de minorías visibles. Algunos grupos tienen altas tasas de estudios postsecundarios y relativamente bajos niveles de desempleo pero no marcan buen puntaje en términos de ingresos. Esto es particularmente cierto para jóvenes coreanos y japoneses de minorías visibles en Québec. Por el contrario, a algunos grupos les va bien en términos de estudios postsecundarios e ingresos, pero tienen tasas relativamente altas de desempleo, como los árabes y los sudasiáticos. Finalmente, algunos grupos siguen panoramas más "esperados": altas tasas de estudios postsecundarios. Tasas de desempleo relativamente bajas e ingresos más altos (grupos chinos y filipinos) o tasas más bajas de asistencia escolar y estudios postsecundarios y menores promedios de ingresos (grupos de oeste asiático y latinoamericanos). Las explicaciones para estas variaciones pueden ser numerosas. Incluyen la hipótesis de la discriminación (quizá más para los jóvenes negros y árabes), la cultura de la comunidad, la hipótesis de la solidaridad y del capital social y la hipótesis del ajuste individual. También, en una perspectiva de género, es posible que algunas comunidades ejerzan presión sobre mujeres jóvenes para que adopten una vida familiar "tradicional" que es incompatible con una integración total en el mercado laboral. Tomadas juntas, estas hipótesis son un llamado claro para más investigaciones en la comparación de jóvenes de distintas comunidades que tomaran en cuenta la situación de inmigración, los orígenes y las experiencias de los jóvenes.

Algunas implicaciones de las políticas públicas

No está dentro de los ámbitos de este capítulo el describir políticas y prácticas reales con miras a tratar problemáticas relacionadas con la movilidad de jóvenes en Canadá. Sin embargo, algunas directrices generales para la política y la práctica surgen del estado actual de la investigación.

En términos de migración internacional, la investigación muestra una clara necesidad de políticas que tomen en cuenta las motivaciones de los jóvenes para deja rla región. Es posible que sea difícil "retener" los jóvenes en su región cuando partir forma parte de una experiencia biográfica más amplia con miras a satisfacer deseos de autonomía y obtener habilidades y calificaciones a través de la educación postsecundaria. En el otro extremo de las trayectorias de migraciones internas, hay una necesidad para acentuar estrategias para atraer jóvenes a regiones intermedias o periféricas. Estas estrategias deberían tener en cuenta edad, patrones de transición y factores no inmediatamente relacionados con empleo, tales como calidad de vida y vida familiar. En cuanto a las estrategias de atracción, se podría dar consideración para mantener vínculos con migrantes jóvenes (Desrosiers & Lebel 2004). Finalmente, hay que prestar atención a los problemas de integración de los migrantes más vulnerables que dejan la casa temprano y por cuenta de las dificultades familiares.

Con respecto a la inmigración, se necesita prestar atención a jóvenes de grupos que están por debajo de los promedios en términos de asistencia escolar y estudios postsecundarios y las brechas entre niveles de escolaridad y las transiciones exitosas al mercado laboral deben ser examinadas cuidadosamente para determinar sus causas. La política podría entonces abordar las necesidades específicas de ciertos grupos. Otras directrices para la política y la práctica podría incluir las políticas de equidad en empleo, la financiación de organizaciones basadas en la comunidad que se dediquen a la capacitación y la integración al mercado laboral de jóvenes inmigrantes y de minorías visibles, financiación de organizaciones basadas en la comunidad que trabajen en desarrollo comunitario, básicamente en cambio de actitudes hacia el valor de la educación en ciertas comunidades (especialmente para hombres jóvenes) –éstas se pueden tomar como una extensión de las políticas y programas actuales con miras a ayudar a los jóvenes a completar su educación secundaria. Finalmente, las campañas educativas y por los medios de comunicación deberían intentar promover la tolerancia (y quizá hacia jóvenes en grupos sometidos a una mayor discriminación) y a subrayar el valor y las contribuciones históricas de los inmigrantes a la sociedad.

Conclusión

A modo de conclusión, se puede plantear un número de áreas para investigaciones futuras sobre movilidad de jóvenes. Sobre la base de las consideraciones teóricas relacionadas con movilidades corpóreas que destacan la importancia de la "conexidad", "reversibilidad" y "ubicuidad" (Kaufmann 2002), éstas podrían incluir las relaciones entre movilidad y transiciones durante la fase de la juventud, los efectos de la distancia geográfica sobre las relaciones sociales y el apoyo de la familia/comunidad de los jóvenes migrantes e inmigrantes, la multidireccionalidad y reversibilidad de los patrones de migración interna e inmigración entre los jóvenes, la construcción de identidad(es) a través de la movilidad, y problemáticas de discriminación. Finalmente, una pregunta de interés particular es si ciertos jóvenes de origen inmigrante se integran o no a las culturas de subclase tales como aquéllos en los Estados Unidos. En ese aspecto, los estudios canadienses sobre demografía y población han dado una respuesta negativa a esta pregunta, básicamente porque no hay concentraciones urbanas de culturas étnicas de subclase en Canadá. La razón por la cual esto es tan probable no solo tiene que ver con la historia, como lo ha señalado Boyd t (Boyd, 2003) sino también, y quizá con mayor importancia, con la geografía. El único vecino inmediato de Canadá en términos de flujo de población es los Estados Unidos – en consecuencia, es difícil «arribar» a Canadá como un refugiado o un inmigrante ilegal. Esto va en contraste con Europa y los Estados Unidos donde las fronteras son compartidas con países más pobres o donde las distancias por mar se pueden cruzar con medios de transporte de muy bajos costos. Es posible que las tecnologías modernas que permiten viajes virtuales más grandes e imaginativos puedan ocupar un lugar preponderante, a través de los procesos vinculados de conexidad y ubicuidad, algunas dimensiones de cultura de subclase para jóvenes en Canadá con orígenes inmigrantes específicos, por ejemplo, jóvenes negros con o sin vínculos con Haití u otros países caribeños. Aquellos jóvenes de grupos de minorías que tienen éxitos como otros jóvenes en Québec y Canadá, y que están sometidos a formad de discriminación, son quizás más vulnerables a esta posibilidad. En otras palabras, es posible que valga la pena que los eruditos canadienses examinen si las movilidades e imaginativas favorecen la creación de culturas de subclases, incluso cuando se considera que son débilmente estructuradas.

Referencias bibliográficas

Alboim, Naomi / Finnie, Ross / Meng, Ronald (2005): The Discounting of Immigrants' Skills in Canada: Evidence and Policy Recommendations. In: IRPP Choices, 11, 2, pp. 2-23.

Beaujot, Roderic (2004): Delayed Life Transitions: Trends and Implications. Ottawa: Vanier Institute of the Family.

Boyd, Monica (2003): Tuesday's or Thursday's Child? The Life Chances of Immigrant Offspring, 34th Annual Pitirim Sorokin Lecture. Regina: University of Saskatchewan, web site: http://www.arts.usask.ca/sociology/seminars/sorokin_lectures.php, consultado el 2 de Julio de 2007.

Boyd, Monica (2002): Educational Attainments of Immigrant Offspring: Success or Segmented Assimilation?. In: International Migration Review, 36, 4, pp.1037-1060.

Boyd, Monica (2000): «Ethnicity and Immigrant Offspring». In: Kalbach, Madeline A. / Kalbach, Warren E. Kalbach (eds.): Perspectives on Ethnicity in Canada. Toronto: Harcourt, pp.137-154.

Boyd, Monica / Grieco, Elizabeth (1998): Triumphant Transitions: Socioeconomic Achievements of the Second Generation in Canada. In: International Migration Review, 32, 4, pp. 853-376.

de Rudder, Véronique (1997): « Quelques problèmes épistémologiques liés aux définitions de populations immigrantes et de leur descendance ». In Aubert, France / Tripier, Maryse / Vourc'h, François (eds.): Jeunes issus de l'immigration: de l'école à l'emploi. Paris: CIEMI and L'Harmattan, pp.17-44.

Desrosiers, Jules / Lebel, Denis (2004) «Les régions peuvent-elles attirer des jeunes adultes très qualifiés ?». In: LeBlanc, Patrice / Molgat,Marc (eds.): La migration des jeunes. Québec: Presses de l'Université Laval, pp.169-198.

Duchesne, Louis (2002): La situation démographique au Québec. Bilan 2002 / La migration interrégionale au Québec au cours des périodes 1991-1996 et 1996-2001. Québec: Institut de la Statistique du Québec.

Dupuy, Richard / Mayer, Francine / Morissette, René (2000): Les jeunes ruraux: Rester, quitter, revenir. Ottawa: Statistique Canada (N° de catalogue: A21-46/1-2000F).

Gans, Herbert. J. (1992): Second generation decline: Scenarios for the Economic and Ethnic Futures of Post-1965 American Immigrants. In: Ethnic and Racial Studies, 15, pp. 173-192.

Gauthier, Madeleine / LeBlanc, Patrice / Molgat, Marc *et al* (2006): La migration des jeunes au Québec. Rapport national d'un sondage 2004-2005 auprès des 20-34 ans du Québec. Québec: Observatoire Jeunes et Société, INRS-Urbanisation, culture et société.

Institut de la statistique du Québec (ISQ) (2006a) : Immigrants selon le groupe d'âge, le sexe et l'état matrimonial, Québec, 2005. web site table, consultado el 4 de diciembre 2006 :
www.stat.gouv.qc.ca/donstat/societe/demographie/migrt_poplt_imigr/604.htm.

Institut de la statistique du Québec (ISQ) (2006b) : Immigrants selon le pays de naissance, Québec, 2001-2005. web site table, consultado el 4 de diciembre de 2006 :
www.stat.gouv.qc.ca/donstat/societe/demographie/migrt_poplt_imigr/603.htm.

Institut de la statistique du Québec (ISQ) (2006c) : Immigrants selon la catégorie d'immigrants, Québec, 1980-2005. web site table, consultado el 4 de diciembre de 2006:
www.stat.gouv.qc.ca/donstat/societe/demographie/migrt_poplt_imigr/605.htm.

Kaufmann, Vincent (2002): Re-Thinking Mobility: Contemporary Sociology. Aldershot (England) and Burlington (USA): Ashgate Publishing.

Lapeyronnie, Didier (1987) : Assimilation, mobilisation et action collective chez les jeunes de la seconde génération de l'immigration maghrébine. In : Revue française de sociologie, 28, 2, pp. 287-318.

LeBlanc, Patrice / Gauthier, Madeleine / Mercier, David-H (2002) : La migration des jeunes de milieu rural. Québec : INRS-Urbanisation, Culture et Société.

Lock Kunz, Jean / Hanvey, Louise (2000) : Les jeunes immigrants au Canada. Rapport de recherche du Conseil canadien de développement social. Ottawa : Conseil canadien de développement social.

Moisset, Jean. / Mellouki, M'hammed / Ouellet, Roland / Diambomba, Miala (1995) : Les jeunes des communautés culturelles du Québec et leur rendement scolaire. Québec : CRIRES - Université Laval.

Molgat, Marc (forthcoming): Do transitional events matter? How "emerging adults" define themselves as adults". In: Journal of Youth Studies.

Molgat, Marc (2003) : « Pourquoi, aujourd'hui, quitter père et mère? Ruptures et continuités dans les motifs du départ du foyer parental au Canada ». In : Maunaye, Emmanuelle / Molgat, Marc (eds.) : Les jeunes adultes de leurs parents. Autonomie, liens familiaux et modes de vie. Québec : Presses de l'Université Laval, pp. 45-73.

Molgat, Marc (2002): Leaving Home in Quebec: Theoretical and Social Implications of (Im)mobility Among Youth. In: Journal of Youth Studies, 5, 2, pp. 135-152.

Molgat, Marc / Gauthier, Madeleine (1999) : Vivre hors famille au moment de l'insertion professionnelle. In : Apprentissage et socialisation, 19, 1, pp. 71-85.

Molgat, Marc / Saint-Laurent, Nathalie (2004) : « Assimilation ou discrimination? Les jeunes dans le contexte multiculturel canadien ». In : Pugeault-Cicchelli, Catherine / Cicchelli, Vincenzo / Ragi, Tariq (eds.) : Ce que nous savons des jeunes. Paris : Presses universitaires de France, pp. 203-217.

Piché, Victor / Renaud, Jean / Gingras, Lucie (1999): "Comparative immigrant economic integration". In: Halli, Shivalingappa / Driedger, Leo (eds.): Immigrant Canada :

Demographic, economic and social challenges. Toronto: University of Toronto Press, 1999, pp. 185-211.

Portes, Alejandro (1995): «Children of Immigrants: Segmented Assimilation and its Determinants». In: Portes, Alejandro (ed.): The economic sociology of Immigration: Essays on Networks, Ethnicity and Entrepreneurship. New York: Russell Sage Foundation, pp.248-279.

Portes, Alejandro / Min Zhou (1993): The New Second Generation: Segmented Assimilation and Its Variants. In: Annals of the American Academy of Political and Social Science, 530, Noviembre, pp. 74-96.

Renaud, Jean / Piché, Victor / Godin, Jean-Grançois (2005): L'origine nationale et l'insertion économique des immigrants au cours de leurs dix premières années au Québec. In : Sociologie et sociétés, 35, 1, pp.165-184.

Polèse, Mario / Richard Shearmur (2002) : La périphérie face à l'économie du savoir / The Periphery in the Knowledge Economy. Montréal: INRS-Urbanisation Culture et Société / Moncton: ICRDR.

Simard, Myriam (1999) : « Définir la jeunesse d'origine immigrée. Réflexions critiques à propos du concept de deuxième génération ». In : Gauthier, Madeleine / Guillaume, Jean-François Guillaume (eds.) : Définir la jeunesse. D'un bout à l'autre du monde. Québec: Presses de l'Université Laval, pp. 119-143.

Simmons, Alan B. / Plaza, Dwayne E. (1998): Breaking Through the Glass Ceiling : The Pursuit of University Training Among African-Caribbean Migrants and Their Children in Toronto. In: Canadian Ethnic Studies, 30, 3, pp. 99-120.

Sullivan, Michael (1988): A comparative analysis of Drop-Outs and Non Drop-Outs in Ontario Secondary Schools. Toronto: Ontario Ministry of Education.

Tarrius, Alain (2002) : La mondialisation par le bas. Les nouveaux nomades de l'Économie souterraine. Paris, Éditions Balland.

Urry, John (2000): Sociology Beyond Societies: Mobilities for the Twenty-first Century. London and New York: Routledge.

Warner, W.Lloyd / Strole, Leo (1965): *The Social Systems of American Ethnic Groups*, New Haven: Yale University Press.

Wiewiorka, Michel (1998) : Le multiculturalisme est-il la réponse?. In : *Cahiers internationaux de Sociologie*, 105, pp. 233-260.

Factores sub-culturales subyacentes de la juventud marginal china Participación en pandillas: estudio comparativo[1]

Ngan-Pun Ngai
Chau-Kiu Cheung

Introducción

A partir a los resultados arrojados por una encuesta realizada a 825 jóvenes marginales en las ciudades chinas de Hong Kong, Guangzhou y Shanghai, diversos factores sub-culturales parecen tener un rol en la participación en pandillas. Asimismo, diferentes elementos sub-culturales muestran efectos diferenciales con relación a la participación en pandillas esperada de la juventud marginal. El patrón de las relaciones entre los factores sub-culturales y la participación en pandillas revela una sub-cultura predatoria de éstas en Hong Kong, una sub-cultura hedonista en las de Guangzhou y una sub-cultura instrumental en pandillas en Shanghai. Particularmente, las pandillas en Hong Kong muestran una sub-cultura predatoria caracterizada por el antagonismo y la masculinidad; las las de Guangzhou revelan una sub-cultura hedonista caracterizada por auto-control bajo y temprana edad, mientras que las de Shanghai muestran una sub-cultura instrumental caracterizada por auto-control elevado y educación. En la totalidad de los casos, la creencia moral representa un factor de control social que impide la actividad en pandillas por parte de la juventud marginal.

Generalmente, se considera a las pandillas juveniles como grupos de jóvenes delincuentes que se caracterizan por la violencia, un riesgo elevado de ser condenados por cometer delitos, como también así vulnerabilidad (Dukes y Stein, 2003; Hill et al, 1999; Li et al, 2003). Existen pruebas contundentes que muestran la relación entre la participación en pandillas y la delincuencia (Yoder, Whit-

1 Los autores agradecen al Panel Educativo y de Ciencias Sociales de la Facultad de Ciencias Sociales de la Universidad de Hong Kong el apoyo brindado para la presente investigación mediante becas.

beck y Hoyt, 2003; Esbensen, Huizinga y Weiher, 1993; Thornberry, Krohn, Lizotte y Chard-Wierschem, 1993). Una pandilla aparenta ser una organización relativamente estable que expone a sus miembros a riesgos o lesiones. Resulta importante discenir los factores que en los jóvenes se asocian a pandillas y a involucrarse en actividades delictivas de éstas. Se puede encontrar una explicación en la teoría de la sub-cultura que expone que la pandilla mantiene una sub-cultura de valores y creencias que sostiene su membresía y aviva sus actividades delictivas y criminales. (Baron y Hartnagel 1998; Schwendinger y Schwendinger 1985). Por consiguiente, en una pandilla juvenil la sub-cultura se caracteriza por un sistema de valores, normas y creencias que los jóvenes comparten dentro de la cultura y contexto de una pandilla particular y que los identifica. De ese modo, sus miembros consideran que la sub-cultura establecida dentro de esa pandilla justifica sus actividades delictivas. Por ejemplo, la sub-cultura de una pandilla que aprueba crímenes y delincuencia fomenta el aprendizaje de habilidades delictivas entre sus miembros; animosidad hacia las autoridades policiales que, a su vez, puede ser útil para integrar miembros jóvenes y facilitar sus actividades delictivas.

El presente estudio evalúa: 1) la relación entre los elementos sub-culturales de participación en pandillas entre jóvenes marginales en las siguientes ciudades chinas: Hong Kong, Guangzhou y Shanghai; 2) clarifica el único aporte de la pandilla a la sub-cultura mediante el control sobre otros factores de contexto y delincuencia; y 3) explora el modo en que los factores sub-culturales, de delincuencia y contexto influyen en las expectativas de los jóvenes respecto de la participación en actividades de pandillas.

Elementos de sub-cultura que derivan de pandillas juveniles

En la literatura, los elementos sub-culturales que probablemente derivan de las pandillas juveniles comprenden: (1) aprobación de delitos y delincuencia, (2) aprobación de amigos respecto de delitos y delincuencia, (3) auto-control bajo, (4) aprendizaje de pares que delinquen, (5) bajo apego a trabajadores sociales/consejeros, (6) conflictos con autoridades policiales, y (7) percepción de desigualdad social. Los factores antes mencionados parecen ser factores significativos que conducen a la delincuencia de juventud marginal de conformidad con diversos estudios y teorías.

El concepto de aprobación de la delincuencia y crímenes resulta contrario a aquello a lo que la literatura hace referencia como creencia moral. A éste comúnmente se lo considera factor determinante del crimen y la delincuencia. Con mayor notoriedad, la teoría de control social considera la creencia moral como uno de los cuatro factores de control social fundamentales que impiden la participación delictiva del individuo (Elliott y Menard 1996; Matsueda 1989). La creencia moral refleja el propio sentimiento de alienación (Hagan et al. 1995), que con frecuencia se manifiesta como tolerancia de la desviación (Brook et al. 1997; Jessor et al. 1991). Conforme la teoría de control social e investigaciones relacionadas, la creencia moral puede resultar de otros factores de control social, incluido el apego a la familia (Heimer y Matsueda 1994). Asimismo, la creencia moral resulta ser un factor importante en la teoría social cognitiva, en la que se la considera una conducta moral apuntaladora en contraposición a la conducta delictiva (Bandura 1986). La teoría e investigaciones relacionadas son todavía más profundas para establecer que la creencia moral es el factor más decisivo que inhibe la delincuencia (Menard 1992). El individuo que considera que la delincuencia es inaceptable y carente de valores no cometerá actos delictivos. La teoría cognitiva social además asume que la creencia moral o tolerancia de la delincuencia es el resultado del aprendizaje social (Akers 1998; Benda 1997). Asimismo, la aprobación de la delincuencia es un factor que sustenta la relación de los jóvenes marginales con pares que delinquen (Elliott and Menard 1996). Incluso otra conceptualización considera la delincuencia como conducta planificada que resulta de la norma de conducta delictiva percibida por el individuo (Beck and Ajzen 1991).

La aprobación de la delincuencia por parte de amigos refleja la norma de pares para la delincuencia. La norma de pares constituye un notable factor contributivo para la delincuencia y su crecimiento (Tremblay et al. 2003). Esta norma sirve como base para la aprobación de la delincuencia por parte de la propia juventud (Heimer y Matsueda 1994). De conformidad con la teoría interaccionista simbólica, la influencia de amigos crea una evaluación reflejada para la juventud. Con esta evaluación, un joven puede indagar su rol como delincuente, lo que claramente constituye un antecedente a la participación delictiva juvenil (Matsueda 1992). En la perspectiva de la teoría social cognitiva o social de aprendizaje, la aprobación de la delincuencia por parte de amigos contribuye a la evaluación juvenil de la delincuencia, que constituye una instancia, de aquello conocido como eficiencia resultante (Bruinsma 1992). Para los jóvenes, la norma grupal puede incluso ser más decisiva que los propios valores del individuo (Felson et al. 1994).

El auto-control refleja la creencia propia acerca de la capacidad para controlarse uno mismo con el fin de mantener la conducta pretendida. Explicar los crímenes y la delincuencia constituye el centro de la teoría del auto-control Gottfredson and Hirschi 1990). Las investigaciones muestran el efecto preventivo del auto-control respecto de la delincuencia juvenil (Grasmick et al. 1993). Precisamente, el auto-control bajo parece predecir con mayor fuerza la haraganería y, asimismo, predecir en forma significativa una violación (Akers 1998; Reza et al. 2000).

Se ha demostrado que aprender de personas que delinquen produce efectos muy fuertes sobre la conducta individual del delincuente. (Akers 1998; Akers y Lee 1999). La pandilla parece ser la fuente prominente de ese aprendizaje (Ennett et al. 1999). Mediante ese aprendizaje, la juventud adquiere capacidades esenciales para involucrarse en actividades delictivas (Tracy y Kemef-Leonard 1996). Aprender dentro de la pandilla es fundamental debido a que la pandilla tiende a brindar exposición y refuerzo repetidos para el aprendizaje (Akers 1998).

Apegarse a trabajadores sociales/consejeros resulta ser otro factor de control social que puede prevenir la delincuencia. Este hecho representa un factor generalizado en la teoría de control social que sitúa la importancia del apego a instituciones convencionales para la prevención de delitos (Akers and Lee 1999) y funciona en forma similar al apego al establecimiento escolar o a los docentes (Lau and Leung 1992; Miyazawa 1993).

Los conflictos con las autoridades policiales representan un apego inadecuado a las instituciones legales y convencionales. Tiende a ser un factor relacionado con la participación delictiva (Tanioka y Glaser 1991). Resulta muy probable que los delitos violentos tengan lugar en forma contemporánea con la existencia de conflictos con autoridades policiales. Los conflictos son un indicador particular del desapego de instituciones convencionales existente entre jóvenes marginales.

La percepción de desigualdad social representa cinismo hacia condiciones societarias. Esta percepción conduce a la frustración que dispara agresión y demás conductas desviadas (Agnew 1995; Felson 1992). Han existido diversas instancias que mostraron a la desigualdad social como causa de rebelión típicamente acompañada por delitos y delincuencia.

Causas de participación en pandillas

Existe gran variedad respecto de la composición y actividades de las pandillas, pero una pandilla típicamente está propensa a realizar actividades ilegales (Hill et al. 1999). Resulta ser más que una simple reunión de jóvenes o jóvenes delincuentes en tanto que forma una organización comprometida a realizar determinadas actividades (Venkatesh 1997). Las composiciones de las pandillas difieren, en forma notable en los contextos de clases sociales de los miembros (Schwendinger y Schwendinger 1982). Existen pandillas callejeras de clase baja, como también así, pandillas de clases sociales altas. Distintas pandillas pueden estar abocadas a distintos delitos. Algunas pandillas principalmente conducen negocios ilegales sin ofender de modo explícito a su comunidad local. Estas pandillas pueden ganar apoyo de parte de su comunidad porque invierten en la comunidad dinero proveniente de sus negocios ilegales (Venkatesh 1997). Otras, especialmente las pandillas conformadas por jóvenes, no conducen negocios del mismo modo. No obstante, sus objetivos se circunscriben dentro de una de las categorías de hedonistas, instrumental o predatorio (Baker et al. 1992). Una pandilla hedonista se reúne por diversión. Una instrumental coordina esfuerzos con vistas a hacer dinero, típicamente de modo ilegal. Una pandilla predatoria forma una fuerza colectiva para luchar contra sus oponentes.

Con frecuencia, una pandilla comprende principalmente miembros de sexo masculino y, por lo tanto, sólo éstos son considerados miembros de buena fe (Miller and Brunson 2000). Es probable que los varones se unan a la pandilla para cumplir su impulso de dominio. Unirse a la pandilla resulta ser como tener una ocupación. Entonces aquellos sin ocupación o actividad regular tal como estudiar están más propensos a participar en estas actividades (Klein 1997). El contexto familiar es también un factor casual. Un joven que proviene de una familia con antecedentes de problemas con la ley es más propenso a unirse a una pandilla (Yoder et al. 2003). En cambio, un joven con padres que han recibido mejor educación tiene menos probabilidades de hacerlo.

Una pandilla representa el fortalecimiento de vincularse con pares que delinquen. Por lo tanto, vincularse con pares que lo hacen o aprender de ellos resulta un escalón esencial para unirse al grupo. Las investigaciones muestran que la participación en pandillas se relaciona con la afinidad con pares con conductas desviadas (Yorder et al., 2003; Brownfield et al., 1997; Hill et al., 1999; Maxson et al., 1998)

La teoría de castas, la teoría de clases, la teoría de control social y la teoría instrumental brindan discernimiento para explicar el modo en que los factores sub-culturales pueden ser la base para que un joven se una a una pandilla. La teoría instrumental establece que el deseo de un miembro de realizar una tarea mediante esfuerzo colectivo resulta ser el impulso para unirse a una pandilla. Un joven orientado al éxito material tiene mayores probabilidades de unirse a una pandilla para alcanzar sus metas por medios ilegales (DeFleur 1991).

La teoría de castas considera que la participación en pandillas es la consecuencia de la frustración experimentada en actividades legales (Hill et al. 1999; Klein 1997). Entonces un joven orientado al éxito material, consciente de la desigualdad social y en conflicto con las autoridades policiales, tiene mayores probabilidades de unirse a una pandilla.

La teoría de clases establece que la estructura e ideología de clases conducen a los jóvenes a unirse una pandilla (Adamson 1998). La premisa esencial yace sobre la semejanza de una pandilla a una clase baja en una sociedad feudal. De ese modo, un joven proveniente de una familia pobre o de bajos recursos tiene probabilidades de unirse a una pandilla (Hill et al. 1999; Vowell y mayo de 2000).

La teoría de control social considera la carencia de control social de la juventud como una causa que conduce a esa juventud a unirse a una pandilla (Hill et al. 1999). De ese modo, el apego inadecuado a instituciones convencionales y la creencia moral inapropiada son vistas como factores sub-culturales que motivan la participación juvenil en pandillas.

Métodos

Para el presente estudio se ha recabado información mediante entrevistas personales con: 229 jóvenes marginales en Hong Kong entre el 28 de abril y el 15 de Julio de 1999; 312 jóvenes marginales en Guangzhou (capital de la Provincia de Guangdong) entre el 29 de marzo y el 26 de junio de 1999; y 297 jóvenes marginales en Shanghai entre el 24 de junio y el 15 de octubre de

1999. Se recrutaron los jóvenes marginales mediante diversas unidades de servicio juveniles que prestan servicios para jóvenes marginales (por ej., Grupos de Trabajo de Alcance Social en Hong Kong, Establecimientos Correccionales para Delincuentes Juveniles y Establecimientos Vocacionales en Shanghai y Guangzhou). En el presente estudio, el término "juventud marginal/jóvenes marginales" hace referencia a aquellos jóvenes identificados por trabajadores especializados de unidades de servicio juvenil como clientes reales o potenciales que muestran, de determinado modo, conductas problemáticas o se involucran en actividades delictivas (Ngai et al. 2001).

La edad promedio de los jóvenes marginales en las tres ciudades era de 15,8 años y la variación entre las ciudades no era significativa. Entre los jóvenes marginales en Guangzhou y Shanghai predominaba el sexo masculino, mientras que sólo alrededor de dos tercios (68,9%) de los jóvenes marginales en Hong Kong era de sexo masculino. Existía una diferencia importante en cuanto a la cantidad de años de educación formal entre los jóvenes marginales en las tres ciudades. En Hong Kong los jóvenes tenían el nivel de educación más elevado. Los jóvenes marginales en las tres ciudades diferían en modo significativo respecto del nivel de educación de sus padres y madres. En Shangai, la educación de los progenitores de jóvenes marginales era la más elevada, mientras que en Guangzhou era la más baja. No existía diferencia significativa en cuanto al estatus de estudios entre los jóvenes marginales en las tres ciudades. Alrededor de un quinto (20,2%) de los jóvenes marginales eran estudiantes. Existía una diferencia significativa respecto de la experiencia laboral de los jóvenes marginales en cuanto a cantidad de empleos en los que hubieren trabajado. Asimismo, parecía haber una diferencia importante entre los jóvenes marginales de los tres sitios respecto de la cantidad de años de permanencia en sus respectivas ciudades. Los jóvenes marginales en Guangzhou fueron los que tuvieron plazos de permanencia en su ciudad más breves (4,8 años).

La medición de conceptos importantes comprendió indicadores múltiples incluidos en el cuestionario de la encuesta. Cada indicador empleó una escala de cinco puntos. Las respuestas tuvieron puntajes asignados de 0 a 100, con el número 100 que representaba el quinto punto en la escala de respuestas y que comprendía el máximo alcance, y 0 que implicaba el mínimo alcance. Los indicadores identificaban puntajes compuestos que representaban sus respectivos conceptos. Los puntajes compuestos generalmente tenían confiabilidad favorable sobre la base de valoración del coeficiente de confiabilidad, alfa. A continuación figuran las medidas de los elementos sub-culturales:

Creencia moral: ¿Cuánto aprueba (diversas conductas delictivas y criminales) (Elliott et al., 1989)? Los puntos fueron hurtos, coqueteo con mujeres, golpizas, fraude, participación en actividades de pandillas, vandalismo, intimidación y consumo de sustancias ilegales. Los coeficientes alfa de confiabilidad de .812, .814, y .796 se obtuvieron para Hong Kong, Guangzhou y Shanghai, respectivamente. Apego a trabajadores sociales: ¿Cuánto tiene (diversos sentimientos hacia trabajadores sociales) (Jones, 1987)? Los puntos fueron: colaboración, aceptación, deseo de abrirse, buena impresión y búsqueda de ayuda de parte de trabajadores sociales. Los coeficientes alfa de confiabilidad obtenidos fueron: .823, .643 y .705 para Hong Kong, Guangzhou y Shanghai, respectivamente.

Aprendizaje de pares que delinquen: ¿Cuánta experiencia tiene (diversos pares que delinquen)? Los puntos fueron "generando modos amistosos de delinquir," "modos eficaces amistosos de delinquir que estimulan al aprendizaje," "comprender modos amistosos de delinquir," "aprender de los amigos a delinquir," y "considerar modos amistosos de delinquir eficaces." Los coeficientes alfa de confiabilidad obtenidos fueron: .741, .707, y .743 para Hong Kong, Guangzhou y Shanghai, respectivamente.

Desaprobación de amigos respecto de delitos: ¿Cuánto desaprueban sus amigos (diversos delitos) (Vega et al., 1993)? Los puntos fueron: robo, consume de drogas, intimidación, participación en actividades de pandillas, rapto, vandalismo y golpizas. Los coeficientes alfa de confiabilidad obtenidos fueron: .770, .900 y .917 for Hong Kong, Guangzhou, y Shanghai, respectivamente.

Auto-control: ¿En qué medida te comportas (diversos modos de auto-control) (Grasmick et al., 1993)? Los puntos fueron "deseo de buscar la solución de problemas," "planificar el futuro," "no hacer lo todo lo que deseamos," "no hacer algo peligroso para demostrar capacidad," y "dificultad para mantener los estribos." Los coeficientes alfa de confiabilidad obtenidos fueron .426, .417 y .509 para Hong Kong, Guangzhou y Shanghai, respectivamente.

Conflictos con las autoridades policiales: ¿Cuántos tiene (diversas experiencias con la policía) (Tanioka & Glaser, 1991)? Los puntos fueron: abuso de poder, hostilidad, precisión, falta de amabilidad y conflictos. Los coeficientes alfa de confiabilidad obtenidos: .759, .699, y .792 para Hong Kong, Guangzhou y Shanghai, respectivamente.

Desigualdad social percibida: ¿Cuánto percibe (diversas formas de desigualdad social) (Braithwaite, 1992)? Los puntos fueron "vacío entre burócratas y el poder del pueblo común," "vacío en los ingresos de la gente de alto nivel social y aquella de bajo nivel social," "desigualdad entre la gente," "vacío entre los pobres y los ricos," y "desdeño social por la gente de nivel social más bajo." Los coeficientes alfa de confiabilidad obtenidos fueron .512, .581 y .632 para Hong Kong, Guangzhou, y Shanghai, respectivamente. La delincuencia cometida en el pasado tiene un total ponderado de 12 puntos. Los coeficientes alfa de confiabilidad obtenidos en los presentes puntos fueron: .669, .888 y .638 para Hong Kong, Guangzhou y Shanghai, respectivamente. La participación en actividades de pandillas fue uno de los hechos delictivos. Informes de las propias pandillas y demás participación delictiva demostraron ser adecuados (Yoder et al. 2003). La ponderación comprendió un parámetro de discriminación y un parámetro de dificultad identificados por un análisis de rasgo latente de un modelo de respuesta binario (que esté involucrado no o no esté involucrado en conducta delictiva en los últimos tres meses) (Baker, 1992; Thissen, 1991). Con el modelo de rasgo latente, el puntaje de los actos delictivos pasados sería más elevado para quien cometió delitos considerados más graves y centrales para la delincuencia. La ponderación diferencial fue necesaria porque los delitos variaron en cuanto al grado de gravedad y resultó inapropiado tratarlos con igual gravedad e importancia al considerar la tendencia de la conducta criminal y delictiva (Chung et al., 2002). La delincuencia esperada constituyó un total ponderado de 12 puntos. Los coeficientes alfa de confiablidad obtenidos en estos puntos fueron: .831, .929 y 806 para Hong Kong, Guangzhou, y Shanghai, respectivamente. La ponderación surgió de un análisis de rasgo latente de un modelo de respuesta gradual concerniente a cinco niveles de probabilidad para cometer delitos en los tres meses futuros (Baker, 1992; Thissen, 1991). El modelo tenía cinco parámetros correspondientes a la distinción del punto y cuatro umbrales para transiciones desde un nivel más bajo a un nivel inmediatamente más elevado de probabilidad de delincuencia. Los parámetros del umbral delinearon la dificultad o gravedad de cada nivel de compromiso delictivo. De ese modo, uno que esperaba cometer un delito más grave tendría un puntaje más elevado respecto de la delincuencia esperada.

Resultados

La juventud marginal con diversos niveles de participación en actividades de pandillas cambió en forma significativa en cuanto a la delincuencia en el pasado, delincuencia esperada e incluso respecto de sus siete elementos sub-culturales en sus ciudades. Sin embargo, sólo las diferencias en la delincuencia pasada y esperada fueron coherentes en las tres ciudades. Las variaciones respecto de los valores sub-culturales no resultaron uniformes en las ciudades.

Obviamente, los jóvenes marginales que participaron con mayor frecuencia en actividades de pandillas en el pasado también mostraron mayor participación en otras actividades delictivas. Así, la participación en pandillas no resultó ser una actividad aislada pero tuvo lugar en forma contemporánea con otros hechos delictivos. No obstante, la relación entre la participación en pandillas y otras actividades delictivas fue más débil en Shanghai que en Hong Kong y Guangzhou. Es decir, que en Shangai la participación en pandillas no promovió la delincuencia de modo tan elevado como en las otras dos ciudades. En Hong Kong, la frecuente participación de jóvenes en actividades de pandillas tuvo una relación particularmente elevada con el vandalismo frecuente. De ese modo, la participación en pandillas podría apadrinar el vandalismo particularmente en Hong Kong. En contraposición, la frecuente participación en actividades de pandillas en Guangzhou mostró una relación particularmente elevada con el hurto. Aparentemente, la participación en pandillas fue el disparador de los hurtos en Guangzhou.

La delincuencia esperada en meses futuros resultó ser significativamente más elevada entre jóvenes marginales con participación más frecuente en pandillas previo a la encuesta. Aparentemente, la actividad en pandillas en el pasado sustentó la delincuencia futura en diversos aspectos. El efecto de la participación en pandillas tuvo mayor fuerza en Hong Kong y Guangzhou y resultó ser más débil en Shanghai. En Hong Kong, la participación en pandillas en el pasado perpetúa en forma particular la participación en pandillas en el futuro en actividades tales como vandalismo, golpizas e intimidación. Por el contrario, la frecuente participación en pandillas en el pasado fue particularmente probable para predecir vandalismo, hurtos, conducción de vehículos en forma ilegal, golpizas, robos, intimidación y fraude en Guangzhou.

Relación entre elementos sub-culturales y participación en pandillas

La creencia moral resultó significativamente menor entre jóvenes marginales con mayor frecuencia de participación en actividades de pandillas en Hong Kong. Dicho patrón no resultó ser significativamente coherente entre jóvenes en Guangzhou y Shanghai. En Hong Kong, la aprobación respecto de golpizas, participación en actividades de pandillas, intimidación y uso de sustancias ilícitas fue significativamente más elevada entre los jóvenes marginales con participación más frecuente en actividades de pandillas. No obstante, sólo la aprobación de golpizas e intimidación mostró un patrón significativamente similar en Guangzhou. Por el contrario, la aprobación de hechos delictivos no manifestó un patrón significativo esperado en Shanghai. Aparentemente, la creencia moral no fue un factor sub-cultural relacionado con la participación en pandillas en Shanghai.

La desaprobación de amigos respecto de la delincuencia o creencia moral fue significativamente en el caso de los jóvenes marginales que participaron con mayor frecuencia en actividades de pandillas. El patrón se mantuvo en forma coherente en las tres ciudades. La aprobación de amigos con respecto al consumo de drogas, intimidación, participación en pandillas y golpizas fue coherentemente elevada entre los jóvenes marginales que participaron en actividades de pandillas con mayor frecuencia. Aparentemente, la aprobación de amigos respecto de la delincuencia constituyó un elemento sub-cultural relacionado con la participación en pandillas.

El auto-control resultó ser significativamente menor entre jóvenes marginales en Hong Kong que tuvieron mayor participación en actividades de pandillas. Aunque los resultados sólo fueron significativos en Hong Kong, un patrón de auto-control descendiente con respecto a la participación en pandillas tendió a mantenerse en las tres ciudades.

Aprender de pares que delinquen resultó ser un hecho significativamente más elevado entre los jóvenes marginales con participación más frecuente en actividades de pandillas. Este patrón resultó significativo en Guangzhou y Shanghai pero no así en Hong Kong. Los jóvenes marginales en Guangzhou mostraron una mayor relación entre la participación en pandillas y el aprendizaje de pares que delinquen.

Apegarse a trabajadores sociales/consejeros resultó ser un hecho significativamente menor sólo entre jóvenes marginales en Shanghai que tenían una participación más activa en pandillas. El patrón no resultó ni importante ni simple en Hong Kong y Guangzhou. En Guangzhou, los jóvenes marginales que participaron en pandillas en una oportunidad el mes pasado mostraron el nivel más elevado de apego a trabajadores sociales/consejeros.

Los conflictos con autoridades policiales mostraron cierta variación significativa entre jóvenes marginales con diferentes niveles de participación en pandillas. Sin embargo, el patrón no fue simple. Aparentemente, la conducta de la policía en los tres sitios se sumó a las complicaciones de los conflictos de jóvenes marginales con la policía. A pesar de esto, los jóvenes marginales generalmente encontraron mayores conflictos cuando tuvieron una participación más activa en las pandillas.

La desigualdad social percibida resultó tener un nivel más elevado coherentemente con el incremento en la participación en pandillas entre jóvenes marginales en Shanghai. La percepción no resultó ser significativamente diferente entre jóvenes con distintos niveles de participación en pandillas en Hong Kong y Guangzhou.

Sub-cultura únicamente emergente de participación en pandillas

El siguiente grupo de relaciones entre sub-cultura y participación en pandillas no nos permite aislar las únicas contribuciones de la participación en pandillas, excluidas la delincuencia y características de contexto básicas. Sólo mediante el control de factores alternativos se puede discernir el impacto único de la participación en pandillas. Los resultados revelan que sólo la aprobación de amigos respecto de la delincuencia, los conflictos con autoridades policiales y la percepción de desigualdad social son significativamente susceptibles a la influencia de actividades en pandillas. Sin embargo, los impactos resultaron distintos entre las tres ciudades. En Hong Kong, sólo el conflicto con autoridades policiales aumentó en modo significativo con la frecuencia de participación en pandillas por parte de los jóvenes marginales. El efecto fue positivo pero insignificante en Guangzhou, mientras que en Shanghai fue negativo. En Guangzhou, la aprobación de amigos respecto de la delincuencia escaló en forma significativa con el aumento de participación en pandillas. Tal efecto significativo no tuvo lugar en Hong Kong y Shanghai.

Por el contrario, en Shanghai la percepción de desigualdad social resultó significativamente mayor entre los jóvenes marginales con mayor frecuencia de participación en pandillas. El impacto no resultó significativo en Hong Kong y Guangzhou.

En síntesis, los factores netos de sub-cultura fueron distintos en las tres ciudades. Diversas relaciones aparentes entre factores sub-culturales y participación en pandillas resultaron ser espurios en el sentido de que fueron atribuibles a factores delictivos y de contexto más que a la participación en pandillas.

Predicciones respecto de participación futura en pandillas

La participación en pandillas en el pasado fue de modo comprensible el factor que con mayor coherencia predijo la participación esperada de jóvenes marginales entre las tres ciudades en el futuro durante un mes. Este factor resultó ser el factor que con mayor fuerza predijo la participación en pandillas entre los jóvenes marginales en Guangzhou y Shanghai. No obstante, sus efectos en Hong Kong fueron menores que para el caso de la creencia moral. Por el contrario, el efecto continuo de participación en estos grupos en el pasado fue particularmente fuerte en Guangzhou, y resultó más débil en Shanghai.

La delincuencia en el pasado, por lo general, fue significativamente predictiva respecto de la futura actividad en pandillas en Hong Kong. Así, la delincuencia en general no constituyó un factor determinante discernible de participación en pandillas en Guangzhou y Shanghai. Entre los factores sub-culturales, la creencia moral impidió en forma coherente la futura actividad de jóvenes marginales en pandillas en las tres ciudades. La aprobación de amigos respecto de la delincuencia, el apego a trabajadores sociales/consejeros, la percepción de desigualdad social y el auto-control mostraron determinados efectos significativos sobre la futura participación en pandillas de jóvenes marginales, aunque de modo distinto en las tres ciudades. De ese modo, la sub-cultura de jóvenes marginales pareció ser un factor determinante de la participación jóvenes en pandillas.

Entre los factores contextuales, la educación, la edad, la permanencia en la ciudad y el sexo resultaron predecir la futura participación de jóvenes marginales pero de modo diferente en las tres ciudades. La educación de los padres de jóvenes marginales no resultó predecir significativamente la actividad en pandillas.

Debate

Aparentemente, los jóvenes marginales con diferentes niveles de participación en pandillas muestran niveles distintos en forma significativa respecto de siete elementos sub-culturales. No obstante, existen algunas variaciones entre Hong Kong, Guangzhou y Shanghai. En Hong Kong, la actividad se vincula con la juventud y la aprobación de sus amigos con respecto a la delincuencia, conflictos con autoridades policiales y auto-control bajo. En Guangzhou, se relaciona con la aprobación de amigos respecto de la delincuencia y aprendizaje de pares que delinquen. Por el contrario, en Shanghai, tiene que ver con la desaprobación de amigos respecto de la delincuencia, la percepción de desigualdad social y el bajo apego a trabajadores sociales/consejeros. De ese modo, la creencia moral y los conflictos con las autoridades policiales resultan ser factores sub-culturales relevantes en Hong Kong, mientras que los factores sub-culturales relacionados con amigos que delinquen resultan ser los factores relevantes en Guangzhou y los factores sub-culturales vinculados con las instituciones sociales constituyen los factores relevantes en Shanghai.

La sub-cultura por participación en pandillas es, en gran medida, la misma que aquella por participación en actividades delictivas. Así, el conjunto total de factores sub-culturales puede estar mejor representado como una sub-cultura de delincuencia que se duplica como sub-cultura de pandillas. Esta última comprende lo que resulta ser nada más que un conjunto condensado de valores sub-culturales. En Hong Kong, la única subcultura de pandillas se muestra en conflicto con la policía. En Guangzhou, se manifiesta mediante la aprobación de los amigos respecto de la delincuencia. En Shanghai, se muestra mediante la percepción de la desigualdad social. Por otra parte, la creencia moral, el auto-control, el aprendizaje de pares que delinquen y el apego a trabajadores sociales/consejeros constituyen factores sub-culturales que no surgen únicamente de la participación en pandillas sino que son el resultado de la delincuencia en general, no necesariamente restringida a la participación en pandillas.

Las creencias morales o la aprobación de la delincuencia, la aprobación de amigos respecto de la delincuencia, el bajo apego a trabajadores sociales/consejeros y el auto-control constituyen importantes factores sub-culturales que anteceden para la participación en pandillas esperada por parte de la juventud y que controlan la participación delictiva y en pandillas en el pasado. De ese modo, mientras que los factores sub-culturales no surgen de la participación en pandillas, engendran participación futura. No obstante, estos factores sub-culturales no tienen igual importancia en las tres ciudades. La aprobación de amigos sólo fue significatva en Hong Kong y Shanghai; el bajo nivel de apego a trabajadores sociales/consejeros tuvo relevancia en Shanghai y un auto-control bajo tuvo importancia sólo en Guangzhou. El impacto de aprobación de la delincuencia tuvo mayor fuerza en Hong Kong que en Guangzhou y Shanghai. En Hong Kong, un joven marginal tiene mayor probabilidad de participar en actividades de pandillas si es de sexo masculino y si ha vivido en ese sitio durante un plazo más extenso. En Guangzhou, un joven marginal tiene mayor probabilidad de participar en actividades de pandillas si es más joven. En Shanghai, un joven marginal tiene mayor probabilidad de participar en actividades de pandillas si tienen un nivel de educación más elevado.

Los resultados obtenidos con respecto a las predicciones sobre actividades en pandillas brindaron mayor apoyo a la teoría de control social, en términos de impedimentos impuestos por la creencia moral y el apego a trabajadores sociales/consejeros. El aprendizaje social alcanza apoyo significativo en términos de la influencia de la aprobación de amigos respecto de la delincuencia. La teoría de la fuente obtiene cierto apoyo en términos de los impedimentos del auto-control y la edad en Guangzhou. Por el contrario, la teoría instrumental probablemente explica la contribución de la educación a la participación en pandillas de juventud marginal. En este sentido, la educación puede realzar el deseo de la juventud de utilizar la pandilla como medio para lograr sus objetivos principales.

Las variaciones que se obtuvieron en las tres ciudades indican que las pandillas juveniles en Hong Kong, en especial, generan conflictos con autoridades policiales y atraen a jóvenes marginales de sexo masculino que hayan vivido en Hong Kong durante un plazo más extenso. Estas asociaciones sub culturales sugieren que las pandillas en Hong Kong son agresivas, hostiles y tienen un arraigado apego a causas violentas. El antagonismo entre las pandillas y la policía es fuerte, probablemente porque la ciudad posee una sociedad libre, liberal, transparente y capitalista que depende de la ley y los miembros de las pandillas juveniles conocen sus derechos cívicos y el margen que la ley les permite al tratar con la policía. Por el contrario, las pandillas juveniles en Guangzhou y Shanghai no buscan antagonismo de parte de la policía, debido a su sistema social, el gran poder de aquélla y las ambigüedades en el área de derechos cívicos. Las pandillas en Hong Kong se orientan a la cultura local de modo que aceptan y atraen juventud nativa más que recién llegados. Esta observación revela en parte el abismo existente entre Hong Kong y el Continente, en el sentido de que los jóvenes recién llegados en Hong Kong tienen menores probabilidades de integrar una pandilla ya establecida allí. Asimismo, estos jóvenes no tienen probabilidades de formar pandillas propias, probablemente debido a la perspectiva de resentimiento de parte de las pandillas locales y la policía. En términos de la teoría de clases de la ideología feudal, los jóvenes recién llegados no son capaces de tomar 'turba' entre enemigos hostiles, incluida la policía. La actividad de las pandillas en Hong Kong es principalmente masculina, como ocurre en Occidente. Esto constituye otra característica que se dice que las pandillas comparten con el mundo feudal pre-moderno. Sólo cuando el sexo femenino se libere en el mundo moderno podrán formar pandillas (Dukes y Stein 2003). En este aspecto, el sexo femenino en Guangzhou y Shanghai parece tener mayor libertad e igualdad que sus contrapartes en Hong Kong. Sobre todo, las pandillas en Hong Kong son naturalmente predatorias.

Las pandillas en Guangzhou funcionan para establecer una norma de delincuencia que atrae a jóvenes marginales con baja creencia moral y autocontrol. Los jóvenes de menor edad más que aquellos de mayor edad tienen más probabilidades de unirse a una. Del mismo modo, estas pandillas son principalmente hedonistas y socializadoras y primordialmente tienen como práctica preparar placeres y normas para sus miembros. Esto significa que son menos instrumentales y menos predatorias en cuanto a su orientación y que, por lo tanto, menos preocupantes para las autoridades policiales. A su vez, se encuentran favorecidas por la juventud que ya tiene un nivel bajo de creencia moral. Por lo tanto, se transforman en hervideros que fomentan normas de crimen y delincuencia.

Por el contrario, las pandillas en Shanghai tienden a tener una base sub-cultural instrumental. Atraen jóvenes marginales con un nivel de educación más elevado y generan percepciones sobre la desigualdad social donde sus participantes inicialmente han tenido una percepción baja. A diferencia de Hong Kong y Guangzhou, las pandillas en Shanghai tienden a atraer jóvenes marginales con mayor auto-control. Los miembros tienen, por lo tanto, mayores probabilidades de poseer objetivos específicos en vista en la planificación de sus actividades delictivas.

Las presentes diferencias entre las pandillas de jóvenes en Hong Kong, Guangzhou y Shanghai no son completamente explicativas. Investigaciones futuras deberían reunir más datos en el tiempo para arrojar luz sobre sus diferentes sub-culturas y otros rasgos. Las características chinas que perturban las actividades de estas organizaciones aún deben explorarse. Algunas características, tales como la ética china, pueden enriquecer el fondo de los factores de control social. Otros rasgos socioeconómicos, incluida las actividades de las autoridades policiales y de trabajo social, pueden ser importantes para desentrañar las diferencias entre las tres ciudades chinas.

Referencias bibliográficas

Adamson, C. (1998). Tribute, Turf, Honor, and the American Street Gang: Patterns of Continuity and Change since 1820. *Theoretical Criminology* 2(1), 57-84.

Agnew, R. (1995). The Contribution of Social-psychological Strain Theory to the Explanation of Crime and Delinquency. In Freda A. and William S. L. (Eds.), *The Legacy of Anomie Theory* (Pp.113-137). New Brunswick, NJ: Transaction.

Akers, R. L. (1998). *Social Learning and Social Structure: A General Theory of Crime and Deviance*. Boston, MA: Northwestern University Press.

Akers, R. L., and Gang Lee (1999). Age, Social Learning, and Social Bonding in Adolescent Substance Use. *Deviant Behavior* 19, 1-25.

Baker, A. J.L., McKay, M. M., Lynn, C. J. Schlange, H., and Auville, A. (2003). Recidivism at a Shelter for Adolescents: First-time versus Repeat Runaways. *Social Work Research*, 27(2), 84-93.

Baker, F. B. (1992). *Item Response Theory: Parameter Estimation Techniques*. New York: Marcel Dekker.

Bandura, A. (1986). *Social Foundations of Thought and Action: A Social Cognitive Theory*. Englewood Cliffs, NJ: Prentice-Hall.

Baron, S. W., and Hartnagel, T. F. (1998). Street Youth and Criminal Violence. *Journal of Research in Crime & Delinquency*, 35(2), 166-192.

Beck, L. and Ajzen, I. (1991). Predicting Dishonest Actions Using the Theory of Planned Behavior. *Journal of Research in Personality*, 25, 285-301.

Benda, B.B. (1997). An Examination of a Reciprocal Relationship between Religiosity and Different Forms of Delinquency within a Theoretical Model. *Journal of Research in Crime and Delinquency*, 34(2), 163-186.

Braithwaite, J. (1992). Poverty, Power, and White-collar Crime: Sutherland and the Paradoxes of Criminological Theory. In Schlegel, K. and Weisburd, D. (Eds.), *White-collar Crime Reconsidered* (Pp.78-107). Boston, MA: Northeastern University Press.

Brook, J. S. Whiteman, M., Balka, E. B., and Cohen, P. (1997). Drug Use and Delinquency, Shared and Unshared Risk Factors in African American and Puerto-Rican Adolescents. *Journal of Genetic Psychology*, 158(1), 25-39.

Bruinsma, G. J.N. (1992). Differential Association Theory Reconsidered: An Extension and Its Empirical Test. *Journal of Quantitative Criminology*, 8(1), 29-49.

Chung, Ick-joong, Hill, K.G.. Hawkins, J. D. Gilchrist, L.D., and Nagin, D. S. (2002). Childhood Predictors of Offense Trajectories. *Journal of Research in Crime & Delinquency*, 39(1), 60-90.

DeFleur, L. B. (1991). Delinquent Gangs in Cross-cultural Perspective: The Case of Cordoba. *Journal of Research in Crime & Delinquency*, 4, 132-141.

Dukes, R. L., and Stein, J. A. (2003). Gender and Gang Membership: A Contrast of Rural and Urban Youth on Attitudes and Behavior. *Youth & Society,* 34(4), 415-440.

Elliott, D. S., Huzinga, D., and Menard, S. (1989). *Multiple Problem Youth: Delinquency, Substance Use, and Mental Health Problems.* New York: Springer-Verlag.

Elliott, D. S., and Menard, S. (1996). Delinquent Friends and Delinquent Behavior: Temporal and Developmental Patterns. In Hawkins, J. D. (Ed.), *Delinquency and Crime: Current Theories* (Pp.28-67) Cambridge: Cambridge University Press.

Ennett, S.T., Bauman, K. E., Foshee, V. A., Pemberton, M., and Hicks, K. A. (2001). Parent-child Communication about Adolescent Tobacco and Alcohol Use: What Do Parents Say and Does It Affect Youth Behavior? *Journal of Marriage & the Family.* 73(1), 48-62.

Esbensen, F.A., Huizinga, D., and Weiher, A.W. (1993). Gang and Nongang Youth: Differences in Explanatory Factors. *Journal of Contemporary Criminal Justice,* 9(2), 94-116.

Felson, R. B. (1992). Kick'em When They're Down: Explanations of the Relationship between Stress and Interpersonal Aggression and Violence. *Sociological Quarterly,* 33(1), 1-16.

Felson, R. B., Liska, A. E., South, S. J., and McNulty T. L. (1994). The Subculture of Violence and Delinquency: Individual vs. School Context Effects. *Social Forces,* 73(1), 153-173.

Gottfredson, M. R., and Hirschi, T. (1990). *A General Theory of Crime.* Stanford, CA: Stanford University Press.

Grasmick, H. G., Tittle, C. R., Bursik, R. J., and Arneklev, B. J. (1993). Testing the Core Empirical Implications of Gottfredson and Hirschi's General Theory of Crime. *Journal of Research in Crime and Delinquency* 30(1), 5-29.

Hagan, J., Merkeas, H., and Boehnke, K. (1995). Delinquency and Disdain: Social Capital and the Control of Right-Wing Extremism among East and West Berlin Youth. *American Journal of Sociology,* 100(4), 1028-1052.

Heimer, K., and Matsueda, R. L. (1994). Role-Taking, Role Commitment, and Delinquency: A Theory of Differential Social Control. *American Sociological Review,* 59, 365-390.

Hill, K. G.., Howell, J. C., Hawkins, J. D. and Battin-Pearson, S. R. (1999). Childhood Risk Factors for Adolescent Gang Membership: Results from the Seattle Social Development Project. *Journal of Research in Crime & Delinquency,* 36(3), 300-322.

Jessor, R., Donovan, J. E., and Marie Costa, F. (1991). *Beyond Adolescence: Problem Behavior and Young Adult Development.* Cambridge: Cambridge University Press.

Jones, R. (1987). *Like Distant Relative: Adolescents, Perceptions of Social Work and Social Workers.* Aldershot: Gower.

Klein, M. W. (1997). *The American Street Gang: Its Nature, Prevalence, and Control.* New York: Oxford University Press.

Lau, Sing, and Kwok Leung. (1992). Relations with Parents and School and Chinese Adolescents' Self-Concept, Delinquency and Academic Performance. *British Journal of Educational Psychology*, 62, 193-202.

Li, Xiaoming, Stanton, B., Pack, R., Harris, C., Cottrell, L., and Burns, J. (2003). Risk and Protective Factors Associated with Gang Involvement among Urban African American Adolescents. *Youth & Society*, 34(2), 172-194.

Matsueda, R. L. (1989). The Dynamics of Moral Beliefs and Minor Deviance. *Social Forces*, 68(2), 428-457.

Menard, S. (1992). Demographic and Theoretical Variables in the Age-period-cohort Analysis of Illegal Behavior. *Journal of Research in Crime & Delinquency*, 29(2), 178-199.

Miller, J., and Brunson, R. K. (2000). Gender Dynamics in Youth Gangs: A Comparison of Males and Females Accounts. *Justice Quarterly*, 17(3), 419-448.

Miyazawa, S. (1993). The Enigma of Japan as a Testing Ground for Cross-cultural Criminalogical Studies. *Annala Internationales de Criminologie*, 32, 81-102.

Ngai, N.P., Cheung, C.K., Xie Xialing, Sun Zhongxin, Tu Minxia, and Chen Jijing. (2001). *A Comparative Study of the Likelihood of Delinquency of Marginal Youth in Hong Kong, Guangzhou and Shanghai*. Funded by Social Science and Educational Panel, The Chinese University of Hong Kong. P.16.

Reza, N. M., Silverman, R. A., and Lagrange, T. C. (2000). Self-control and Resistance to School. *Canadian Review of Sociology & Anthropology*, 37(4), 443-460.

Schwendinger, H., and Schwendinger, J. S. (1982). The Paradigmatic Crisis in Delinquency Theory. *Crime and Social Justice*, 18, 70-78.

Schwendinger, H., and Schwendinger, J. S. (1985). *Adolescent Subcultures and Delinquency*. New York: Praeger.

Tanioka, I., and Glaser, D. (1991). School Uniforms, Routine Activities, and the Social Control of Delinquency in Japan. *Youth & Society*, 23(1), 50-75.

Thissen, D. (1991). *MULTILOG User's Guide: Multiple Categorical Item Analysis and Test Scoring Using Item Response Theory*. Chicago, IL: Scientific Software.

Thornberry, T.P., Krohn, M.D., Lizotte, A.J., and Chard-Wierschem, D. (1993). The Role of Juvenile Gangs in Facilitating Delinquent Behavior. *Journal of Research in Crime and Delinquency*, 30(1), 55-87.

Tracy, P. E., and Kemef-Leonard, K. (1996). *Continuity and Discontinuity in Criminal Careers*. New York: Pleunum.

Tremblay, R. E., Vitaro, F., Nagin, D., Pagani, L., and Seguin, J. R. (2003). The Montreal Longitudinal and Experimental Study: Rediscovering the Power of Descriptions. In Thornberry, T. P. and Krohn, M. D. (Eds.), *Taking Stock of Delinquency: An Overview of Findings from Contemporary Longitudinal Studies* (Pp. 215-254). New York: Kluwer.

Venkatesh, S. A. (1997). The Social Organization of Street Gang Activity in an Urban Ghetto. *American Journal of Sociology*, 103(1), 82-111.

Vowell, P. R., and May, D. C. (2000). Another Look at Classic Strain Theory: Poverty Status, Perceived Blocked Opportunity, and Gang Membership as Predictors of Adolescent Violent Behavior. *Sociological Inquiry,* 70(1), 42-60.

Yoder, K. A., Whitbeck, L. B., and Hoyt, D. R. (2003). Gang Involvement and Membership among Homeless and Runaway Youth. *Youth & Society,* 34(4), 441-467.

PARTE 4

Los jóvenes entre la participación política, la exclusión y la instrumentalización

Participación política y social de los jóvenes en Alemania

Wolfgang Gaiser, Johann de Rijke

Introducción

Una década y media después de la unificación institucional de las dos Alemanias en octubre de 1990, surge la pregunta respecto del alcance del progreso que condujo a la unidad socio-cultural. ¿Acaso la generación joven, tanto en la vieja como en la nueva tierra alemana, está equitativamente integrada en los contextos social y político? ¿Existen diferencias entre la participación de adolescentes de sexo femenino y mujeres jóvenes, y adolescentes de sexo masculino y hombres jóvenes? ¿Cuál es el papel del capital social y cultural? ¿Se caracteriza la participación social y política por parte de los jóvenes en Alemania por una crisis general o es que acaso se trata de una mera disminución de la participación en instituciones con intereses especiales, tales como partidos políticos y sindicatos? ¿Es cierto que el rango de participación se complementa y extiende debido a formas de actividad social no convencionales, menos formales y, por ende, más libres (Putnam, 2000)? ¿Acaso el escepticismo concerniente a la teoría de la compensación, que observa que las actividades en grupos o iniciativas más modernas e informales reemplazan la disminución de las actividades de los miembros en organizaciones convencionales, se ve justificado (Baethge/Bartelheimer 2005)? Los resultados empíricos de la Encuesta Juvenil DJI[1] permiten que estas presunciones se veri-

---

1 La Encuesta Juvenil DJI del Instituto de Juventud Alemana (DJI) en Munich constituye uno de los grandes proyectos de investigación replicativos llevados a cabo en el contexto de informes sociales del Instituto Juvenil (página Web del proyecto: www.dji.de/jugendsurvey). El Ministerio Federal para Familias y Ciudadanos de Edad Avanzada, Mujeres y Jóvenes brinda apoyo a la presente investigación en el contexto de fondos de la DJI. La encuesta juvenil DJI constituye un estudio representativo acerca de jóvenes y adultos jóvenes con edades de 16 a 29 años (en la tercera franja edades de 12 a 29 años). Las tres franjas de la encuesta juvenil DJI "Juventud y Política" se condujeron en 1992, 1997 y 2003. En cada una de las dos franjas de la encuesta, se entrevistaron alrededor de 7000 alemanes de 16 a 29 años - (Oeste: alrededor de 4500, Este: alrededor de 2500), y en la tercera franja se entrevistaron 9100 personas de 12 a 29 años con y sin ciudadanía alemana (Oeste: alrededor de 6300, Este: alrededor de 2800; remitirse a Gille/Sardei-Biermann/Gaiser/de Rijke 2006). – Este artículo se basa en el capítulo 5 (Gaiser/de Rijke 2006) de la presente publicación.

fiquen y que se marquen las diferencias relevantes. Los análisis que aquí se presentan tienden a brindar un diagnóstico empírico y sociológico de la participación social y política de los jóvenes en Alemania. A los fines de marcar las distinciones, se consideran: educación, género y diferencias entre la vieja y la nueva tierra alemana.

Formas y contenidos de participación social y política: términos y definiciones

El debate que circunda el trabajo honorario, voluntario, el compromiso civil y cívico mostró la necesidad de contar con definiciones claras sobre las actividades que pueden considerarse de participación social y política (cf. Beher/Liebig/Rauschenbach, 1999: página 106). Por este motivo, primero se busca brindar definiciones detalladas de los términos participación social y política, centrándose, por un lado, en formas de organización y, por el otro, en objetivos y contenidos.

En lo que respecta a las formas de organización, se puede distinguir entre tres grupos diferentes: clubes, asociaciones, organizaciones tradicionales, grupos informales y lo que generalmente representan actividades relacionadas a situaciones temporarias. La presente dimensión entonces se caracteriza por un grado decreciente de organización formal y, desde el punto de vista de los participantes, menos tiempo y compromiso normativo.

Con respecto a los contenidos, los objetivos políticos en el sentido más estricto de la palabra pueden distinguirse de los objetivos o intereses de grupos sociales y, por último pero no por ello menos importante, los intereses privados no políticos de los particulares. La presente dimensión entonces se basa en la generalización decreciente de objetivos e intereses, partiendo de los objetivos generales que básicamente se aplican a todos y continuando con los objetivos que sólo pueden generalizarse para determinados grupos o que sólo determinados individuos persiguen.

La primera forma tradicional de participación se encuentra dentro del área institucionalizada del "sistema intermediario" de grandes organizaciones y asociaciones tradicionales. Estas organizaciones se consideran instituciones donde se clarifican los intereses. Éstas se encuentran estructuradas de acuerdo con funciones y se ven a sí mismas como organizaciones de afiliación. Aquí, afiliación y participación resultan ser de una naturaleza de plazo más extenso, con relaciones de lealtad o instrumentales relativamente intensas. Las organizaciones clave en el campo político constituyen partidos políticos oficialmente reconocidos. Un segundo grupo está formado por grandes organizaciones que representan los intereses sociales de determinados grupos tales como los sindicatos, las asociaciones profesionales y mercantiles, las asociaciones de bienestar etc. Por último pero no por eso menos importante, este grupo comprende clubes y organizaciones que agrupan lo que intentan ser intereses u objetivos más privados de los ciudadanos pero que generan relevancia pública e interés debido a su forma de organización, por ej.: clubes deportivos o asociaciones juveniles.

Participación política y social: Perspectivas
Formas de organización

Contenidos/ Objetivos	1. Clubes, asociaciones y organizaciones tradicionales	2. Grupos informales (ONGs)	3. Campañas (temporarias/ circunstanciales)
Política	Partidos	Derechos humanos, movimientos pacifistas etc.	Votaciones, manifestaciones (no convencionales/ convencionales)
Intereses, objetivos grupales	Sindicatos, asociaciones profesionales	Grupos de mujeres/hombres, Iniciativas de vecinos	Huelgas organizadas por sindicatos
Intereses no políticos o privados	Clubes deportivos, organizaciones sociales políticos o privados	Grupos ambientalistas	

La segunda forma de organización está comprendida por grupos, iniciativas y organizaciones informales tales como grupos ambientalistas, grupos pacifistas, grupos de auto-ayuda y de iniciativas de ciudadanos. Estos grupos, que evolucionaron en el transcurso de los '70s y los '80s fuera de parlamentos y política establecida pero que en la mayoría de los casos se vincularon con las áreas de acción de la vida cotidiana y con objetivos políticos o públicos fueron agrupados bajo el término general "Nuevo Movimiento Social". Estos grupos están organizados de modo menos firme o son menos tradicionales en cuanto a su historia organizacional incluso sí, como sucede con Greenpeace, por ejemplo, ahora pueden estar establecidos de modo firme y ser poderosos financieramente. Su surgimiento en la escena dio como resultado la ampliación del término "actividad política", de modo que la mayoría de estos grupos ahora pueden ser asignados a un contexto político (cf. re perpectivas Klein/Legrand/Leif, 1999).

Una tercera y definitiva perspectiva se refiere a las actividades de participación en una situación específica. Esta forma de participación se centra alrededor de las actividades políticas que tienden a servir a los objetivos políticos en una manera de situación específica y temporaria. La presente área de encuestas cuenta con una extensa tradición en investigaciones de participación política. Se desarrolló junto con el surgimiento de formas "no convencionales" de participación a fines de los '60s: desde la participación en peticiones hasta la participación en manifestaciones legales e ilegales. Esto constituye la base para diferenciar entre formas de actividad política convencionales, no convencionales pero todavía legales o incluso ilegales en las que los particulares se involucran o expresan sus deseos de participar. En la mayoría de los casos, también se incluyen formas de participación más permanentes tales como trabajar en un partido, aceptar un cargo político o incluso la forma básica de participación léase votaciones (cf. por ej. Koch/Wasmer/Schmidt, 2001).

En este contexto, la participación socio-política se encuentra definida de modo más amplio que el trabajo voluntario el cual se caracteriza por beneficios públicos explícitos y comprende servicios sociales brindados a otros con independencia de la administración del gobierno y con posible exención de otros sistemas sociales (cf. von Rosenbladt, 1999). La participación socio-política, sin embargo, sin duda debe verse dentro del contexto controversial de "capital social" y "recursos sociales" debido a que, esta forma de participación, como actividad social está relacionada a redes y aumenta el potencial del individuo para la resolución de problemas y el alcance de la acción. En este contexto, el capital social principalmente no comprende objetivos socialmente benéficos sino una forma de actividad como interrelación. "El capital social hace referencia a redes de conexión social. Hacer el bien a terceros, sin embargo, no forma parte de la definición de capital social " (Putnam, 2000: páginas 116 et seq.). La participación socio-política, de ese modo, permanece en la tradición de ampliar el término 'participación política'. Las actividades socialmente deseables no constituyen la única forma significativa de participación, que también puede tomar la forma de acción a favor o en contra de una cuestión. El término actividad, de ese modo, se define de manera más amplia que trabajo voluntario y honorario: desde la perspectiva de participación socio-política, las formas de participación relevantes comprenden no sólo actividades (regulares o incluso irregulares) en un club deportivo sin asumir una función, sino también participación en manifestaciones políticas.

De ese modo, la figura empírica de participación depende de la definición del término participación y también de las formas específicas de operacionalización del concepto, como es claro por ejemplo en el contexto de trabajo voluntario cuando se compararon la Encuesta de Trabajo Voluntario y el Estudio de Presupuesto de Tiempo (cf. Gensicke/Geiss, 2004). Problemas similares surgen al momento de registrar la afiliación y la participación de jóvenes en organizaciones, clubes y asociaciones, hecho que dificulta relacionar entre sí los resultados diversos (cf. van Santen, 2005).

Tal como la primera franja de la Encuesta Juvenil DJI determinó una base para registrar participación política y social entre adolescentes y adultos jóvenes, las tres formas de participación delineadas en forma breve anteriormente se analizarán a continuación:

1. afiliación y actividad en clubes, asociaciones y organizaciones tradicionales,

2. actitudes hacia grupos políticos informales y participación en ellos y

3. buena disposición para participar y actuar en actividades de articulación política.

Afiliación y actividad en organizaciones, clubes y asociaciones tradicionales

La afiliación y actividad en organizaciones, clubes y asociaciones les brinda a los adolescentes y adultos jóvenes oportunidades para identificar sus intereses, comunicarse, desarrollar su identidad y comprometerse en redes sociales. La afiliación es, sin embargo, no sólo significativa a este nivel particular sino como elemento del sistema de integración, también a nivel de la sociedad en su totalidad; como la "participación en actividades sociales es generalmente considerada un requisito previo importante para el funcionamiento de las sociedades modernas" (van Deth, 2001: página 208). Con la primera Encuesta Juvenil DJI realizada en 1992, se desarrolló una estrategia para registrar afiliación y actividad, la que también se utilizó en las encuestas realizadas en 1997 y en 2003. Provistos con una lista de respuestas posibles, primero se les preguntó a los jóvenes si ellos eran socios de un club, asociación u organización (cf. Cuadro 1). En la pregunta siguiente se les pidió una descripción más detallada respecto de su participación (cf. Cuadro 2).

El Cuadro 1 ofrece una perspectiva detallada de tasas de afiliación entre los 16 a 29 años en clubes, asociaciones y organizaciones particulares, como también así, afiliación total de los jóvenes entrevistados a por lo menos una organización. Sólo un porcentaje reducido de adolescentes y adultos jóvenes son socios de varios clubes, asociaciones y organizaciones: con la excepción de los clubes deportivos (35%), la afiliación está por debajo del 10%. La afiliación en asociaciones de ciudadanos y de tradición local, sindicatos, asociaciones culturales y asociaciones sociales y otras asociaciones, asociaciones de la Iglesia y asociaciones estudiantiles y juveniles oscila entre el 5% y el 9%. Aunque los clubes, asociaciones y otras organizaciones particulares cada una alcanza sólo un pequeño porcentaje de jóvenes, sobre toda su gran variedad, éstas sin embargo tienen éxito en asociar al 55% de los jóvenes y hacer participar de modo activo al 49% de los jóvenes dentro de dicho marco posible (cf. Cuadros 1 y 2).

Cuadro 1

Tasas de afiliación en clubes, asociaciones, organizaciones tradicionales divididos en Este, Oeste y por género (porcentaje)

16 a 29 años

Afiliaciones*	Oeste	Este	Femenino	Masculino	Tota
Sindicatos	8	6	5	11	8
Asociaciones profesionales/ mercantiles	4	3	3	4	3
Partidos políticos	2	1	1	2	2
Asoc., clubes y org. religiosas/ de la Iglesia	8	5	8	7	7
Clubes, asoc. y org. de caridad	1	0	1	1	1
Asoc. de ciudadanos y tradición local	10	6	5	13	9
Asoc. estudiantiles y juveniles	5	4	4	5	5
Clubes deportivos	38	23	29	42	35
Otras org. sociales	9	5	6	11	8
Grupos de acción ciudadana	1	0	1	1	1
Otros clubes o asoc.	9	7	9	9	9
Socio de al menos una org.	58	42	48	62	55

Fuente: Encuesta juvenil 2003 DJI

* La pregunta fue: "Existen diversos modos de ser activo en su tiempo libre. Una posibilidad constituye el hecho de ser socio una org., asoc. o club. Se ruega observar la presente lista y expresar, para cada org., asoc. y club, si en la actualidad Ud. Es socio."

Cuadro 2
Actividad en clubes, asoc. y org. tradicionales
divididos en Este y Oeste y por género (porcentaje)

16 a 29 años

Actividades*	Oeste	Este	Femenino	Masculino	Total
Sindicatos	4	3	2	5	4
Organizaciones profesionales o mercantiles	2	1	1	2	2
Partidos políticos	1	1	1	2	1
Asoc. u org. religiosas/de la Iglesia	7	4	7	6	6
Organizaciones de caridad	1	0	1	1	1
Asoc. de ciudadanos y tradición local	9	5	4	11	8
Asoc. estudiantiles y juveniles	4	3	4	5	4
Clubes deportivos	35	22	26	39	32
Otras org. sociales	8	4	5	10	8
Grupos de acción ciudadana	1	0	1	1	1
Otros clubes/asoc.	7	6	7	7	7
Socio de al menos una org.	52	38	42	56	49

Fuente: Encuesta juvenil 2003 DJI
* La pregunta fue: "Se ruega indicar, para cada organización, ¿en cuál Ud. es socio en la actualidad? ¿En qué medida Ud. participa en las actividades de la asociación y/o club? Activa: en caso de que se respondiera alguna de las siguientes opciones:' Tengo un cargo/una función', 'No tengo un cargo/no cumplo una función pero participo en forma regular' 'participo de modo ocasional'". Base: todos los entrevistados.

La diferencias entre la vieja y la nueva Alemania son considerables: Sólo un 42% de los jóvenes en la nueva Alemania contra 58% en la vieja Alemania determinaron que eran socios de por lo menos una organización. La división Este - Oeste resulta aún más pronunciada al momento de referirse a la afiliación en dos, tres o más organizaciones con cifras correspondientes a la vieja Alemania aproximadamente dos veces tan elevadas como las correspondientes a la nueva Alemania.[2] El hecho de que menos jóvenes en la nueva Alemania

---

2 34% de los jóvenes en Alemania del Oeste contra 31% de jóvenes de Alemania del Este son socios de uno, 16% contra 8% de dos y 8% contra 4% de tres o más clubes, asociaciones u organizaciones. Activi-

sean socios de clubes, asociaciones u organizaciones puede atribuirse, primero, al hecho de que éstos son menos comunes en Alemania del Este y, segundo, a determinadas limitaciones respecto de estas instituciones. Como sucede con la afiliación, también existe una clara división Este-Oeste respecto de actividades en clubes, asociaciones u organizaciones, con un 52% de los jóvenes en el Oeste y un 38% de lo jóvenes en el Este con actividad al menos en una organización. Si la participación se considera una "escuela de democracia" que "brinda una oportunidad para participar en el proceso político y obtener ideas en cuanto a las dificultades de aplicación", esta división Este-Oeste con respecto a la participación por parte de la generación joven puede en efecto considerarse un desafío social (Sebald/Straßner, 2004: páginas 22 et seq.). Estos problemas se colocan en perspectiva, sin embargo, si se tiene en mente que las experiencias con participación democrática en clubes, asociaciones y organizaciones pueden, de hecho, ser ambivalente para los adolescentes, como las oportunidades concretas de co-determinación pueden, a su vez, ser desilusionantes, en particular entre jóvenes (Braun, 2003).

Una clara diferencia de género es detectable en cuanto se refiere a la afiliación en clubes, asociaciones y organizaciones; en los clubes deportivos y en asociaciones de tradición local, en especial, la afiliación y las actividades son principalmente cuestiones de dominio del género masculino. Sobre todo, las tasas de afiliación son más elevadas y el alcance de las actividades que resulta es más amplio entre los entrevistados del sexo masculino.

Con respecto a los efectos de la edad, puede observarse que en las organizaciones donde la afiliación se relaciona con la integración en el mundo laboral (sindicatos, asociaciones profesionales y mercantiles), las tasas de afiliación suben a medida que aumenta la edad (más pronunciado entre jóvenes del sexo masculino). En los clubes deportivos y decididamente en las asociaciones relacionadas con jóvenes, por el contrario, la participación decae a medida que aumenta la edad. Las demás asociaciones mantienen de modo amplio sus socios regulares reclutados en una única oportunidad en todos los grupos de edades.

Una mirada a las calificaciones a nivel educativo revela que los jóvenes con un nivel bajo y básico de calificaciones participan, en mayor medida que aque-

---

dades en clubes, asociaciones u organizaciones se encuentran distribuidas de modo similar: 33% de jóvenes en Alemania del Oeste contra 29% en Alemania del Este son activos en uno, 13% contra 7% en dos y 6% contra 3% en tres y más clubes, asociaciones y organizaciones.

llos con calificaciones por ingresos en universidades, en sindicatos y en mayor medida en asociaciones de tradición local (clubes de manejo de armas, grupos de vestimentas tradicionales y brigada de bomberos voluntarios), que comúnmente se encuentran en regiones rurales. Por el contrario, los jóvenes con aspiraciones o calificaciones educativas más elevadas se encuentran con mayor fuerza representados en asociaciones de la iglesia y religiosas y clubes deportivos. 62% de los jóvenes de 16 a 29 años con calificaciones de ingreso en la universidad son socios de por lo menos un club o asociación contra el 54% con calificaciones intermedias y sólo el 43% con calificaciones de egreso escolar básicas. Las tasas entre jóvenes activos en asociaciones o clubes son similares, léase un 57%, 48% y 38%, respectivamente. La Encuesta Juvenil DJI de ese modo también confirma el nexo entre el capital educativo y el capital social cuya naturaleza problemática se ha debatido en otros estudios e informes tales como el "Informe sobre Pobreza y Bienestar" (Leben en Deutschland, 2005), el panel socio-económico (SOEP, cf. Isengard, 2005) y el Estudio de Presupuesto de Tiempo (Gabriel/Trüdinger/Völkl, 2004): cuanto más elevado es el nivel de educación, mayor es la participación en clubes, asociaciones y organizaciones, es decir en estructuras que generan actividad social, participación en estructuras democráticas y redes sociales y, de ese modo, la interacción, aprendizaje social y comunicación resultan posibles.

Una dimensión adicional de la desigualdad social resulta evidente al momento en que se evalúa el estatus ocupacional en términos de su influencia sobre la participación en clubes, asociaciones y organizaciones: los individuos que aún asisten al colegio, universidad o centro de capacitación vocacional son, con mayor frecuencia, los más activos en clubes, asociaciones y organizaciones (56%), seguidos por personas con empleos (50%). Aquellos individuos que no tienen un empleo ventajoso (34%) y los desempleados (31%) claramente son los menos activos (cf. Cuadro 5). Las cargas de la educación, capacitación y trabajo de ese modo no resultan comparativamente en una menor participación en clubes, asociaciones y organizaciones; a cambio estas formas institucionales de integración extienden las redes sociales y generan accesos a tales clubes, asociaciones u organizaciones. El estatus de "individuo con empleo poco ventajoso" o "desempleado", por el contrario, está relacionado con situaciones de la vida que se distinguen de modo considerable de los clubes y asociaciones. A modo de simplificar lo expuesto, esto puede significar una exclusión de dos aspectos para determinadas personas. Para la fase de los jóvenes por lo menos, no se pueden asumir los efectos de integración compensatoria estadísticamente demostrables causados por estas organizaciones.

Grupos informales: evaluaciones y formas de participación

Los grupos políticos referidos como 'Nuevos Movimientos Sociales' sobre la base de su foco de origen respecto de problemas ecológicos, políticos y sociales específicos, con frecuencia emplean medios de protesta pública. Caracterizados por un determinado grado de continuidad, desarrollan sus formas propias de organización, es decir van más allá de campañas políticas apuntadas, por una parte y por otra parte, se diferencian ellos mismos de las organizaciones de gran escala tales como partidos políticos y sindicatos que ellos consideran demasiado rígidos y formalmente racionalizados y pueden permitir formas alternativas de participación política. Estos grupos se diferencian por la rectitud de las relaciones sociales entre sus "socios" y "la movilización orientada a proyectos" más que por sus patrones convencionales de compromiso a largo plazo anclados a estructuras sociales que se hallan en organizaciones de gran escala (Brand, 1992; Raschke, 1985; Roth, 1999, Roth/Rucht, 2002). Dado sus contenidos, objetivos, orientación en actividades y formas flexibles de participación, se dice que estos grupos son altamente populares entre los jóvenes, en especial. A continuación se analizará en forma empírica el alcance de esta afirmación y sus diferencias y tendencias

En las tres franjas de la Encuesta Juvenil DJI, a los jóvenes se les preguntó sobre su familiaridad con los grupos informales, su actitud hacia ellos y su participación en ellos. (cf. Cuadro 3).

Los grupos asignados a los 'Nuevos Movimientos Sociales' son muy populares entre los jóvenes, con grupos de protección ambiental, iniciativas pacifistas y grupos de derechos humanos con la clasificación más alta e iniciativas de derechos de animales casi al mismo nivel.

Iniciativas de países del tercer mundo, grupos de auto-ayuda e iniciativas de vecinos o distrito municipal o regional le siguen, mientras que los grupos de hombres y mujeres y movimientos de poder antinucleares son considerados en forma positiva por casi uno de cada tres jóvenes. Uno de cada cinco jóvenes entrevistados aprueba las iniciativas anti-globalización más recientes tales como ATTAC; en lugar de su presencia pública y en los medios, estos movimientos resultan ser los movimientos menos conocidos por los jóvenes. Tal como sucede con los movimientos de poder antinuclear, uno de cada seis entrevistados rechaza las iniciativas anti-globalización, un grado de desaprobación que en gran medida excede aquel hallado para otro grupo de esta naturaleza. La indecisión respecto de la evaluación de los dos grupos anteriores resultó también muy elevada; sólo superada por relacionada con los grupos de hombres y grupos de mujeres.

Un máximo de una cifra inferior al 10% de los jóvenes hoy en día participa en uno de los grupos anteriormente mencionados ya sea que ejerce un rol activo o asiste a las reuniones. Incluso, esto resulta aplicable a grupos que gozan de la máxima aprobación, por ej. grupos que persiguen fines ecológicos, pacifistas o humanitarios. Incluso tanto como uno de cuatro jóvenes participa de modo activo en por lo menos uno de los grupos previamente mencionados. Los socios activos de estos grupos se diferencian de los socios pasivos en términos de sus variables sociodemográficas, incluso si estas diferencias no resultan tan pronunciadas como para los grupos, asociaciones y organizaciones convencionales (cf. Cuadro 5). Los jóvenes de Alemania del Este y Oeste muestran casi la misma actitud y mismos patrones de actividad dentro de estos grupos, con una participación que sólo resulta marginalmente más elevada en Alemania del Oeste que en Alemania del Este (24% contra 21%). Las diferencias específicas de género y educativas se ven reflejadas en los grupos de auto-ayuda, derechos humanos y de protección ambiental, como también así en iniciativas pacifistas y de países del Tercer Mundo, las cuales cuentan con un apoyo representado por un porcentaje más elevado de mujeres entrevistadas y de entrevistados con calificaciones (o aspiraciones) que denotan un nivel educativo mayor. Por el contrario, se observa que los jóvenes con un nivel educativo más bajo son más inseguros y ambivalentes al evaluar estos grupos. El puntaje total revela un nivel de actividad ligeramente más alto entre mujeres entrevistadas de 16 a 29 años (26% contra 21%). Las diferencias que se basan en calificaciones de nivel educativo se pronuncian de modo débil entre los grupos con calificaciones básicas e intermedias y sólo resultan notables en los casos de jóvenes con calificaciones para admisión en universidades (18%, 20%, 30%, respectivamente). Debido a la amplia variedad de temas y formas posibles de participación, los grupos informales obviamente ofrecen oportunidades de participación específicas en grupos de distintas edades, fases y situaciones de la vida, de modo que difícilmente existan efectos relacionados con la edad y las calificaciones educativas y el estatus ocupacional sólo juegan un rol determinado en el caso de los desempleados, si hubiere.

Cuadro 3
Actitudes hacia grupos informales y actividad en ellos (porcentaje)
16 a 29 años

Grupos informales*	Aprueban y participan	Aprueban y asisten a reuniones de modo ocasional	Aprueban pero no participan	Ni aprueban ni desaprueban	Desaprueban	Nunca se escuchó de ellos
Grupos de protección ambiental	1	6	77	12	1	2
Iniciativas de paz	1	7	76	13	1	3
Movimientos de poder antinuclear	0	1	35	36	17	10
Grupos de auto-ayuda	1	2	65	22	3	7
Grupos de hombres/ mujeres	0	2	35	40	7	16
Iniciativas de tercer mundo	1	5	66	17	4	7
Grupos de derechos humanos	1	3	74	15	2	5
Iniciativas regionales, de vecinos y municipales	1	7	47	26	2	16
Iniciativas de derechos animales	2	7	74	13	1	2
Opositores a la globalización (ej. ATTAC)	0	1	18	29	16	36
activo** en por lo menos un grupo		26				
activo** en por lo menos un grupo NSM (excl. iniciativas por derechos de animales)		24				

Fuente: Encuesta juvenil 2003 DJI
* La pregunta fue: "En nuestra sociedad existen organizaciones con socios permanentes, como también así, grupos y movimientos menos organizados que uno puede aprobar y en los que uno puede participar. Se ruega observar la presente lista e indicar, para cada grupo, si Ud. lo aprueba, si participa en el grupo o si lo desaprueba."
** Activo: "aprobar, participar" o "aprobar y asistir a reuniones en forma ocasional+A22".

Modos de articulación política

Los modos y tipos de participación en la vida política por parte de los jóvenes, la forma en la que dicha conducta se evalúa normativamente y las categorías científicas utilizadas para describirla resultan variadas y están sujetas a modificaciones. La siguiente definición debe considerarse la definición más utilizada en la actualidad: "Participación política generalmente se refiere a aquellas actividades desempeñadas por los ciudadanos en forma individual o grupal, en las que ellos se comprometen voluntariamente para influir en las decisiones políticas" (Kaase, 2002: página 350).

Las taxonomías de la investigación empírica arrojaron luz sobre el cambio y la expansión del abanico de modos de participación. Hasta comienzos de los '60s, se consideró principalmente la participación política como el hecho de involucrarse en las decisiones políticas y procesos de decisión dentro del alcance de las formas institucionalizados de participación tales como las elecciones y los partidos políticos. A los fines de realizar un análisis comparativo de la participación masiva en cinco democracias (Barnes et al., 1979), en forma consecutiva se marcó una diferencia entre las formas de participación convencionales y aquellas no convencionales. Con posterioridad, se propusieron otras formas de diferenciación por ej.: papel cívico, participación en problemas específicos, participación orientada a los partidos, desobediencia civil, violencia política (Uehlinger 1988). Las tres franjas de la Encuesta Juvenil DJI indicaron la clasificación total antes mencionada.[3]

El ejercicio del derecho propio de votar y cumplir el papel propio como ciudadano en una democracia representativa resulta ser la forma de participación política central, convencional e institucionalizada. Para los jóvenes resulta relevante que esta forma de participación sólo puede ejercerse a partir de una edad y, en la mayoría de los casos, que depende de la nacionalidad. Otras formas convencionales de participación, por ej.: participación activa en campañas electorales, que puede vincularse con la afiliación a partidos políticos (no considerado una actividad política en el marco de la definición provista por Kaase anteriormente), requieren mayor compromiso personal. Las actividades

---

3 Con relación a las dimensiones en general, cf., entre otros, Westle, 1994; Pickel, 2002; EUYOUPART, 2004, concerniente a "Participación política de la juventud" visite en Internet el portal www.politikon.org concerniente a "Participación política".

orientadas políticamente en el campo amplio de la articulación política vinculada con las elecciones pendientes, por ej. participación en debates públicos, redacción de cartas s o correos electrónicos dirigidos a políticos o a figuras públicas importantes y expresión de opiniones políticas propias en periódicos o televisión, constituyen formas convencionales de participación.[4]

Además de estas formas convencionales, formas no convencionales de participación han surgido desde 1960/70, y mientras tanto se han considerado formas "normales" de articulación política: campañas de protesta, manifestaciones, campañas boycott, huelgas políticas, participación en peticiones. En la mayoría de los casos, estas campañas son planificadas como campañas temporarias para indicar un problema específico. Por lo tanto, con frecuencia se hace referencia a éstas como "problema específico". La diferenciación por grado de legalidad resulta posible para actividades en el margen de la legalidad o actividades ilegales tales como manifestaciones no autorizadas, huelgas violentas, ocupación ilegal de domicilios, etc. En la medida que tales actividades no sean violentas, se puede referir a éstas como desobediencia civil para distinguirlas de las campañas que conllevan daños a los bienes o lesiones a las personas (para más detalles remitirse también a Schneider, 1995, adaptación de Uehlinger, 1988).[5]

A continuación se indicarán con detalle las actividades y la buena disposición para desarrollarlas. Que las actividades se realicen depende de las estructuras de oportunidades, factores relacionados con la situación y los tópicos de los temas políticos, mientras que la buena disposición para desarrollar tales actividades revela tendencias de conducta relacionadas con actitudes y, de ese modo, transmite una imagen de conducta potencial. Cuando la buena disposición para actuar y las actividades reales se comparan resulta claro que los elementos vinculados con la actitud o incluso el consentimiento y también (posiblemente existentes hasta la fecha) la carencia de oportunidades para acciones específicas tienden a estar cubiertas por los dos primeros aspectos. En la mayoría de los casos, los porcentajes que representan a las personas que afirman que ellos tuvieron buena disposición para actuar difi-

---

4 Formas de participación institutional/convencional también comprenden relativamente nuevas formas de participación de jóvenes en procesos de decisión política tales como parlamentos juveniles, plataformas juveniles, audiencias para jóvenes etc., cf. EUYOUPART, 2004.

5 Nuevas formas de consumismo político, por ej.: boycott de determinados productos por razones políticas, éticas o ambientales, en la actualidad utilizados en algunas oportunidades para brindar apoyo a posiciones socio-críticas, no se incluyen en el cuestionario.

rieron en forma significativa de los porcentajes que representan a personas que afirman que ellos en verdad realizaron tales actividades.

Formas de actividad política

La participación en las elecciones se ubica primero por un amplio margen entre las formas de participación política que los jóvenes tienen para expresar su buena disposición al compromiso (cf. Cuadro 4). Casi todos los jóvenes aparentemente consideran el hecho de votar como la forma de participación democrática más lógica y relevante y como ejercicio de influencia política (92%). Por el contrario, el hecho de "abstenerse de votar", como signo de protesta y el hecho de votar por partidos extremistas juegan un papel menor (15% o 9%).

La participación en peticiones se ubica en el segundo puesto después de las votaciones entre las formas de participación aceptadas (80%), le sigue la buena disposición para participar en manifestaciones autorizadas (60%), colaborar en cuerpos co-administrativos de una empresa, en un colegio o sitio de capacitación vocacional (54%), asistir a reuniones y debates públicos (46%) o participar en huelgas convocadas por sindicatos (41%). Un poco más de un tercio (35%) de los jóvenes entrevistados pudo imaginar su participación en una iniciativa de ciudadanos motivada políticamente. Casi un tercio (31%) desearía redactar cartas o correo electrónico a personas responsables políticamente o en periódicos, estaciones radiales o televisivas con el fin de ejercer influencia política.

Por el contrario, otras formas institucionalizadas de participación tales como afiliación activa a un partido político u otro grupo político o aceptar un cargo político resultan ser menos comunes entre las formas de actividad de los jóvenes. Un porcentaje todavía menor de jóvenes tiene voluntad de participar en actividades políticas que lindan con la ilegalidad: tanto como un 25% de los jóvenes entrevistados pudo imaginar su participación en campañas de boycott, menos de un 10% pudo imaginar la ocupación ilegal de domicilios, fábricas o delegaciones gubernamentales o participar en huelgas violentas o llevar a cabo acciones políticas que posiblemente resultaran en daños a los bienes y lesiones a las personas.

La siguiente división Este - Oeste (no identificada en las cuadros) existe: en la nueva Alemania, la porción de jóvenes preparada para participar en forma activa en un partido o asumir un cargo político representa un 5%

menos que en la vieja Alemania y mientras que uno de cada tres jóvenes en la vieja Alemania desea involucrarse en formas de participación no comprometidas (cartas/correos electrónicos dirigidos a políticos), lo mismo se puede decir de sólo uno de cada cuatro jóvenes en la nueva Alemania. La diferencia es menos significativa al momento de redactar las cartas respecto de temas políticos o sociales a periódicos, cadenas radiales o televisivas (considerados por un 32% de los jóvenes en Alemania del Oeste contra 25% de los jóvenes en Alemania del Este) y la idea de donar dinero para partidos políticos, iniciativas de ciudadanos o grupos políticos (considerados por el 25% en la vieja Alemania y el 19% en la nueva Alemania).

En ambas partes de Alemania, el trabajo de los partidos políticos y los cargos políticos tienden a estar circunscriptos al "dominio del sexo masculino", con una tasa de actividad para las mujeres jóvenes de un 10% menor que la de los hombres jóvenes. Para otras formas convencionales de articulación política, sin embargo, por ej. donación de dinero para causas políticas o redacción de cartas dirigidas a políticos o a los medios — las diferencias por género no juegan un papel importante.

Entre las formas de participación no convencionales, las diferencias específicas por género también son poco significativas. Las actividades en el límite entre lo legal y lo ilegal son consideradas por un porcentaje de jóvenes que resulta muy pequeño, entre los que prevalecen los adolescentes de sexo masculino y los adultos jóvenes.

Las diversas formas de articulación centrada en temas políticos (cf. Cuadro 4) se utilizan con bastante frecuencia. En Alemania, casi dos de cada tres jóvenes ya han participado en peticiones, aproximadamente uno de cada tres jóvenes ha participado en manifestaciones autorizadas y casi uno de cada cuatro jóvenes ha participado en reuniones públicas. Queda claro en este contexto, sin embargo, la discrepancia entre la buena disposición para actuar y la verdadera conducta: mientras que cuatro de cada diez jóvenes entrevistados afirmó que se unirían a una huelga convocada por un sindicato y ligeramente más de uno de cada tres jóvenes dijo que participarían en iniciativas de ciudadanos, sólo un 5% de los jóvenes lo hicieron realmente. Menos de un 10% de jóvenes de 16 a 29 años trató de influir sobre los procesos políticos mediante cartas a periódicos o dirigidas a políticos o a través de donaciones de dinero o participación en campañas de boycott o en manifestaciones no autorizadas.

Cuadro 4
Participación política - buena disposición y actividad por género (porcentaje) 16 a 29 años

	Buena disposición**			Actividad***		
	Femenino	Masculino	Total	Femenino	Masculino	Total
Voto en elecciones ***	92	92	92	79	80	80
Abstención deliberada de votar***	14	16	15	9	10	10
Vota por un partido extremista***	6	11	9	2	5	4
Escribe cartas/correo electrónico a políticos	32	29	31	8	9	8
Participa en debates públicos	46	46	46	20	25	23
Asume cargo político	14	19	16	1	2	2
Participa en el cuerpo de co-determinación de una empresa, establecimiento educativo o centro de capacitación	55	54	54	26	28	27
Escribe cartas a editores	32	29	31	7	8	7
Participa activamente en un partido político	16	22	19	1	3	2
Trabaja en un grupo de acción ciudadana	37	33	35	5	5	5
Participa en otra clase de grupo político	15	19	17	2	4	3
Dona dinero para fines políticos	23	24	23	7	7	7
Firma una petición	81	78	80	61	58	60
Participa en manifestaciones autorizadas	60	60	60	32	33	32
Participa en manifestaciones no autorizadas	17	24	21	6	9	7
Participa en huelgas con apoyo sindical	38	44	41	3	7	5
Ocupa domicilios ilegalmente	7	9	8	1	1	1
Participa en huelgas violentas	6	8	7	1	1	1

	Femenino	Masculino	Total	Femenino	Masculino	Total
Participa en actividades que pueden involucrar daños a bienes	2	6	4	2	4	3
Participa en actividades que pueden resultar en lesiones a personas	4	8	6	1	3	2
Participa en un boycott	20	30	25	7	11	9

Fuente: Encuesta Juvenil 2003 - DJI

* La pregunta fue: "Supongamos que a Ud. le agradaría ejercer influencia política o hacer conocer su punto de vista respecto de un tema que le resulta importante. ¿Cuál de las siguientes posibilidades consideraría y cuál no?"

** Tras responder la pregunta anterior que se refería a la buena disposición, la próxima pregunta fue: "Se ruega chequear todas las posibilidades una vez más. ¿Cuál de estas actividades recién ha realizado y cuál de éstas no ha realizado previamente?"

*** Para estos puntos, sólo se consideraron edades de 18 a 29 años, en lo concerniente a las actividades.

Factores que influyen la participación

¿Cuán importantes resultan ser las diferencias al iniciar las posiciones y condiciones para la participación social o política? Las investigaciones sobre participación distinguen tres áreas de factores que brindan razones características para la participación particular en el área política o el área social. Estas áreas de factores pueden llamarse recursos y competencias, motivaciones e intereses y redes (como forma de recursos inter-subjetiva y específica) (cf. e.g. Gabriel, 2004; Opp/Finkel, 2001, desarrollado con más detalle de Verba/-Schlozman/Brady, 1995). En este contexto, al hablarse de recursos se hace referencia a características tales como educación, pero asimismo se incluye género o estatus socioeconómico. Las competencias y opciones de actividad que estimulan la participación están vinculadas con estas características. En segundo lugar, el compromiso se asume para que lo estimulen factores subjetivos incluidos el interés político, conciencia de oportunidades de acción personal, capacidad para detectar intereses y expectativas de éxito. Asimismo, puede asumirse que determinados sistemas de valores, por ejemplo orientación post-materialista o social, son más propicios para generar actividades sociales que otros que tienden a perseguir intereses individuales. Por último pero no por eso menos importante, las redes de amigos y conocidos en diversas áreas, especialmente públicas, juegan un papel relevante en la participación, según las cuales la interrelación más que el hecho de aclarar influencias en determinadas direcciones probablemente esté comprendido aquí: el intercambio regular de ideas y pensamientos sobre temas políticos puede abrir la puerta a actividades en grupos políticos, por un lado, mientras que las actividades regulares en grupos políticos y otros grupos sociales, clubes o asociaciones sociales puede resultar en la formación o expansión de un círculo importante de amigos, por otro lado. Se dice que las redes sociales estimulan la participación social y política, fortalecen dicha participación o la hacen más duradera. Esto, en cualquier nivel, constituye la hipótesis clave del concepto de "capital social" (Putnam et al., 1993; Putnam, 2000).

Dadas estas hipótesis, se formula la siguiente pregunta: ¿Qué factores que promueven la participación en clubes o asociaciones (participación social), por un lado, o en grupos o movimientos orientados políticamente y menos organizados (participación política), por otro lado, pueden identificarse empíricamente? Aquí, las investigaciones sobre participación se concentran en actividades más o menos estrictamente formalizadas en organizaciones y no, como usualmente sucede en las investigaciones sobre participación política, en actividades políticas tales como manifestaciones o peticiones que tienden a ser temporarias o dependientes de contexto. De ese modo, se centra en por lo menos modos de actividad relativamente continuos.

Cuadro 5

Actividad en clubes, asociaciones y grupos informales divididos en Oeste y Este, género, calificaciones por nivel educativo, edad y estatus ocupacional (porcentaje)

16 a 29 años

		Actividad en asoc.	Actividad en grupos informales
Oeste/Este	Oeste	52	24
	Este	38	21
Género	Masculino	56	21
	Femenino	42	26
Calificaciones a nivel educativo	Sin calif./calif. Básicas	38	18
	Calificaciones intermedias	48	20
	Calificaciones en ingreso universitario	57	30
Edad	16-17	59	22
	18-20	52	24
	21-2	46	22
	24-26	46	25
	27-29	45	24
Estatus ocupacional	Alumno escuela/ capacitación vocacional	56	26
	Empleado de jornada completa	50	22
	Empleado de media jornada	34	23
	Desempleado	31	19
	Porcentaje total	49	24
	n	3406	1637

Fuente: Encuesta juvenil 2003 DJI

El Cuadro 5 sintetiza algunas de las variables sociodemográficas generales como recursos. El cuadro muestra claramente la diferencia por género a favor de los jóvenes entrevistados de sexo masculino, en lo que respecta a su afiliación en clubes y asociaciones tradicionales. Estas diferencias no se muestran para los casos de participación en grupos informales políticamente orientados en los que el porcentaje de jóvenes entrevistados de sexo femenino que afirma participar en dichos grupos levemente excede aquel porcentaje que representa a los jóvenes entrevistados de sexo masculino. La edad (dentro de los límites de la encuesta entre jóvenes de 16 a 29 años) juega sólo un papel menor. Los efectos contrastantes por edad para el caso de clubes y asociaciones específicos para particulares, que se compensan entre sí cuando los datos, como aquí, se evalúan sólo desde el punto de vista de la actividad en por lo menos una asociación (independientemente del tipo de asociación) se indicaron anteriormente en el presente texto. Los efectos de la edad son relativamente pronunciados en los datos relacionados con la población en su totalidad, sin embargo, con niveles más elevados de participación entre los más jóvenes y, sobre todo, grupos de mediana edad y claramente niveles de participación más bajos entre secuaces mayores (e.g. van Deth, 2004; Gabriel, 2004). La diferencias que dependen de las calificaciones a nivel educativo también pueden observarse con respecto a ambas formas de participación: cuanto mayor el nivel de educación, mayor el grado de participación. La comparación entre Alemania del Oeste y del Este sólo muestra un efecto con respecto a la participación social, con un porcentaje más elevado de jóvenes de Alemania del Oeste que participan en clubes y asociaciones. ¿Cuán importantes son los factores subjetivos, motivación, intereses y actitudes? La encuesta comprende una cantidad de preguntas que pueden resultar relevantes en el presente contexto.

Cuadro 6

Actividad/Participación en clubes, asociaciones y grupos informales divididos por intereses políticos, sistema de valor post-materialista y trabajo en red (porcentaje)

16 a 29 años

		Actividad en clubes o asoc.	Actividad en grupos informales
Interés político	Intenso	61	36
	Promedio	53	24
	Bajo	39	17
Valores Post-materialistas	Materialista	41	19
	Materialista mezclado	49	21
	Post-materialista mezclado	50	22
	Post-materialista	53	34
Amigos políticamente activos	Ninguno	41	15
	Alguno	58	32
	Muchos	70	52
Redes sociales	hasta 6	37	19
Cantidad de amigos	7 a 19	49	25
	20 y más	59	25
	Porcentaje total	49	24

Fuente: Encuesta Juvenil 2003 - DJI

Resulta clara la fuerte conexión entre la participación y el interés político (cf. Cuadro 6). Numerosos estudios han confirmado y hecho conocer el hecho de que el interés político juega un papel muy importante como motivo o requisito previo general para actividades políticas. Conforme la Encuesta Juvenil de 2003, 36% de los jóvenes entrevistados con un intenso interés en política participan en grupos menos organizados, en comparación con sólo el 17% de jóvenes con un pequeño interés en política. Lo más sorprendente, sin embargo, es el hecho de que puede observarse una fuerte conexión entre el interés por la política y la participación en clubes y asociaciones, independientemente de los objetivos que estos últimos persigan: 61% de los jóvenes entrevistados que manifestaron que estaban muy interesadas en la política son socios activos en un club o asociación contra sólo 39% de jóvenes con poco interés en política. Este hecho es digno de atención tanto como que los clubes con frecuencia están dominados por intereses casi sin conexiones con la política (por ej. clubes sociales y deportivos).

En cuanto ase refiere a las orientaciones de valor, podría esperarse nexos con orientaciones pro-sociales o post-materialistas[6] y con el hecho de estar listos para asumir responsabilidades, específicamente alineados, sin embargo, a diferentes formas de participación. En lo que respecta a la orientación post-materialista, puede suponerse un nexo con la participación política dado que esta orientación de valor se define en sí misma sobre la base de objetivos políticos en vez de no–específicamente como lo demandaría un concepto de valores más general. Se tendería, por otra parte, a suponer que los valores pro-sociales o valores que comprenden el hecho de estar preparados para asumir responsabilidades por otros motivó la participación en asociaciones no-políticas. La hipótesis concerniente a orientaciones post-materialistas puede considerarse confirmada: 34% de los jóvenes con valores post-materialistas contra sólo 20% de personas con valores materialistas (incluidas personas con orientación combinada) forman parte activa en un grupo político. Poco notables resultan los efectos con respecto a la participación en clubes y organizaciones. Aquí, sólo aquellos entre los jóvenes entrevistados con una orientación materialista evidente se destacan ligeramente de los demás grupos por un nivel de actividad de algún modo más bajo. Una conexión con valores pro-sociales, por el contrario,

---

6 De acuerdo con Inglehart, las personas orientadas en forma materialista, se centran en valores tradicionales, mientras que aquellas con orientación post-materialista se centran más en la auto-realización individual y la co-determinación política, cf. Inglehart, 1998. Estas formas de orientación con frecuencia son (en la Encuesta Juvenil también) medidas por medio de cuatro temas considerados como objetivos políticos y que tienden a clasificar a los jóvenes entrevistados. Los temas son: "A. Mantener la paz y el orden en el país", "B. Mayor influencia por parte de los ciudadanos en las decisiones gubernamentales", "C. Luchar contra el aumento de precios", "D. Proteger la libertad de expresión". Mientras que los temas post-materialistas clasifican los puntos B y D como los más importantes, los materialistas eligen los otros dos puntos. Los individuos que clasifican uno de los dos temas de los materialistas A o C, en primer lugar, y uno de los post-materialistas B o D, en segundo lugar, son considerados materialistas combinados (contrario a los post-materialistas combinados).

no resulta apreciable en ninguna de las dos formas de participación, es decir, ni para la participación en clubes y asociaciones tampoco. Con contenidos sabios, después de todo, estos valores incluyen elementos de responsabilidad y colaboración hacia los demás, es decir, orientación social hacia los demás. Sin embargo, se podría interpretar el hallazgo como una indicación del hecho de que estos elementos aparentemente no constituyen el motivo central para la participación en organizaciones en general. Esto podría también confirmar la distinción marcada por Putnam, conforme la cual los recursos y normas sociales (en otras palabras "capital social") generalmente son importantes para perseguir los objetivos, los cuales necesariamente no pueden equipararse, sin embargo, con apoyo social o "bienestar común orientado", lo que resulta con frecuencia en debates de compromiso cívico.

Los factores relacionados con las redes sociales, que asimismo juegan un papel significativo en el concepto de capital social, también resultan relevantes para la participación. La existencia de amigos políticamente activos es importante en ambas formas de participación: 41% de los jóvenes entrevistados carentes de amigos políticamente activos son socios de un club o asociación contra 70% en el grupo de jóvenes con una gran cantidad amigos políticamente activos. En cuanto se refiere a participación en grupos políticos informales, la diferencia resulta aún más pronunciada a saber: 15% contra 52%. Las redes sociales solas, indicadas por la cantidad de amigos y sin considerar los contenidos resultan sólo conectadas con la participación en clubes o asociaciones. Entre los jóvenes entrevistados, 37% de aquellos con pocos amigos contra 59% de aquellos con muchos amigos son socios de un club o asociación. En cuanto se refiere a participación en grupos políticos informales, a saber 19% contra 25%, la diferencia es sólo de 6 %. El próximo paso lógico sería distinguir entre redes sociales comprendidas por amigos cercanos y lejanos, es decir, para diferenciar entre "...asociaciones que fortalecen vínculos existentes en grupos sociales (enlazan) y asociaciones que superan la diferencia entre los grupos sociales (superan)" (Geißel, 2004: p. 104; cf. Ejemplo aplicable, Marbach, 2003). La unión entre amigos en el sentido más amplio de la palabra puede resultar asimismo relevante para la participación política. En términos generales, se presupone que las redes sociales se caracterizan por la interacción, dado que la existencia de tales redes puede conducir a la participación social o política, que a cambio, expande y fortalece las redes de trabajo social.

Una aproximación multi-variada a las características debatidas y otras variables consideradas en la teoría como posibles factores que influyen sobre la participación condujeron a un cambio parcial en la relevancia de las variables influyentes. Con esta aproximación, sin embargo, las influencias aisladas de variables individuales ajustadas por interacciones mutuas puede identificarse y su alcance individual compararse.[7] Pueden observarse, interconexiones entre factores que ejercen influencia, por ejemplo, entre calificaciones de nivel educativo e interés político y/u orientación de valor o entre edad y estatus ocupacional (empleo provechoso) y/o aptitudes políticas.

La lista de factores que influyen la participación social (participación en uno o más clubes o asociaciones), clasificados de acuerdo con la importancia, está encabezada por variables de integración en redes sociales: primero, amigos políticamente activos y cantidad de amigos en general. La integración religiosa se midió por la pertenencia a una religión y frecuencia de asistencia a la iglesia que también resultan ser importantes. Con frecuencia, esta característica ha sido importante en estudios de población que indican participación. Aunque no resulta completamente plausible, la hipótesis de que esta característica es relevante para los jóvenes resulta empíricamente no impugnable. El género resulta otra característica importante que ejerce influencia sobre la participación social. El interés en la política es la característica subjetiva que se considera más importante. Por último pero no por eso menos relevante, de algún modo se observan efectos más mínimos para el caso de las variables sociodemográficas, por ej.: la distinción entre la nueva y la vieja Alemania, calificaciones de nivel educativo, edad (en un rango que va de 16 a 29 años) y estatus ocupacional.

Las redes sociales, léase amigos políticamente activos y participación en clubes y asociaciones, también encabezan la lista de factores que influyen sobre

---

7 Coeficientes de regresión estandarizados (al menos 0,05 y significativos): por la cantidad de actividades en clubes y asociaciones (hasta casos de asistencia ocasional-incluidos): amigos políticamente activos 0,16; que pertenecen a grupos religiosos 0, 19; cantidad de amigos 0,09; interés en política 0, 10; género 0, 13; oeste-este 0,08; edad 0,09; educación 0,06; estatus ocupacional/desempleo 0,07; variante explicada R^2: 0,18; por cantidad de actividades en grupos políticos informales hasta "casos de asistencia ocasional a reuniones/eventos" -incluidos; cantidad de amigos políticamente activos 0,17; participación en asociaciones 0, 12; orientación post-materialista 0, 08; interés en política 0, 05; género 0, 10; educación 0, 05; $R^2 = 0,10$.

la participación en grupos informales orientados políticamente. No obstante el comentario previo, es decir que la interacción es lo que probablemente esté involucrado aquí, es lo que debe considerarse. El género también resulta relevante para la participación política, aunque exactamente del modo inverso a la participación en clubes o asociaciones donde los hombres juegan un papel más significativo que las mujeres. Las variables subjetivas asimismo incluyen la orientación post-materialista e interés en política como factores influyentes.

La variante explicada como medida del alcance al que la variabilidad de las características dependientes de las variables consideradas se registró, resulta relativamente pequeña, sin embargo: 18% para la participación social y 10% para la participación política. Esto es, sin embargo, no poco frecuente en el análisis explicativo de participación (cf. van Deth, 2004; Gabriel 2004). Tales análisis generalmente dependen de las características consideradas en la encuesta, lo que significa que ellos o tienen relación sin factores teóricamente importantes o pueden sólo apoyarse en el operacionalismo aproximado de los factores contemplados. De ese modo, los resultados expresan más acerca de las posibilidades de influencia eficaces que acerca de la explicación relativamente abarcativa de la variedad total de variables dependientes en la población encuestada.

Conclusiones

La participación en organizaciones, clubes y asociaciones tradicionales ofrece a los adolescentes y adultos jóvenes oportunidades para detectar sus intereses, comunicarse, desarrollar sus identidades y comprometerse con las redes. Como formas de participación social, son significativas no sólo a nivel individual, sino también para la sociedad en su conjunto y, por lo tanto, se las considera un requisito previo relevante para el funcionamiento de las sociedades modernas (van Deth, 2001). La participación de parte de los jóvenes en diversos clubes, asociaciones u organizaciones es más elevada en clubes deportivos en los que ligeramente uno de cada tres adolescentes y adultos jóvenes participan; las tasas de afiliación en asociaciones de tradición local de ciudadanos, sindicatos, organizaciones sociales, culturales y religiosas y en asociaciones estudiantiles y juveniles están por debajo del 10%. Incluso si los clubes y las organizaciones generalmente movilizan sólo pequeñas porciones de la población joven, en conjunto ellos alcanzan tanto como un 50% de los jóvenes, la mayoría de los cuales participa de modo activo dentro del marco organizacional.

En este contexto, existe un nexo problemático entre el capital social y el educativo: cuanto más altas son las calificaciones a nivel educativo, mayor es la cantidad de jóvenes asociados a clubes, asociaciones y organizaciones y de ese modo en estructuras que ofrecen oportunidades para la participación social, participación en estructuras democráticas y redes sociales, interacción, comunicación y aprendizaje social. Además, los adolescentes del sexo masculino y hombres jóvenes están involucrados de modo más intenso en estos contextos de participación. Las estructuras y los métodos existentes probablemente aún apadrinan procesos de segregación por género.

Los niveles más elevados de educación y actividad ocupacional también se encuentran relacionados con una participación más intensa en las redes de clubes y asociaciones. La comparación entre Alemania del Este y Alemania del Oeste muestra que estas organizaciones no están establecidas con tanta firmeza en la nueva Alemania. Entonces, estas estructuras que ofrecen oportunidades para la participación social resultan menos frecuentes y habituadas a un alcance menor que en la vieja Alemania.

La máxima participación en grupos individuales políticamente orientados e informales está ligeramente por debajo de un 10 % incluso en los grupos con nivel más elevado de representación, es decir grupos que persiguen objetivos ecológicos, humanitarios o pacifistas. Sin embargo, casi uno de cada cuatro jóvenes participa en al menos uno de los grupos comprendidos en la encuesta. En cuanto se refiere al género, el grupo de jóvenes activos en estos grupos informales políticamente orientados difiere de aquellos jóvenes activos en clubes o asociaciones: el porcentaje de adolescentes de sexo femenino y mujeres jóvenes que participan en estos grupos menos organizados es al menos tan elevado como el porcentaje de adolescentes de sexo masculino u hombres jóvenes. La actitud y patrones de actividad en estos grupos es casi idéntico entre los jóvenes de Alemania del Este y sus pares en Alemania del Oeste. La amplia variedad de temas y formas posibles de participación también ofrece oportunidades específicas de participación que dependen de la edad, periodo y situación en la vida, de modo tal que los efectos de la edad son casi insignificantes y las calificaciones a nivel educativo y estatus ocupacional resultan ser de menor importancia.

Un amplio rango de actividades políticas puede observarse con las votaciones en elecciones que se ubican en el primer puesto por un amplio margen. Casi todos los jóvenes consideran las votaciones en las elecciones como una de las formas de participación democrática más importantes y obvias. La mayoría de los jóvenes también ven oportunidades adicionales de articulación política en la esfera pública, por ej.: mediante la suscripción de peticiones o participación en manifestaciones. Tanto como uno de cada tres jóvenes estaría preparado para redactar cartas o correos electrónicos dirigidos a políticos o periódicos, estaciones de radio o televisión para ejercer influencia política. Por el contrario, sólo pocos jóvenes pueden imaginar trabajar de modo activo en un partido político o aceptar un cargo político. Tanto en Alemania del Este como Alemania del Oeste, el trabajo de los partidos políticos y los cargos políticos tienden a ser considerados "de dominio del sexo masculino", mientras que para otras formas comunes de articulación política, las diferencias por género no juegan un papel importante. Por excepción, un porcentaje más elevado de adolescentes de sexo masculino y hombres jóvenes en lugar de adolescentes de sexo femenino y mujeres jóvenes anhelan comprometerse en actividades políticas que pueden traspasar el límite entre la legalidad y la ilegalidad. Tales formas de participación, sin embargo, sólo las pone en práctica una pequeña minoría tal como también sucede en la población en su totalidad.

Los factores relevantes que influyen la participación de adolescentes y adultos jóvenes son la integración en redes políticas y sociales en general. En este contexto, las redes políticamente orientadas promueven tanto la participación social como política, mientras que las redes sociales sólo fortalecen la participación social. La integración y actividad religiosas son importantes en este contexto. Estas conexiones, no obstante, comprenden interacciones dinámicas más que relaciones casuales en una dirección clara. El interés en la política resulta relevante para ambas formas de participación, mientras que las orientaciones post-materialistas sólo juegan un papel en la participación política. Los recursos socio-demográficos influyen tanto en la participación social como política. La relación entre las calificaciones a nivel educativo y la participación la determinan adicionalmente otras características (por ej.: interés político) que en sí mismas están vinculadas de un modo más cercano con los recursos educativos.

La participación por parte de los adolescentes y adultos jóvenes es altamente variada y no puede sintetizarse en una simple fórmula. El descenso parcial respecto de formas de participación convencionales contrasta con los niveles relativamente constantes de actividad en formas de participación más libres que, en la actualidad, se aceptan como una extensión del abanico de oportunidades de participación. Sería ir demasiado lejos, sin embargo, hablar de sustitución de formas de participación convencionales por formas de participación no convencionales. Los resultados muestran que, dentro del marco de los procesos de modernización social, una gran variedad de formas de participación evolucionan, mientras otras se debilitan. No obstante, no puede notarse aún un descenso en el alcance de participación.

Referencias bibliográficas

Baethge, Martin and Bartelheimer, Peter (2005) Deutschland im Umbruch. In: Soziologisches Forschungsinstitut (SOFI)/Institut für Arbeitsmarkt- und Berufsforschung (IAB)/Institut für sozialwissenschaftliche Forschung (ISF)/Internationales Institut für empirische Sozialökonomie (INIFES)(eds.) Berichterstattung zur sozioökonomischen Entwicklung in Deutschland. Arbeit und Lebensweisen. Erster Bericht. pp. 11-36. Wiesbaden: VS Verlag für Sozialwissenschaften

Barnes, Samuel H. and Kaase, Max et al. (1979) Political Action. Mass Participation in Five Western Democracies. Beverly Hills: Sage Publications

Beher, Karin and Liebig, Reinhard and Rauschenbach, Thomas (1999) Das Ehrenamt in empirischen Studien – ein sekundäranalytischer Vergleich. Stuttgart: Kohlhammer

Brand, Karl-Werner (1992) Neue soziale Bewegungen. In: Weidenfeld, Werner and Korte, Karl-Rudolf: Handwörterbuch zur deutschen Einheit. pp. 508-517. Frankfurt am Main: Campus

Braun, Sebastian (2003) Die Hoffnung auf das „soziale Kapital" in einer modernen Bürgergesellschaft. In: Infobrief Stadt (2030) pp. 30-37

Deth, Jan W. van (2001) Soziale und politische Beteiligung: Alternativen, Ergänzungen oder Zwillinge. In: Koch, Achim/Wasmer, Martina/Schmidt, Peter (eds.) Politische Partizipation in der Bundesrepublik Deutschland. pp. 195-219. Opladen:Leske+Budrich

Deth, Jan W. van (2004) Soziale Partizipation. In: Deth, Jan W. van (eds.) Deutschland in Europa. Ergebnisse des European Social Survey 2002-2003. pp. 295-315. Wiesbaden: VS Verlag für Sozialwissenschaften

Enquete-Kommission (2002) „Zukunft des Bürgerschaftlichen Engagements" Deutscher Bundestag, Bericht Bürgerschaftliches Engagement: auf dem Weg in eine zukunftsfähige Bürgergesellschaft. Opladen: Leske+Budrich

EUYOUPART (2004) Report on the Meta-Analysis. Vienna, Austria: http://www.sora.at/wahlen/EUYOUPART

Gabriel, Oscar W. (2004) Politische Partizipation. In: Deth, Jan W. van (eds.) Deutschland in Europa. Ergebnisse des European Social Survey 2002-2003. pp. 317-336. Wiesbaden: VS Verlag für Sozialwissenschaften

Gabriel, Oscar W./Trüdinger, Eva-Maria/Völkl, Kerstin (2004) Bürgerengagement in Form von ehrenamtlicher Tätigkeit und sozialen Hilfsleistungen. In: Statistisches Bundesamt (eds.) Alltag in Deutschland. Analysen zur Zeitverwendung. pp. 337-356. Wiesbaden: VS Verlag für Sozialwissenschaften

Gaiser, Wolfgang/de Rijke, Johann (2006) Gesellschaftliche und politische Beteiligung. In: Gille, Martina/Sardei-Biermann, Sabine/Gaiser, Wolfgang/de Rijke, Johann, Jugendliche und junge Erwachsene in Deutschland. Lebensverhältnisse, Werte und gesellschaftliche Beteiligung 12- bis 29-Jähriger. Schriften des Deutschen Jugendinstituts: Jugendsurvey 3, Wiesbaden: VS Verlag für Sozialwissenschaften, p. 213-275.

Geißel, Brigitte (2004) Einleitung: Sozialkapital im demokratischen Prozess. Theorieangebote und empirische Befunde. In: Klein, Ansgar/Kern, Kristine and Geißel, Brigitte and Berger, Maria (eds.) Zivilgesellschaft und Sozialkapital. pp. 103-107. Wiesbaden: VS Verlag für Sozialwissenschaften

Gensicke, Thomas and Geiss, Sabine (2004) Die Freiwilligensurveys 1999-2004. Erste Ergebnisse und Trends. Presented by Gensicke Thomas and Geiss Sabine, TNS Infratest Sozialforschung München, at the 15th meeting of the "Bürgerschaftliches Engagement" task force of Friedrich Ebert Stiftung in Berlin, October 2004

Gille, Martina/Sardei-Biermann, Sabine/Gaiser, Wolfgang/de Rijke, Johann (2006) Jugendliche und junge Erwachsene in Deutschland. Lebensverhältnisse, Werte und gesellschaftliche Beteiligung 12- bis 29-Jähriger. Schriften des Deutschen Jugendinstituts: Jugendsurvey 3. Wiesbaden: VS Verlag für Sozialwissenschaften

Inglehart, Ronald (1998) Modernisierung und Postmodernisierung. Kultureller, wirtschaftlicher und politischer Wandel in 43 Gesellschaften. Frankfurt/New York: Campus

Isengard, Bettina (2005) Unterschiede im Freizeitverhalten: Ausdruck sozialer Ungleichheitsstrukturen oder Ergebnis individualisierter Lebensführung? DIW Discussion Papers 466

Kaase, Max (2002) Politische Beteiligung. In: Greiffenhagen, Martin/Greiffenhagen, Sylvia (eds.): Handwörterbuch zur politischen Kultur der Bundesrepublik Deutschland. pp. 349-363. Wiesbaden: Westdeutscher Verlag

Klein, Ansgar/Legrand, Hans-Josef/Leif, Thomas (eds.) (1999) Neue soziale Bewegungen. Impulse, Bilanzen und Perspektiven. Opladen: Westdeutscher Verlag

Koch Achim/Wasmer Martina/Schmidt Peter (eds) (2001) Politische Partizipation in der Bundesrepublik Deutschland. Empirische Befunde und theoretische Erklärungen. Opladen: Leske+Budrich

Lebenslagen in Deutschland (2005) Der 2. Armuts- und Reichtumsbericht der Bundesregierung. Bonn: Die Bundesregierung

Marbach, Jan H. (2003) Familiale Lebensformen im Wandel. In: Bien, Walter/Marbach, Jan H. (eds.): Partnerschaft und Familiengründung. Ergebnisse der dritten Welle des Familien-Survey. DJI: Familien-Survey 11. pp. 141-187. Opladen: Leske+Budrich

Opp, Karl-Dieter/Finkel, Steven, E. (2001) Politischer Protest, Rationalität und Lebensstile. Eine empirische Überprüfung alternativer Erklärungsmodelle. In: Koch Achim/Wasmer Martina/Schmidt Peter (eds.): Politische Partizipation in der Bundesrepublik Deutschland. Empirische Befunde und theoretische Erklärungen. pp. 73-108. Opladen: Leske+Budrich

Pickel, Gert (2002) Jugend und Politikverdrossenheit. Opladen: Leske+Budrich

Putnam, Robert D. (2000) Bowling Alone. The Collapse and Revival of American Community. New York: Simon and Schuster

Putnam, D., Robert/Leonardi, Robert/Nanetti, Y., Raffaella (1993) Making democracy work. Civic traditions in modern Italy. Princeton: Princeton University Press

Raschke, Joachim (1985) Soziale Bewegungen. Frankfurt/New York: Campus

Rosenbladt, Bernhard von (1999) Zur Messung des ehrenamtlichen Engagements in Deutschland – Konfusion oder Konsensbildung? In: Ernst Kistler/Heinz-Herbert Noll/Eckhard Priller (eds.): Perspektiven gesellschaftlichen Zusammenhalts. pp. 399-410. Berlin: edition sigma

Roth, Roland (1999) Neue soziale Bewegungen und liberale Demokratie. In: Ansgar Klein/Legrand, Hans-Josef/Leif, Thomas (eds.): Neue soziale Bewegungen. Impulse, Bilanzen und Perspektiven. pp. 47-63. Opladen: Leske+Budrich

Roth, Roland/Rucht, Dieter (2002) Neue Soziale Bewegungen. In: Greiffenhagen, Martin/Greiffenhagen, Sylvia (eds.): Handwörterbuch zur politischen Kultur der Bundesrepublik Deutschland. pp. 296-303. Wiesbaden: Westdeutscher Verlag

Santen, Eric van (2005) Ehrenamt und Mitgliedschaften bei Kindern und Jugendlichen. Eine Übersicht repräsentativer empirischer Studien. In: Rauschenbach, Thomas/Schilling, Matthias (eds.): Kinder- und Jugendhilfereport 2. Analysen, Befunde und Perspektiven. pp. 175-202. Weinheim/Munich: Juventa Verlag

Schneider, Helmut (1995) Politische Partizipation – zwischen Krise und Wandel. In: Hoffmann-Lange, Ursula (ed.): Jugend und Demokratie in Deutschland. pp. 275–335. Opladen: Leske+Budrich

Sebald, Martin/Straßner, Alexander (2004) Verbände in der Bundesrepublik Deutschland. Wiesbaden: VS Verlag für Sozialwissenschaften

Uehlinger, Hans-Martin (1988) Politische Partizipation in der Bundesrepublik. Opladen: Westdeutscher Verlag

Verba, Sidney/Kay Lehman Schlozman/Henry, E., Brady (eds.) (1995) Voice and Equality. Civic Voluntarism in American Politics. Cambridge: Harvard University Press

Weßels, Bernhard (2004) Politische Integration und politisches Engagement. In: Statistisches Bundesamt(eds.) Datenreport 2004. Zahlen und Fakten über die Bundesrepublik Deutschland. pp. 639-648. Bonn: Bundeszentrale für politische Bildung

Westle, Bettina (1994) Politische Partizipation. In: Gabriel, Oscar W./Brettschneider, Frank (eds.) Die EU-Staaten im Vergleich. Strukturen, Prozesse, Politikinhalte. pp. 137-173. Opladen: Westdeutscher Verlag

Jóvenes, ciudadanía y ocio[1]

José Machado Pais

Introducción

El conocimiento del mundo se hace en palabras. Ellas le dan sentido. Cuando a los habitantes de Macondo, en un día de sus "cien años de soledad", los atacó repentinamente una especie de amnesia, tuvieron miedo a perder el conocimiento del mundo. Ante la amenaza de olvido de lo que representaba un árbol, una casa, una vaca, decidieron escribir rótulos y colgarlos en las cosas cuyo significado temían perder: "esto es un árbol", "esto es una casa", "esto es una vaca"… Y así las palabras acaban diciéndonos lo que es el mundo cuando creemos que el mundo es la realidad que las palabras nombran. Pero a veces confundimos los nombres con la realidad que ellos nombran. Esto ocurre con muchos conceptos que se constituyen en "realidades nominales", como solía decir Santo Tomás de Aquino. Es lo que sucede con el concepto de *ciudadanía* y muchas otras definiciones nominales a él asociadas, como las de "inclusión" o "exclusión" (Martins 2004a). Podemos escribir un rótulo con la palabra "ciudadanía", pero no sabemos en qué realidad colgarlo.

Con la Revolución Francesa, la idea de *ciudadanía* surgió asociada a la de la expresión más acabada del universalismo revolucionario. La lucha por la emancipación se hizo en nombre de derechos universales en virtud de una ideología *asimilacionista* y, de algún modo, por respeto a una pluralidad de culturas cuya idea, por cierto, jamás le pasó por la cabeza a ningún jacobino (Ferry 1990 y Craith 2004). Pero cuando tratamos de encajar el rótulo de "ciudadanía" en la realidad presente se presentan inevitables problemas e interrogantes. Por ejemplo, ¿cómo es posible que los derechos universales convivan con derechos de segmentos de población que, como

---

1 Texto basado en una presentación hecha en la sesión de apertura del Simpósio Internacional da Juventude realizado en Río de Janeiro, UFRJ, en octubre de 2004. La traducción fue realizada por Mario Merlino

los jóvenes, abrazan modos de vida que reclaman pluralización, diferencia, identidad, individualidad? Es entonces cuando comienza a esfumarse la estabilidad de los conceptos. No es casual que el concepto de ciudadanía haya adquirido múltiples y contradictorios significados (Beiner 1995; Bulmer y Rees 1996). Lo peor que podemos hacer, en estas situaciones, es capitular frente a la inestabilidad del rótulo. O quedarnos aprisionados en sus significaciones originales. Samuel Taylor Coleridge describía las *ideas* como pensamientos vueltos hacia el futuro, por contraposición a los *epigramas*, que encapsulan pensamientos pasados. Decididamente, el rumbo que se impone es tomar el concepto de *ciudadanía* como una idea vuelta hacia el futuro, teniendo en cuenta la realidad del presente. Y lo que la realidad del presente nos dice es que si la idea de ciudadanía sigue asociada a la defensa de derechos universales, uno de los más relevantes de esos derechos es, sin duda, el derecho a la *diferencia*. Diferencia que los jóvenes buscan, sobre todo, en cuanto consumidores y productores culturales (Rosaldo 1994). Tal vez podamos, con los jóvenes, aprender a mirar mejor las varias caras de la ciudadanía.

¿Cara o cruz?

Me sorprende cómo, en el lenguaje corriente, los brasileños se tratan entre sí de "*caras*"*. Al referirse a alguien como "cara" están reconociendo implícitamente una individualidad, con su subjetividad inherente, su cara propia. Además, no es casual que "cara" esté presente etimológicamente en el *carácter*. Mientras tanto, los jóvenes han descubierto otro término cuya riqueza simbólica vale la pena explorar: "*careta*" —expresión que designa a una persona llena de condicionamientos y prejuicios, intérprete de valores superados, fuera de moda. A los verdaderos "caras" se les asocia un estatuto de le-

---

* Sin pretender establecer una equivalencia exacta entre estos términos y los usos en el español peninsular, *cara* se acerca a "tío" y también a "tronco" (amigo, colega, compinche), término interesante por su vínculo con la idea de apoyo y firmeza ("es mi tronco", usado también en femenino, "tronca": la afectividad que estabiliza). Lo más cercano a *careta* es "carca": de ideas retrógradas, especialmente en religión, según señala Manuel Seco. Interesante también su proximidad fónica y semántica con "carcamal" (vejestorio). *Coroa*, por fin, es literalmente "cruz", la otra cara de la moneda. Como término aplicado a personas y comportamientos: "carroza", persona mayor, anticuada (*N. del T.*).

gitimidad (*cara legal!*). La otra cara de la moneda, "*coroa*", designa a una persona de edad avanzada e ideas retrógradas. De ese mundo consensual forman parte los "caretas", aunque no sea cierto que todo el consenso esté incorporado en tal designación (Vianna 1997: 14)*.

Contra el régimen "carca" de estar en la vida (dominado por los "carrozas"), los jóvenes reivindican nuevas experiencias de vida que implican ser "descarado", es decir, actuar con atrevimiento, hasta con imprudencia, "plantando cara" o "dando la cara", "encarando" o "encarándose". El lado "carca" de la política no les interesa. En un documento publicado recientemente por el Consejo de Europa sobre la participación política de los jóvenes europeos (Lauritzen, Forbrig y Hoskins 2004), el retrato que se nos ofrece es el de una juventud desencantada con las instituciones y los modos tradicionales de participación política. La confianza en las instituciones política está en franco retroceso (decrecimiento, descreimiento), lo que se refleja en un significativo abstencionismo electoral (Galland y Roudet 2001). El panorama no es diferente en Brasil. En una reciente encuesta realizada entre cerca de nueve millones de jóvenes brasileños, de los 15 a los 24 años, sólo el 10% mostraba interés por la política (Dayrell y Carrano 2002). El *poder carca* (de los "caraduras") busca entonces, desesperadamente, el llamado "encuadramiento de los jóvenes", es decir, busca encuadrar (encasillar) a los jóvenes en el régimen dominado por los carcas, no por azar designados también como "cuadriculados" (de mentalidad o conducta rígida o poco flexible, según Manuel Seco). Los jóvenes son vistos como *fuera de cuadro,* "fuera de las casillas", "alborotadores", "marginales", términos que apuntan a una *exclusión* que muchos jóvenes transforman en identidad para afirmar sus identidades.

Hablar de ciudadanía implica hablar de *caras*, de "troncos" o sostenes de identidades. De identidades *individuales* (de una persona, de una voz, de una posición, de una subjetividad) y de identidades *grupales* ("nosotros", que nos asemejamos, en relación a "otros" que se diferencian de nosotros). Pero la ciudadanía se ha referido tradicionalmente a una persona "universalizada", a un "cara" (tronco) impersonal. Lo que propongo es que el concepto de ciudadanía contemple y reconozca las diferencias, especialmente las de los que no forman parte del "orden normal" de los encuadrados (encasillados). ¿Habrá ciudadanía sin el reconocimiento de la identidad de un *cara*? ¿En qué medida los atributos universalistas generalmente asociados a la noción de ciudadanía dan cabida a la reivindicación de subjetividades e identidades grupales? ¿Acaso el ideal de ciudadanía se cumple sólo en la defensa de la igualdad o, también, en el reconocimiento de la diferencia (Benhabib 1999)?

Esta ciudadanía que defiende la autonomía del *cara* implica el reconocimiento de la afirmación de una identidad, de una voluntad propia, de un poder de decisión (Franck 1999). ¿Por qué razón los jóvenes invierten tanto en su imagen visual? Porque las identidades son una construcción que se logra en la imagen, en el lenguaje, en las formas de comunicación y de consumo, recurriendo a múltiples estrategias escénicas (Canclini 1995). El cuerpo es escenario de inversiones crecientes por parte de los jóvenes: se tatúan, se drogan, se perforan, adelgazan, se musculan, se broncean, se depilan... Las caras se maquillan, se perfuman, se exhiben con gafas originales, llevan peinados exóticos y coloridos (Pais y Cabral 2004). Entre las dos guerras mundiales, la moda se regía por una funcionalidad racional que la volvía uniforme, previsible, conformista. Hoy en día, los jóvenes miran tales vigencias como moda *carca*. Lo que cuenta es el cultivo de la imagen de sí mismos, encarada en toda su expresividad y sensibilidad (Negrin 1999). Lo que hoy resalta es un "eclecticismo estilístico" (Connor 1991), que vuelve efímera la propia moda y viabiliza la performatización de identidades construidas como marcas de una supuesta individualidad. No estamos sólo ante una cuestión de modas (incorporadas), sino ante la necesidad de afirmación de identidades (intervenidas). De identidades que se ritualizan socialmente y, en ese sentido, los tatuajes, *piercings* y otras intervenciones corporales son marcas individuales y grupales.

Ellas individualizan los cuerpos marcados, pero también demarcan y acarrean así una diversidad de afiliaciones grupales (Haenfler 2004), formas diversas de hacer hablar al cuerpo, de multiplicar su capacidad lenguaraz. Reclaman formas de participación y disputa cívica basadas en la relevancia del cuerpo y del control sobre el mismo.

En un escenario de fuerte reivindicación del derecho al uso libre del cuerpo, la ciudadanía se cuestiona cada más en los dominios del *self*, del cuerpo, de la sexualidad, reflejando la individualización de la cultura. Como sostiene Giddens (1997: 56), "los asuntos de la política de vida proporcionan la agenda central para lo institucionalmente reprimido". Los derechos más apelativos son los que interfieren en el bienestar individual, como es el caso de los derechos del consumidor o de los que se centran en cuestiones relacionadas con el género, la sexualidad, los estilos y la calidad de la vida. La posibilidad de que reproducción y sexualidad se separen ha dado paso también a una variedad de vivencias de afecto y de opciones de vida. Asistimos cada vez más a una privatización de los dilemas del vivir cotidiano. Dilemas que implican la afirmación de identidades individuales en el plano de la sexualidad, de la expresión corporal, de los sentimientos, de la realización personal. Los derechos sociales son movilizadores en la medida en que expresan derechos individuales. Muchos de los movimientos sociales contemporáneos son manifestaciones de rebeldía frente a formas institucionales de represión de la individualidad (Muggleton 2000). Realización personal y transformación social no son reivindicaciones mutuamente excluyentes (Calhoun 1994).

En definitiva, no debemos fijarnos sólo en los atributos (epigramas) que caracterizaban el modo tradicional y abstracto de encarar la ciudadanía (derechos de responsabilidades, obligaciones, prerrogativas, etc.), fuertemente sujetos a un "referencial adultocéntrico" (Castro 2001: 13). Cuando se la piensa por referencia a los jóvenes, la ciudadanía no debe estar sólo vinculada al discurso de la "integración", dejando de lado el "reconocimiento de la diversidad" (Moya 2003: 10). O sea que importa también explorar los movimientos juveniles de expresión cultural, sin olvidar los *sentimientos de pertenencia* y las subjetividades que se invierten en las relaciones de sociabilidad. Una comprensión cultural de esta "ciudadanía de la intimidad" (Plummer 2003), que contemple el universo de los sentimientos y de las fantasías, nos ayudará a entender mejor la naturaleza de las inversiones emocionales de los jóvenes cuando están en juego identidades (individuales y grupales) no determinadas por intereses racionales (Frosh 2001).

El "mostrar la cara" tiene evidentes ventajas —afirmación de una voluntad propia-, pero arrastra también el cotejo inevitable con caras de ideas diferentes. Al ser muchas veces mirados de reojo, los jóvenes acaban devolviendo, de rebote, los rechazos de que son blanco. De ahí la contraposición del *cara* (legal) al *carca, carroza* o *cuadriculado.* La ciudadanía ha sido pensada, tradicionalmente, en forma de *cuadratura.* Se ha definido, en cada época, por los límites que se impone a sí misma. De ahí los conceptos derivados de *inclusión* (dentro de la cuadratura) y de *exclusión* (fuera de la cuadratura). Pero ¿debe el ejercicio de ciudadanía reducirse a estrategias de encerramiento, las que sólo apelan a un encuadramiento cuyas virtudes no se discuten? El ejercicio de ciudadanía no puede disociarse del poder inventivo de los márgenes que se manifiestan, insurrectos, en relación con las estrategias de encerramiento y que cobran todo su fulgor en los juegos de apertura.

Las lógicas de *encerramiento* y de *apertura* se enfrentan en muy variados dominios de la vida, como el de la propia comunicación lingüística (Deleuze y Guattari 1994: 103-104). Véase cómo la lengua portuguesa de los tiempos coloniales intentó imponerse – sin haberlo conseguido plenamente – a las culturas *caipiras* o "rústicas" de Brasil (Martins 2004b). La lengua es una realidad variable heterogénea, pero aparece normalmente subyugada por una política de encerramiento. Por ello resulta homogeneizada, centralizada, estandarizada. La gramaticalidad de una lengua es un indicador de poder antes de ser un indicador sintáctico. La unidad de una lengua es fundamentalmente política. Pero, en su vivencia cotidiana, la lengua participa en "juegos de apertura", especialmente entre los que están al margen del poder. En el habla de los jóvenes es común el surgimiento de un lenguaje que connota sus propios valores. Producen una relexicalización del lenguaje, promueven un fluir de voces que se renuevan constantemente; crean palabras nuevas, las deforman o dan nuevos significados a las ya existentes. Podemos invocar en este caso la dicotomía *saussuriana* que opone la lengua al habla. La lengua remite a un sistema de convenciones y de normas que determinan cómo se debe hablar. El habla, en contrapartida, apunta a la práctica del uso lingüístico, la cual lleva a que los hablantes hagan usos diferentes de la lengua. El lenguaje obsceno de muchos jóvenes viene de otra escena: se inscribe en un movimiento polifónico que impugna o ignora la lógica de los discursos codificados por las gramáticas instituidas.

Las jergas lingüísticas siempre se han constituido en lenguajes de resistencia cuando se generan en los márgenes sociales (Burke y Porter 1996). La jerga de los jóvenes es prueba de ello cuando contraponen el *cara legal* al *coroa* (carroza) o al *careta* (carca). La ironía se usa muchas veces para crear distancias por parte de quien se siente mirado a distancia. El *cara legal* puede incluso ser un delincuente, pero no deja de ser un *cara legal*. Puede hablar *legal,* aunque apenas domine la lengua portuguesa. Puede tener un trabajo ilícito que es mirado como *legal* (placentero) o tener un trabajo que *no es legal* (en el sentido de alienante), aunque esté vinculado jurídicamente a un contrato legal. El habla de los márgenes recurre frecuentemente a *antífrasis*, es decir, expresiones cargadas de ironía que manifiestan lo contrario de lo convencional. El *cara legal* (el "tío legal, el tronco") puede expresar una legalidad en la marginalidad, fiel a los códigos establecidos por ésta, al margen de la legalidad del mundo de los encuadrados (o encasillados). La legalidad que en los márgenes es considerada como legal no es de base jurídica o prescriptiva. Es de base cultural. El concepto tradicional de ciudadanía remite a la idea de que la vida debe ser vivida dentro de ciertos límites o patrones de convivencia y tolerancia, lo que presupone una base de legalidad formal, de conformidad con lo prescrito por el derecho de las obligaciones. Me gustaría proponer la discusión de la posibilidad de que nuevas formas de ciudadanía estén asociadas a expresiones culturales que toman lo legal no en el sentido jurídico sino cultural.

Deleuze y Guattari (1994: 103-104) hablan de lenguas "altas" y "bajas". Las primeras se asientan en el poder de las constantes, las segundas en la potencia de la variación. Son estas posibilidades de variación las que permiten los "juegos de apertura". La llamada pobreza – sea lingüística o cultural – es una restricción de constantes. Pero nada garantiza que la mejor forma del ejercicio de la ciudadanía sea la del comprometerse con las "constantes", en desmedro de la riqueza de las diferencias. Veamos el caso de la reciente prohibición, en Francia, de los velos islámicos. Si, en principio, la ley pretende un trato igual a los ciudadanos, independientemente de su origen étnico o nacional, en realidad se asiste a un asimilacionismo autoritario que pretende integrar a las minorías de acuerdo con los moldes de la mayoría. Bajo el velo de la laicización de la sociedad, el Estado laico acaba manifestando toda su intolerancia en relación con costumbres y manifestaciones de libertad religiosa que, aparentemente, no entran en colisión con el derecho de los demás. La ciudadanía *asimilacionista* es aquella que implica una conformidad con los límites de las constantes, promoviendo una aglutinación de los márgenes. El verdadero desafío no es la inclusión de las minorías en una mayoría de conformidad, de constantes. Importa contemplar, sobre todo, la posibilidad de abrir nuevos horizontes de vida a través de la capacidad inventiva de los márgenes, sean ellos de lengua, de etnia o de generación.

Tradicionalmente, el concepto de ciudadanía establece fronteras y márgenes entre sociedades y grupos. Unos son encuadrados (los "incluidos"), otros desencuadrados (los excluidos, los marginales). Pero los márgenes se definen a partir del centro, es decir de valores que son propios de "nosotros" (los encuadrados) por contraposición a "ellos" (los excluidos). Evidentemente, hay una ciudadanía de *derechos establecidos* que se perciben como estables, eternos, constantes. El derecho al voto (antaño conquistado) es un buen ejemplo de derecho establecido. Pero hay también una ciudadanía de nuevos *derechos conquistados* cuya premura se justifica por las necesidades mudables de la vida. En este caso, podemos hablar de una ciudadanía participada.

Ciudadanía participada

Un modelo de *ciudadanía participada* nos lo ofrece un juego de ordenador que ha entusiasmado a muchos jóvenes, al comprobar que detentan el poder de participar en la creación de su ciudad. Me refiero al *SimCity*, lanzado en 1990 por Will Wright. El *SimCity* fue uno de los primeros juegos tendentes a explorar los fascinantes poderes de la emergencia *bottom up* (Johnson 2001). Los sistemas *bottom up* se contraponen a los modelos deterministas *top down,* característicos de los encuadramientos impuestos. Tanto el aprendizaje como el actuar *bottom up* se dan en el mundo de la vida cotidiana, usando "información local" que puede llevar a un "saber global". En ese juego, el mundo *bottom up* está presente en las posibilidades de autoorganización de comportamientos emergentes. Al contrario de lo que ocurre con las ciudades planeadas de modo *top down,* la vitalidad de las ciudades proviene de los que informalmente circulan en el espacio público de la ciudad: la calle. La verdadera magia de la ciudad viene de abajo y no de los rascacielos en los que parece estar enjaulada la vida social.

De manera recurrente, los jóvenes reivindican la calle como un escenario de cultura participativa. Veamos el caso de los jóvenes *skaters.* Para ellos, la calle es ámbito de un compromiso con la ciudad. De una experiencia sensorial de la ciudad hecha a través de la audición de los vehículos que circulan, de la visualización de los movimientos, de la absorción de los olores, de la vibración corporal de los deslizamientos. Los jóvenes *skaters* producen "espacios libres" en el dominio de las cuadraturas formadas por el "poder arquitectónico" de las ciudades (Menser 1996). ¿Qué hacen los jóvenes *skaters* del espacio urbano de la ciudad? Lo reinventan, dándole nuevos usos y, de ese modo, producen un nuevo espacio, distinto del original. El cuerpo del *skater* dialoga con la arquitectura del espacio por donde se desliza, como si en ese "cuerpo a cuerpo" se produjese una nueva discursividad urbana. El *skater* se niega a aceptar el espacio como un dato preexistente. Le da una existencia propia cuando lo desafía a usos diferentes de los previstos o preestablecidos.

Las *performances* de los jóvenes *skaters* desafían las jerarquías espaciales establecidas por la arquitectura convencional de las ciudades; promueven una especie de comunidad "translocal" (Willand 1998) de contestación a las fronteras espaciales; apelan a una rehabilitación del usufructo de un "espacio total", libre de las coerciones derivadas de planificaciones urbanísticas *top down*; redefinen el tejido urbano, creándole nuevos significados, tomando el espacio en una concepción de "usos múltiples". La arquitectura de las ciudades las segrega en espacialidades mutuamente excluyentes, de las que son ejemplo las cerradas comunidades de vecinos. Los *skaters* reivindican una vivencia democratizada de los espacios públicos de las ciudades.

Los conceptos de *espacialidad* y *territorialidad* connotan relaciones de poder y capacidades de inclusión y de exclusión. Las ciudades son aglomeraciones nodales especializadas, construidas en torno a una disponibilidad instrumental de poder social. Se constituyen en centros de control, siendo diseñadas para proteger y dominar, poniendo en juego una sutil geografía de límites y confinamientos (Soja 1989: 13). Verificamos en ellas una sumisión de los espacios públicos, en los que debería potenciarse la ciudadanía, a flujos tecno-financieros de la economía. Los jóvenes *skaters* descubren en el espacio de regulación de las ciudades una oportunidad de producción de otros flujos: los de la expresividad performativa. El espacio de regulación es un espacio preestablecido, estructurado en calles, aceras, rotondas y semáforos que encuadran las apropiaciones espaciales. Pero los espacios de regulación pueden subvertirse también. Los *skaters* transforman las calles en espacios que se afirman mediante usos libres de instancias, movimientos que se expanden movidos por un deseo de expansión. Basta verlos hacer giros de 180º (girando el cuerpo en "media luna" y volviendo a caer encima del *skate*) o en movimientos *flip* (girando el *skate* bajo los pies) u *ollie* (saltando con los *skates* en los pies). Suelen usar la expresión *drawing lines* (trazar líneas) como si nos quisiesen hacer ver que la ciudad es una hoja en la que inscriben su creatividad. A su manera, escriben la ciudad, aunque a una escala microespacial, creando registros, trazos, señales reveladores, como lo hacen también los jóvenes grafiteros.

Los jóvenes *skaters* recuperan el espacio *estriado* (Deleuze y Guattari 1994: 487) de las ciudades como un espacio *liso*. Con ellos aprendemos que el espacio es mucho más que la proyección de una representación intelectual. Es una producción hecha de movimientos, gestos, complicidades. Lo mismo puede pensarse de la ciudadanía. La ciudadanía sólo se cumple globalmente cuando se ejerce en el ámbito local. El *streetskate* nos sugiere que las ciudades pueden modificarse a partir de sus microespacios, tanto como a través de grandes proyectos y planos urbanos. Los *skaters* nos muestran que lo urbano no es solamente un producto sino, sobre todo, un modo de vida. La ocupación preferencial que hacen de espacios simbólicamente fuertes como lugares turísticos y plazas históricas o monumentales tienen una razón de ser. Es allí donde pueden invertirse de manera flagrante las relaciones sociales para crear *espacios heterotópicos* (Foucault 1993: 422-423).

En los movimientos de los *skaters* – también entre los *breakdancers* – es posible vislumbrar toda una geometría operativa del flujo y del movimiento, orientada por una pragmática de la variación, opuesta a las invariantes geométricas euclidianas. No es casual que los jóvenes surfistas reivindiquen esta geometría de lo fluido cuando se refieren a la práctica deseable del surfing como "fluida" (Rector 1994). También entre algunos *rappers* y *ravers* (particularmente en los géneros *jungle* y el *gangstadelic*), la forma de danzar parece sugerir una lucha hecha de un flujo de movimientos contra un enemigo amenazador. Bailan como si fuesen boxeadores o intérpretes de artes marciales. Con los gestos de quien parece esquivar a un adversario tan temible cuanto invisible.

Para los poderes hieráticos del orden y de la estabilidad, toda metamorfosis es problemática, todo pequeño intervalo de variación es diabólico. Es esa movilidad, característica del "espacio liso", la que buscan algunos jóvenes. Espacio de tránsitos, itinerantes, intersticiales, lugares de movimiento y también de *ciudadanía*. ¿Por qué? Porque se abren a una diversidad de usos, a una multiplicidad de apropiaciones. Hay una analogía entre la dicotomía que proponen Deleuze y Guattari (1994: 487) entre "espacio liso" y "espacio estriado", y la que nos propone Merleau-Ponty (1984) entre "espacio geométrico" y "antropológico". El *espacio estriado* remite a una espacialidad geométrica, homogénea, unívoca. El *espacio liso* sugiere una espacialidad antropológica, vivencial, fractal.

De un lado tenemos la *polis*, que remite al orden político, a la administración centralizada de la ciudad; del otro lado, tenemos la *urbs*, que es el pulsar de la ciudad, esculpiéndose a sí misma, marcada por una resistencia al control de la *polis* (Delgado 1999). La *polis* es posterior a la *ciudad,* surge a finales del siglo XVIII, cuando el *topos urbano* se ve aprisionado por las amarras engendradas por ingenieros, arquitectos e higienistas. A partir de ese momento, se produce un *estriarse* de la ciudad, que empieza a estar sometida a principios de racionalización que se habían concebido para instituciones de clausura, como las prisiones, los internados, los cuarteles, las fábricas, los hospitales. Los planificadores de la ciudad pretendían entonces exorcizar los desórdenes, purificar las conductas, hacer el escrutinio de las poblaciones, llevar la miseria a las zonas periféricas. Se instaura en la ciudad el "estado de peste", para utilizar la consagrada expresión de Michel Foucault en *Vigilar y castigar.* La ciudad se transforma en un espacio cerrado, ciudad maqueta, con los ciudadanos que ven sus movimientos controlados y vigilados, como ahora ocurre también con las cámaras de vídeo que nos espían en centros comerciales, edificios públicos y residenciales. Contra la ciudad maqueta se yergue una ciudad de los ciudadanos, una ciudad humanizada, participada, insumisa frente a los modelos de planificación determinista. La ciudadanía es, en cierta medida, un movimiento de rechazo de la ciudad planificada a favor de la ciudad practicada. De una ciudad que albergue manifestaciones culturales, no inevitablemente institucionalizadas, que promuevan nuevas expresiones identitarias por parte de quien la habita (Zukin 1995).

La oposición *urbs/polis* es análoga a la que propuso Spinoza entre *potencia* y *poder.* La *urbs* es una *potencia spinoziana,* una energía creativa. Los movimientos de *urbs* muestran hasta qué punto puede ser contestado el poder de la *polis.* Esos movimientos pueden ser masivos, como los que se producen en grandes manifestaciones sociales; pueden ser también micromovimientos que, a su manera, anuncian otros modos de vida. Cuando la *polis* cobra conciencia de la *urbs,* se crean condiciones reales para el ejercicio de la *ciudadanía.* Es la *polis* que la tradición griega asociaba al espacio público, un espacio perteneciente a todos, escenario de un *logos* al servicio de la libertad de la palabra y del pensamiento, espacio que remitía a la plaza pública, el *ágora,* donde se defendía el derecho a la igualdad en la diversidad de las formas de hablar, de pensar, de sentir y de hacer.

Siendo la ciudad un espacio estriado, se ve agitada por toda una serie de movimientos sociales que provocan conmociones en ese cerramiento que es propio de los espacios estriados. Al sedentarismo ciudadano se contraponen las tribus urbanas con su filosofía nómada (Melucci 1989; Marín y Muñoz

2002; Almeida y Tracy 2003; Pais y Blass 2004). El espacio sedentario es estriado, cerrado, mientras que el espacio nómada es liso, abierto (Deleuze y Guattari 1994: 385). El nómada circula por el espacio liso, lo ocupa, lo habita, lo posee: ése es su principio territorial. La variabilidad de las direcciones es una de las características esenciales de los espacios lisos, abiertos a rizomas que modifican su cartografía. El espacio nómada está localizado, no limitado. Limitado es el espacio estriado que Deleuze y Guattari (1994: 386) denominan como "global relativo": es un espacio *limitado* en sus partes, a las que les corresponden direcciones constantes, separadas por fronteras; es también un espacio limitador que restringe y excluye. La ciudadanía no es exclusiva de lo "global relativo". Ella se vive en toda su plenitud en el *absoluto local,* un absoluto que tiene su manifestación en lo local. Para Deleuze y Guattari, lo absoluto se confunde con el lugar no limitado: no se trata de una globalización o universalización centradas en principios abstractos o en derechos de Estado; más bien se trata de una sucesión infinita de operaciones locales que dan lugar a una ciudadanía participada.

Fluidez, empatía, trayectividades

Nunca me voy a olvidar de las risas que provoqué cuando, en una *gafieira* (sala de baile, "bailanta" en la Argentina) de Río, ensayé mis primeros pasos de un baile que se pretende universal: *for all* o *forró.* En realidad, patoso como soy, me limité a reproducir los pasos elementales que esquemáticamente me habían enseñado: dos a la izquierda, dos a la derecha. Pero toda mi buena voluntad no impidió que censurasen mi forma *cuadriculada* de bailar. Sólo mucho después descubrí que el *forró* entrecruza movimientos fijos (dos a la izquierda, dos a la derecha) con movimientos variables que no se circunscriben al llamado *arrasta-pé.* Fue cuando me incitaron: "¡mueve las caderas!". Me di cuenta entonces de que el alma del *forró* no está sólo en los pies sino en la manera de mover el cuerpo o, mejor dicho, en la armonía de los cuerpos danzantes, en sus líneas melódicas y rítmicas que tipifican diferentes géneros: *"bate-coxa"* [choca-muslo], *"rala-bucho"* [roza-tripa], *"pela-ovo"* [pela-huevo]… De un modo general, los jóvenes bailan de una forma que explora mucho más la fluidez de los cuerpos. Por ejemplo, el *funk* es una variación continua, es un continuo desarrollo de la forma, es la fusión de la armonía con la melodía en beneficio de una liberación de los valores rítmicos y de las coacciones de la cuadratura. Esta idea de fluidez nos hace pensar en dos posibles caras de la ciudadanía, idea originalmente presentada por Urry (2000) cuando, en cada uno de los platos de la balance de su análisis, coloca dos diferentes tipos de ciudadanía: *"citizenship of stasis"* y *"citizenship of flows"*. De la misma forma que podemos contraponer un *forró* monótono (*"arrasta-pé"*) a un *forró* dinámico y envolvente (emocional, malicioso), también podemos enfrentar una ciudadanía *abstracta* y *estática* a una ciudadanía *fluida* y *empática*.

La idea de fluidez es cara a muchas de las culturas juveniles. Es lo que ocurre con los jóvenes *skaters*, como hemos visto. Sus performances dan la razón a Manuel Castells (1996) cuando afirma que el "espacio de los flujos" sustituye al "espacio de los lugares", idea que no está lejos de la que defiende Guattari (1996) al sugerir la proliferación, en las ciudades del mundo moderno, de redes rizomáticas multidimensionales que abarcan procesos técnicos, científicos y artísticos cuya principal consecuencia sería la producción de subjetividades. Esta producción de subjetividades se da en muchas otras culturas juveniles que exploran nuevas formas de sensibilidad, a partir de los márgenes (Gelder y Thornton, 1997). Tomemos el ejemplo de la cultura *rave*. El verbo *rave* es un verbo intransitivo que significa literalmente delirar, desvariar, estar fuera de sí, disparatar, hablar como un loco, incoherentemente, con sonoridades furiosas… No es casual que el verbo *rave* sea intransitivo. Se dice que un verbo es intransitivo cuando expresa una acción o estado que no trasciende al sujeto (los verbos intransitivos no exigen complemento directo). De hecho, la cultura *rave* es una cultura de aceleración sin destino. Se asienta en la producción de sensaciones sin referente aparente. En una fiesta *rave* sólo se celebra la celebración, en un fervor sin objetivo.

En cierto sentido, la cultura nos dice de dónde venimos y hacia dónde vamos. En el caso de la cultura *rave*, todo parece reducirse a sensaciones, se pierden los referentes y los significados. Los signos no se conciben inmovilizados en significado alguno (signo-ficado/signo-fijado). Son libres de fluir con las sensaciones (no se fijan, andan). Los aspectos intransitivos de la cultura *rave* – el mejor de los caminos es el que no lleva a ningún lado – se encuentran presentes en los efectos de la química de las drogas que les dan soporte. El *éxtasis* incita a una especie de fervor fluctuante, a una energía que se moviliza hacia ningún lado: o, mejor dicho, hacia la depresión, la resaca, la fragilidad mental, la melancolía. En este sentido vemos que no siempre las culturas de fuga de la trivialidad de la vida urbana se traducen en emancipación. Muchas veces son manifestaciones alienantes de resistencia a esa misma trivialización de la vida (Wooden y Blazak 2001).

En efecto, lo que caracteriza a la música *rave* en sus diferentes estilos (*dark/side/hardcore, darkore, jungle*) es la imagen festivamente siniestra de la paranoia, de la confusión (Reynolds 1998). El *éxtasis* tiene un papel relevante en la forma en que se vive la música en las *rave parties* (Saunders 1995). Se trata de una droga que, como dicen los farmacólogos, ejerce un *efecto de potenciación*. No sólo en el plano de la introspección, sino también en el de la promoción de una apertura empática en relación con los demás que lleva a un estado de *loved up* (capacidad amorosa). La música *rave,* con su textura sinestésica, sus ritmos contagiosos, potencia los efectos del *éxtasis,* contribuyendo a la liberación del cuerpo, a la desenvoltura del habla. No es casual que la llamada "droga del amor" haya sido designada como una droga "torrente", ya que en su impetuosidad disuelve las rigideces corporales y psicológicas, liberando sensaciones múltiples de conexión. Se diría que el *éxtasis* es como una "cápsula de zen" que provoca un estado de receptividad y de entrega, un deseo de dejarse ir en la fluidez de sonoridades confusas (y fusibles) y de contactos personales (y sensoriales). En la danza *rave* sobresalen gestos corporales abiertos, brazos levantados, extendidos al cielo, como si fuesen expresión de una entrega mística. La cultura *rave* es un ejemplo de lo que Deleuze y Guattari (1994) designaron como "máquina deseante", o sea un sistema no centrado, no jerárquico, no significante, definido esencialmente por la idea de circulación. De hecho, el cuerpo del *joven raver* se convierte en una región continua y auto-vibradora de intensidades cuyo fluir deja de lado cualquier tendencia a una culminación. El éxtasis que se persigue es provocado por un deseo de lo inalcanzable.

¿No podrán todas estas subversiones del margen ser convertidas al *mainstream*? Seguramente. Y también puede ocurrir que esas subversiones sean usadas por el poder del dinero. En eso pensamos al hablar de las redes de traficantes de droga que hacen de las culturas juveniles sus cotos de caza. Para Deleuze y Guattari (1994: 389), una de las características del Estado — pero también de la especulación capitalista — es usar "espacios lisos como medio de comunicación al servicio del espacio estriado". Sucede lo mismo cuando las políticas de inclusión de la ciudadanía se alimentan de la exclusión: "Para cualquier Estado no sólo es vital vencer el nomadismo, sino también controlar las migraciones y, más genéricamente, reivindicar una zona de derechos sobre todo el exterior" (*ídem*). Ésa es una ciudadanía que se incluye en la base de la exclusión; que controla los flujos de población, bienes y servicios para dirigirlos mejor.

Hemos sugerido que los márgenes son productores de resistencia, de creatividad, de formas "re-activas" de ciudadanía cultural (Blackman y France 2001) que se rebelan contra formas arcaicas de ciudadanía impuesta. No obstante, si es cierto que los márgenes culturales de donde surgen las culturas juveniles más creativas se pueden constituir en territorios de crítica a los poderes establecidos, también pueden ser absorbidas por éstos, como ocurre con buena parte de las creaciones musicales. Hemos visto también que algunos jóvenes – como *skaters, graffiters, rappers*, etc. – hacen de lo urbano una forma de vida dominada por sociabilidades minimalistas y expresivas. La expresión es una forma de liberación: una presión que se exterioriza. Contramovimiento de fuga de la represión. Hemos visto también que la calle es reivindicada como espacio de creatividad y de emancipación, en el que las ritualidades juveniles aparecen como una especie de celebración de la diferencia y de la autonomía. Las culturas juveniles no son solamente "culturas de resistencia" (Haenfler 2004), sino también formas de reivindicación de una *existencia* no siempre objeto de reconocimiento social (Honneth 1997).

¿Por qué algunos jóvenes se comprometen en conductas de riesgo? Porque les posibilitan poner en acción dotes de osadía y de habilidad, logrando una eficacia de la que carecen en situaciones rutinarias. La excitación del riesgo se alimenta de un "coraje de existir", coraje que se demuestra en la exposición al riesgo y en la sumisión a la calidad de prueba. Lo que cuenta es la posibilidad que tienen los jóvenes, en una fase de vida en que la mayoría de los discursos dominantes les otorgan un vacío de poder, de entregarse a actividades cuya visibilidad se incrementa a través de los riesgos (reales o presentidos) a ellas asociados. Al implicarse en conductas de riesgo (Pais y Cabral 2004), los jóvenes exhiben atributos de arrojo, virilidad, etc.

No puede reivindicarse ninguna ciudadanía cuando está vedado el acceso a la autonomía. Aunque se considere a los jóvenes dependientes de socializaciones de diverso orden, ellos reclaman derechos de autonomía. Los estudios de la juventud han estado tradicionalmente dominados por paradigmas que reflejaban la forma en que se representaba a los jóvenes desde el punto de vista ideológico: es decir, dependientes, no autónomos. Hoy en día, aun en el espacio doméstico, los jóvenes se encuentran expuestos al exterior. En el refugio del espacio doméstico, la televisión e Internet son ventanas abiertas a un mundo al que todos acceden (Postman 1983). Esta exposición a los *media* y a las nuevas tecnologías ha dado a los jóvenes un poder del que antes no disfrutaban. Mientras que para ser productor hacen falta aprendizajes específicos, para ser consumidor basta con tener preferencias.

El proteccionismo en relación a los niños y su enclaustramiento en casa o en el colegio llevaba a decir, ante actitudes más desenvueltas, que el pequeño estaba "saliendo del cascarón", como si su universo de vida fuese un huevo, un capullo familiar. Hoy en día, la cáscara del capullo se ha roto, especialmente como consecuencia de las nuevas tecnologías (Hutchby y Moran-Ellis 2001). La comunicación, mediada por las nuevas tecnologías, crea condiciones para el desarrollo de una "economía electrónica" (Lanham 1993), que escapa a las coerciones que la espacialidad ejerce sobre la comunicación. Las clásicas democracias de Grecia y Roma eran participativas porque se asentaban en relaciones interpersonales. Investigaciones recientes demuestran que, incluso con respecto a algunos juegos violentos de ordenador, los jóvenes tienen la oportunidad de desarrollar un espíritu cooperativo, de solidaridad y ayuda mutua, permitiendo que, por otro lado, se liberen de sentimientos de ansiedad y frustración que marcan una buena parte de su vida cotidiana. Tales juegos pueden ser lugar de expresión de emociones socialmente reprimidas (Nachez y Schmoll 2003/2004). Por otro lado, el uso de los móviles puede asociarse también a una reinvención de la individualidad o ser soporte de sociabilidades notables. Cuando los jóvenes se distinguen por el uso que hacen de determinados objetos (un móvil, una plancha de *skate,* unas zapatillas de marca…), es lícito hablar de la "vida social" de esos mismos objetos (Appadurai 1986).

Tomando las ideas de comunicación, fluidez, espacios de apertura, "salir del cascarón", etc., retomemos entonces las reflexiones sobre ciudadanía. Si el concepto tradicional de ciudadanía remite a la idea de una relación de pertenencia (a una comunidad, a una cultura, a una nación), ¿cuál es la capacidad heurística de ese concepto en una sociedad donde las relaciones de pertenencia son múltiples, fragmentarias, pasajeras? Probablemente, cuando se dice que la ciudadanía está ligada al suelo y a la sangre, se olvida el trayecto, es decir, las redes sociales que ligan a los individuos (Irigaracy 2000). Las ciencias sociales exploran mucho lo "objetivo" y lo "subjetivo", pero muy poco lo "trayectivo", hecho de contactos, aproximaciones, derivas. Probablemente, Paul Virilio no practicó nunca *skate*. Pero él nos abre los ojos ante la idea de una *ciudadanía trayectiva* (Virilio 2000) porque, por su experiencia de urbanista, se dio cuenta de que lo urbano es un tejido de trayectos.

Políticas de juventud: "el suelo que ellas (no) pisan"

Haciendo un uso alegórico del título de una novela de Salman Rushdie (*The Ground Beneath her Feet* [traducción al castellano de Miguel Sáenz: *El suelo bajo sus pies*, título que neutraliza el género femenino del original]), propongo ahora discutir una última cuestión: ¿por qué razón existen abundantes intervenciones políticas dirigidas a la juventud pero no siempre resultan eficaces? En otras palabras, ¿qué hace que buenas políticas en el papel (en términos legislativos) no cumplan adecuadamente su papel (en términos prácticos)? Posiblemente, algunas políticas de juventud se planifican desvalorizando los contextos reales de su aplicación (*"la tierra que ellas pisan"*).

Lo esencial es que los responsables de las decisiones políticas estén en condiciones de *planear* adecuadamente sus intervenciones. ¿Con qué instrumentos? La raíz etimológica del verbo *planear* remite a otro término, de la misma familia, *explanar*, es decir, "poner llano un terreno, suelo" y, en sentido figurado, "declarar, explicar". *Explanar* como condición necesaria para *planear*. Esto quiere decir que los buenos pronósticos (de la acción política) deben asentarse en buenos diagnósticos (de la investigación). Las políticas de intervención pueden ser equívocas si no se *apoyan* en estudios rigurosos de la realidad, si dejan que ésta se pierda de vista. De ahí que, por analogía con las *grounded theories* (teorías apoyadas en la realidad), proponga ahora el concepto de *grounded policies*: políticas de intervención que tengan siempre como referencia el suelo que ellas pisan.

Las intervenciones políticas se caracterizan por movilizar instrumentos, medidas o programas de acción. Además, normalmente, esas intervenciones se basan en *programas,* que no son más que principios orientadores de la acción política. Pero ¿cómo actúan los agentes de la acción? De acuerdo con los contextos de la acción. En la lógica de la programación se distinguen diferentes tipos de contextos (Russell y Norcig 1995). Por ejemplo, el juego del ajedrez es un contexto *accesible* (conocemos todas sus reglas), *determinista* (los movimientos de las piezas tienen efectos determinados), *estático* (el contexto del juego no cambia mientras el jugador está jugando) y *discreto* (hay un número fijo de posibles lances de juego). En contrapartida, los contextos de la acción política son todo lo contrario: con frecuencia inaccesibles, no-deterministas, dinámicos, no-discretos. Y es fácil saber por qué. Las políticas de la juventud tienen por objeto una realidad compleja, la juventud: no sólo porque son complejas las trayectorias de los jóvenes sino porque transcurren en terrenos laberínticos (Pais 2007).

En una investigación etnográfica que realicé (Pais 1993) en una isla atlántica portuguesa (Santa María de las Azores), comprobé que algunos jóvenes estudiantes procuraban ámbitos de estudio que no existían en la isla (en Portugal, cuando finalizan la escolaridad obligatoria, los jóvenes están obligados a elegir un ámbito de especialización de acuerdo con la carrera universitaria que pretenden seguir). El Ministerio de Educación, ante estos "datos", aparentemente "objetivos", decidió satisfacer las supuestas pretensiones de los estudiantes; los colegios secundarios de Santa María comenzaron a ofrecer especializaciones en los ámbitos hasta entonces más solicitados. ¡Lo sorprendente fue que los jóvenes empezaron a elegir los que se habían eliminado por falta de aspirantes!

¿Cómo interpretar esta paradoja? Desconfiando de los "datos" aparentemente "objetivos" e investigando los *contextos subjetivos* y *trayectivos* de opciones tan inesperadas. Santa María es una pequeña isla perdida en el Atlántico. El sueño de sus habitantes es emigrar a Brasil, Estados Unidos, Canadá o Lisboa. Los jóvenes de la isla crecieron en la trama de estas idealizaciones trayectivas. El sueño que abrigan es también salir de la isla. Con cualquier pretexto. Por ejemplo, el de especializarse en ámbitos de estudio que no existan en la isla. Además, fuera de la isla es también más probable conseguir una pareja que facilite la evasión de la isla. De esta forma, las estrategias conyugales aparecen fuertemente imbricadas con las estrategias educativas y profesionales.

El caso mencionado es sugerente porque muestra que las políticas de intervención (de empleo o educacionales) pueden ser equívocas si no se asientan en estudios rigurosos de la realidad. Por esta razón, sugiero el concepto de *grounded policies*, es decir, políticas de intervención que tengan siempre como referencia el suelo que pisan los *contextos de vida* (objetivos, subjetivos y trayectivos) de aquellos a quienes se dirigen. El "problema de la participación juvenil" ha surgido como reflejo de una conceptualización de carácter "instrumental" que se fundamenta en una "educación para el trabajo; trabajo para la consecución de una ciudadanía normalizada; ciudadanía como categoría estable de derechos y obligaciones (Reguillo 2004: 50). Raramente esa problematización cuestiona el sentido del sistema de educación que tenemos, la desigual estructura de oportunidades del sistema de empleo, la crisis de representatividad de los sistemas político-partidarios.

Y vamos al quid de la cuestión. Hemos visto que las culturas juveniles reclaman, en el fondo, una ciudadanía diferente de la que se les ofrece. De ahí que sus *performatividades* puedan leerse como señales de inquietud por parte de los jóvenes con respecto a "sistemas cerradas" que ensombrecen su futuro. No es casual que estas performatividades se ritualicen en los dominios de la vida cotidiana más libres de las coerciones institucionales. ¿Cuáles son esos dominios? Los del ocio, de lo lúdico, de lo cultural ("espacios lisos"). En estos términos, adquiere pleno sentido extender el debate de la ciudadanía y de la participación social al campo cultural (Stevenson 2001 y 2003).

En estas culturas performativas, tantas veces incomprendidas, tenemos el fluir de una energía injustamente despreciada. Tenemos un deseo de participación, de protagonismo. Tenemos rutas de apertura al futuro, que investigadores y responsables políticos no podrán dejar de tener en cuenta cuando piensen en los instrumentos para orientar las políticas de juventud. Muchas de las performatividades de las culturas juveniles son también manifestaciones de un "arte abierto", como diría Eco (1968) al caracterizar al barroco. Arte abierto al futuro. Diseñar políticas de juventud es diseñar *mapas de futuro*. Pero no valdría la pena diseñar mapas si no hubiese viajeros que los recorran. ¿Qué sentido pueden dar los jóvenes a la política si se sienten fuera de ella?

Si el concepto de ciudadanía presupone una efectiva participación de filiación en una comunidad dada (Mashall 1992), presupone también un reconocimiento comunitario de esa pertenencia. Un ciudadano es un "igual" cuya autonomía debe ser reconocida, cuyos proyectos deben ser respetados. Pero ¿qué ocurre con algunos segmentos de la población joven? Ni la sociedad los ve como iguales, ni ellos mismos se pretenden afirmar como "iguales", aunque traben aguerridas "luchas de reconocimiento" (Honneth 1997) en relación con lo que pretenden ser. Hay jóvenes que no pueden ni quieren vivir con los modelos que prevalecen en la sociedad. El conformismo los asusta. O la posibilidad de ser encorsetados en "moldes de comportamiento". Se niegan a ser tomados como marionetas pendientes de hilos de acero de políticas de juventud que sólo pretenden "encuadrarlos".

Esto quiere decir que los "derechos", para ser reconocidos, tienen que internalizarse socialmente como viables en su condición de posibilidad. Somos ciudadanos en la medida en que seamos capaces de tomar en cuenta la actitud del otro, en un reconocimiento que presupone inter-subjetividad, trayectividad. Y no siempre las preocupaciones y aspiraciones de los jóvenes son tenidas en cuenta. Por ello son críticos con respecto a derechos que los mantienen en el estado de "cepa torcida". ¿En qué se traduce esa ciudadanía de "cepa torcida"? En derechos civiles de propiedad entre quienes nada tienen. En derechos políticos de voto entre quienes nunca son votados. En derechos sociales como los de libre acceso a la educación que, por sistema, tienen la facultad de rechazar a los que acceden a ella con más dificultad. Lo cierto es que la ciudadanía de la "cepa torcida" está regida por principios universalistas que ignoran las necesidades particulares que corresponden a diferentes identidades étnicas, religiosas, raciales, sexuales o generacionales. Es una ciudadanía que tiende a mirar a los ciudadanos como iguales cuando, en realidad, son diferentes. En definitiva, es una ciudadanía que abarca los mitos homogeneizadores frente a una realidad heterogénea, de diferentes grupos culturales y sociales. Lo que no significa que la ciudadanía participada tenga que transformarse en una ciudadanía escéptica, en la que la glorificación de la diferencia llevaría a una *balcanización* de esenciales valores universales y cosmopolitas.

Referencias bibliográficas

Almeida, Maria Isabel Mendes de y Tracy, Kátia Maria de Almeida (2003): *Noites nômadas. Espaço e subjetividade nas culturas jovens contemporâneas*. Río de Janeiro: Rocco.

Appadurai, A. (1986): *The social life of things*, Cambridge: Cambridge University Press.

Beiner, Ronald (Ed.) (1995): *Theorizing citizenship*. Nueva York: Suny Press.

Benhabib, S. (Ed.) (1996): *Democracy and difference*. Princeton: Princeton University Press.

Blackman, Shane e France, Alan (2001): "Youth marginality under 'postmodernism'". En Nick Stevenson, (Ed.), *Culture & citizenship* pp. 180-197. Londres: Sage Publications.

Bulmer, Martin y Rees, Anthony M. (Eds.) (1996): *Citizenship today: The contemporary relevance of T. H. Marshall*. Londres: UCL Press.

Burke, Peter e Porter, Roy (Org.) (1996): *Línguas e jargões. Contribuição para uma história social da linguagem*. São Paulo: Unesp.

Calhoun C. (1994): *Social theory and the politics of identity*. Oxford: Blackwell.

Canclini, Néstor García (1995): *Consumidores y ciudadanos. Conflictos multiculturales de la globalización*. México: Grijalbo.

Castells, Manuel (1996): *The information age: economy, societry and culture*, vol. 1 (*The rise of network society*). Malden: Blackwell.

Castro, Lúcia Rabellode (Org.) (2001): *Subjetividade e cidadania*. Río de Janeiro: Editora Lidador.

Connor, S. (1991). *Postmodernist culture*: Oxford: Blackwell.

Craith, M. Nic (2004): "Culture and citizenship in Europe. Questions for anthropologists". *Social Anthropology*, 12, 3, pp. 289-300.

Dayrell, Juarez e Carrano, Paulo César (2002): Jóvenes en Brasil. Dificultades de finales del siglo y promesas de un mundo diferente. *Jóvenes, Revista de Estudios sobre Juventud*, ano 6, n° 17, julio-diciembre, México.

Deleuze, Gilles e Guattari, Félix (1994): *Mil Mesetas: capitalismo y esquizofrenia*, traducción de José Vázquez Pérez y Umbelina Larraceleta. Valencia: Pré-textos (1ª edición em francés: 1980).

Delgado, Manuel (1999): *El animal público*. Barcelona: Editorial Anagrama.

Eco, Umberto (1968): *Obra aberta*. São Paulo: Editora Perspectiva. En castellano: *Obra abierta*, traducción de Roser Berdagué Costa, 3ª ed., Barcelona, Ariel, 1990.

Ferry, Luc (1990): *Homo Aestheticus*. París: Éditions Grasset & Fasquelle.

Foucault, Michel (1993): "On other spaces: utopias and heterotopias". En Joan Ockman (Ed.), *Architecture culture 1943-1968* (pp. 422-423). Nueva York: Rizzoli.

Frosh, Stephen (2001): "Psychoanalysis, identity and citizenship". En Nick Stevenson (Ed.), *Culture & citizenship*. Londres: Sage Publications.

Galland, Olivier y Roudet, Bernard (2001): *Les valeurs des jeunes*. París: L'Harmattan.

Gelder, Ken e Thornton, Sarah (1997): *The subcultures reader*. Londres: Routledge.

Giddens, Anthony (1997): *Modernidade e identidade pessoal*. Oeiras: Celta.

Guattari, Félix (1986): "Questionnaire: Answer". *Zone ½*, Nueva York.

Haenfler, Ross (2004): "Rethinking subcultural resistance". *Journal of Contemporary Ethnography*, vol. 33, nº 4, pp. 406-436.

Haenfler, Ross (2004): "Rethinking subcultural resistance". *Journal of Contemporary Ethnography*, vol. 33, nº 4, pp. 406-436.

Honneth, Axel (1997): *La lucha por el reconocimiento: por una gramática moral de los conflictos*, traducción de Manuel Ballestero. Barcelona: Crítica (1ª edición en alemán: 1992).

Hutchby, Ian y Moran-Ellis, Jo (Ed.) (2001): *Children, technology and culture. The impacts of technologies in children's everyday lives*. Londres: Routledge.

Irigaracy, L. (2000): *Democracy begins between two*. Londres: Athlone Press.

Johnson, Steven (2001): *Emergence. The connected lives of ants, brains, cities and software*. Nueva York: Scribner. (Tradução em Português: *Emergência. A vida integrada de formigas, cérebros, cidades e softwares*. Río de Janeiro: Jorge Zahar Editor, 2003; en castellano, traducción de María Florencia Ferré: *Sistemas emergentes: o qué tienen en común hormigas, neuronas, ciudades y software*, Madrid, Turner, 2003).

Lanham, Richard A. (1993): *The electronic world: democracy, technology and the arts*. Chicago: University of Chicago Press.

Lauritzen, Peter; Forbrig, Joerg y Hoskins, Bryony (2004): *What about youth political participation?* Estrasburgo: Éditions du Conseil de l'Europe.

Marín, Martha y Muñoz, Germán (2002): *Secretos de mutantes*. Bogotá: Siglo del Hombre Editores.

Marshall, T. H. (1992): *Citizenship and social class*. Londres: Pluto (1ª edición en inglés: 1950).

Martins, José de Souza (2004a): "Para compreender e temer a exclusão social", *Vida Pastoral*, Ano XLV, nº 239, São Paulo, Editora Paulus, noviembre-diciembre, pp. 3-9.

Martins, José de Souza (2004b): "A dupla linguagem na cultura caipira" En Pais, José Machado y otros (Org.) (2004). *Sonoridades luso-afro-brasileiras* (pp. 189-226). Lisboa: Imprensa de Ciências Sociais.

Melucci, A. (1989): *Nomads of the present. Social movements and individual needs in contemporary society*. Filadelfia: Temple University Press.

Menser, Michael (1996): "Becoming-heterarch: on technocultural theory, minor science, and the production of space". En Aronowitz, Stanley et al (Eds.) (1996). *Technoscience and cyberculture*. Nueva York: Routledge.

Merleau-Ponty, M. (1980): *Fenomenología de la percepción*, traducción de Jem Cabanes. Barcelona: Edicions 62.

Moya, Juan Sandoval (2003): "Ciudadanía y juventud: el dilema entre la integración social y la diversidad cultural". *Última Década*, nº 19, Viña del Mar, noviembre.

Muggleton, D. (2000): *Inside subculture. The postmodern meaning of style.* Oxford: Berg.

Nachez, Michael y Schmoll, Patrick (203/4): "Violence et sociabilité dans les jeux vidéo en ligne". *Sociétés*, nº 82, pp. 6-16.

Negrin, L. (1999): "The self as image: a critical appraisal of postmodern theories of fashion". *Theory, Culture and Society*, 16 (3), pp. 99-118.

Pais, José Machado (1993): "Aventuras, desventuras e amores na ilha de Santa Maria dos Açores". *Análise Social*, vol. XXVIII (123-124), pp. 1011-1041.

Pais, José Machado (2007). *Chollos, chapuzas, changas. Jóvenes, trabajo precario y futuro,* traducción de Mario Merlino. Barcelona: Anthropos.

Pais, José Machado e outros (2003): *Condutas de risco, práticas culturais e atitudes perante o corpo. Inquérito aos jovens portugueses.* Oeiras: Celta.

Pais, José Machado y Blass, Maria Leila Maria (Coord.) (2004): *Tribos urbanas e produção artística.* Lisboa: Imprensa de Ciências Sociais.

Pais, José Machado y Cabral, Manuel Villaverde (Coord.) (2004): *Condutas de risco, práticas culturais e atitudes perante o corpo. Inquérito aos jovens portugueses.* Oeiras: Celta.

Plummer, Ken (2003): *Intimate citizenship. Private decisions and public dialogues.* Seatle: University of Washington Press.

Postman, N. (1983): *The disappearance of childhood.* Londres: W. H. Allen.

Rector, Mónica (1994): *A fala dos jovens.* Petrópolis: Vozes.

Reguillo, Rossana (2004): La performatividad de las culturas juveniles. *Revista de Estudios de Juventud*, 64, Madrid, pp. 49-56.

Reynolds, Simon (1998): *Energy flash. A journey through rave music and dance culture.* Londres: Picador.

Rosaldo, Rossana (1994): "Cultural citizenship and educational democracy". *Cultural Anthropology*, 9 (3), pp. 402-411.

Russell, Stuart y Norcig, Peter (1995): *Artificial intelligence. A modern approach.* Nueva Jersey: Prentice Hall.

Saunders, Nicholas (1995): *Ecstasy and the dance culture.* Nueva York: Saunders.

Soja, E. (1989): *Postmodern geographies.* Londres: Verso.

Stevenson, Nick (Ed.) (2001): *Culture & citizenship,* Londres: Sage.

Stevenson, Nick (Ed.) (2003): *Cultural citizenship. Cosmopolitan questions.* Glasgow: Open University Press.

Thomas, M. Franck (1999): *The empowered self: law and society in the age of individualism.* Oxford: Oxford University Pess.

Urry, John (2000): "Global flows and global citizenship". En Isin, E. F. (Ed.) (2000), *Democracy, citizenship and the global city.* Londres: Routledge.

Vianna Hermano (1997): *Galeras cariocas: territórios de conflitos e encontros culturais.* Río de Janeiro: Editora UFRJ.

Virilio, Paul (2000): *Cibermundo, a política do pior*. Lisboa: Teorema. (En castellano: *El cibermundo: la política de lo peor,* traducción de Mónica Poole, Madrid, Cátedra, 1997).

Willand, Michael Nevin (1998): "Seance, tricknowlogy, skateboarding and space of youth". En Joe Austin y Michael Nevin Willard (Ed.), *Generations of youth. Youth cultures and history in twentieth-century America* pp. 327-346. Nueva York: New York University Press.

Wooden, W. S. y Blazak, R. (2001): *Renegade kids, suburban outlaws: from youth culture to delinquency*. Belmont (CA): Wadsworth.

Zukin, S. (1995): *The cultures of cities*. Oxford: Blackwell.

Participación juvenil en Chile: ¿nuevos movimientos en viejas estructuras analíticas? El movimiento estudiantil secundario en escena

Oscar Dávila León

> La escuela no es simplemente un lugar donde se aprenden cosas, saberes, técnicas, es también una institución que otorga títulos —es decir, derechos— y confiere al mismo tiempo aspiraciones.
> El antiguo sistema escolar producía menos confusión que el sistema actual con sus ramificaciones complicadas, que provocan que las personas tengan aspiraciones mal ajustadas a sus oportunidades reales.
>
> *Pierre Bourdieu*, «La 'juventud' sólo es una palabra» (2000).

Presentación

La relación posible de establecer entre la participación de los jóvenes y los canales que para ello se han dado, ha venido marcando en el último tiempo algunas tensiones identificables, donde pareciera ser que las estructuras tradicionales y las lecturas sociopolíticas que de ellas se hicieron, pasan por un momento de revisión y ampliación de sus contornos analíticos. De manera especial se hace visible esta tensión al momento de intentar someter las nuevas formas de participación social y cultural de los jóvenes, a las viejas o tradicionales estructuras formales de participación que conocimos en un pasado no muy remoto, en el cual operó una lectura desde una perspectiva sociopolítica, siendo el espacio de la política quien lograba canalizar y procesar demandas de actores sociales institucionalizados.

En el accionar del sector juvenil, tradicionalmente se privilegió la participación de actores altamente institucionalizados y con capacidad de interlocución con la esfera pública y la política, situación que no estaría en directa relación con las nuevas o emergentes formas de participación y/o expresión del mundo juvenil, quien más bien está transitando por actuaciones débilmente institucionalizadas (Serna, 1997).

En ese contexto, revisaremos estas dimensiones de la participación juvenil —en especial— con el caso del movimiento de estudiantes secundarios en Chile a mediados del año 2006, el cual perfectamente puede concebirse como el primer movimiento social chileno desde la recuperación democrática de 1990 a la fecha. Movimiento que levanta y visibiliza las contradicciones en el orden social chileno sobre inequidades y desigualdades educativas y sociales presentes a tiempos actuales.

De igual modo, nos interesa plantear como una tensión presente la asociación dada entre participación juvenil y organización juvenil, donde resulta importante que se estimule la asociatividad, la organización y la representación de los jóvenes, en tanto potencie su interlocución ante la comunidad y otros agentes; partiendo de la premisa que los jóvenes, en tanto sociedad civil y eventuales movimientos sociales, pueden jugar un papel importante en la transformación de su realidad.

El día después de las movilizaciones estudiantiles en Chile

Después de las tempestades… siempre (aunque demore) viene la calma (aunque sea aparente). Así pareciera que comienza a dibujarse el espacio social y político luego de unos meses de arduas movilizaciones y jornadas de protesta estudiantil secundaria en Chile. Los liceos vuelven a una aparente normalidad y sus estudiantes a clases, dando por concluidas las tomas y paros de los establecimientos. Se ha pasado a otra etapa u otro momento en estas luchas estudiantiles, signadas en buena medida por un cauce institucional y con cambio y posta en quien dirige las acciones: ya no serán —por lo pronto— los estudiantes movilizados, sino los actores institucionales y corporativos, cada uno desde sus propios espacios y con sus propias estrategias.

Dentro de quienes se han ocupado de estudiar «lo juvenil» en Chile durante las últimas décadas, se generó una suerte de imagen discursiva que intentaba vincular a estas juventudes actuales, *a los hijos e hijas de la transición política chilena*, los nacidos alrededor del año 1990, con la reinauguración de la democracia y el término de la dictadura militar. Se decía que estábamos en presencia de la primera generación contemporánea de jóvenes que no tenía ninguna «misión histórica que cumplir», que no traía consigo «ninguna mochila pesada que cargar». Todo esto expresado desde la clásica visión sociopolítica con que nos hemos acostumbrado a leer los procesos sociales.

Por la potencia de los hechos que hemos presenciado, se han venido abajo estrepitosamente estas interpretaciones. Hoy no cabe duda que podemos definir a los estudiantes secundarios, con sus particulares formas de movilización y su conjunto de demandas, como el primer movimiento social desde la transición política chilena hasta ahora. Y lo logrado hasta el momento, adquiere una connotación que sobrepasa con creces una mera demanda o reivindicación sectorial en el campo de la educación: abarca y tuvo movilizado (discursivamente) al conjunto de la sociedad y sus actores.

Los actores y sus razones, demandas y reivindicaciones —específicas y generales— que orientaron este movimiento han estado a la vista; pero una de las ventanas para comprender el movimiento secundario puede buscarse desde lógicas de tipo sociocultural y epocal, que tienen que ver básicamente con la definición de este tipo de jóvenes que actualmente asiste al sistema público de educación.

La convicción que tuvo su discurso y la fuerza de sus movilizaciones nos hablan de un joven y una joven que busca interpelar a la institucionalidad para que vea las condiciones actuales en que se educan, y con mayor fuerza aun, para que sientan lo que se siente cuando las alternativas que quisieran darle a sus proyectos de vida futura, cuando sus esperanzas y expectivas altas puestas en los estudios, difícilmente podrán ser satisfechas, sobre todo cuando persiste un sistema de educación pública que no logra romper su tendencia histórica a reproducir las desigualdades sociales de origen.

Los estudiantes movilizados —a fin de cuentas— interpelan a la sociedad en su conjunto por mayores grados de «protección social», pues a partir de la educación pública ven seriamente amenazadas sus trayectorias escolares y de vida futura. Es el desfase entre expectativas de los jóvenes y posibilidades, o si se quiere de manera eufemística: estos jóvenes, hijos de la transición democrática, se creyeron de buena manera la *invitación integradora* sobre la necesidad de generar una nueva revolución de expectativas y aspiraciones, y que éstas serían cumplidas.

Sobre la base de estos elementos, deseamos explorar algunas conexiones que pueden identificarse a partir del proceso de movilizaciones estudiantes, particularmente desde las miradas que podemos hacer hacia estos jóvenes secundarios de la educación pública actual, tanto desde la perspectiva más de movimiento juvenil, como desde las condiciones juveniles presentes y sus formas de representación.

Como hipótesis podemos adelantar que estaríamos en presencia de un nuevo sujeto joven estudiante secundario, quien ha interiorizado —en lo discursivo y fáctico— una resignificación y elevación de expectativas y aspiraciones (no sólo en materia de metas educacionales, sino que como configuradoras de proyectos de vida), que desde su percepción, no tendrían posibilidades de ser cumplidas por el sistema social y educativo, en cuanto a garantizar las oportunidades sociales.

En dos palabras: *el desface entre altas expectativas y bajas posibilidades*. A su vez, también interesa el trazar algunas conexiones entre los jóvenes estudiantes y los otros actores del sistema educativo, como la escuela y los docentes, e interrogarnos sobre los posibles roles y desafíos que éstos pueden encarar en perspectiva de favorecer y colaborar con la concreción de los proyectos educativos y vitales de los jóvenes.

No pretendemos hacer un desarrollo teórico sobre la educación o los sistemas escolares. Tampoco queremos revisar los sucesos que marcaron el rumbo del movimiento estudiantil. Más nos interesa orientar la mirada hacia los sujetos que fueron sus actores principales, los estudiantes del sistema municipalizado, esos que sin aviso aparecieron y se hicieron ver y escuchar, que en unos meses encarnaron la esperanza y el temor, que fueron héroes para muchos, y villanos para otros: ¿quiénes son y por qué afloró este sentimiento de descontento y expresividad pública? ¿Estaremos en presencia de nuevas formas de participación juvenil, más alejados de las formas institucionalizadas y más cercanas a la expresividad y efectividad en las acciones públicas?

Para eso nos remitiremos fundamentalmente al estudio realizado por CIDPA con jóvenes del sistema municipalizado en períodos previos a la irrupción del movimiento estudiantil (*Los desheredados*; Dávila, Ghiardo y Medrano, 2006). Creemos que hurgando en sus anhelos y expectativas, viéndolas a la luz de las condiciones en que se definen como sujetos, podemos contribuir a enriquecer los elementos para el análisis e interpretación de las relaciones entre sujetos jóvenes y participación y demanda juvenil en el Chile actual.

Para entender los nuevos sujetos y sus procesos

La teoría pedagógica asume que la labor educativa implica siempre a un sujeto: el *sujeto de educación*. Los distintos enfoques pedagógicos difieren en su objetivo y forma de trabajo dependiendo de cómo definan a ese sujeto, de qué cualidades le atribuyan. La tendencia más simple ha sido definirlo en base a sus características comunes, y la más inmediata y evidente para la pedagogía tradicional ha sido la etaria. Se trataría fundamentalmente de *niños* y *niñas* en el caso de la educación básica, y de *adolescentes/jóvenes* en la educación media. En estas dos categorías se sostiene la construcción más «clásica» de los planes y políticas educativas: distribución de contenidos por niveles, cursos distribuidos por edad.

Producto del desarrollo de las ciencias sociales y también de la propia reflexión y trabajo pedagógico (los profesores se dan cuenta de la diferencia entre niños y niñas, o entre niños «ricos» y «pobres»), se ha hecho evidente que esta sola categoría resulta insuficiente para definir a los sujetos de educación, fundamentalmente porque reduce la vida a una sola dimensión (la edad) y deja en segundo plano un conjunto de condiciones (sociales, económicas, demográficas, culturales, de género) que son tanto o incluso más importantes. La idea de adaptar los currículos a la realidad o a las características de los sujetos, que aparece como uno de los principios centrales para la reforma que se inició el año 1996, intenta de algún modo hacerse cargo de esta falencia.

Frente a estas insuficiencias lo que aparece como más pertinente es adoptar lo que se puede definir como una *perspectiva generacional*, un enfoque que mire desde distintos ángulos, que cubra las características más evidentes, pero que las ponga a contraluz y las ubique en un contexto (sociocultural) y las observe en movimiento (histórico), para de ese modo ampliar el abanico de posibilidades de análisis de lo que ocurre hoy con el sujeto de educación de los establecimientos públicos de educación.

Para ello podemos seguir varias pistas. Entre ellas, la primera y que a esta altura ya es de dominio público, tiene que ver con uno de los efectos perversos de la Ley Orgánica Constitucional de Enseñanza (LOCE) y la masificación de la enseñanza formal: la progresiva concentración en el sistema municipalizado de jóvenes que provienen de los sectores con menos recursos, que son al mismo tiempo los grupos o clases cuyas generaciones adultas históricamente han tenido pasos menos prolongados por la escuela. Solamente un par de antecedentes. Según la Encuesta Nacional de Caracterización Socioeconómica (CASEN), el año 2000 más del 72% de la población que asistía a la educación media en establecimientos municipales pertenecía a los primeros cinco deciles de ingresos, que corresponden precisamente a los de menores ingresos (Mideplan, 2004).

Otro dato que se corresponde con el anterior: la escolaridad de los padres de estos jóvenes tiende a ser baja, en su mayoría con menos de doce años de escolaridad, y una porción importante que no alcanzó a completar la educación básica. Son muy pocos los jóvenes que son hijos o hijas de padres y madres profesionales (bordean el 12%), y además tienden a concentrarse principalmente en los establecimientos de mayor «tradición» de las distintas ciudades.

Veamos ahora otras dimensiones que también son ilustrativas. Si analizamos los grados de integración a las Tecnologías de la Información y Comunicación (TIC), que viene siendo uno de los mecanismos de integración cultural más potentes, sobre todo para la población joven, encontramos que la porción de estudiantes que maneja el lenguaje computacional más básico sigue siendo reducida (47% según los datos que manejamos), la que tiene computador en su hogar es todavía bastante pequeña (cerca de un 30%), y menor aún la que tiene acceso a la red internet (12%). La carencia de equipos en el hogar es claramente un factor de desventaja, pues quienes sí lo tienen muestran un nivel de «alfabetización digital» notablemente superior al de quienes no están en la misma condición. A estos últimos las posibilidades que les quedan son los computadores de los propios liceos y de otros lugares extraescolares (telecentros, cibercafés), pero en el primero no siempre se puede o no siempre dejan, y en los segundos hay que pagar.

En la misma línea, pero esta vez en términos de «consumos culturales», de acuerdo a las variables que exploramos, podemos sostener que entre los jóvenes que asisten al sistema municipalizado son en realidad bastante pocos los que se despegan de una tendencia generalizada a mantenerse alejados de las prácticas de consumo cultural «culto» (leer las «grandes obras» de la literatura, leer *la* historia, ir al cine o a otros espectáculos artísticos, etc.), aquellas prácticas que configuran la imagen de la «persona culta» y que se esmera en serlo.

Por el contrario, más parece dominar una distancia hacia estas prácticas, incluso con un grado de ironía hacia quienes sí las asumen, que suelen ser los

«mejores alumnos», los «mateos», en una actitud que algunos autores
(McLaren, 1998; Apple, 1987) han interpretado como parte de los *mecanismos de resistencia* que los estudiantes de sectores desfavorecidos desarrollan
en el cotidiano frente a la imposición cultural que encierran los contenidos
que transmite la institución escolar. La gran mayoría se apega a los consumos
estandarizados que ofrecen los medios de comunicación masivos, y por lo
general, son pocos los que han tenido en el último tiempo posibilidades de
vivir experiencias que ayudan a construir una imagen y visión «más amplia»
del mundo, como viajar más allá de los límites de la región, porque en general
son prácticas que requieren tiempo y recursos.

Todas estas variables que hemos revisado son variables «estructurales»
que de algún modo ayudan a graficar la posición de los jóvenes y la de sus
familias en la estructura social. En este sentido representan un buen punto
para comprender los marcos en que se produce la existencia y la subjetividad de estos jóvenes, para a partir de ahí, tratar de entender las diversas lógicas que buscan los jóvenes para darle curso a su vida. Y es que los
jóvenes están en medio de un período complejo en que todo se conjuga
para que su relación con el mundo adquiera otros matices y se dé en otros
términos.

En el período que corresponde a la educación secundaria les llegan transformaciones por todos lados, por procesos de distinto orden: cambia su
constitución biológica y su condición como sujetos sociales, se les otorga grados mayores de autonomía, van definiendo sus propios intereses, su propia
identidad, se identifican con grupos, con actividades, con discursos, participan de «espacios de jóvenes», establecen relaciones amorosas, algunos
transgreden normas culturales. Y por si fuera poco, socialmente, por la acción del sistema escolar mismo, que es uno de los espacios donde más
tiempo pasan, se les obliga a tomar decisiones difíciles que les pone de cara a
su futuro personal.

Una de ellas es decidirse por una modalidad de estudios. Hay que optar
por un camino, el Científico Humanista o el Técnico Profesional. En principio y también en la práctica, una y otra alternativa conducen a destinos
diferentes: por un lado la esperanza de que los estudios secundarios sean
un puente de paso hacia la educación superior; por el otro, la posibilidad
de obtener un oficio certificado al terminar la educación media que permita ingresar al mundo del trabajo o adelantar camino en la definición de

un área de especialización. La decisión es compleja, hay que calibrar muchos factores. Lo peculiar es que el sistema escolar chileno ha venido reservando este dilema casi exclusivamente a quienes estudian en el sistema público de educación.

Con esto llegamos a la segunda decisión, quizás más compleja, pero ligada a la anterior: la opción por un camino para cuando concluya la educación media. Aquí adquiere todo su peso el discurso social que ubica a los estudios como principal promesa de movilidad social, como *la* alternativa (ideal) para «ser alguien en la vida». Es complejo explicarlo, sobre todo si tenemos en cuenta que las tendencias macrosocial demuestran la desigualdad de destinos dependiendo del tipo de establecimiento en que se estudia o la clase a la que se pertenece, pero la potencia y legitimidad del discurso escolar parece no cuestionarse. Y es que en general la gran mayoría de los jóvenes pone a los estudios como un componente esencial a la hora de definir su proyecto de vida.

No deja de ser importante el porcentaje que piensa dejar como tope de escolaridad la educación secundaria completa (22%), que en líneas generales tiende a ser más frecuente entre los hombres que las mujeres y entre quienes pertenecen a familias con menores niveles de escolaridad; la mayoría se proyecta hacia el campo de los estudios superiores. Entre éstos hay diferencias en el modo en que proyectan ese paso a la educación superior: si bien la proporción más alta quisiera un paso inmediato y concentrado solamente en los estudios superiores (36%), no es menor la porción que se anticipa forzado a combinar trabajos y estudios (23%), o a postergarlos para antes trabajar un tiempo (10%), seguramente pensando en una forma de juntar recursos y experiencia.

Si vemos las distintas alternativas que contempla el sistema de educación superior, la que concentra la mayor parte de las aspiraciones es la Universidad. En realidad, es difícil que no lo fuera si tenemos en cuenta que la figura de esta institución aparece como un símbolo que representa más que ninguna otra la posibilidad de vivir un «ascenso» social y cultural significativo. Al menos idealmente, muchos quisieran ser profesionales de algún campo bien posicionado, algo que les asegure el futuro y les permita *surgir* o superar las condiciones en que ha transcurrido su experiencia personal y la historia de sus familias.

Si nos ponemos a ver las diferencias en el nivel de las metas escolares que se proyectan, se observa que pasan fundamentalmente por la modalidad de estudios que se encuentran cursando y el género. En términos generales, quienes siguen la modalidad Técnico Profesional tienden a plantearse metas más cortas, con una proporción comparativamente bastante mayor de casos que aspira dejar como tope la educación media y su título de carrera como herramienta de inserción laboral, y con una menor proporción de casos que aspira llegar a la universidad. En un sentido, se percibe cierto conformismo con la formación para el trabajo, que según lo han interpretado algunos autores (Bourdieu, 1988; Willis, 1988) no sería sino el rastro de la ideología de la clase trabajadora que se actualiza, pero que a la larga no hace más que ayudar a reproducir la estructura de clases pre-existente.

Lo que ocurre con el género es destacable, principalmente por las marcadas diferencias que se producen entre las opciones de futuro que se vienen planteando las mujeres y los hombres. Es un dato notable que tanto las proporciones que aspiran a seguir estudios superiores como las que aspiran completar estudios universitarios sean considerablemente mayores entre las mujeres que entre los hombres. Mientras de los hombres el 26% aspira ingresar a la universidad, entre las mujeres ese anhelo representa al 55%; es decir, cerca de un 20% más que entre los hombres.

Lo interesante es que en este caso se trata de mujeres jóvenes que pertenecen a los estratos de menos recursos, lo que desde ya encierra un cambio en la «mentalidad femenina» de la mayor importancia. Y es que para las mujeres la alternativa educacional ha demostrado ser la principal herramienta para integrarse de manera efectiva al mundo del trabajo. Por eso en el discurso de las jóvenes estudiantes aparece fuerte la intención de *no ser* lo que fueron o *no vivir* lo que vivieron sus madres, y asumir una nueva «imagen ideal» de mujer que tiende a despegarse de la mujer dedicada a las labores del hogar o trabajos mal remunerados para acercarse más a la de mujer independiente, profesional y que participa del mundo laboral, identidades femeninas históricamente más ligadas a la situación de las mujeres en las clases medias y altas que a las de sectores de menores recursos.

Lo interesante de todos estos juegos de proyección respecto a los estudios, estos espacios para «soñar despiertos», es que son construcciones que se ligan directamente a otras «dimensiones de la vida» que en su conjunto permiten distinguir diferentes maneras de ordenar los cursos que se anticipan para sus proyectos de vida. Se puede decir que los estudios actúan como visagra que articula la construcción de esos proyectos. Así por ejemplo, mientras más años se piensa estudiar, más se pretende postergar el paso hacia la autonomía respecto del hogar, más tarde se espera ingresar al mundo del trabajo, menos se piensa en construir una familia o en mayor medida se pretende dejarlo para más tarde. La forma en que se conjuguen estos elementos (estudios/trabajo/independencia/construcción/no construcción de familia) son los que definirán, en el fondo, el modo en que «se hizo la vida», en que el sujeto se construyó a sí mismo.

No es casual que si por un lado, e independiente del camino que se quiera tomar, se percibe un ánimo general de optimismo de cara al futuro (cf. Injuv, 2004), que en el fondo resume una sensación generalizada de que «les va a ir bien», ellos y ellas saben que nada será fácil, que el mundo no los favorece. De hecho el discurso de los jóvenes del sistema público de educación está marcado por el sentimiento de desventaja respecto a los «otros» jóvenes, los que están en los otros tipos de establecimientos.

Por eso no resulta extraño que la mayor parte crea que en las actuales condiciones que presenta la sociedad chilena, las posibilidades de concretar sus aspiraciones y hacer realidad sus sueños, son en verdad pocas o simplemente ninguna. Lo complejo es que si por un lado la sensación o a estas alturas, la certeza de que sus posibilidades son más bien escasas, hay una tendencia a pensar que son menores mientras mayores son las aspiraciones en términos de escolaridad.

Así por ejemplo, entre quienes solamente quieren terminar sus estudios secundarios y nada más, hay una proporción menor de jóvenes que piensa tener pocas posibilidades de concretar sus proyectos; mientras entre quienes aspiran llegar a la universidad, es mayor la cantidad de jóvenes que piensa que sus posibilidades son pocas.

Es en estas contradicciones por donde se escurren las desigualdades de todo tipo que impregnan el ambiente en Chile, el modo en que se expresa la fragmentación clasista que se impuso al sistema escolar hechos carne en la persona de estos jóvenes; por eso que ese optimismo se puede leer como un «a pesar de todo, prefiero pensar que me va a ir bien», que más responde a la idea de no cerrarse a la posibilidad de pensar y de construir un futuro, o de no rendirse antes de empezar, que a un optimismo fundado en condiciones, si se quiere, realistas. *De ahí que en este desfase entre las aspiraciones y las posibilidades, que se traduce en la distancia entre lo que se quiere o sueña con la reali-*

*dad y las posibilidades que ofrece, se encuentre a nuestro juicio la fuente donde se
vino fraguando lentamente el descontento que impregnó el movimiento de los jóvenes secundarios.*

Un nuevo sujeto en un nuevo escenario

Al volver la mirada sobre los jóvenes, podemos establecer que estamos en
presencia de adolescentes y jóvenes estudiantes distintos, con características
diferentes, tanto en su ser joven como en las formas que expresan y estarían
viviendo, percibiendo y significando las diferentes maneras en que asumen
sus condiciones juveniles; lo que ha impactado con fuerza en la asunción del
rol social u oficio de estudiante. Detrás de aquello hay una permanente inten-
cionalidad en traer las condiciones y culturas juveniles (en plural) al espacio
de la cultura escolar (en singular), lo que plantea primariamente la disputa
por la pluralidad en contra de la singularidad.

Esta generación de adolescentes y jóvenes estudiantes, en propiedad son
«hijos de la transición política a la democracia», muchos nacidos y todos
educados en ese contexto/espacio social y político. Sólo han vivido una sociedad democrática; a diferencia de sus padres como «hijos de la dictadura»,
con todas las valoraciones y significaciones que pueden hallarse a la base de
esas experiencias vitales, sobre todo en las referidas a las formas y modos de
vivir el período de adolescencia y juventud en uno y otro contexto sociopo-
lítico: y eso no es un antecedente menor.

Estos jóvenes estudiantes son *herederos* —en sus éxitos y fracasos— de la
historia reciente, particularmente en el acelerado proceso de modernización
(quizás en su tercera fase modernizadora contemporánea) experimentado en
la sociedad chilena, lo que ha permitido en buena medida, el poder desplegar
esas situaciones y condiciones juveniles a las cuales intentan adscribirse.

Esta es la generación joven más escolarizada de la historia, que ya exhibe
niveles de escolaridad superiores a las de sus padres y madres, los cuales
guiaron su vida bajo la promesa hacia sus hijos de dejarles educación y «que
sean más que ellos». Esa promesa ya se cumplió, en la gran mayoría, y en los
menos, está *ad portas* de cumplirse. Es la primera generación que está completamente incorporada en la educación primaria, llegando aceleradamente
al ciento por ciento en la enseñanza secundaria, y también incorporándose a

trancos largos a la educación superior (un 40%), pero con muy desiguales accesos de acuerdo a sus condiciones económicas familiares.

Es una generación que está contenta con la vida que lleva y manifiesta un tremendo optimismo en su futuro y en su vida futura, que adopta un sentimiento de pragmatismo, ven de manera práctica y vivencial si sus expectativas optimistas tienen correlato con sus experiencias de vida.

El problema es que ya sospechan del desajuste entre esas altas aspiraciones y expectativas, las que ven difícil de concretar, reconocen que tienen pocas posibilidades para cumplirlas, por los desiguales accesos a las oportunidades sociales, de acuerdo a los orígenes sociales familiares, los bajos capitales heredados y la escasa movilidad social que estaría ofreciendo la sociedad chilena, resultando complejo el compensar o revertir las desigualdades de origen.

Por no haber recibido capitales suficientes, es que se constituyen en *desheredados*, sujetos que debe extremar esfuerzos para acumular capitales, de preferencia por la vía de una mayor escolarización, lo que podría acercarlos al cumplimiento de sus aspiraciones y expectativas de vida.

Ésa es una de las tensiones fundamentales que enfrentan estos jóvenes estudiantes del sistema público de educación: ¿cómo congeniar esas altas expectativas y aspiraciones con sus reconocidas pocas posibilidades? Interrogante que seguirá abierta en busca de respuesta satisfactoria, y que sin duda seguirá interpelando a los distintos actores involucrados en el proceso educativo.

Conclusiones

En el contexto de la *modernidad y capitalismo líquido* que nos plantea Bauman (2004, 2006), viene de la mano el proceso de individualización, donde cada ser humano debe hacerse responsable de su suerte de manera personal, sin ya poder responsabilizar ni acudir a las instituciones sociales, pues cada uno sería el mejor juez de sus acciones y decisiones. De allí la importancia —nos recuerda este nuevo principio de trato social neoliberal— de poner atención y preocupación por las trayectorias sociales que vamos construyendo hacia la vida adulta, desde la infancia y la juventud, pues cada uno es el constructor del futuro esperado. A lo más, las instituciones sociales podrán suplir

—precaria y compensatoriamente— nuestra condición de desventaja social
por haber transitado hacia algún tipo de «trayectoria fallida», como lo expresa Machado Pais.

Esta formulación podemos hallarla en el boceto del «Informe sobre desarrollo mundial 2007. Desarrollo y la próxima generación» del Banco Mundial. Informe dedicado al tema de juventud, cuyo enfoque central se concentra en cinco transiciones decisivas para la vida de los jóvenes: la transición desde la escuela, hacia un estilo de vida saludable, hacia el trabajo, hacia la formación de familia, y hacia la ciudadanía.

> «El Informe propondrá un marco común para cada transición, incorporando tres elementos principales:
>
> *Oportunidad*. Extender las oportunidades que se ofrecen a los jóvenes, ya sea de empleo o de servicios, de manera que la pobreza no obstaculice necesariamente las opciones de una vida mejor.
>
> *Acción*. Permitir que puedan tomar buenas decisiones mediante la formación de sus destrezas y la creación de una base de información, y facultarles con la responsabilidad de tomar dichas decisiones sabiendo que deben rendir cuenta sobre las mismas.
>
> *Una segunda oportunidad*. Ayudar a los jóvenes a mitigar las consecuencias de oportunidades perdidas y de malas elecciones» (Banco Mundial, 2005:i-iii).

Podemos ubicar la anterior formulación bajo la lógica de una responsabilidad individual que debe orientar cada una de estas transiciones, no centrándose en las responsabilidades de tipo institucional que deben velar por la protección y fomento de ciertos derechos sociales adquiridos colectivamente. El mismo Bauman cuestiona esa lógica, pues para él «la libertad individual sólo puede ser producto del trabajo colectivo (sólo puede ser conseguida y garantizada colectivamente). Hoy nos desplazamos hacia la privatización de los medios de asegurar-garantizar la libertad individual» (Bauman, 2003:15). O en palabras de Beck, no se pueden buscar soluciones biográficas individuales a contradicciones sistémicas, lo que viene a ser la individualización de los riesgos sociales (Beck, 1998).

Los sectores de jóvenes chilenos movilizados como una forma de llamado de atención y demanda por su futuro posterior al egreso de su calidad de estudiantes, sin duda que también se constituye en una apelación por mayores grados de protección social, y no sólo el dejar las decisiones y responsabilidades que deben asumir en sus propias manos, sin el necesario apoyo y acompañamiento por parte de las instituciones sociales que debieran estar llamadas a aquello, de manera especial el Estado y también la familia.

Estos jóvenes no desean estar solos al momento de «rendir cuentas» sobre sus decisiones, como lo sugiere el Informe del Banco Mundial, quieren también tener aliados que colaboren en todo este proceso de toma de decisiones y acciones relevantes para la vida adulta. Pero a su vez, con estas dinámicas se pone en evidencia también las nuevas formas de asumir por los jóvenes sus condiciones juveniles, tanto como sentido epocal de la noción de juventud, como del espacio social y cultural que visualizan como posible de extender para contener sus vivencias juveniles, expectativas, intereses y valores sociales; ya no sólo desde una perspectiva indidual e individualizante, sino que recobrando y recreando lógicas colectivas de acción y movilización social.

Podemos reconocer en estos jóvenes la antigua tensión sobre principios y valores sociales en juego: entre seguridad (protección) y libertad (autonomía, independencia, emancipación); tensión que ha estado presente también en generaciones anteriores como la nuestra, y en buena parte de la sociedad contemporánea (cf. Bauman, 2003, 2004, 2005). En los jóvenes y en las sociedades actuales que le han correspondido vivir, se tiende a convertir en un campo en disputa y negociación, con la perspectiva de transitar y establecer trayectorias y proyectos de vida, en lo ideal con mayores grados de seguridad a la par de mayores grados de libertad y autonomía; interpelando al sistema social y sus instituciones que se responsabilicen de garantizar esos tránsitos con la ampliación de las oportunidades sociales.

Y esa interpelación aflora en estos días con una tremenda fuerza colectiva y movilizadora que presiona por mayores garantías, en especial hacia aquellos jóvenes que se encuentran con mayores desventajas sociales y con menores capitales sociales, culturales, económicos, educativos: los sin herencias que exhibir, *los desheredados*.

Referencias bibliográficas

Apple, Michael (1987): *Educación y poder. Barcelona*: Paidós.

Bauman, Zygmunt (2006): *Vida líquida. Barcelona*: Paidós.

—— (2005): *La sociedad sitiada*. Buenos Aires: fce.

—— (2004): *Modernidad líquida*. Buenos Aires: fce.

—— (2003): *En busca de la política*. Buenos Aires: fce.

Banco Mundial (2005): «Boceto provisional del Informe sobre el Desarrollo Mundial 2007. Desarrollo y la próxima generación». Washington: Banco Mundial.

Beck, Ulrich (1998): *La sociedad del riesgo. Hacia una nueva modernidad*. Barcelona: Paidós.

Bourdieu, Pierre (2000): *Cuestiones de sociología*. Madrid: Istmo.

—— (1998): *Capital cultural, escuela y espacio social*. México: Siglo XXI

—— (1997): *Razones prácticas. Sobre la teoría de la acción*. Barcelona: Anagrama.

—— (1988): *La distinción. Criterio y bases sociales del gusto*. Madrid: Taurus.

—— y Jean-Claude Passeron (2003): *Los herederos. Los estudiantes y la cultura*. Buenos Aires: Siglo XXI

¾—— y —— (1996): *La reproducción. Elementos para una teoría del sistema de enseñanza*. México: Fontamara.

Camarano, Ana Amélia et al. (2004): «Caminhos para a vida adulta: as múltiplas trajetórias dos jovens brasileiros». Texto para Discussão Nº1038. Rio de Janeiro: ipea.

Casal, Joaquim (2004): «Diez proposiciones sobre juventud». En Rossana Reguillo et al.: *Tiempo de híbridos. Entresiglos jóvenes México-Cataluña*. México: imj.

—— (2002): «tva y políticas públicas sobre juventud». *Revista de Estudios de Juventud Nº59*. Madrid: injuve.

—— (1999): «Juventud, transición y políticas sociales». En: *La nueva condición juvenil y las políticas de juventud*. Barcelona: Diputación de Barcelona.

——, Josep Masjoan y Jordi Planas (1988): «Elementos para un análisis sociológico de la transición a la vida adulta». Política y Sociedad Nº1. Madrid: ucm.

Casassus, Juan (2003): *La escuela y la (des)igualdad*. Santiago: lom.

Castillo Peña, Jorge (2006): «¿Representacion institucional del 'rol docente' o representacion del 'joven popular' como alumno? Algunas reflexiones respecto a la tensión sobre la que se fundamenta 'el proceso educativo' en la enseñanza secundaria en contextos de pobreza». *Última Década Nº24*. Valparaíso: Ediciones cidpa.

Dávila, Oscar; Felipe Ghiardo y Carlos Medrano (2006): *Los desheredados. Condiciones de vida y nuevas condiciones juveniles*. Valparaíso: Ediciones cidpa (Segunda Edición Aumentada).

Dubet, François y Danilo Martuccelli (1998): *En la escuela. Sociología de la experiencia escolar*. Barcelona: Editorial Losada.

Injuv (2004): *Cuarta encuesta nacional de juventud 2003. La integración social de los jóvenes en Chile 1994-2003*. Santiago: injuv.

Labarca, Amanda (1939): *Historia de la enseñanza en Chile*. Santiago: Publicaciones de la Universidad de Chile.

López, Néstor (2005): *Equidad educativa y desigualdad social. Desafíos a la educación en el nuevo escenario latinoamericano*. Buenos Aires: IIPE-Unesco.

Machado Pais, José (2002a): «Laberintos de vida: paro juvenil y rutas de salida (jóvenes portugueses)». *Revista de Estudios de Juventud Nº56*. Madrid: injuve.

———— (2002b): «Praxes, graffitis, hip-hop. Movimientos y estilos juveniles en Portugal». En Carles Feixa et al. (editores): *Movimientos juveniles en la Península Ibérica: graffitis, grifotas, okupas*. Barcelona: Ariel.

———— (2000): «Las transiciones y culturas de la juventud: formas y escenificaciones». *Revista Internacional de Ciencias Sociales Nº164*. París: UNESCO.

Martín Criado, Enrique (1998): *Producir la juventud. Crítica de la sociología de la juventud*. Madrid: Istmo.

McLaren, Peter (1998): *La vida en las escuelas*. México: Siglo XXI

Mideplan (2004): «Encuesta de caracterización socioeconómica nacional. casen 2003». Santiago: mideplan.

———— (2001): «Situación de la educación en Chile, año 2000. Análisis de la viii Encuesta de Caracterización Socioeconómica Nacional (casen 2000)». Documento Nº4. Santiago: Mideplan.

Núñez, Iván y Roberto Martínez (2004): «Classism, discrimination and meritocracy in the labor market: the case of Chile». Documento de Trabajo Nº208. Santiago: Departamento de Economía, Universidad de Chile.

Serna, Leslie (1997) «Globalización y participación juvenil». *Revista Jóvenes Nº5*. México: ciej, Instituto Mexicano de la Juventud.

Willis, Paul (1988): *Aprendiendo a trabajar. Cómo los chicos de clase obrera consiguen trabajos de clase obrera*. Madrid: Akal.

PARTE 5

Culturas juveniles y nuevas tecnologías

Jóvenes, cultura y nuevas tecnologías

Manfred Zentner

En la actualidad, los jóvenes "viven" en culturas juveniles que les brindan el marco de la vida cotidiana y tienen una mayor aceptación en la sociedad en comparación con las subculturas o contraculturas anteriores. Mientras que estas formas de agruparse en el pasado significaron medios de protesta contra la sociedad, en la actualidad no existe forma de objeción alguna. El concepto de contracultura resulta más discutible desde que implica una cultura principal común en la sociedad. En el mundo post-moderno, los adultos pueden elegir sus estilos de vida también y, de hecho, eligen diferentes estilos de vida. Por lo tanto, "la" cultura principal, la única cultura hegemónica, ya no existe en las sociedades occidentales, pero muchas culturas diferentes con más o menos valores similares se encuentran presentes al mismo tiempo. Con esto, el concepto de cualquier contracultura perdió su significado.

Por otra parte, las subculturas, es decir culturas que normalmente no reciben aceptación y que, por lo tanto, de algún modo se encuentran debajo de la superficie, debido a diversas razones, aún existen. Pero en términos generales, la sociedad se volvió más tolerante: acepta casi todo, integra casi todo en la cultura cotidiana, de tal modo que resulta difícil notarlo. El hecho de formar parte de una cultura juvenil en la actualidad ya no se percibe como modo de protesta contra la sociedad adulta, sino como el hecho de formar parte de una sociedad paralela.

Las razones que responden a este desarrollo se multiplican e interrelacionan. Los cambios demográficos y la edad de las sociedades occidentales condujo a una expansión del periodo de "juventud" y, por lo tanto, a una mayor aceptación en la sociedad. En el pasado se describía la juventud como el lapso de tiempo que abarcaba de 15 a 20 años, en la actualidad la juventud comprende grupos con edades de 13 a 30 años[1]. Esta tendencia continua la

---

1 Este concepto lo adopta, por ejemplo, la Unión Europea y el Consejo de Europa para su definición de política juvenil.

prolongación de la educación, que en promedio finalizó a una edad avanzada después de cursar en establecimientos de enseñanza secundaria o terciaria. Asimismo, esta tendencia se basa en una partida tardía del hogar paterno y en la creación de la familia propia.

El cambio demográfico se interrelaciona de modo cercano con la tendencia descendiente de las tasas de nacimiento, matrimonios y crianza de niños postergados. Para algunos esto se debe principalmente al aumento de la individualización y el poder de las mujeres. Las mujeres asisten a los establecimientos educativos durante lapsos más prolongados que lo que sucedía en el pasado; adquieren mayor educación y mayores probabilidades para desarrollar una carrera profesional. Por lo tanto, ingresan en el mercado laboral a una edad más avanzada con la intención de desarrollar una carrera profesional y postergan sus planes de formar una familia.

El crecimiento de la individualización en la sociedad se ve acompañado por un valor más elevado respecto de los estilos de vida y culturas cotidianas como plataformas para el desarrollo personal y de la identidad. Debido a que todos pueden elegir los estilos de vida en un amplio espectro, y dado que la clase social no constituye la única razón para tomar decisiones, la individualización ya no resulta ser un privilegio para las clases sociales más altas. Los conceptos tradicionales tales como clase, vecindad, familia o género pierden poder explicativo para el círculo de la vida. En promedio, los valores materialistas pierden importancia respecto de los valores post-materialistas y la identidad personal ya no se define únicamente a través del estándar profesional sino a un nivel superior a través de las actividades de esparcimiento.

Nuevas formas de comunidades – tribus y escenas modernas – además de las estructuras socioeconómicas aparecen y ganan más y más importancia respecto del nivel individual, así como también, para la sociedad en su conjunto. Lazos y culturas de comunicación nuevas se desarrollan en el interior de estas comunidades post-modernas.

Por último, pero no por ello menos importante, las tecnologías y los medios nuevos aceleran la globalización dado que la información ya no resulta ser únicamente local. Al mismo tiempo, esta información global se encuentra disponible casi para todos por medio de la televisión e Internet. Esto conduce a una influencia más fuerte de otras culturas en la vida cotidiana de las personas comunes. El crecimiento de la influencia de culturas diferentes, a su vez, se intensifica a través de la inmigración debido a los cambios demográficos. Estos desarrollos acelerados de la sociedad establecen las condiciones de vida de los jóvenes y el marco para la juventud post-moderna.

Crecer en la post-modernidad

Aún resulta esencial independizarse de los progenitores y estar capacitado para ganar ingresos propios pero, con la dilatación de la fase educativa, la transición en el mercado laboral tiene lugar a una edad más avanzada. Pero debido a la individualización y a los desarrollos post-modernos, un empleo apropiado de jornada completa ya no constituye el único modo para recibir la aceptación por parte de la sociedad. El desarrollo personal y la formación de la identidad pueden lograrse por otros medios.

Para el desarrollo de la propia identidad, resulta importante para los jóvenes diferenciarse de los adultos. Los adultos y, en especial, los propios padres ya no constituyen modelos de referencia para los jóvenes dado que el periodo de juventud tiene un valor por sí mismo en la actualidad y merece nuevas formas de vida. Los jóvenes en sí mismos constituyen sus propios modelos de referencia. La premisa *"Pronto serán lo suficientemente adultos y aburridos"* parece ser la condición para los jóvenes. Ellos disfrutan su tiempo como jóvenes y ya no añoran el momento en el que se conviertan en adultos. Por el contrario: los adultos no quieren ser adultos, ellos anhelan la juventud eterna. Escuchan la misma música, visitan los mismos bares y practican los mismos deportes que los jóvenes. Y nadie culpa a los adultos por esto, la sociedad en su mayoría acepta este desarrollo y, de ese modo, crea un culto a la juventud.

De todos modos, resulta más difícil para los verdaderos jóvenes diferenciarse de sus padres, crear un estilo propio y hallar su lugar en la sociedad, lo que constituye en primera instancia una sociedad de pares y otros jóvenes. Una sociedad liberal parece aceptar las formas de protesta "tradicional": música rock, peinados curiosos, tatuajes, *piercings* y deportes nuevos. Estas formas no sólo son aceptadas sino adoptadas de modo bastante veloz por parte de la sociedad adulta y, por lo tanto, no existe oportunidad de mostrar las diferencias con el mundo adulto. Nadie desea comportarse del mismo modo que los padres en una disco, un recital, un evento o una fiesta. Nadie desea encontrarse con sus padres en una disco dado que esto siempre representa un hecho vergonzoso. Entonces, la juventud debe buscar nuevas formas de diferenciación y las culturas juveniles como estilos de vida constituyen uno de aquellos medios, dado que la devoción verdadera a una cultura juvenil puede marcar la diferencia respecto de los adultos y generar, al mismo tiempo, nuevas formas de comunidades paralelas a las formas tradicionales.

Culturas juveniles y escenas

Las escenas constituyen las nuevas formas de comunidades para jóvenes. Estas escenas representan culturas juveniles abiertas a todo el mundo sin restricción alguna. No se limitan a admitir gente del área local vecina sino que son globales y se caracterizan en su totalidad mediante un estilo expresivo específico, una opinión común establecida, relaciones típicas y estructuras de comunicación. Dentro de la escena el estatus se establece mediante determinadas aptitudes y capacidades que posibilitan a sus miembros ganar un nivel de aceptación más elevado a través de otras personas.

De acuerdo con Ronald Hitzler (2000), se puede describir una escena como una red de personas enfocada temáticamente donde sus integrantes comparten determinados materiales o formas mentales de estilos colectivos. Estos estilos similares o comunes se vinculan a espacios y tiempos típicos y están desarrollados de un modo interactivo. Estas redes pueden tratar temas diversos: música o deportes, compromiso social, actitud política y uso de los medios, entre otros.

Los estilos comunes funcionan como símbolos y códigos de reconocimiento, formación de identidad grupal, y al mismo tiempo diferenciación y no resultan constantes, pero pueden sufrir pequeñas diferencias con el transcurso del tiempo. Los estilos son más o menos expresivos y se muestran en público y, por lo tanto, en cierta medida resultan de fácil reconocimiento incluso por parte de quienes no son miembros de las redes. Los estilos expresivos brindan a los jóvenes la posibilidad de colocarse ellos mismos y a otros en diferentes grupos (Silbereisen, 1997), representan medios para hallar la identidad mediante la demostración de pertenencia a un grupo y de diferencia respecto de otros grupos. Estos códigos y estilos expresivos se ven representados en la vestimenta, preferencias musicales, moda, peinado, cuerpo, movimientos y gestos, como también así, frases idiomáticas y *slang*. Estos estilos expresivos comunes constituyen el primer pilar descriptivo de una escena.

Los valores, las conductas y las actitudes también definen un código especial y son, por lo tanto, esenciales para las escenas. Pero dado que las actitudes no deben expresarse en público, no se las considera expresión, definen un segundo pilar de las escenas para la opinión común establecida. En cada escena se puede hallar actitudes, modos de vida y conductas comunes, como la condena política, la conducta especial de consumo, principios determinados o una especie de teoría filosófica.

El tercer pilar de una escena está dado por la estructura de relaciones. Determinadas escenas deben considerarse grupos de individualistas o egocéntricos, en otras escenas el concepto de "grupo" constituye el factor más importante. Incluso si la escena está abierta para todos, todavía debe verse en el contexto de la estructura social. Dado que formar parte de determinadas escenas resulta bastante costoso – debido a los equipamientos necesarios, estilos especiales de vestimenta, impuestos por ingresos o costos por viáticos – todos podrían unirse pero no todos tendrán la posibilidad de costearlos. Las escenas brindan una formación de sociedad paralela a la estructura socio-económica.

Situaciones, lugares, tiempo, medios, eventos…		
Hip Hop, Snowboard, Techno, House, Rock, Skateboard, Street-ball, Alternativo, Skinheads, Punk, Jesus Freaks, Gótico, Hard Core, Vegetarianos, Squatters (Okupas) Fanáticos del Fútbol…		
Expresión	**Opinión Establecida**	**Relaciones**
Música	Actitudes	Lazos grupales
Moda	Conductas	Individual vs masivo
Deportes	Filosofía común	
Cuerpo	Valores	
Peinados		
Gestos		
Situación socioeconómica de los jóvenes		

Las escenas más relevantes no siempre son aquellas con la mayor cantidad de miembros. Dado que una escena está constituida por un centro, un contorno y un margen. Para cada escena, el tamaño de aquellas regiones podría ser diferente. Hasta el momento resulta problemático encontrar modos para cuantificar las diferentes regiones para las escenas; la investigación cualitativa ayuda a definir los límites entre las regiones y a describir las características. Las investigaciones cuantitativas sólo ayudan a identificar la cantidad de personas que verdaderamente se encuentran vinculadas a la escena, más o menos desde el centro hasta los contornos. El centro de una escena está formado por personas con un alto conocimiento sobre la escena, con aptitudes elevadas relacionadas con la cultura juvenil y con gran apego personal a la escena; ellos "viven para" el tema de la escena. En el contorno se puede hallar gente no tan involucrada pero todavía apegada y que conoce los estilos y códigos de diversas escenas, porque aquella gente podría pertenecer a más de una escena. La periferia de una escena constituye el sitio para aquellos que sólo tienen un contacto mínimo con la escena, sólo les agrada la música, el deporte o juegan juegos para computadoras, en ocasiones incluso no conocen la totalidad de los códigos y estilos.

Estructura de la escena: Centro: Líder de opiniones, quien establece la tendencia. Viven en la escena y para la escena. El contorno y el margen los sigue. Contorno: Quienes navegan la escena pueden identificarse con más de una escena. Están familiarizados con los códigos y estilos y los utilizan de acuerdo con la situación. Periferia: Gente que se encuentra ligeramente afectada por el estilo de vida de escenas especiales. Utiliza códigos de modo más débil y, en algunas oportunidades, falso.

Los círculos de pertenencia a la escena simbolizan también la forma de ingreso a las diferentes culturas juveniles. Un joven tiene sus primeros contactos con una escena normalmente en la periferia, luego este joven decide involucrarse de modo más profundo con la cultura e ingresa en el contorno y, en determinados casos, en el centro de la escena. Por lo tanto, cuanto más joven es la gente, mayores son las probabilidades de que pertenezca a la periferia de una escena.

Otro fenómeno de pertenencia a una escena es que puede ser un sentimiento muy subjetivo. No se debe ser un *skateboarder* activo para sentirse parte de una escena de *skateboard*. La pertenencia a una escena puede generarse por medio de una participación activa y dándole forma a las creaciones en tal escena —como hacer graffiti en la cultura *HipHop*—, como también así, mediante el mero consumo pasivo de los productos de dicha cultura —por ejemplo escuchar música *HipHop* y visitar atracciones de *HipHop*.

De acuerdo con el grado de participación, la presente estructura de escenas genera la posibilidad para otro fenómeno de cultura post-moderna: se puede tener un sentido de pertenencia a más de una escena dado que no se debe estar completamente comprometido a la escena para pertenecer a ésta. En estos casos, aquellas personas involucradas en la escena pueden sentirse al mismo tiempo vinculadas con otras escenas. Los jóvenes se convierten en navegadores de escenas y "pertenecen" a más de una escena. Estas escenas diferentes deben tener ciertas similitudes sea en cuanto al estilo expresivo, la opinión establecida o la estructura de relación. De modo que resulta posible pertenecer a *Skateboard, Snowboard, HipHop* y *Streetball* al mismo tiempo, dado que estas prácticas comparten una opinión común establecida de estilo libre y muestran ciertas similitudes respecto del estilo expresivo. Asimismo, resulta bastante frecuente estar en las escenas de *House, Fitness* y Volleyball Playero debido a una cultura corporal similar y a una percepción comparable de la importancia de verse bien. Además es posible encontrar otras combinaciones.

Si estos tres pilares de la escena son completamente distintos, pasar entre aquellas escenas parece imposible. Entonces *Techno* y *HipHop* son diferentes.

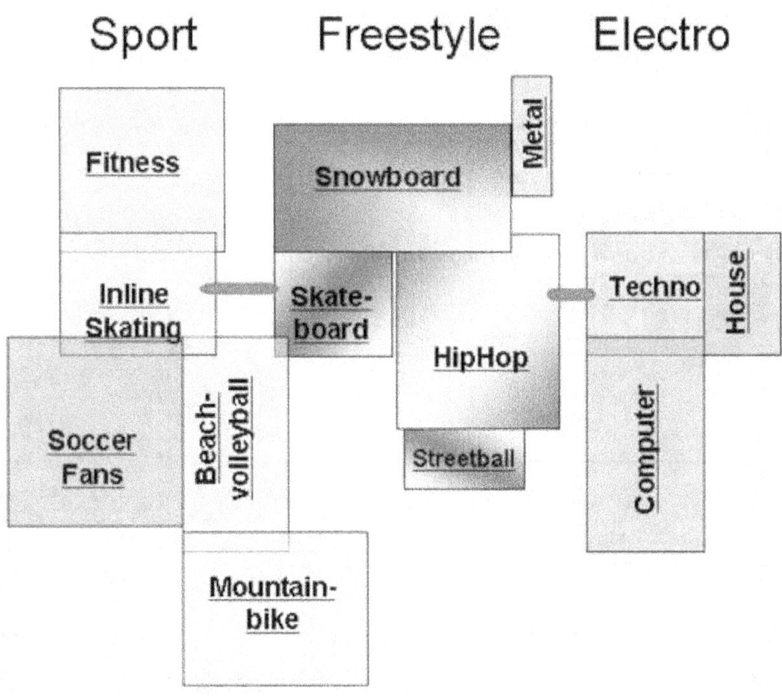

Deportes: *Fitness, Inline Skating*, Fanáticos del Fútbol, Volleyball Playero, *Mountain bike*. Estilo Libre: *Snowboard, Skatebard, Streetball*. Electro: *Metal, Tecno, Hip Hop, House*, Computadoras.

En la actualidad, las escenas más populares son: *HipHop, Snowboard, Fitness*, Juegos para Computadoras, Volleyball Playero, Rock y *Skateboard*. Pero todavía encontramos muchas más escenas tales como *Techno, House, Metal*, Gótico, Reggae, *Ska, Skinheads*, Alternativos, *Punks, Jesus Freaks, Streetball* e *Inline Skater*. Estas escenas se encuentran, en diferentes cantidades, en los distintos países, pero sobre todo estas escenas definen el espectro de las culturas juveniles de entre las cuales los jóvenes eligen su escena favorita. Por ejemplo, *Snowboard* resulta ser la mayor escena en Austria mientras que en Alemania lo es el *HipHop* que en Austria tiene menor importancia.

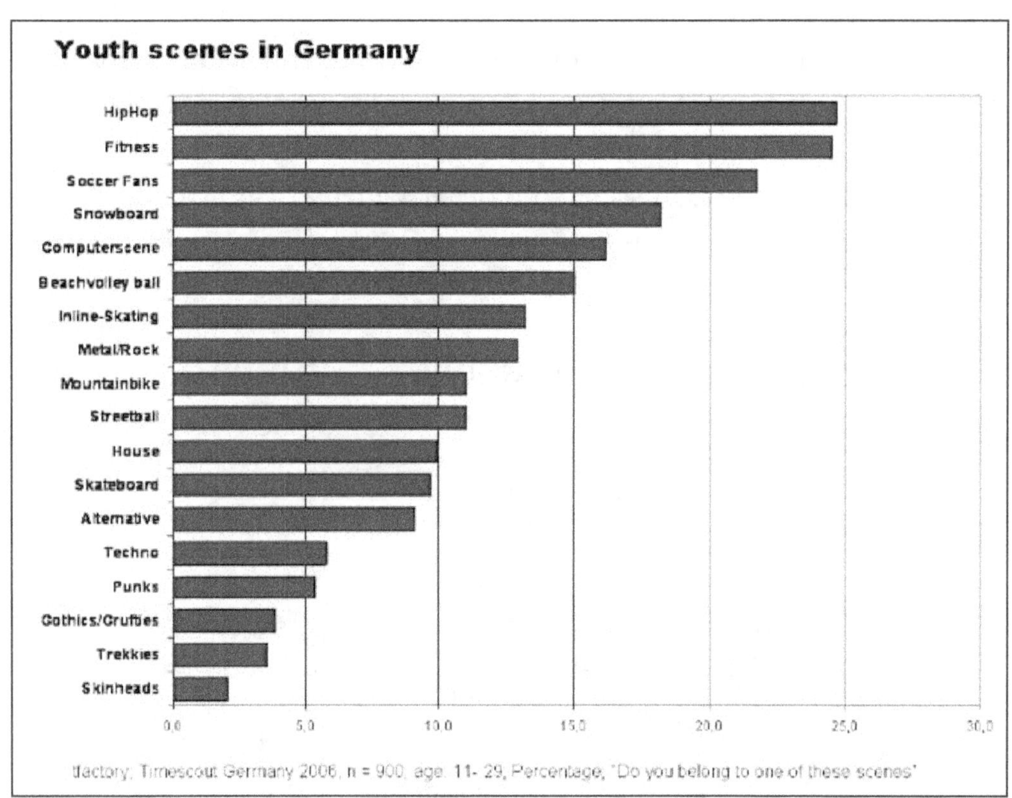

Escenas juveniles en Alemania. Porcentajes de mayor a menor (de arriba hacia abajo): *Hip Hop, Fitness*, Fanáticos, *Snowboard*, escenas con computadoras, Volleyball playero, *Inline Skating, Metal/Rock, Mountain bike, Streetball, House, Skateboard*, Alternativo, *Techno, Punks*, Góticos/*Grufties*, *Trekkies, Skinheads*.

tfactory; Timescout Alemania 2006, n = 900; edades: 11 a 29; Porcentaje; ¿"Pertenece a alguna de estas escenas"?

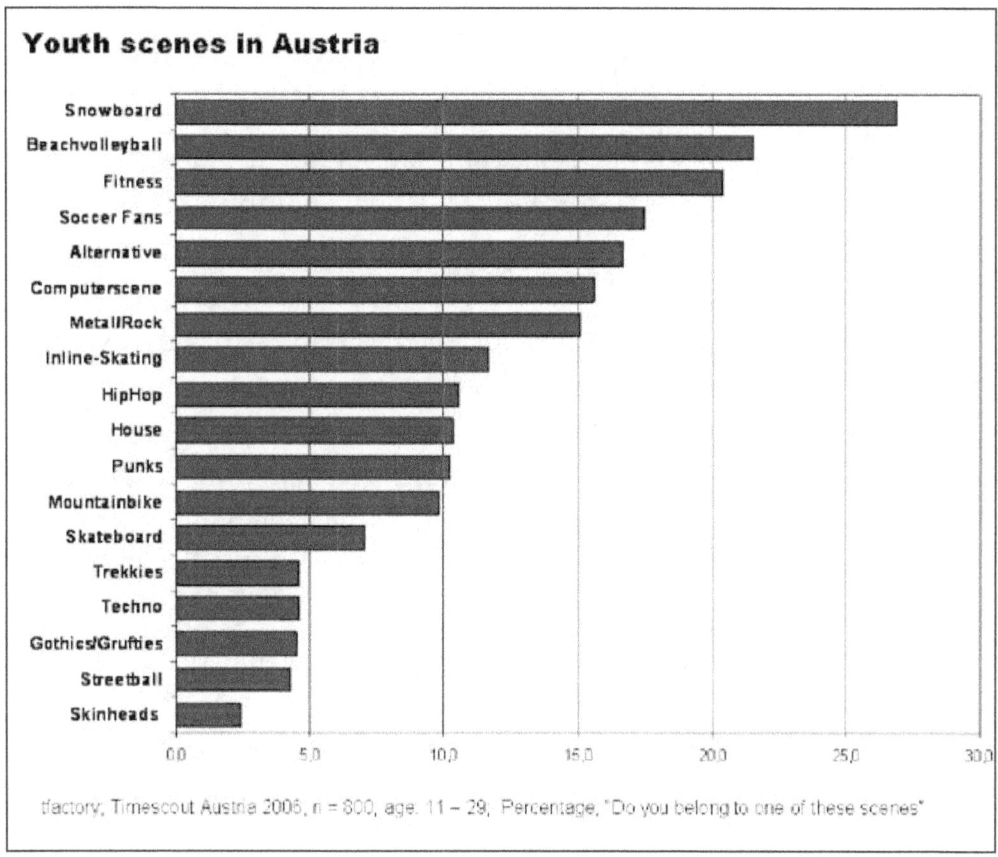

Escenas juveniles en Austria. Porcentajes de mayor a menor (de arriba hacia abajo): *Snowboard, Volley playero, Fitness,* Fanáticos de Fútbol, Alternativos, escenas con computadoras, Metal/Rock, *Inline Skating, Hip Hop, House, Punks, Mountain bike, Skateboard, Trekkies, Techno,* Góticos/*Grufties, Streetball, Skinheads.*

tfactory; Timescout Austria 2006, n = 800; edades: 11 a 29; Porcentaje; ¿"Pertenece a alguna de estas escenas"?

Nuevas tecnologías

Las tecnologías nuevas resultan tener gran importancia para la totalidad de las escenas. Mientras que algunas de estas escenas se crean sólo a través de la aplicación de nuevas tecnologías, como Juegos *On-line* para Computadoras o *Techno*. Hallamos nuevas tecnologías en otras escenas sólo implementadas en la divulgación de información y canales de comunicación. La información en puntos de encuentro y ubicación se pasa mediante teléfonos celulares, fotos de fiestas que se publican online, e *e-ziness* especiales para diversas escenas en Internet, como también así, *newsletters*, foros y grupos de debate especiales. Encontramos *newsletters* y foros de *HipHop*, páginas Góticas e *e-zines* para computadoras. De ese modo, las culturas juveniles utilizan nueva tecnología para informar a los jóvenes y formar comunidades.

Al emplear nuevas tecnologías, los jóvenes poseen una gran ventaja respecto de la generación anterior no necesitan "aprender" a usar elementos diferentes debido a que ellos lo aprenden la primera vez, nacieron en un mundo con tecnología y no diferencian entre viejo y nuevo para ellos existe la tecnología. Los jóvenes tampoco necesitan leer manuales instructivos de dispositivos tecnológicos dado que aprenden mediante el uso de la tecnología.

Siempre sucedió de ese modo. Los jóvenes tuvieron mayor aptitud para adaptarse a los nuevos desarrollos. Para ellos el CD siempre fue el modo de escuchar música, no tuvieron la necesidad de acostumbrarse a no escuchar más LPs. Los discos de vinilo resultan ser otra alternativa para escuchar música del mismo modo que lo son los CDs, minidiscos o mp3. No los sorprende el hecho de que sea posible escuchar música a través de una computadora, no es extraño para ellos que uno pueda encontrar "todo" en la amplia red mundial. Su forma de utilizar nuevos medios, nueva tecnología y nuevas formas de comunicación sorprende a los adultos pero no a los jóvenes. Los jóvenes están habituados a esto y, por lo tanto, tienen más aptitudes para hacerlo.

A su vez en el pasado, los jóvenes manejaban por ejemplo video grabadoras con mayor velocidad que las generaciones anteriores. En los 80 sólo la gente mayor de cincuenta y cinco años sintió que los jóvenes tenían mejor conocimiento respecto de determinadas cuestiones que ellos mismos. Pero en la actualidad las personas de treinta y cinco años saben que los jóvenes son más talentosos para setear una computadora, para utilizar todas las propiedades de los teléfonos celulares o para hallar en Internet software nuevo para teléfonos celulares. Por ejemplo, utilizar teléfonos celulares es normal para los jóvenes y no sólo los utilizan para comunicarse, enviar sms o mms que también forman parte del repertorio estándar de los jóvenes, sino que el teléfono celular también se utiliza como consola para juegos, reloj, organizador y libreta de direcciones.

De modo que podemos detectar una normalidad nueva en el uso de ICT en la generación joven al menos en el mundo Occidental. Debido a esta normalidad, la difusión de nueva tecnología se ha acelerado en toda la sociedad. Los jóvenes forman más o menos el grupo de adoptantes prematuros de nuevos estilos de vida y nueva tecnología.

En forma consecutiva, debemos analizar los modos de los jóvenes para utilizar nueva tecnología para observar cómo se la usará en el futuro cercano por la parte principal de la sociedad y averiguar qué puede resultar interesante para el futuro. Si conocemos más sobre los jóvenes podemos también intentar brindar determinadas predicciones respecto de cómo se podrían desarrollar el futuro.

La nueva tecnología tiene una gran influencia en las actividades de esparcimiento y los contactos sociales de la juventud y debido a ello sobre el desarrollo de la identidad. Más de un 60% de los jóvenes expresa que utiliza Internet para su tiempo de esparcimiento, más de un 50% envía sms o mms en su tiempo libre. Y más de dos tercios de los jóvenes del sexo masculino con frecuencia juegan juegos para computadoras o video juegos. Incluso las formas tradicionales de esparcimiento han sido sustituidas cada vez por el uso de Internet dado las ofertas que existen en el Amplio Mundo de la Red. Bajar incluso las películas más recientes conduce a un notable descenso en la cantidad de visitas a los cines. Las compras se realizan online, como también así online se escuchan las estaciones radiales. Las posibilidades brindadas a través de la nueva tecnología generan nuevas actividades o al menos alteran las actividades de esparcimiento de los jóvenes.

Asimismo, Internet ofrece la posibilidad de establecer contactos con otras personas a través del correo electrónico, de los foros, las salas de chateo (*chat rooms*), mensajes instantáneos o realidades virtuales tales como "Segunda Vida" (*Second Life*). Los medios tales como las salas de chateo o las realidades virtuales brindan también oportunidades para jugar con el rol e identidad propios. Chatear se ha convertido en una fuente de amistades generadas por medio de Internet. Incluso si el contacto no es real sino sólo virtual y la relación no se genera mediante un encuentro directo, aún así se ofrece valor social. A nivel social, asimismo, Internet es uno de los medios más influyentes e importantes para los jóvenes y tal como lo arrojan las encuestas, no constituye un medio para aislarse, sino por el contrario para comunicarse y formar grupos. Este factor socio-emocional de Internet resulta ser para los jóvenes el de mayor importancia dado que las nuevas oportunidades de comunicarse con otras personas pueden incluso resultar un modo de romper la incapacidad personal para establecer contactos con otros. Por otra parte, la relación impersonal que generaron los medios permite simular ser otra persona y, por lo tanto, las relaciones entre dos personas que chatean puede convertirse en una relación totalmente virtual cuando ambos sujetos que dialogan simulan ser otra persona.

Internet no sólo se utiliza para obtener información sino también para construir comunidades de personas con iguales áreas de interés y permite permanecer en contacto y comunicarse. Con la tecnología de red 2.0 es posible brindar información personal vía *weblogs* o *webcams*. Las encuestas muestran que una importante cantidad de jóvenes tiene interés en crear su propia página Web o colocar videos personales *on-line*. Debido a la existencia de sitios Web tales como *Youtube* o *Myspace* esto resulta un gran éxito. Con la facilidad que implica utilizar tecnología, los jóvenes pueden moldear la www en forma directa y así brindar espacio para una participación activa cuyos resultados pueden obtenerse en forma inmediata. Esto constituye una gran diferencia entre las ofertas de participación en el mundo "verdadero" y el mundo virtual.

Pero también la nueva tecnología puede conducir la participación política en la sociedad: En Internet se puede encontrar información sobre organizaciones políticas y/o movimientos ambientalistas, llamados para participar en sus acciones, en los foros y en las páginas de Internet se pueden hallar iniciativas de aplicación personal de principios e integración en la vida cotidiana. Muchas de estas páginas son más o menos conocidas sólo por sus integrantes –como muchas de las páginas Web en Internet– y brindan oportunidades para participar que no se observan a primera vista.

La aceptación de los jóvenes en cuanto a la nueva tecnología, a su vez, puede detectarse en sus expectativas y en su necesidad de información. Una mirada más cercana al uso de los medios por parte de los jóvenes en Europa prueba que la juventud utiliza Internet ya como fuente número uno para la información. La investigación cualitativa que se condujo en once países europeos "La juventud construye a Europa". El empleo de medios por parte de la juventud y las necesidades de información[2] también muestra que los jóve-

---

2 EYCA: La Juventud construye a Europa – Uso de los medios y necesidades de información por parte de los jóvenes

nes confían en Internet dado que suministra la posibilidad de verificar la información brindada en una página Web con otra de la página Web siguiente sin costos adicionales.

Incluso Internet representa medio que precisa del acercamiento activo personal del usuario para obtener información lo que hace que sea aún más sencillo para los jóvenes buscar información dondequiera que lo deseen. Y, de modo eventual, los jóvenes creen que en Internet se puede encontrar información sobre casi la totalidad de los temas. Pero ellos, en primer lugar, sólo buscarán información que les interese. La información sobre política aún está vinculada a los medios tradicionales tales como TV, radio o periódicos. Los jóvenes utilizan Internet como fuente de información sobre temas relacionados con la política sólo si reciben información "*off-line*" por anticipado.

Utilización problemática de nueva tecnología.

Al mismo tiempo, se deben considerar los aspectos más problemáticos relacionados con la utilización de nueva tecnología. En primera instancia, y con frecuencia no sólo entre jóvenes, bajada ilegal de música y películas mediante plataformas que comparten archivos o mediante páginas Web especiales. Esto se observa como una conducta natural y común y no como un acto de injusticia o ilegalidad pero, de todos modos, se encuentra sujeto a condena por parte de la ley. El problema verdadero de bajar no resulta ser el daño a la industria sino el desarrollo de una generación completa de personas que infringen la ley debido a que casi todos los jóvenes lo hacen. Se necesita legislación nueva que trate este tema. Para satisfacer las necesidades de la industria y permitir que los jóvenes utilicen Internet de modo legal y, al mismo tiempo, para ayudarlos a desarrollar un sentimiento por la justicia y la injusticia. Los adultos deben aprender a aceptar los modos en que los jóvenes utilizan las cosas e interpretar sus conductas como una orden para cambiar el marco de la sociedad y no mantenerse en modos tradicionales de ver las cosas.

Los foros suicidas, de drogas y violencia constituyen otras facetas problemáticas que están representadas en la www y que los jóvenes conocen. La encuesta austriaca elf/18 establece que más del 50% de la juventud con edades de 11 a 18 años ya ha visitado sitios con contenido pornográfico, casi cada cuatro ya ha visitado páginas que ofrecen drogas o medios para consumirlas, y un 10% de los jóvenes ya ha visitado foros suicidas.

La realidad virtual se ve como un gran desafío para el desarrollo de la identidad personal, dado que la gente crea sus propios personajes en el mundo virtual. Algunos creen que debido a que los usuarios jóvenes de plataformas tales como *"Second Life"* pierden su sentido de realidad, se abstraen de su vida ordinaria y deciden "vivir", en cambio, en la web. Pero, ¿cómo podemos culpar la web por esto? ¿Acaso no es la insatisfacción respecto de la realidad lo que conduce a la gente a experimentar mundos virtuales?

Otro punto debatido de un modo bastante intenso constituye la influencia de los juegos para computadoras sobre las conductas violentas de los jóvenes. No se ha demostrado que los juegos provocan conductas violentas pero ciertos psicólogos afirman esto. Debido a esto, determinados países colocan juegos específicos en un "índice" para mostrar que estos juegos contienen información violenta. Los usuarios de juegos para computadoras, por el contrario, argumentan que aquellos juegos no conducen a más violencia, son sólo juegos y la gente está incluso bastante capacitada para distinguir entre juegos y realidad. Los juegos para computadoras se convirtieron en un factor económico importante no sólo para la industria sino también para la juventud para quien es posible ganar dinero como resultado de los juegos. En el campo de los juegos para computadoras a nivel profesional existen ligas, como también así, el negocio de testeo de juegos para computadoras. La utilización de teléfonos celulares para hacer películas que muestran violencia contra colegas en establecimientos educativos, ya conocidas como películas "bofetadas felices" (*happy slapping*), constituye la prueba reciente del uso indebido de nueva tecnología.

Sobre todo, se encuentra una relación cercana entre los jóvenes y la nueva tecnología, ya sea a través de culturas jóvenes o desde un nivel individual. El "temor" de los adultos respecto de la influencia de la nueva tecnología en la vida de los jóvenes, se basa en el hecho de que ellos no conocen las verdaderas formas de utilización de tecnología de los jóvenes y en sí mismos no están lo suficientemente bien informados sobre la nueva tecnología, sus oportunidades y limitaciones.

Referencias bibliográficas

EYCA (2005): Youth builds Europe – Young people's media usage and information needs, comparative qualitative study in 11 European countries.

Grossegger, Beate / Heinzlmaier, Bernhard / Zentner, Manfred (ed) (1999): Jugend-Marketing. Setzen sie ihre Produkte in Szene. Wien.

Grossegger, Beate / Heinzlmaier, Bernhard / Zentner, Manfred (2001): Youth scenes in Austria, in Furlong, Andy and Guidikova Irina (ed): Transitions of youth citizenship in Europe: culture, subculture and identity, Strasbourg, S. 193-216.

Grossegger, Beate; Heinzlmaier, Bernhard (2002): Jugendkulturguide, Wien.

Hitzler, Ronald; Bucher, Thomas (2000): Forschungsfeld "Szenen": Ein terminologischer Vorschlag zur theoretischen Diskussion, in: Journal der Jugendkulturen 2/2000.

Hitzler, Ronald / Bucher, Thomas / Niederbacher, Arne (2001): Leben in Szenen. Formen jugendlicher Vergemeinschaftung heute. Opladen.

jugendkultur.at – Institut für Jugendkulturforschung und Kulturvermittlung (2005): elf/18 – die jugendstudie, Eigenforschung. Wien.

Silbereisen, Rainer / Vaskovics, Laszlo / Zinnecker, Jürgen (Hrsg) (1997): Jungsein in Deutschland Jugendliche und junge Erwachsene 1991 und 1996. Opladen.

Siurala, Lasse: A European framework for youth policy, Directorate of Youth and Sport, Council of Europe, Strasbourg, o.J.

Tfactory (2006): Timescout Deutschland, Eigenforschung Hamburg.

Tfactory (2006): Timescout Österreich, Eigenforschung Wien.

The European Commission (2001): White Paper on Youth Policy. A new impetus for European Youth.

De Deejays, Floggers y Ciberchabones: subjetividades juveniles y tecnocultura[1]

Sergio Balardini

El nuevo corte generacional: la tecnología

Buenos Aires. Argentina.
La niña entró a la iglesia de la mano de su madre. Observadora, advirtió con sorpresa que, los adultos presentes, luego de largas frases, repetían la palabra "amén". "Bla bla bla amén"; "bla bla bla amén". Curiosa, preguntó a su madre sobre por qué hacían eso, y su madre le dijo que se trataba de algo que debían hacer para que aquello que decían tuviera efecto. La niña replicó "ah,... amén es cómo enter".

Buenos Aliens. Argentina virtual.
A mi abuela el otro día la plancha le dio una patada y se escucho un acorde como zzzzzzzuuuuuz, ¿esa fue una pauta que mi abuela le gusta la música electrónica?
Eso fue la menor expresión de la música electrónica.
Imagínate un grupo de abuelos o abuelas todos planchando al mismo tiempo y a todos le dan una patada eléctrica seria algo así.
zzzzzzzzuzzzzz
UUUU
zzzzzzzz
uuuu
y así armamos un lindo track[2]

Portadores de la revolución científico-técnica

Las innovaciones tecnológicas del nuevo mercado-mundo global, constituido en un entramado de nuevos saberes y viejos poderes, multiplicaron la presencia de bienes domésticos disponibles, dando lugar al nacimiento de

---

1 Una versión anterior del artículo ha sido publicada en *Jóvenes*; revista de estudios sobre juventud. Nº 20. México. 2004.
2 Extracto de un mensaje enviado al foro del sitio: www.buenosaliens.com.ar

una domótica[3] que nos acecha. Todos estamos ya en una tecnocultura. Las nuevas generaciones, más propiamente, se constituyen en ella.

El padre del '*ciberpunk*' William Gibson discurre: "*Hay un personaje algo siniestro en el libro que es una especie de ejecutivo publicitario sofisticado que afirma que actualmente no existe el futuro, en el sentido en que nuestros abuelos o nuestros padres tenían un sentido del presente y del futuro. Ellos contaban con el lujo de vivir en un presente que se estaba quieto el tiempo suficiente para que pudiesen pensar, 'estamos aquí, y el futuro esta más allá, y nos podemos imaginar como va a ser'. En la situación en la que estamos hoy no hay un presente, todo está cambiando todo el tiempo, y por lo tanto no hay manera de extrapolar un futuro*"[4].

En este marco, es evidente que estar abierto al cambio se convierte en una clave de integración y eficacia. ¿Cómo leer en clave generacional esta nueva realidad en la que la (nueva) tecnología juega un papel predominante? Peter Eio, presidente de *Lego Systems*, señala que "por primera vez en la historia de la humanidad, una nueva generación está capacitada para utilizar la tecnología mejor que sus padres"[5]. Negroponte, por su parte, expresa, "Se trate de la población de internet, del uso de *Nintendo* o de *Sega*, o de la penetración de microordenadores, lo importante ya no será pertenecer a una u otra categoría social, racial o económica, sino a la generación adecuada. Los ricos son hoy los jóvenes y los desposeídos los viejos" (Negroponte, 1995). Más amablemente, en términos de Margaret Mead, estaríamos frente a una cultura "prefigurativa", en la que son los jóvenes quienes enseñan a sus padres (Mead, 1970), quienes de algún modo, aparecen como inmigrantes temporales.

Tomemos, por ejemplo, la película *Brazil*[6], allí el futuro se nos presenta opresivo, tecnoburocrático, entre pantallas y monitores. A esta situación el sociólogo de las comunicaciones Román Guber, la denomina "hiperpantallización de la sociedad". Y ejemplifica: "Un oficinista que se pasa diez horas frente a la computadora y otras cuatro frente al televisor en su casa, al cabo del día ha pasado catorce horas interactuando con símbolos que intermedian con

---

3 Robótica doméstica.

4 "El padre del '*ciberpunk*' William Gibson: 'El futuro ya no existe'". José Luis De Vicente. www.elmundo.es

5 Cita en "Los hijos de la tecnología serán 40 millones en el año 2003", Bárbara CELIS. En: Datos en la Web. Acceso: diciembre 2000.

6 *Brazil*. EE.UU. Terry Gilliam. 1985.

lo físico, ¡en lugar de hacerlo con el mundo físico! Así, acaba creyendo que la flor natural es la de plástico"[7]. *Brazil* esta entre nosotros. Y con su espíritu.

Los medios (y la tele) como agencia de socialización privilegiada

Los medios de comunicación, en particular, la televisión, se han convertido en agencias de socialización privilegiadas en desmedro de las tradicionales, recuérdese: familia, escuela y, en menor medida, iglesias.

Según la "Primera encuesta nacional sobre consumos culturales de adolescentes", realizada por el Ministerio de Educación de la Nación[8], los chicos de 11 a 17 años ven entre dos y tres horas de TV por día. Los aparatos de TV son omnipresentes y atraviesan a todos los sectores sociales, llegando su presencia al 100% de los hogares. Aún más, en seis de cada diez casos tienen dos o más aparatos en casa[9]. Revela la misma encuesta, que según el Nivel Socioeconómico (NSE), el 15% de los chicos y chicas de más ingresos y el 35% de los de menos pasan más de cuatro horas por día ante la TV. Ello también se debe a que los primeros tienen más opciones, mientras que para los segundos, la tele es uno de los bienes más distribuidos de los que pueden hacer uso.

En consecuencia, la cantidad de horas que niños y jóvenes dedican a ver televisión y el carácter doméstico de esta actividad, nos acerca a la conceptualización de "parafamiliar mediático" que hiciera Eva Giberti[10]. Es decir, nos enfrentamos a un mundo en formato video que nos dota de afectos y conocimientos en sustitución del viejo mundo real en retirada (Balardini, 2002). En buena medida, los niños aprehenden y conocen el mundo por la televisión.

---

7 De "Gran Hermano" a la muerte por TV. *La Nación*. Por Susana Reinoso. Reproducido por InterLink Headline News 2275. 28 de Abril de 2001.

8 "Primera encuesta nacional sobre consumos culturales de adolescentes", realizada por el Programa Escuela y Medios del Ministerio de Educación de la Nación. Se diseñó una muestra representativa de 3360 y concretó entre abril y junio de 2006.

9 El número de televisores por hogar en la Ciudad de Córdoba es de 1,9 y en la Ciudad de Buenos Aires de 2,5. Claro que distribuidos según nivel socioeconómico y de modo no equitativo. Todos tienen, pero algunos más que otros...

10 Se trata del surgimiento de una nueva institución con "vivencia de familiaridad" y hasta de parentesco, originada por la sistematicidad y periodicidad de la presencia de ciertos personajes radiales y/o televisivos: locutores, animadores, periodistas. En: Wainerman, Catalina (comp.). 1994.

Carmen Martínez, presidenta del *Bureau de Publicidad en Cable e Internet* (BPCI), señala: *"actualmente, la penetración del cable en la ciudad de Buenos Aires y el Gran Buenos Aires alcanza al 67,7 de los hogares. En cuanto al interior del país, podemos hablar de una penetración de 68% en promedio, con picos de hasta el 78% en algunas ciudades, como Bahía Blanca, Mendoza y Santa Fe"*[11]. Por tanto, más allá de sectores sociales y de la crisis post-2001, no puede sostenerse que el consumo de cable en la Argentina sea de elite, sino de masas.

Por otra parte, con la llegada del cable, llegó la programación full-time, de 00 a 24 horas. Así es que tenemos más horas de inmersión hogareña en pantallas. Podemos llegar a casa y encender la televisión, ya sea que la veamos o que le pidamos compañía mientras hacemos otra cosa o caminamos de aquí para allá. Según la encuesta del Ministerio, las prácticas de niñas, niños y adolescentes son claramente multimediales: mientras mira TV, la mitad de ellos "hace la tarea"; el 30% escucha música (ya sea CD o radio); el 10% usa la PC, y otro diez por ciento también habla por teléfono. Muchas veces como "ruido de fndo" o parte del escenario, o una especie de acompañante terapéutico. *Beavis y Butt-Head*, representan la modalidad radical de visionado, pero su ausencia a muchos podía causarles una suerte de síndrome de abstinencia, como cuando nos quitan el chocolate.

Jóvenes, tecnoculturas y consumo del pack de pantallas[12]

'Siempre me sorprendo un poco cuando me topo con gente que piensa que la tecnología es algo que está fuera del individuo, que uno puede ya sea aceptar o rechazar. Eso es verdad en un sentido, pero en esta etapa del partido nosotros SOMOS la tecnología'.
William Gibson, *dixit*[13].

Como venimos señalando, el compromiso subjetivo de los individuos jóvenes (niños, adolescentes) con las nuevas tecnologías tiene fuertes implicaciones no sólo en sus prácticas más evidentes de relación con artefactos de

---

11 www.zapping.com

12 Pensemos el *pack*: TV, videojuegos, asistentes digitales (*palm* y otros), agendas, teléfono móvil, computadora e Internet full.

13 Michael E. Doherty, Jr. Marshall. "McLuhan se encuentra con William Gibson en el Ciberespacio". Universidad de Chile. Facultad de Ciencias Sociales. *Talón de Aquiles* n° 4. Marzo, 1997.

razón digitales, sino con la creación de una tecnocultura y la constitución misma de su subjetividad.

El consumo de tecnología digital y de pantallas, es un hecho cotidiano y naturalizado en los niños y jóvenes. Cierto es que las posibilidades de acceso al consumo son diferentes socialmente, y los jóvenes, cuando consumen tecnología, lo hacen desde esta diferencia, cuestión clave, para comprender el despliegue de las identidades y la dimensión del reconocimiento. "En este punto, hay que reconocer que los usos sociales de los aparatos que constituyen la parafernalia tecnológica son diversos a la par que segmentados. Es decir, tanto su consumo como su apropiación" (Balardini, 2002).

Sin embargo, más que pensar en jóvenes dentro o fuera de la tecnocultura, hay que pensar en calidad e interactividad del medio en el que estan. Así tenemos cibercafés, locales de videojuegos y de juegos en red, en diferentes geografías de la ciudad. Claro que un ciber de barrio de la zona sur (empobrecida), no es igual a uno *fashion* del barrio elegante de Recoleta[14]. Diferencias entre máquinas de última generación, o recicladas y con la memoria justa, por ejemplo. O de locales con aire acondicionado y amplio espacio, casi un *living*, frente a otros de codos pegados, brazos y piernas próximos, y olores fuertes, en fin. Facilidades, comodidades, *upgrades*, *customizaciones*, velocidad, precio, y la calidad de los entornos, cobran su peaje. Diferencias que se

---

http://rehue.csociales.uchile.cl/rehuehome/facultad/publicaciones/Talon/talon4/talon4-9.htm

Una mirada más comprensiva ofrece Eduardo Dahl en su columna del suplemento Informática de La Nación del 22-07-02: "El cambio de vida que llega con la PC". Allí podemos leer: "Para quien se ha educado en un mundo analógico, la computadora constituye una anomalía. (...) usar una computadora puede cambiar nuestra forma de trabajar, y puede también modificar la forma en que nos comunicamos, compramos, vendemos, creamos, conocemos gente, nos informamos y nos entretenemos. ...la conclusión es más o menos evidente: la PC implica un cierto cambio de vida. Esto permite entender porqué algunas personas ofrecen tanta resistencia a adoptar la computación; un cambio de vida de esta clase puede no resultarle grato a todos...".

También vale la pena leer: "Lo 'natural' es la tecnología". Entrevista a Alberto Kornblihtt. Clarin, 12 de agosto de 2002.

14 Un estudio de D'Alessio-Irol de junio 2006, sobre el perfil de usuario en Argentina, señala que hay en nuestro país el número de usuarios de Internet es de 10.320.000 personas (el 28% de la población). Esta cifra significa respecto del año anterior, 2.700.000 usuarios nuevos, un crecimiento del 36% (47,5% para el interior del país, 26,8% en Capital Federal y Gran Buenos Aires). Más de la mitad de los usuarios (un 52%) tienen menos de 25 años habiéndose incorporado muchos jóvenes de clases medias y bajas a este conjunto, quienes utilizan como principal vía de acceso los locutorios y los "cibers". Internet en la Argentina 2005 - 2006. Diario *Clarín*. 17-10-06.

sintetizan en la presencia masiva de cibers y locales de juegos en red en todos los barrios y con precios razonablemente económicos, que oscilan entre un peso y un peso cincuenta la hora (entre un tercio y medio dólar). Por otra parte, la crisis económica de 2001, con la devaluación de la moneda, tuvo el efecto del encarecer las conexiones hogareñas (aún con la enorme oferta de proveedores gratuitos de servicios dial-up de aceso a internet) y dificultar la renovación del hard produciendo un cierto boom de locales comerciales, "masivizando"[15] su distribución en todas las ciudades o barrios. La posterior recuperación económica (2003-2006) reactivó el interés y la demanda de equipos y conectividad para los hogares particulares, pero, para ese entonces, la extensión territorial de los locales y la práctica habitual de acudir a cibers, ya estaba instalada (actualmente, en promedio, el 58% dice acceder desde su hogar y el 49% desde locutorios y cibercafés –consulta con respuestas múltiples–, siendo la relación en el sector de altos ingresos de 88/22; en los medios 56/42; en los mediobajosbajos 36/56; y en los bajos 27/65). Según Carrier y Asoc., fue "el mayor acceso a la red a partir de lugares públicos como los cibercafés o locutorios (equipados con conexión de banda ancha), que permitió la incorporación de sectores con restricciones presupuestarias como los jóvenes, los niveles socioeconómicos medios y medio bajos y los usuarios más nuevos"[16]. Así el impulso taxonómico ha generado la categoría de una nueva especie urbana, la de los "ciberchabones"[17], que mezclan el *Counter Strike* con aires de cumbia o el *rockito stone*, y enfadan a los vecinos haciendo barra a la puerta del ciberlocal (el 68% de quienes asisten a locutorios y cibers son jóvenes, la mayoría se conecta hasta dos horas -68%, casi todos los días -87%-). Como tituló un suplemento juvenil "*Pizza, birra y mouse*". Estos ciberchabones, suelen navegar por internet buscando información de su interés, chatear (msn para todos), enviar mails e intercambiar archivos de música y fotos (y, en menor medida, videos).

---

15 En nuestra perspectiva, el mercado puede hacer masivo el acceso, pero en términos desiguales y en lógica de consumidor. Solamente la política podría "democratizar" el acceso con lógica ciudadana.

16 Blog: http://francisco-albarello.blogspot.com/

17 El hallazgo de este término, útil para representar una nueva figura de jóvenes citadinos, debe acreditarse, hasta dónde pudimos rastrear, al suplemento Joven "Sí", del diario *Clarín*, en su nota del 17-12-99. Allí leemos que en locales de internet: "Sorprende que los más ataviados sean los varones. No sólo abundan las barras no bravas de *cyberchabones*". Estas barras, ahora se han extendido y las hay bravas también: "Pizza, Birra, mouse", Suplemento Joven, diario *Clarín*. 21-02-03. "Guerra el Cyber-chabón", Suplemento Joven, diario *Clarín*. 04-04-03.

El número de usuarios de Internet en Argentina a principios de 2007, sería de doce millones de personas, el equivalente al 30% de la población, según informa la "Asociación de Usuarios de internet de la República Argentina", en nota del 24 de abril de este año.

Mientras tanto, las consolas, el *play station*, el *Cube*, el intercambio de archivos de video, la producción de *blogs o fotologs*[18], y la participación en comunidades virtuales, quedan en manos de jóvenes con mayor dotación de recursos (mayormente conectados desde sus hogares). La web (2.0) que produce contenidos (más allá de su calidad) y no sólo los consume, vive en sus casas. Sin embargo, el mundo de la tecnología los atraviesa a unos y otros, las pantallas los capturan a todos, en casas, comercios, bares, estaciones de trenes o subterráneos, con una cierta omnipresencia.

Una tecnología expansiva, que todo lo invade, que se actualiza periódicamente (y en forma cada vez más rápida), que coloniza nuevos espacios, en su producción de tecnocultura, impondrá una distribución social de máquinas con distintas funciones y potencias, con un factor de interactividad mayor o menor. Dicho en otros términos, la TV esta allí, al igual que la computadora, lo celulares y las bandejas de dj's. Y la tecnología digital esta detrás y delante de la música que se escucha, del proceso de su hechura, de su distribución, su comercialización y su intercambio, de los lugares bailables a los que asisten los jóvenes, constituyendo una presencia que, gradualmente, se asimila como entorno. Las revistas hablan de videojuegos y vidas digitales, de biografías íntimas que saltan del blog al book (ahora llamados *Blook*), los medios masivos y diarios de mayor circulación nacional comparten publicidad de toda clase de artefactos digitales, mientras la TV provee de programas sobre vidcogames, navegación por la red, entrevistas a bloggers y servicios para padres perdidos entre tanta teconología en manos juveniles. Y, no debemos olvidar, las instituciones públicas, comenzando por el sistema educativo y la escuela, que, gradualmente, va incluyendo el mundo digital en las aulas, con variados proyectos: el Programa de Escuela y Medios; los blogs de Educ.ar; la Web Joven del Gobierno de la Ciudad de Buenos Aires; los seminarios de

---

18 Una encuesta realizada por la Universidad del Salvador entre alumnos secundarios porteños arrojó que el 60% de ellos son usuarios habituales de esas páginas. Y que las mujeres duplican a los varones. En tanto, la Argentina cuenta con el 22% de los registros del sitio líder en América Latina. Diario *Clarín*. 23/10/07.

formación docente en nuevas infancias y tecnologías; hasta la Red de Escuelas Medias, que acaba de presentar su proyecto en Second Life.

Vivir en Internet

En cuanto a los usos que realizan los jóvenes de internet en tanto red global, suelen ser diversos y sus posibilidades múltiples: mensajería instantánea para comunicarse con amigos y conocidos, navegación *web* para buscar información para el estudio o el trabajo, enviar o recibir mails personales, jugar on line, visitar salas de *chat* específicas o foros de interés temático, intercambio de archivos en general y bajada -download- de música y videos en particular, búsqueda de parejas, y otras menos masivas y aplicadas por los más *nerds*.

Según nuestras propias encuestas, dentro de la franja juvenil de 14 a 29 años, a menor edad, usan la computadora más para jugar, estudiar y chatear; y a mayor edad, para trabajar y estudiar. Todos por igual, buscan información. Y, los adolescentes bajan más música que el resto. Según el sexo, los varones que juegan duplican en número a las mujeres, y estas son más a la hora de utilizar la pc para el estudio. Sin embargo, ambos chatean por igual[19]. Por otra parte, a la hora de pensar a qué actividad le quitó tiempo internet, no dudan, lejos, y en primer lugar, a la televisión.

Como señaláramos en trabajos anteriores, una clave de uso para los adolescentes es que viven los espacios que ofrece la red con una fuerte impronta generacional. Si bien cada vez más adultos se conectan y navegan, hay una cierta comodidad, un estar-en-casa en la forma en que recorren en ciberespacio que refiere directamente a la tecnología digital, un saber-hacer que los junta y los separa de los adultos. A este aspecto de la relación con la tecnología se refiere Prensky cuando caracteriza a las generaciones como "Nativos o inmigrantes digitales" (Prensky, 2001).

Un aspecto relevante para la socialización de los navegantes (y la preocupación de los adultos) es que la información se encuentra —y circula- libremente en internet (lo cual no es estrictamente cierto, pero podemos

---

19 Fundación Friedrich Ebert. Encuestas de Juventud en Municipios Argentinos. 2005. 2006.

considerarlo así, a los efectos del texto), lo que incluye información pertinente no sólo para la formación y cultura general, para conocer el mundo a través de la más enorme enciclopedia hipermedia, sino para el desarrollo de la ciudadanía juvenil, como ayudas educativas, de orientación vocacional y para la formación profesional, información sobre sexualidad y formas de prevención de embarazo y protección del HIV, etc., pero también, sexo explícito y pornografía por doquier, métodos de infligir violencia, ideologías fundamentalistas y xenófobas, y tanto más. Esta circunstancia motiva el surgimiento de derivados para el debate: el libre acceso a la información, la calidad y fiabilidad de la misma y su pertinencia. Haciendo un poco de navegación extrema, en su momento encontramos en la red una receta para construir una pequeña bomba nuclear sucia. Algo así como hágalo-usted-mismo y obtenga su pequeña nube atómica. Frente a este panorama, surge una nueva tarea, la de preparar a los jóvenes para filtrar, seleccionar y procesar la información, y contrastarla, a diferencia de ayer, cuando se trataba de salir a buscarla ya que, con frecuencia, era escasa y localizarla un trabajo arduo y un hallazgo. Ahora, la información desborda y los adolescentes participan del flujo activamente.

Por otra parte, la red, ofrece a los adolescentes la oportunidad de encontrarse con pares –e impares- de diversos lugares del mundo. En los *chats* la composición por *default* es internacional y, por definición, multicultural. Hace muy poco, afirmábamos que "la mayoría de los que habitan los *chats* son jóvenes, pero la mayoría de los jóvenes no habitan el *chat*". La primera parte de esta consigna sigue siendo válida pese a que los adultos se han instalado con una creciente presencia en los *chats*. Según un estudio de la consultora de Medios *IPSOS-Novaction*, los adolescentes de 13 a 19 años son casi el 42% del total de gente que usa la Red para chatear[20]. La segunda parte de la consigna, afortunadamente, comienza a perder vigencia, en la medida en que rápidamente los jóvenes de los sectores populares estan accediendo a esta conversación tecnológica, a través de los cibers de sus barrios.

Dicho lo cual, es importante reconocer las oportunidades que ofrecen a los jóvenes estas salas virtuales de conversación (real), que les permite encontrarse amigos distantes, pero también próximos, con aquellos que com-

---

20 Recomendamos la lectura del *Blog* de Francisco Albarello, cuyos temas de trabajo son: Hipertexto y formas de lectura en Internet, e Internet y Educación. http://francisco-albarello.blogspot.com/

parten sus intereses, y en muchos casos, estrechar vínculos con "semejantes" que no siempre pueden hallar en su territorialidad inmediata. Esta circunstancia puede ser vista, por algunos, como encerramiento, en demérito de la inmensa apertura de posibilidades que ofrece a los jóvenes la red, permitiéndoles dialogar y desarrollar seguridades entre pares, facilitándoles ejercer la defensa (y construcción) de su lugar en el mundo[21]. Al mismo tiempo, la red les abre la puerta a un mundo de elecciones que avanza hacia el desarrollo de un individualismo con noción de radicalidad y relatividad.

Por otra parte, el *chat*, (y los mensajes de telefonía celular que serían motivo de otro texto), ha provocado el desarrollo de un nuevo lenguaje adolescente, un *slang* digital que busca sintetizar la comunicación, con una fórmula que mixtura la recreación sintáctica de los términos habituales del lenguaje común con la creación lúdica de íconos que ayuden en la comprensión de la dimensión emotiva del mensaje, los *emoticones*[22].

Así, parece ser que la no tan vieja preocupación por la escasa vocación por la lectura de los jóvenes (¡no leen!, ¡no escriben!), es sustituida o acompañada por la novedosa preocupación referida a la deformación del lenguaje por la generación digital[23]. De todos modos, este lenguaje puede pensarse, como un lenguaje de sintaxis de código abierto y casi binario, en línea con los tiempos. Un cuerpo o núcleo central reconocido por todos sobre el que operan intervenciones particulares que cualquiera puede adoptar o modificar de acuerdo a sus circunstancias, en algo que también representa una colaboración colectiva al primer esperanto global digital.

Y en background, otras escenas tienen lugar. El *download* masivo de música y videos ha desatado el debate acerca del *copywrite* de las obras, la legitimidad de los espacios de comercialización, los valores del mercado, etc. Alguien podría decir que esto ya sucedía cuando se copiaban los discos de vinilo en cassettes, pero actualmente, las dimensiones del fenómeno, facilitado por tecnologías digitales de calidad (y baratas) y mediante el enredamiento global, han puesto la cuestión en el centro del debate. Así las cosas, hay diver-

---

21 Esto suele suceder con jóvenes identificados en alguna minoría social: étnica, sexual, etc.

22 Incluso, hay un diccionario de *Chat* de Gran Hermano (España):
http://gran-hermano.bankhacker.com/diccionario-chat.phtml

23 Recomendamos: Lectura sugerida: "Chat y mensajes telefónicos. El nuevo lenguaje adolescente."
http://mujer.tercera.cl/2002/11/23/chat.htm

sas circunstancias alrededor del hecho de bajar canciones o videos, desde quienes hacen de ello su propio comercio, hasta quienes recurren a esta práctica como único modo de acceder a ciertos bienes en tiempos de digitalización y cuando la reproductibilidad técnica de la obra de arte (como diría Walter Benjamin) adquiere dimensiones que hacen necesario reescribir y repensar todo el circuito de la creación/producción - distribución - comercialización y el lugar de los sujetos o actores puestos en el juego. En todo caso, hay para debatir al respecto, pero mejor no hacerlo en abstracto, como sucede con frecuencia, sino, posicionados a partir de las realidades sociales, culturales y económicas de los jóvenes, como condición de comprender el fenómeno.

Subjetividades juveniles en ambientes hipertextuales[24]

Volvemos a los "nativos digitales", vocablo incialmente propuesto por Marc Prensky, esta vez en la palabras de Alejandro Piscitelli: "Cuando se reduce el cambio generacional y cultural a los adornos (lenguaje, ropa, piercing, estilos de coquetería) se está poniendo el carro delante del caballo. Porque la discontinuidad que hay entre estos chicos y nosotros no es ni incremental, ni accesoria o siquiera histórica y tendencial. Se trata, en la jerga astronómica, de una singularidad, una compuerta evolutiva, un antes y después tan radical que es difícil conceptualizarlo y mucho menos generar los instrumentos educativos capaces de operacionalizarlo. En este caso la singularidad es precisamente la digitalización de la cultura (especialmente juvenil) en las dos últimas dos décadas y más particularmente en los últimos 5 años en los países periféricos. Los chicos que hoy tienen entre 5 y 15 años son la primera generación mundial que ha crecido inmersa en estas nuevas tecnologías. Han pasado toda su vida rodeados de computadoras, videogames y el resto de los gadgets digitales."[25]

El consumo de tecnología digital, fundamentalmente en lo que hace a pantallas e hipertextos, distancia a los jóvenes de los adultos a través de su

---

24 Retomamos aquí un trabajo anterior: Balardini, Sergio. "Jóvenes, tecnología, participación y consumo". 2002.

25 Alejandro Piscitelli, Inmigrantes digitales vs. nativos digitales. 2005.

vínculo con ella y su capacidad para procesarla y usarla. Son herramientas con fuerte poder subjetivizante e impacto socializatorio en un tiempo en que la computadora se ha convertido en un electrodoméstico más. Si bien los adultos hacen un mejor y más extendido uso de los recursos informáticos cada día, lo cierto es que, en el mejor de los casos, tenemos a "usuarios prácticos" frente a "residentes virtuales", al menos si nos referimos a los jóvenes de los sectores sociales más beneficiados.

Los adolescentes, en su relación con la tecnología digital, reconfiguran el lugar de los saberes y sus poseedores, generando temores explícitos entre los docentes.

"Uno recién aprende, y ellos suelen estar frente a una pantalla hace seis o siete años. Saben tanto más que se vuelve una situación muy difícil. Y por más capacitación, no hay forma de ponerse verdaderamente al día con algo que va cambiando todo el tiempo".[26]

"...el choque que se produce entre maestros y alumnos. Aunque sólo sea por el uso de videojuegos, los chicos, aun de sectores económicos muy castigados, tienen una formación en la interactividad con la pantalla mucho más diestra que la de sus maestros, y esto ha generado diversos tipos de conflictos"[27].

Las instituciones escolares, edificadas en la cultura del libro, del texto y la palabra escrita, tienen dificultades, en esta nueva escena, en la medida en que los jóvenes viven inmersos en una cultura de la velocidad, de la fragmentación y de la imagen, mientras los adultos enfrentan el desafío de seguir enseñándoles de manera secuencial y en base al texto. Y frente a los tradicionales modelos de diálogo, debate y reflexión, que requieren siempre un tiempo extendido para procesarse, emerge una sociedad del vértigo, de la fragmentación, del salto o pasaje veloz entre una y otra secuencia[28]. Entonces, ¿la escuela operará como contracultura de la lentitud o procederá a incluir nuevas pedagogías sincrónicas con la cultura tecnológica de la época?

---

26 Diario *La Nación*. "Temores entre los maestros". 11-05-00.

27 Diario *Clarín*. Aníbal Ford . "Divididos por la brecha digital". 22-08-00.

28 Scott Lash va más allá, cuando sugiere que "la sociedad de la información tiene que ver con signos, impulsos, tecnologías, no con memoria ni símbolos: la brutalidad de la mediatización, la irreflexividad a que nos obliga, es pura realidad". Suplemento Cultura, Diario *Clarín*, 01-06-02.

Cuando, en ese marco, emergen las dificultades de los docentes para concitar y retener la atención de los alumnos, que aparecen como desmotivados y desinteresados, derivando en fracasos y eventualmente deserción, encontramos detrás, tanto razones de formato como de contenido. El background, es una cultura del *zapping*, un modo de ver fragmentado, discontinuo, rápido e incompleto, y el *clip*, una forma de video afín de corta duración y combinaciones multivariadas, que proveen un mundo de imágenes y pantallas con su lenguaje icónico.

Todo ello, además, en una la lógica de relación hipertextual. Frente los procesos de la lógica secuencial tradicional, aparecen las lógicas de los hipertextos y las hipermedias, que trabajan en forma de redes[29]. Para agregar complejidad, *"... el empleo del término no lineal por teóricos del hipertexto ha tenido que ver... con el sentido de la dirección determinada o prácticamente contingente de las palabras, según se leen o se oyen"*. Es decir, tenemos recorridos reversibles y de duración diversa, no determinada, en un punto creada en cada ocasión, con incluso, "trayectorias opcionales de significado" con flujos direccionales multilineales (Rosemberg, 1997). En consecuencia, la imagen y el hipertexto juntos remiten a un nuevo canon. La imagen con su pregnancia e inmediatez, que dificulta la toma de distancia y el hipertexto que liquida el proceso secuencial serial por un protocolo de acceso en paralelo a múltiples opciones de registros.

Para alguien socializado en la cultura de la palabra, la imagen se convierte fácilmente en una trampa, mientras que para alguien socializado en un mundo de imágenes, la palabra puede actuar como retardo, como agregado vano. Y para alguien socializado en la cultura del texto lineal, el hipertexto es un laberinto en el cual perderse y que no lleva a ningún destino claro, nos pasea entre relatos, horizontalizando retazos sin pronunciar su discurso final. En tanto, para alguien socializado en el hipertexto, el texto lineal suele ser pobre, aburrido, y no permite una compresión de los contextos y las relaciones. En todo caso, para unos y otros, las nociones de tiempo y espacio se modifican con la tecnología, produciendo nuevas cercanías y distancias. Y, ya se sabe, las nociones de tiempo y espacio son condiciones a priori del entendimiento.

---

29 *"... el hipertexto y los hipermedios suelen definirse en términos de posibilitar un estilo no lineal de escribir y de leer, un estilo que supone un cambio revolucionario respecto al modo de lectura y escritura primariamente lineal vinculado al libro".* Charles Ess. "El ordenador político. Hipertexto, democracia y Habermas.". En: *Teoría del hipertexto* (1994).

Los jóvenes están entrenados cada vez más en estas categorías de la experiencia que los adultos no compartimos al haber sido socializados en un contexto tecnológico diferente. Pero cuando la experiencia se sostiene en formato de clip, y entre videojuegos, el hipertexto, la hipermedia, la instantaneidad (velocidad), y con ellas una nueva noción de tiempo y de espacio, hay que pensar que estamos frente a nuevos procesos reflexivos, dado que asistimos a nueva forma de organizar y construir el mundo. Pensemos: intervención multilineal, redes, nexos, nodos frente a centro, periferia, jerarquía y linealidad o secuenciación discursiva.

Construir relaciones

Para finalizar, y tomando como base un canon de Begoña Gros, pasamos lista a una serie de aspectos que nos parecen relevantes, producto de la relación de la generación digital con las nuevas tecnologías[30]:

1. *Visión de la tecnología como entorno*
Las nuevas generaciones, socializadas en el uso de las pantallas, viven la tecnología actual con naturalidad, sin extrañezas ni dificultades de relación. Carecen de la mirada negativa y la puesta a la defensiva de muchos adultos. La generación digital no es tecnofílica ni tecnofóbica. Se constituye en la tecnocultura.

2. *Velocidad y aceleración*
Un procesamiento de información sumamente veloz, comparado con la generación de sus padres. Los videojuegos son un entrenamiento básico para la adquisición de esta habilidad. Esto no habla de la solidez reflexiva de la toma de decisiones que deviene de tal proceso, sino de la rapidez de respuesta frente a los impulsos involucrados. Como señala Gros, "es este un aspecto complejo ya que existen dudas razonables sobre en qué medida la velocidad ayuda o puede crear problemas en el proceso de construcción del conocimiento". Producto del salto de los macromotores a las nanomáquinas electrónicas.

---

30 En este punto, seguimos en lo esencial a Begoña Gros (especialista en la utilización de las TIC en el ámbito educativo), si bien efectuamos algunos cambios en su canon. "Videojuegos y alfabetización digital". 07/05/2002.
http://www.xtec.es/~abernat/altres%20articles/videojuegos%20y%20alfabetizacion%20digital.htm

3. *Cambio en los parámetros de tiempo y espacio*

Producto del mundo de los chips y el procesamiento a velocidad de la luz, los tiempos se redujeron al instante, y las distancias de la mano al mouse. En este sentido, la digitalización del mundo y la globalización de las comunicaciones y los mensajes, han generado una sensación de proximidad témporo-espacial que lleva el patio de la casa hasta el lugar más recóndito y al futuro como una forma del presente.

4. *Ruptura de linealidad*

Estamos frente a la primera generación que accede a un medio no lineal de aprendizaje. El mundo de los hipertextos supone el corte con la secuencialidad serial y la apertura de una arborescencia de rumbos que implica el desvanecimiento de jerarquías de lectura con definido acotamiento (centro-margen; tiempo-espacio). Esto significa que estamos ante "una forma de organización de la información totalmente diferente a la utilizada en la escritura".

5. *Procesamiento en paralelo*

Multitasking encarnado. La nueva generación posee la capacidad de realizar varias actividades a la vez, en una práctica de multitarea permanente. Tienen abiertas muchas ventanas al mismo tiempo: ven televisión, hacen las tareas, juegan, todo a la vez. La vieja frase "no estas prestando atención", ya no resulta pertinente, en la medida en que esta generación ha desarrollado una atención diversificada que le permite estar aquí y allá a la vez. De hecho, habitualmente procesan abundante información procedente de muy diversos canales. Este hecho, pese a los prejuicios al respecto, no necesariamente implica dificultad de focalizar la atención en un punto. Sin embargo, obliga a reflexionar sobre sus condiciones actuales.

6. *Nueva relación entre texto e imagen*

De modo inverso a como venía sucediendo hasta hace muy poco, cuando estábamos inmersos en la cultura del texto escrito, en la cultura de la imagen y las pantallas, el papel del texto es a menudo "esclarecer algo que primero ha sido experimentado como imagen". Si bien es cierto que el texto no desaparece, algunos autores hablan de "iconósfera", subrayando que la generación digital vive rodeada de imágenes y el texto ha cedido su lugar de preeminencia. Para algunos, como Sartori, es la mutación al *Homo Videns*, para otros, como Chartier, es un viaje hacia un mundo mixturado de texto e imagen. Y con banda de sonido electrónica, agregaríamos.

7. *Enredamiento y Conectividad*

Como plataforma de un mundo interconectado, las operaciones de intercambio internalizan múltipes posibilidades de acceso a la información y a las relaciones sociales, generando comunidades flexibles que permiten componer alternativas de información y socialización diversas y mutantes. Se vive conectado en redes sociales. La palabra clave es: contacto.

8. *Creación colectiva*

Las posibilidades de interacción aumentan en forma exponencial y el caudal de información es su saga. Las nuevas herramientas facilitan la constitución de un entorno colaborativo que se expresa en la fundación de comunidades virtuales, la propuesta de "código abierto" (*Open Source*) en el desarrollo de soft, la literatura hipertextual, las enciplopedias y glosarios de creación colectiva (y permanente), las *wikis*, el conocimiento y las creaciones compartidas, y, en consecuencia, los debates en torno a la pertinencia de conceptos tales como el de "propiedad intelectual" de las obras.

9. *Información "libre" y diversificada*

La apertura de fuentes que supone la constitución de una biblioteca universal, con diversidad de perspectivas y opiniones, y el acceso a una base de datos global, ofrece la posibilidad de investigar libremente acerca de cualquier interés. Esta circunstancia, preocupa en primer lugar a familias, empresas y gobiernos, que buscan, de un modo u otro restringir esta circunstancia, si bien por diferentes razones, más o menos legítimas, en un caso u otro. Los temas anexos de esta apertura, remiten al enorme trabajo de validación, filtrado y procesado de dicha información. También en este punto, a la educación le espera una tarea destacada.

10. *Fortalecimiento de la elección personal*

La creciente interactividad de los videojuegos, las posibilidades de múltiples rumbos del hipertexto, la disponibilidad de fuentes diversas y plurales, y la presencia a la mano de recursos imaginariamente ilimitados, fortalecen, tanto como lo hace la realidad omnipresente del mercado de consumo de bienes para niños y jóvenes, la toma de decisiones frecuente y la perspectiva de la elección personal.

11. *Acción constante*

La generación digital, esta entrenada en el reflejo permanente, e inmediato. Los constantes estímulos incluyen, tanto velocidad, como acción permanente. También la práctica del ensayo-error por sobre el seguimiento de los canales explicativos. Sólo eventuales dificultades crecientes inducen a una actitud de espera, comprensiva y reflexiva para la resolución del problema.

12. *Orientación a la resolución de problemas*

La efectividad y eficacia de las acciones es el norte de la acción de los videojuegos. Del mismo modo que la utilidad y la competencia son herencia de la sociedad de consumo y de mercado. En la misma línea, los adultos en los noventa demandaron por más gestión eficaz y "menos política". La consigna es "acción concreta para la resolución de problemas".

13. *Recompensa inmediata*

Supone la dificultad de posponer la satisfacción. Como esas propagandas "¡llame ya!". La utilidad del conocimiento suele ser percibida como demanda de utilidad hoy, y no asentada en un futuro que no alcanzan a divisar con claridad ("para qué lo puedo utilizar"). Exige una importante tarea docente, trabajando, por una parte, con realidades que los jóvenes puedan reconocer, y, por otra, interviniendo con una tensión reflexiva (y, por tanto, temporal) que permita generar proyecciones.

14. *Cambio en la relación entre lo público y lo privado*

Desde los años noventa a esta parte, se produce un cambio en la relación entre lo público y lo privado. Se hace público el espacio tradicional de la intimidad. Las fonteras se permean y la relación llega a invertirse. Así como antes los diarios íntimos tenían llave y sólo podían ser leídos por el propio autor y algún elegido, hoy las bitácoras personales pueden ser leídas por el conjunto de los internautas. Ser es ser exhibido.

Sin dudas, las nuevas tecnologías abren campos inimaginados al mismo tiempo que alientan la curiosidad, la investigación y la innovación. Pensar las relaciones entre niños, adolescentes y jóvenes con ellas, supone instalar una reflexión permanente, en la medida de lo mudable y cambiante del cuadro tecnológico. Por todo lo dicho, consideramos que la balanza se inclina, hacia una apertura de miradas que no puede consentir a prioris, ni devenir mera empiria. El análisis, en este caso, parece tener pertinencia y cuerda para rato. O deberíamos, mejor, decir *beats*[31].

---

31 Refiere al ritmo de la música electrónica.

Referencias bibliográficas

Balardini, Sergio (2000). La participación social y política en el horizonte del nuevo siglo. CLACSO.

Bell, Daniel (1992). Las contradicciones culturales del capitalismo. Alianza Editorial. España.

Cabello, Roxana (2002). "Cultura de Fichín. Consumo de videojuegos en locales públicos". En: Filc, Judith (2002). Territorios, Itinerarios, Fronteras. Ed. UNGS / Ediciones Al Margen. Argentina. pp. 131-142

Ess, Charles (1994). "El ordenador político. Hipertexto, democracia y Habermas". En: Landow George (1997). Teoría del hipertexto. Paidós. Barcelona. pp.259-303

Fundación Friedrich Ebert (2007): Encuestas de Juventud en Municipios Argentinos 2005-2006. Informe de Investigación (no publicado).

Giberti, Eva (1994). "La familia y los modelos empíricos". En: Wainerman, Catalina (1994). Vivir en familia. UNICEF - LOSADA. Argentina. pp.115-141.

Habermas, Jürgen (1989). El Discurso Filosófico de la Modernidad. Editorial Taurus. Madrid.

Himanen, Pekka (2002). La ética del hacker. Ediciones Destino. Barcelona.

Hobsbawn, Eric (1997). Historia del siglo XX. Colección Crítica, Eitorial Grijalbo - Mondadori. Barcelona.

Jameson, Fredric (1991). Ensayos sobre el Posmodernismo. Colección El Cielo por Asalto. Ediciones Imago Mundi. Buenos Aires.

Levi, Giovanni / Schmitt, Jean Claude (1996). Historia de los jóvenes. Tomo I. Editorial Taurus. España.

Levis, Diego (1997). Los videojuegos, un fenómeno de masas. Colección Papeles de Comunicación. Editorial Paidós. Buenos Aires.

Lipovetsky, Gilles; 1986. La era del vacío. Ensayos sobre el individualismo contemporáneo. Editorial Anagrama. España.

Margulis, Mario (1994). La cultura de la noche. Editorial Espasa Calpe. Buenos Aires.

Mead, Margaret (1970). Cultura y compromiso. Editorial Gedisa. España.

Negroponte, Nicolás (1995). Ser Digital. Editorial Atlántida. Buenos Aires.

Rosenberg, Martín E. (1997). "Física e hipertexto. Liberación y complejidad en arte y pedagogía". En: Landow George. Teoría del hipertexto. Paidós. Barcelona. pp.304-337.

Prensky, Marc (2001): Digital Natives Digital Immigrants. En: On the Horizon (NCB University Press, Vol. 9 No. 5.

Sartori, Giovanni (2001). Homo Videns. La sociedad teledirigida. Editorial Taurus. España.

Sennet, Richard (2000). La corrosión del carácter. Editorial Anagrama. España..

Schumacher, E. F. (1978). Lo pequeño es hermoso. Editorial Blume. España.

Vattimo, Gianni (1997). El Fin de la Modernidad. Editorial Gedisa. Barcelona.

PARTE 6

Redes regionales de investigación, gobierno y política de juventud supranacional. Síntesis y perspectivas futuras de investigación

Política juvenil basada en la evidencia: estrategias y redes

Hanjo Schild

Cuando se habla de estrategias y redes que aseguran políticas basadas en evidencias en Europa, debemos en primer lugar estudiar las políticas de los dos organismos más relevantes, el Consejo de Europa y la Unión Europea y, si atañe a la dimensión operacional, el Acuerdo de Asociación entre ambas instituciones. En un segundo plano sería valioso centrarse en las actividades desarrolladas en los cuarenta y siete estados miembros del Consejo de Europa o los veintisiete estados miembros de la Unión Europea. Los logros en un número de países en implementar sus políticas juveniles basadas en evidencias y en la organización y el diálogo constante entre la política juvenil, la investigación juvenil y el trabajo con jóvenes han sido considerables, en particular, si consideramos la implementación de objetivos comunes para una mejor comprensión y conocimiento de la juventud en la Comunidad Europea. No obstante, esta exposición se centra claramente en la dimensión europea y no aborda estrategias a nivel nacional en cualquier país europeo.

El Sector Juvenil en la Red del Consejo de Europa

El Consejo de Europa, como la organización política internacional más antigua en Europa comenzó a dirigir asuntos juveniles en los sesenta comprometida con la misión de la organización como tal,

- de construir una Europa democrática
- de salvaguardar valores fundamentales, como una democracia pluralista, los derechos humanos y la legalidad
- promover una ciudadanía democrática, el diálogo intercultural y la cohesión social

En consecuencia, el Consejo de Europa comenzó a apoyar a organizaciones juveniles como un elemento crucial de la sociedad civil y a realizar programas de intercambio juvenil y encuentros internacionales.

A mediados de los ochenta, la organización comenzó a centrarse más en el desarrollo de una política juvenil y en apoyar en los estados miembros la creación de las condiciones necesarias para una participación efectiva de los jóvenes en la sociedad y para asegurar su bienestar y su inclusión social.

Desde 1985 el Consejo de Europa organiza conferencias interministeriales de ministros responsables de temas de juventud en sus países. Hasta hoy han tenido lugar siete de estas conferencias, de ellas dos deben ser citadas con referencia a la investigación y a la política juvenil:

- La primera conferencia ministerial de 1990 en Lisboa remarcó la necesidad de más investigación de temas juveniles a través de cambios fundamentales en la estructuración y experiencia de la juventud en el contexto de una Europa en veloz tranformación, tanto social, política, como económicamente.
- La reunión no oficial de 1995 de ministros de temas juveniles en Luxemburgo decidió comenzar las Revisiones de Política Juvenil: desde 1997 se han realizado un total de catorce revisiones; desde 2002 ocho Consejerías de Política Juvenil complementan estas revisiones (hasta diciembre de 2006).

Los objetivos y principios claves actuales del Consejo de Europa para la juventud y el deporte se pueden resumir en:

- apoyo a los jóvenes para convertise en ciudadanos activos y para fortalecer la sociedad civil,
- promover la cohesión social, los derechos humanos, el diálgo intercultural,
- definir y desarrollar políticas juveniles apropiada y basadas en la evidencia y
- dirigir la dimensión juvenil a un nivel global en las actividades del Consejo de Europa.

El programa de actividades en el campo juvenil para 2006-08 corresponde a estos objetivos: pretende remarcar el tema juvenil en diferentes areas políticas, comprender mejor y mejorar el conocimiento que de la juventud se tiene y promover determinados niveles para las políticas juveniles y la calidad y sostenibilidad de la formación laboral juvenil en Europa, incluyendo el reconocimiento del trabajo juvenil y las competencias no formales en los estados miembros.

Los objetivos se alcanzan a través de formación, intercambio y buena práctica, el apoyo de la implementación y formulación de la política, la consejería y la asistencia al desarrollo juvenil, el suministro de conocimiento y herramientas, la normalización, el desarrollo cualitativo, la cooperación, el diálogo y la creación de redes sociales.

Considerando las políticas juveniles basadas en evidencias es necesario subrayar la necesidad de trabajar juntos y la cooperación entre las autoridades públicas, la sociedad civil y la comunidad investigativa. Por esto se ha creado la metáfora del "triángulo mágico".

El sector juvenil en la Comunidad Europea

La Comisión Europea comenzó a implementar actividades relacionadas con la juventud a través de programas de Intercambio Juvenil en 1988 y con la fase piloto del Servicio Voluntario Europeo en 1996; por ello, desde 2000 (y hasta 2006) puede considerarse el Programa Juvenil como la primera acción extensa que, basada en el artículo 149 del Tratado de Creación de las Comunidades Europeas, incluye intercambios juveniles, El Servicio Voluntario Europeo, iniciativas juveniles, acciones conjuntas con otros programas (educacionales) y medidas de apoyo, incluida la investigación.

A nivel político, las iniciativas a favor de la juventud estaban bastante diseminadas y eran escasas; hasta que en 1999 el Consejo de Ministros responsables de temas de juventud acordó algunas resoluciones sobre la participación de los jóvenes, la dimensión de educación no formal que tiene el deporte, la inclusión social y la promoción de la iniciativa, el espíritu emprendedor y la creatividad. Además hubo algunas actividades en campos políticos horizontales tales como educación y formación, inclusión social y antirracismo.

La situación cambió sustancialmente con la adaptación del Informe

Blanco "Un nuevo ímpetu para la Juventud Europea" en el otoño de 2001, después de casi dos años de proceso consultivo de la sociedad civil. Los principales objetivos de este informe eran mejorar la cooperación política a nivel de la Unión Europea y encontrar nuevos caminos de gobierno europeo. El documento identificaba cuatro prioridades esenciales particularmente relevantes para el campo juvenil: la participación, la información, las actividades voluntarias y una mayor comprensión y conocimiento de la juventud. Además, los temas juveniles deberían pasar a un primer plano en otros sectores políticos horizontales como el empleo, la educación y formación, la inclusión social, la lucha contra la discriminación, el racismo y la xenofobia y la autonomía de los jóvenes.

Resumiendo, el Informe Blanco y su subsecuente proceso de implementación llevan a una cooperación reforzada en las principales areas por medio de objetivos acordados comunitariamente; también mejora el diálogo y la cooperación entre los diversos actores, incluidas las organizaciones juveniles, los investigadores y el Consejo de Europa y ha influido en el desarrollo de la política juvenil en los estados miembros de la Unión Europea y más allá.

Un fundamento posterior en la Política Juvenil de la Comunidad Europea fue el Pacto Europeo por la Juventud que fue propuesto por los cuatro Presidentes de Estado y de Gobierno de Francia, Alemania, España y Suecia en 2004 y que adoptó el Consejo Europeo en la primavera de 2005 como uno de los instrumentos para contribuir a los logros de la llamada estrategia de Lisboa. El Pacto pretende mejorar:

- La Educación, la Formación, la Mobilidad,
- El Empleo, la Integración y el Desarrollo Social y
- La Reconciliación entre la vida familiar y laboral.

El Pacto abría las puertas para colocar a la juventud en los campos horizontales de políticas, como ya se proponía en el Informe Blanco sobre la Juventud y debe ser considerado como una herramienta paralela adicional.

Si ahora consideramos las cuatro prioridades principales del Informe Blanco sobre la Juventud, se puede encontrar la conexión de una más estrecha investigación juvenil en el pilar de "Una mejor comprensión y conocimiento de la juventud". La resolución que los ministros de temas de juventud acordaron afirma que: "Para una política eficiente, sostenible y adecuada a la actualidad es esencial desarrollar un área de conocimiento en el terreno juvenil en Europa que sea coherente, relevante y cualitativo y anticipar las necesidades futuras, a través del intercambio, el diálogo y la interconexión". Por lo cual, los cuatro objetivos comunes de la resolución son los siguientes:

(1) Identificar el conocimiento existente en areas prioritarias del campo juvenil (es decir, participación, información y actividades voluntarias) e implementar medidas para suplementar, actualizar y facilitar el acceso a ello.

(2) En una segunda fase, identificar el conocimiento existente en otras areas prioritarias de interés para el campo juvenil e implementar las medidas para suplementar, actualizar y facilitar el acceso a ello.

(3) Asegurar calidad, comparabilidad y relevancia del conocimiento en el campo juvenil por medio de métodos y herramientas adecuadas.

(4) Facilitar y promover el intercambio, el diálogo y la interconexión para asegurar la visibilidad de conocimiento en el campo juvenil y anticipar las necesidades futuras.

Para facilitar la implementación de estas acciones se propusieron varias lineas de acción a diferentes niveles.

Para los objetivos 1 y 2 a nivel europeo los responsables y actores deberían hacer el mejor uso de cualquier instrumento relevante disponible a nivel europeo, tal como los programas de juventud actuales y futuros, los sondeos del Eurobarometro, Eurostat, los programas actuales y futuros de investigación y de cualquier instrumento relevante desarrollado por la Comisión Europea en cooperación con el Consejo de Europa, en particular el Centro Europeo de Conocimiento para la Política Juvenil (EKCYP en sus siglas en inglés, European Knowledge Centre for Youth Policy); la información recogida debería ser repartida a los diversos actores interesados.

A nivel nacional la implementación de las lineas de acción para los objetivos 1 y 2 necesitan identificar y organizar el conocimiento existente en el campo juvenil para los temas principales, suplementar y actualizar regularmente el conocimiento de tales temas, también del conocimiento práctico, facilitar acceso a ese conocimiento y a la información sobre los correspondientes actores y asegurar la accesibilidad de la información relevante.

Si nos detenemos en la implementación de las lineas de acción del objetivo 3 a nivel europeo, se propone una cooperación más estrecha para identificar y definir conceptos comunes y un mínimo de contenido esencial para fortalecer una comprensión común de los temas identificados como prioritarios, para determinar métodos de evaluación cuantitativa y cualitativa, para explotar y comparar los resultados de los temas comunes identificados e identificar mejor los indicadores para evaluar el impacto de los programas actuales y futuros en el contexto juvenil.

Las lineas de acción para el objetivo 3 a nivel nacional preveen el desarrollo de métodos y herramientas adecuadas para reforzar la comprensión y el conocimiento de los jóvenes, facilitar la explotación de los resultados y promover la educación y la formación de los investigadores y expertos de la juventud, en especial a los jóvenes, así como de cualquier otro actor que suponga conocimientos adicionales en el campo de la juventud.

Finalmente, la implementación de las lineas de acción del objetivo 4 a nivel europeo se debería realizar coordinando redes nacionales futuras establecidas por la Comisión, en cooperación con el Consejo de Europa, de la Red de la Unión Europea de Conocimiento Juvenil (EuNYK según sus siglas en inglés, European Union Network of Youth Knowledge) y, a nivel nacional, desarrollando interconexiones nacionales entre políticos, investigadores, jóvenes y sus organizaciones; y en estas redes nacionales discutir las necesidades futuras, las tendencias e identificar las nuevas prioridades y métodos, así como promover intercambios, cooperación y un diálogo intersectoriales entre los diversos elementos y areas de conocimiento por medio de conferencias, seminarios y otros acontecimientos sociales.

Resumiendo, la estrategia de obtener un mejor conocimiento y comprensión de la juventud a nivel nacional se basa en tres pilares:

- la sistematización de conocimiento, haciéndolo disponible y actualizándolo regularmente,
- asegurar la calidad de este conocimiento o información y
- creación de entramados o redes nacionales.

Esta estrategia se apoya a nivel europeo por medio de:

- la coordinación de estos entramados o redes y
- la sistematización de información, haciéndolo disponible y actualizándolo con regularidad.

La Asociación Juvenil entre el Consejo de Europa y la Comisión Europea

En esta estructura la Asociación Juvenil (Youth Partnership) entre los dos organismos juega un papel crucial apoyando la implementación de las prioridades en política juvenil en general y obteniendo un mejor conocimiento y comprensión de la juventud en particular. La primera fase de la cooperación tras 1998 se caracterizó por los acuerdos que se aplicaron en diversas areas de acción como por ejemplo, la formación de trabajadores jóvenes y así, la investigación juvenil y la cooperación con la región EuroMed. A esto siguió una segunda fase con un nuevo acuerdo de interrelación para los periodos 2005 a 2006 con el consenso de reemplazar los acuerdos anteriores en algunas áreas de acción.

Ahora, las dos instituciones concluyen un acuerdo de nueva estructura para los periodos 2007 y 2008. Estos acuerdos establecen cuatro metas principales:

- ciudadanía, participación, educación en derechos humanos, iguales oportunidades,
- cohesión social, integración, iguales de oportunidades,
- calidad, reconocimiento y visibilidad del trabajo y la formación juveniles, y
- conocimiento mejor sobre la juventud y el desarrollo de políticas juveniles.

Si miramos concretamente a la meta de mejorar el conocimiento sobre la juventud y desarrollar la evidencia basada en políticas jóvenes, la Asociación Juvenil se centra en varias acciones priorizadas por los dos organismos a los principales actores en el campo juvenil.

En su programa de trabajo la Asociación, por ejemplo, apoya el desarrollo de un master en "Estudios Europeos de la Juventud", planificado para comenzar en el curso escolar de invierno de 2008 en forma de cooperación de nueve universidades asociadas. Este estudio de cuatro semestres ofrece un currículo complejo con diferentes métodos de aprendizaje y enseñanza muy variados.

Si nos referimos al campo del *Desarrollo de Políticas Juveniles*, se han organizado un número de seminarios y talleres dirigidos específicamente a ciertas regiones, estos acontecimientos suceden con y en la Federación Rusa, Europa del Este y la Región Caucásica (en Ucrania), con el Sureste de Europa (en Eslovenia o Croacia) y con la región Euro-Mediterranea. Estos seminarios organizaron encuentros entre los principales actores en las áreas de la política juvenil, la investigación juvenil y el trabajo con jóvenes de las respectivas regiones, por un lado, y otros actores europeos, por otro lado, para discutir acciones para establecer sosteniblemente una cooperación más estrecha.

Un estudio sobre la *Dimensión Económica del Trabajo Juvenil* , para el cual aún se están recopilando datos e información en diez países acerca del número de empleados jóvenes, actividades de voluntariado o los fondos invertidos en trabajo juvenil en un sentido amplio, se presentará al público en el verano de 2007: la intención es extender este estudio a otros países, si los resultados de este estudio sugirieran que es adecuado hacerlo.

Para mejorar *los conocimientos prácticos y el conocimiento de la juventud*, se organizan seminarios regulares de investigación dentro de la estructura de la Asociación Juvenil, y estos seminarios ofrecen una oportunidad para los jóvenes investigadores de la juventud de presentar los resultados de sus investigaciones, para discutir entre ellos y con políticos y trabajadores de campo en el sector del trabajo juvenil así como desarrollar una acción para actividades y políticas prácticas.

Desde 2003 se han mantenido los siguientes seminarios:

- Resituando la cultura: diversidad, racismo, género e identidad en el contexto de la juventud
- ¿Qué pasa con la participación política juvenil?
- El sector juvenil y el aprendizaje no formal
- ¿Cómo refuerza la participación voluntaria una ciudadanía activa y la solidaridad?
- Inclusión social de jóvenes – rompiendo las barreras
- Diversidad, Derechos Humanos, Participación y Juventud
- Juventud y una ciudadanía europea activa

En los próximos dos años está planeado invitar a investigadores y expertos para discutir los siguientes temas:

- Empleo juvenil y el futuro del trabajo (primavera 2007)
- Oportunidades iguales para jóvenes (otoño 2007)
- Diálogo intercultural (primavera 2008)
- Bienestar, hogar y autonomía (otoño 2008)

Adicionalmente a los seminarios de investigación la Asociación Juvenil organiza talleres específicos en los que se discuten temas importantes entre y con los expertos y que recopilan recomendaciones en la realización de políticas; los talleres de expertos han tratado temas como por ejemplo:

- El nuevo Programa JUVENTUD en acción
- Objetivos comunes para un mejor conocimiento y comprensión de la juventud
- El significado económico del trabajo juvenil – resultados de un examen de literatura y de un estudio
- Actividades voluntarias y jóvenes con pocas oportunidades
- Participación de jóvenes y todas sus formas (otoño 207)
- Historia del trabajo juvenil en Europa (primavera 2008)

Como se remarcó anteriormente, la meta principal de la Asociación Juvenil es dar calidad al trabajo juvenil, desarrollar un área de conocimiento para efectuar políticas bien informadas en el mundo juvenil y animar a formar redes y participar en un diálogo entre los diversos actuantes en trabajo, política e investigación juvenil. El *"Centro Europeo de Conocimiento sobre Política Juvenil"* (*EKCYP en sus siglas en inglés, European Knowledge Centre on Youth Policy*) juega un papel decisivo en al apoyo de esta meta al recoger datos y conocimiento sobre la juventud y la política juvenil. Como tal, el EKCYP es un instrumento para crear un mejor conocimiento sobre los jóvenes y la política juvenil en Europa y ofrecer este conocimiento a los actuantes claves en trabajo juvenil, investigación y elaboración de políticas específicas. El EKCYP (www.youth-knowledge.net) es un sistema de organización de la información disponible cuyo fin es promover la realización y práctica de políticas basadas en evidencias, ofreciendo un lugar central para intercambiar información y dialogar sobre la juventud. El EKCYP está apoyado por una red a nivel europeo de corresponsales del Centro de Conocimiento europeo (EKC, European Knowledge Centre) nominados por los ministros de los estados miembros.

El contenido principal permite al usuario buscar información relevante sobre temas importantes por países y años. El contenido esencial esta suplementado con una poderosa base de datos asequible de documentos investigativos, de políticas y de práctica sobre temas de prioridad en política juvenil y con páginas de información de fondo. Las últimas noticias de la política y la investigación sobre temas claves están a disposición de los usuarios que se registren como interesados por esos temas. También dispone de un glosario de términos utilizados en política juvenil, de un índice-alfabeto introductorio sobre política juvenil, una base de datos de expertos, ejemplos de buena práctica en participación y aplicaciones en linea para la búsqueda de seminarios. Todos los usuarios registrados pueden participar en el desarrollo del EKC cargando noticias y textos referentes a investigación juvenil, política y práctica que sean relevantes al campo de la juventud. Todas las entradas pasan por un proceso de validación para asegurar un determinado nivel de calidad.

En 2006 una evaluación del contenido y de la infraestructura técnica de la página web llevó a un desarrollo centrado en su diseño y contenido. Los futuros desarrollos del Centro de Conocimiento Europeo incluyen el compartir datos con otros centros de organización de conocimiento de interés en este área y el desarrollo de comunidades para potenciar redes y el diálogo entre actores del sector juvenil. Este nuevo diseño pretende ofrecer mayor accesibilidad y adecuarse a los niveles actuales esperados. Las modificaciones técnicas harán de ella una herramienta más cómoda y las páginas de cada país ofrecerán una corta visión global acerca de las diversas políticas nacionales. El nuevo portal en la web se abrirá oficialmente en enero de 2008.

Sobre Redes europeas que apoyan el conocimiento de la juventud

Resumiendo, las Políticas Juveniles Europeas confirman que para una realización contemporánea, eficiente y sostenible es esencial promover el intercambio, el diálogo y la interconexión, animar a la cooperación en el campo de la investigación juvenil y anticipar futuras necesidades. Por lo tanto, la metáfora de un triángulo entre organizaciones juveniles, el trabajo juvenil, las políticas juveniles y la investigación juvenil, con jóvenes en su centro, es una imagen habitual en el discurso europeo. El Consejo de Europa y la Comisión Europea están de acuerdo en reforzar la cooperación no solo entre ellas a través de los programas de la Asociación, sino también desarrollar conjuntamente un conocimiento común y mayor en el campo de la juventud y contribuir a construir redes y un diálogo dentro de este triángulo. Con el objetivo de lograr estos fines ambas instituciones han creado dos organizaciones de expertos que existen junto con la organización del EKCYP.

Para el área de investigación juvenil la Red de Investigadores de Juventud (*NYR, Network of Youth Researchers*), que ya fue fundada a principios de los ´90 por el Consejo de Europa, realiza un encuentro anual para discutir e intercambiar opiniones sobre temas actuales de investigación. Desde 2003 los encuentros de esta Red han sido organizados en el contexto de actividades de colaboración: el 13° encuentro de este tipo ha tenido lugar en 2007.

La Red de la Unión Europea de Conocimiento Juvenil (EuNYK según sus siglas en inglés: European Network of Youth Knowledge) es una red creada por la Comisión Europea con el fin de desarrollar un mejor conocimiento y comprensión del mundo juvenil, como se preveía en los objetivos comunitarios adoptados por los estados miembros en 2004 dentro de la organización del método abierto de coordinación en temas de juventud. Los miembos de esta red son políticos (representantes de la administración responsable de temas de juventud), investigadores de temas de juventud y jóvenes originarios de los veintisiete estados miembros de la UE y de los países de la EFTA. El primer encuentro lo organizó la Comisión Europea el 12 de marzo de 2006 en Bruselas y estuvo principalmente centrado en la creación y puesta en marcha de una red nacional en cada país que ayudara a interconectar a la comunidad investigadora que se ocupa de temas juveniles, a la administración encargada en estos temas y a las organizaciones juveniles para promover un diálogo y un intercambio de información y conocimiento sobre temas juveniles entre actores de este campo. El segundo encuentro de la Red (EuNYK) tuvo lugar el 12 de marzo de 2007. Basada en contribuciones nacionales, el encuentro pretendía elaborar las lineas maestras que sirvieran de base para facilitar la creación de una red similar en cada uno de los países.

Esta estructura de tres redes: Centro Europeo de Conocimiento para Políticas Juveniles (European Knowledge Centre for Youth Policy, EKCYP), Red de Investigadores de la Juventud (Researchers Network , NYR) y Red de la Unión Europea de Conocimiento Juvenil (European Network of Youth Knowledge, EuNYK), con diferentes miembros, tareas y propósitos nos llevan al siguiente gráfico:

Gráfico 1

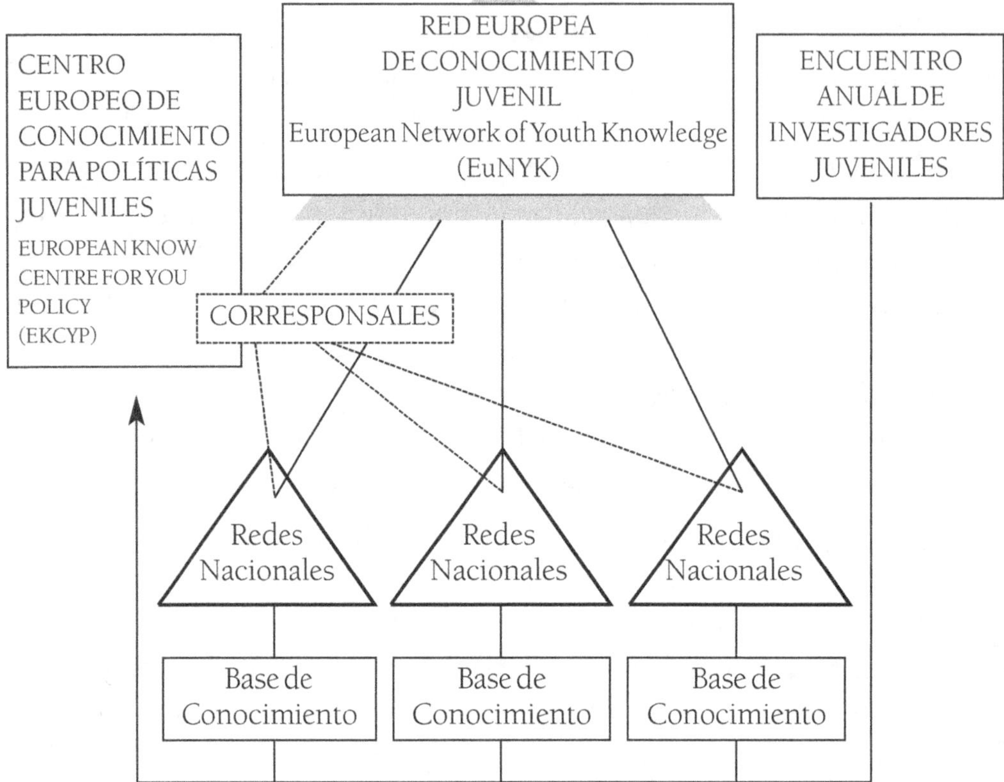

Algunas conclusiones

Las experiencias realizadas, comparadas con las de otros campos políticos, muestra que se puede obtener un mayor conocimiento y comprensión a través de una cultura de la consulta, de la interconexión y del diálogo con y entre actores importantes del campo, a citar, investigadores, realizadores de políticas y organizaciones juveniles/formadores en trabajo juvenil.

En esta red los investigadores ofrecen la oportunidad de abordar ciertas complejidades y diferentes experiencias; en particular, aquellas relacionadas con aquellos que son difíciles de contactar a través de una consulta convencional o una conversacion. Sus posteriores reflexiones sobre tendencias actuales y necesidades futuras ofrecen elementos valiosos para políticas basadas en un conocimiento prospectivo.

Resulta obvio que la investigación no puede realizarse de forma aislada: los temas de investigación deben ser discutidos con otros actores para asegurar el impacto y la utilidad de las conclusiones; los resultados de investigaciones y el conocimiento práctico de las organizaciones juveniles y de los trabajadores implicados con jóvenes debería usarse eficientemente a la hora de tomar decisiones.

La creación de redes eficaces entre los actores del campo juvenil puede considerarse como la mejor respuesta para estas consideraciones. No hay otro método que pueda poner en marcha tal red. Sin embargo, algunos principios o lineas maestras parecen mostrar la necesidad de una fuerte voluntad e implicación entre la política, la comunidad investigadora, las organizaciones juveniles y los trabajadores juveniles para cooperar e intercambiar, la necesidad de un plan de acción acordado por los actores arriba citados: cuándo, cómo, con qué medios y la necesidad de coordinación, bien sea en la administración, bien en el campo investigativo o en organizaciones juveniles para identificar actores y organizar encuentros y diseminar la información dentro de la red.*

---

* Para más información: http://www.youth-partnership.net
y http://www.youth-knowledge.net

La participación de los jóvenes como aporte a la gobernabilidad de los países

Eugenio Ravinet Muñoz

Premisa

"La Gobernabilidad es producto de la democracia, y ésta necesita de la participación para poder prevalecer. Pero, nadie nace demócrata, a los demócratas hay que formarlos"

Esta es una premisa que la Organización Iberoamericana de Juventud (OIJ), revindica.

La democracia, necesita de demócratas que la promuevan, la legitimen y la enseñen. Necesita de personas convencidas de que la democracia es el mejor camino para establecer la gobernabilidad. Y esto supone formarlas, mediante la educación, que es uno de los bienes que, al democratizar su distribución, mejora la vida de los ciudadanos y es garantía del crecimiento económico y social de un país.

Por ello, consideramos que los jóvenes no son sólo necesarios para generar gobernabilidad, son indispensables. Invertir en la formación de los niños y jóvenes, en democracia y en valores, es garantizar países democráticos y bases sólidas para la gobernabilidad.

Más aún, debe invertirse pensando en los jóvenes como agentes protagonistas del cambio de las sociedades a las que pertenecen; desde el lugar dónde se encuentren: el colegio, la universidad, los partidos políticos, las organizaciones sociales, los medios de comunicación; todos son lugares válidos para socializar la democracia y construir gobernabilidad.

Contexto

Según la Comisión Económica para América Latina y El Caribe (CEPAL), actualmente en Iberoamérica habitan 186 millones de jóvenes de entre 15 y 24 años de edad. Ellos y ellas representan el 19 % del total de la población.

De igual manera, hay que tener en cuenta que en los últimos años, y de acuerdo a cada país y a cada situación, la categoría juvenil abarca rangos de edad más amplios. Estamos hablando de que un 37 % de la población tiene entre 10 y 29 años y se prevé que para el año 2050 habrá cerca de 200 millones de jóvenes menores de 30 años de edad.

Siendo la población joven ampliamente significativa el desafío consiste en dejar de verles como un problema, sino como la solución y facilitar la inclusión juvenil vinculando su participación e incidencia en la vida pública.

Vision de la OIJ

Desde la OIJ, entendemos que la participación de los jóvenes constituye un aporte sumamente valioso en la construcción de una gobernabilidad democrática de los países, pero esa participación debe estar traducida luego en la incidencia que éstos tengan en el diseño de las políticas públicas que les afectan.

En este último tiempo venimos haciendo esfuerzos y propiciando espacios que permitan el acercamiento entre los gobiernos y las organizaciones de la sociedad civil, pero no sólo eso, sino que puedan trabajar juntos.

Producto de ello es, entre otros, el Programa de Fortalecimiento Institucional y Alianzas para construir políticas públicas de Juventud (Programa DINO) que la OIJ ejecutó en Centroamérica entre el año 2000 y 2004. Con este programa se logró la constitución de los denominados Agentes de Intermediación. Este Programa tenía como principales actores del proyecto a los gobiernos y la sociedad civil. En concreto, DINO buscaba constituir un espacio de interlocución para el diseño de planes de trabajo en materia de juventud entre los organismos oficiales de juventud y la sociedad civil organizada.

El Programa DINO fue un interesante despliegue de coordinaciones y esfuerzos institucionales en el que convergieron múltiples actores de distintos tipos y acción: organismos internacionales de representación y cooperación, con agentes del Estado y la sociedad civil, dinamizando políticas y ofertas de desarrollo para los jóvenes.

Por otro lado, en los últimos tres años, la OIJ hizo posible el proceso de acompañamiento al movimiento asociativo juvenil en la Región mediante los denominados Encuentros Iberoamericanos de Plataformas Asociativas Juveniles, cuya tercera edición se realiza del 11 al 15 de diciembre de este año, en la Ciudad de Cartagena de Indias, Colombia, con el apoyo del Consejo de la Juventud de España (CJE), la Agencia Española de Cooperación Internacional (AECI), la Comisión Económica para América Latina y el Caribe (CEPAL), el Foro Lationoamericano de la Juventud (FLAJ).

Estos encuentros constituyen un escenario para la formación, diálogo, intercambio de experiencias y cooperación entre más de ciento cincuenta represente de las Plataformas Asociativas de Iberoamérica. Abriendo un espacio altamente participativo, donde líderes y dirigentes juveniles de la Región se dan cita, debatiendo sobre diferentes temas que les atañe, entre ellos la gobernabilidad de nuestros países y la implicancia de los jóvenes en su consolidación.

La perspectiva de los derechos y la convención Iberoamericana de derechos de la juventud

Participación, ciudadanía, democracia y gobernabilidad son complementarias. Se basan en los derechos y las libertades públicas, las cuales hacen referencia el punto de partida para el desarrollo y el ejercicio de los mismos.

Entonces, la inclusión de una perspectiva de derechos se hace indispensable para garantizar la democracia en nuestros países, pero además para garantizar el éxito de la inclusión política de los jóvenes.

En ese orden de ideas la OIJ entiende que los derechos son fundamentales para garantizar la democracia y la gobernabilidad en un marco participativo de los y las jóvenes en la Región.

Así, después de un proceso de más de ocho años, surgió la Convención Iberoamericana de Derechos de la Juventud, que es un instrumento jurídico de carácter internacional, único en su género, que en octubre de 2005 fue firmado por diecisiete países del ámbito iberoamericano y que, luego que sea ratificado por los respectivos congresos, será un texto legal de obligado cumplimiento en cada uno de nuestros países.

Teniendo en cuenta que los jóvenes son un contingente poblacional sin protección jurídica propia y que han estado, históricamente, subsumidos en otras franjas etáreas, la Convención viene a ser un soporte jurídico sumamente importante para el desarrollo de políticas públicas dirigidas a la promoción y el fortalecimiento de las potencialidades de la juventud.

Contiene cuarenta y cuatro artículos donde se consagran los derechos de la juventud; entre ellos, el artículo 21 que versa sobre la Participación de los jóvenes (relacionándola también con la participación política). En resumen, compromete a los Estados Parte a impulsar y fortalecer procesos sociales que generen formas y garantías que hagan efectiva la participación de jóvenes de todos los sectores de la sociedad, en organizaciones que alienten su inclusión.

Así mismo, la Convención, señala medidas que, de conformidad con la legislación interna de cada país, promuevan e incentiven el ejercicio de los jóvenes a su derecho de inscribirse en agrupaciones políticas, elegir y ser elegidos.

De igual manera, la Convención compromete a los Estados a promover que las instituciones gubernamentales y legislativas fomenten la participación de los jóvenes en la formulación de políticas y leyes referidas a la juventud, articulando los mecanismos adecuados para hacer efectivo el análisis y discusión de las iniciativas de los jóvenes, a través de sus organizaciones y asociaciones.

Desde la OIJ entendemos que ese escenario de confianza y credibilidad entre gobernantes y gobernados, sólo se consigue mediante el relacionamiento, la participación y la asociación, lo cual fortalece la democracia y la gobernabilidad.

Algunas cifras

El Consejo de la Juventud de España (CJE), a través de un estudio realizado, señala, por ejemplo, que las tasas de asociacionismo juvenil se mantienen en torno a un tercio de la población joven entre 15 y 29 años. Y si atendemos a la evolución de las tasas de asociacionismo a lo largo de la última década, comprobamos que este dato ha aumentado ligeramente (en 1988, en España, la juventud asociada era de un 33,9% y en el 2000 este porcentaje había crecido hasta un 37,4%). Eso sí, el estudio da cuenta que los varones se siguen asociando más que las mujeres: un 43,6% y un 31% respectivamente.

Según las Encuestas y Estudios realizadas por los organismos nacionales de Juventud a la población joven entre 15 y 29 años, en México, el 83.1% posee credencial electoral y el 86 % dijo que estaría dispuesto a participar.

En España, casi el 40 % de los jóvenes muestra interés por la participación y pertenece actualmente a alguna asociación u organización política.

En Chile, el 48 % participa en alguna asociación y el 27 % están inscriptos en registros electorales.

El desafío: desarrollo económico, seguridad social y democracia política

Esta no es una cuestión intrascendente, por el contrario. El desafío consiste en armonizar el desarrollo económico con la seguridad social y la democracia política. La desigualdad prevaleciente en los países iberoamericanos ha generado un "desarrollo" caracterizado por la cultura de la pobreza, la hostilidad política y el desencanto democrático. Es urgente superar este paradigma cultural, en especial con los jóvenes.

En este contexto, la propuesta por convertir a los jóvenes en agentes estratégicos del desarrollo debe considerar que su participación también tiene efectos sobre la evolución de las instituciones y el espacio público, de manera muy especial la institución de juventud y de las otras esferas de la gestión gubernamental donde se ejecutan los programas y proyectos resultantes de las políticas públicas.

Instrumentos de participación juvenil para la gobernabilidad

Debilidades y amenazas:

Las instituciones gubernamentales muchas veces no están preparadas para recibir o abrirse a la participación de los jóvenes, concretamente a sus propuestas. A esto se suma que siguen faltando mecanismos adecuados para canalizar esa participación.

Los jóvenes son mencionados y consultados, pero no integrados o vistos seriamente como actores clave en el desarrollo económico y social de los países.

Por ello, democratizar la política pública de juventud es un requisito para facilitar que los jóvenes tomen conciencia sobre sí mismos y asuman el rol de agentes sociales estratégicos del desarrollo nacional y de su propio desarrollo.

Igualmente, los gobiernos deben alentar, mediante consignas abiertas e inclusivas, a la participación de los jóvenes; pero, no sólo a la participación, sino también a la organización de la misma. El asociacionismo juvenil es un instrumento prioritario de participación individual en la sociedad y también una escuela de democracia.

Además, es indispensable para impulsar esa participación, el desarrollo de las condiciones de bienestar de lo jóvenes. No se les puede pedir participación cuándo una de las grandes tensiones o paradojas de la juventud contemporánea habla de que la juventud goza de mayor acceso a la educación pero menos acceso a empleos y más expectativas de autonomía, pero menos opciones de materializarla.

Ello demanda, entonces, esfuerzos compartidos por parte de los gobiernos y los jóvenes. El Gobierno acercando a los jóvenes a una equidad social que contemple el acceso a los servicios básicos; y, los jóvenes, como sujetos de derecho, que efectivamente puedan participar en la vida pública y en la construcción de sociedades más justas e inclusivas.

Fortalezas y oportunidades:

Los jóvenes quieren participar, están dispuestos a asociarse (y de hecho lo hacen con gran éxito). En un estudio realizado este año por la OIJ y el Consejo de la Juventud de España, sobre Asociacionismo Juvenil en el Cono Sur y Centro América, en el que se consultó a más de doscientos jóvenes de América Latina, se puede reconocer un claro interés por incidir en las políticas públicas. Para lograrlo, están construyendo y consolidando Plataformas Nacionales de Juventud, conformadas por organizaciones, redes, partidos políticos. De igual manera se tiene previsto incorporar a los jóvenes no asociados.

La idea es mirar al Gobierno como un actor con el cuál deben interlocutor, con quien es necesario relacionarse y trabajar conjuntamente, manteniendo la autonomía, pero articulados. Para ello, es necesario también que el Estado establezca consignas de participación lo más amplias, flexibles y diversas posibles.

En los países centroamericanos, pese a los complicados contextos económicos y sociales, las organizaciones y las redes existentes aglutinan una variada gama de expresiones juveniles, que va desde lo estudiantil y ambiental, hasta lo laboral e indígena.

Estas expresiones asociativas buscan propiciar la participación e incidencia juvenil en los municipios, las políticas locales, los partidos políticos, las instituciones estatales y las políticas públicas; el fortalecimiento de cualidades y capacidades juveniles.

A modo de conclusión

Lo importante es que deben recrearse los espacios de participación. Formar demócratas exige que se generen nuevos canales de participación. Las escuelas de ciudadanía son uno de ellos y lo están fomentando dentro de las mismas organizaciones, asociadas con otros e incluso intercambiando experiencias entre países.

Estamos en un momento histórico clave en el que el Estado y actores centrales del movimiento asociativo juvenil están destinando esfuerzos y recursos en la construcción de espacios que, necesariamente, implican al otro: esta clave sinérgica soporta al complejo de intereses en juego, demarcando un área de "interés común", soporte generador de confianza y gobernabilidad.

Síntesis, conclusiones y perspectivas

Rene Bendit

A manera de síntesis: resultados del encuentro de investigadores de juventud de Viena

El primer Encuentro de Viena de Investigadores de Juventud en Diciembre de 2006 ha sido el punto de partida de la presente publicación. Durante dicho encuentro tuvieron lugar una serie de debates sobre un conjunto de cuestiones relevantes a la condición juvenil y a las políticas de juventud en el mundo globalizado. El que dichos debates hayan sido enormemente fructíferos y hayan conducido no solo a la elaboración del presente volumen sino que a la constitución de una red de investigarores en permanente intercambio y con encuentros regulares cada dos años se debe fundamentalmente, tanto a la abierta disposición a una reflexión crítica sobre el propio trabajo de investigación, como al hecho de existir un determinado concenso básico en relación a cuestiones teóricas fundamentales, como por ejemplo la definición del propio "objeto" de estudio, es decir la "Juventud".

Es objetivo de este capítulo final del texto que aquí presdentamos, el dar una visión general, a manera de resúmen y de conclusiones, de los temas y aspectos centrales debatidos durante dicho encuentro y retomados en el presente libro. Ellos se refieren tanto a las diferentes aproximaciones teórico-metodológicas existentes respecto a la condición juvenil como a aspectos epsecíficos de ella.

Aproximaciones teóricas al concepto de juventud y cambios en las transiciones juveniles "modernizadas":

Si bién definir la juventud en términos de edad ha sido y es una postura que viene siendo la habitual en el ámbito político (casi todos los programas y medidas que apuntan a la "integración" de los jóvenes en la sociedad prefieren este punto de vista y tienden a clasificar a la "Juventud" en el rango etario que va entre los 15 y los 30 años estableciéndose diferenciaciones internas entre "adolescentes", "post-adolescentes" y "adultos jóvenes"), ha sido un concenso entre los participantes del encuentro, que ello por lo general tiende a llevar a confusiones, ya que los límtes de edad suelen variar según los campos de estudio y de intervención política, como por ejemplo educación, empleo, salud, vivienda, bienestar, conductas de riesgo, etc. Con respecto al amplio intervalo de edad con que actualmente se enmarca a la "Juventud", la política de juventud no puede ni debe centrarse solo en educación, en salud, en tiempo libre, en problemas de empleo, en conductas de riesgo o en el bienestar de los jóvenes, sino que en todos estos ámbitos de acción, de una manera integral e integrada, aunque con diferentes acentos y prioridades en cada momento y etapas del desarrollo juvenil.

También existe acuerdo entre los investigadores, que la tradicional definición psicológica y sociológica de la juventud, como una fase de transición, ha de ser revisada en función de los complejos procesos de cambio inducidos en el ciclo vital por la modernización científico-tecnológica, que entre otros efectos, ha transformado a la condición juvenil en una fase en sí mísma del ciclo vital, con características propias. Si bien es cierto que en general, el concepto de transición enfatiza los procesos de adquisición de capacidades y derechos asociados a la edad adulta, es un hecho, y así lo demuestran diferentes contribuciones de este volúmen, que en la mayoría de las sociedades industriales y post-industriales. Los procesos de transición se han prolongado y diversificado enormemente fundamentalmente en función de la extensión de los procesos educativos formales como de la diversificación e individualización de la vida social. Esto corresponde a lo que algunos participantes del encuentro han llamado "diversificación de los itinerarios a la vida adulta". Dicha prolongación y diversificación de itinerarios, a su vez, se encuentra estrechamente ligada a nuevas formas de interrelación generacional, tanto estructurales como sociales.

Dicho en otros términos y resumiendo, los procesos de transición se han convertido en más heterogéneos, más complejos y más marcados por discontinuidades y rupturas apreciables. Las tradicionales oposiciones que se solían plantear entre *"joven"* y *"adulto"*, o entre las categorías de *"estudiante"* y *"trabajador"*, entre laboralmente *"activos"* e *"inactivos"*, son posicionamientos y situaciones actualmente rebasados por una multiplicidad de estados intermedios, más o menos transitorios y reversibles. Las secuencias de los umbrales que daban paso de una a otra situación han dejado de ser predecibles, lineales o uniformes. Esta nueva situación lleva consigo que los procesos de transición se alarguen y que las fronteras entre dos estadios se difuminen y se hagan cada vez mas nebulosas.

Mientras que en algunas sociedades, en las más desarrolladas, la mayoría de los jóvenes se encuentran en condiciones de determinar por si mísmos, a través de un proceso de "negociación" (en lugar de seguir simplemente los caminos previamente trazados por la sociedad), lo que serán sus trayectorias de vida y sus posicionamientos posteriores en la vida adulta, en muchas otras, la mayoría de los jóvenes continuan viendo determinadas sus trayectorias biográficas y transiciones a la vida adulta por factores estructurales extrínsecos a ellos mísmos y que, en la mayoría de los casos, estan fuera de su esferea de influencia y de control.

Sin embargo, aún considerando las diferentes posibilidades existentes de influenciar las propias trayectorias, para ambos casos siguen manteniendo enorme importancia los condicionamientos estructurales y el origen social de los jóvenes. Si bien, en las sociedades post-industriales se les abre a los jóvenes un mayor abanico de opciones de desarrollo biográfico entre las cuales escoger, no es menos cierto que todos los jóvenes en el mundo globalizado actual –solo con excepción de aquellos que desde los inicioes de su vida ya viven el exclusión y la marginación–, se ven obligados a reflexionar y a escoger racionalmente entre opciones biográficas que pueden ser altamente riesgosas..

En términos generales, sin embargo, es posible afirmar, que para todos los jóvenes, independientemente de las sociedades en que les haya tocado vivir, además de la capacidad de los de negociar su transiciónes a la vida adulta, el rumbo que éstas tomen, depende todavía sustancialmente del capital económico, social y cultural del que dispongan, del apoyo que les sea proporcionado por sus familias[1] y de las oportunidades o restricciones vinculadas al género y a la procedencia social.

Lo que quizá transciende el concepto de transición tradicionalmente utilizado en la investigación juvenológica, es la idea de la juventud como agente principal del cambio social. La socialización de los jóvenes ya no se considera como una transacción unidireccional que deja inalterados las normas y los

---

1 La familia aparece como la instancia a la que se acude cuando no se obtienen ingresos del trabajo, ni ayudas de la administración. Esta situación también influye en las relaciones personales o/ y de pareja y en la elección y definición de los estilos de vida.

modelos de vida establecidos. Por el contrario, las sociedades post-industriales actuales tienen claramente asumido el hecho, de que las personas jóvenes deberán reconstruir el mundo adulto por sus propios medios y que al hacerlo van cambiando las estructuras valóricas y por tanto las normas sociales imperantes. Esta idea de la juventud como agente de cambio social se corresponde plenamente con la prolongación de los procesos educativos ya que para la mayoría de ellos, el tiempo invertido en las instituciones educativas o en la formación profesional es un rasgo prominente de una condición juvenil "modernizada".

Pero la "juventud moderna" no es sólo una cuestión de educación y empleo. Incluye también cierto grado de autonomía de los jóvenes para crear sus propios estilos de vida y generar una cultura juvenil que proclame la independencia, la auto-confianza y la competencia social. Ha existido concenso entre los investigadores presentes en el encuentro de Viena, que estas competencias son a la vez necesarias para la flexibilidad profesional, la movilidad geográfica y la capacidad de adaptación al cambio tecnológico y social. Por tanto, aunque las biografías modernizadas exigen a los jóvenes permanecer más tiempo en el sistema educativo y posponer su entrada en el mercado laboral, con la consecuencia obvia de una mayor dependencia económica, se caracterizan no obstante por un alto –y todavía creciente– nivel de independencia sociocultural lo que a su vez tiene un claro impacto en el proceso de emancipación juvenil.

Como hemos señalado anteriormente, el proceso de modernización es una fuente de diversificación e individualización de la vida social en sí misma. El impacto de la modernización sobre la "vida juvenil" es incluso superior al que tiene sobre la "vida adulta". Por otro lado, aunque el proceso de modernización ejerce un fuerte impacto sobre la vida de los jóvenes, dicho impacto no es igual en todas las regiones y en todos los países estudiados. El modelo general de modernización va de la mano con las peculiaridades regionales y culturales. Algunas de ellas son adaptaciones de la corriente principal a las condiciones locales, y en otro casos se trata de tradiciones más bien "recalcitrantes". Así, por ejemplo, aún cuando aquel consumo íntimamente ligado a la cultura juvenil, -como el teléfono celular, los juegos electrónicos, el internet, la música tecno y el "Dj, el *piercing*", McDonalds o el uso de indumentaria de jean, parecen uniformes, ellos no tienen el mísmo significado para un chico o una chica en Londres, Madrid, Viena o Sidney que para un chico o chica en Buenos Aires o Valparaíso. Los aspectos generales de la condición juvenil, por tanto, son distintos en las diversas regiones e incluso al interior de un mismo país y ellas condicionan los modos de consumo y uso que hacen los jóvenes de lo que se ha dado en llamar la "cultura globalizada".

Podemos concluir entonces, que el establecimiento progresivo de las condiciones generales básicas de una vida juvenil "modernizada" junto a las particularidades regionales que hay detrás de cada condición juvenil establecida, son las que incitan por un lado a la igualación y por el otro, a la diversificación de la vida juvenil moderna.

Análisis y discusión de temas específicos:

Sobre el trasfondo de esta visión de las transiciones juveniles "modernizadas", el encuentro de investigadores de Viena se abocó en particular al análisis de temas y dimensiones específicas de la condición juvenil así como a la elaboración de conclusiones en relación a la investigación futura y a las relaciones entre el campo de la política de juventud y la investigación juvenológica.

Una primera cuestión de relevancia discutida en el encuentro refirió a los procesos de transición entre la educación y el empleo y hacia la vida adulta, y las tendencias hacia exclusión social en grandes grupos de jóvenes. Entre los principales temas y conceptos debatidos se encuentran las nociones de *linealidad* y *fragmentación*. Así como del significado y las consecuencias concretas de conceptos como *"trayectorias"* y *"biografización"* (capacidad de elegir entre diferentes opciones en el curso del desarrollo biográfico). Estos conceptos, especialmente los de *linealidad* y *fragmentación* de las transiciones juveniles se examinaron también en asociación con el desarrollo de nuevas culturas juveniles y nuevas formas de construcción de la identidad. Con referencia a estos temas, se acordó continuar en la profundización de la comprensión de estos conceptos en diferentes contextos sociales, regionales y culturales. De forma tal de analizar la forma en que las diferencias regionales, la desigualdad socioeconómica tienen consecuencia en los procesos biográficos, así como en la capacidad de agencia individual. Además, se sugirió abordar el análisis de las determinantes de "género" en las distintas sociedades y contextos culturales.

En el marco de este debate teórico, fue mencionada la necesidad de replantear los conceptos de *transición* y *edad adulta*, desde las sociedades industriales de post-guerra hasta la modernidad tardía, y vincular estos conceptos al análisis del sistema educativo. En este contexto sería también relevante analizar las consecuencias que para los jóvenes tiene la ampliación de la brecha entre los trabajadores altamente cualificados y los poco calificados, así como la desaparición de puestos de trabajo de menor calificación en las economías contemporáneas.

Otro de los puntos de interés, estuvo asociado al análisis y la elaboración de diferentes hipótesis y modelos teóricos para el *estudio de la evolución de los diferentes sistemas educativos* con referencia por ejemplo, a las características y necesidades de los futuros mercados de trabajo, el nuevo sentido de las carreras de empleo, así como también la ciudadanía y la participación democrática de los jóvenes en la sociedad. Se planteó también como importante para futuras reuniones, la revisión de las investigaciones existentes (o el desarrollo de una nueva) en referencia a las diferentes modalidades de la transición ("regímenes de transición") existentes en cada país, haciendo hincapié el punto de vista comparativo

Durante la reunión fueron abordadas en primer lugar temáticas referidas a *educación formal y no formal en diferentes contextos* (grupos de jóvenes, trabajo con juventud, voluntariado, aprendizaje en servicio, etc.) y países. En este sentido, la cuestión del aprendizaje re-contextualizado fue un tópico central del seminario. Al respecto, al comienzo se debatieron determinados problemas conceptuales, por ej.: si existe una contradicción entre "servicios voluntarios" y "aprendizaje-servicio". Tal como sucede con diferentes contextos de aprendizaje no-formal e informal, estos no siempre son "voluntarios". En otras palabras: ¿Qué es "voluntario" en "aprendizaje-servicio", si los programas de este tipo forman parte de planes de estudios escolares oficiales y, por lo tanto, no voluntarios?

Se señaló además que mientras reflexionamos sobre actividades voluntarias y procesos de aprendizaje no-formal/informal, no deberíamos pensar sólo en instituciones y organizaciones. Las actividades voluntarias también pueden desarrollarse fuera del ámbito de las instituciones y sin participación de organizaciones de ningún tipo. Es importante, por el contrario, situar el aprendizaje formal, no-formal e informal en el contexto del curso de la vida, centrando las actividades voluntarias sobre las aptitudes y habilidades que los jóvenes realmente necesitan en esta fase de sus vidas, en sus situaciones de vida específicas.

Las transiciones de la juventud a la edad adulta fueron debatidas también en el marco de las *migraciones juveniles*, ya sean internas o transnacionales. En relación con el proceso de transnacionalización, hubo acuerdo en que las políticas de integración para la movilidad de la juventud deben ser cuestiones con mayor lugar en el debate. En este sentido, los participantes del encuentro aceptaron que la vinculación de la migración juvenil a la agenda de debate sobre las transiciones juveniles abre nuevas posibilidades de investigación y de política que deben estudiarse. En este caso también, sería ampliamente beneficioso comparar diferentes enfoques de investigación y resultados de estudios en diferentes regiones del mundo sobre estos temas.

Por último, los debates sobre aprendizaje formal, no-formal e informal dejaron claro que el tipo de programas diseñados para implementar estas clases de aprendizaje diferente constituye una cuestión clave para lograr el éxito o fracaso de tales procesos de aprendizaje. Debido al consenso general entre los participantes, las preguntas y comentarios anteriormente mencionados, así como también sus consecuencias para las investigaciones sobre juventud, deberían debatirse y profundizarse en reuniones futuras.

Las diferentes tendencias de la *participación juvenil* en países de Europa y de las demás regiones del mundo presentes en el encuentro, fué otro de los temas de discusión del coloquio de investigadores realizado en Viena. Los debates sobre *ciudadanía, participación y gestión pública* se centraron principalmente en el análisis de las contradicciones existentes entre los procesos de individualización, el crecimiento de la desconfianza en las instituciones tradicionales y nuevas formas de compromiso social de los jóvenes. Las diferentes presentaciones y su discusión giraron en torno a la pregunta: ¿cómo interpretar patrones similares en los jóvenes la participación social y política en diferentes contextos, países y culturas?

La importancia de investigar los modos en los que los jóvenes utilizan las *nuevas tecnologías de la información y de la comunicación* así como el tipo de impacto que estas tecnologías tienen en sus vidas y en las culturas juveniles, resultó ser otra cuestión relevante en los debates. Al respecto, se sugirió continuar la profundización de nuestra comprensión sobre estos desarrollos con especial referencia a aspectos tales como democratización de la sociedad y de la vida de los jóvenes; relaciones de los jóvenes con sus padres; el aporte de esta tecnología para la formación de una vida autónoma; mejora y enriquecimiento de la vida social y emocional de los jóvenes; uso ilegal de Internet, etc. Un aspecto adicional relacionado con el debate de esta cuestión fue la necesidad de mejorar la idoneidad de docentes y trabajadores vinculados a la juventud con respecto al uso pedagógico de diferentes herramientas y tecnología de información.

Mientras se analizaba el rol de las *culturas juveniles*, de diferentes escenas culturales y formas de expresión de los jóvenes, los participantes del seminario debatían también en qué medida dichas productividades y manifestaciones culturales juveniles fueron incorporadas por los jóvenes a su conducta política y a su participación en la sociedad. Al respecto, se señaló la importancia de estudiar no sólo nuevas formas de participación política, sino también nuevos códigos de los jóvenes para entender "la política" También esta dimensión de la condición juvenil moderna ha sido posteriormente profundizada en el presente libro.

Desde una *perspectiva metodológica*, se puso acento durante las discusiones en la relevancia de desarrollar, presentar y debatir más estudios longitudinales. Esto debería hacerse no sólo en relación con los procesos de transición de los jóvenes de la educación al empleo, sino que también con referencia a muchos otros aspectos de la vida de los jóvenes, por ejemplo: relaciones intergeneracionales; uso e impacto de las nuevas tecnologías; actitudes hacia la participación en la sociedad; formación de la familia, etc. También se señaló la necesidad de debatir enfoques metodológicos cualitativos respecto de cuestiones de la juventud. Por ej.: ¿cómo adquirir más conocimientos sobre las percepciones subjetivas de los jóvenes ("visión interna") y sobre la propia evaluación de sus posibilidades en la sociedad, si no es por medio de la investigación cualitativa?

Para finalizar, asimismo se debatieron las *relaciones entre los jóvenes, las investigación juvenológica y las políticas sociales* dirigidas a los jóvenes. Con respecto a esto, la cuestión que surgió fue si las investigaciones sobre juventud realmente pueden convertirse en un instrumento para generar mejores argumentos que sirvan para fundamentar políticas sociales más adecuadas, coherentes e integrales que aquellas de naturaleza fundamentalmente económica y centradas en el desarrollo de "recursos humanos", principalmente implementadas en la actualidad.

Algunas conclusiones a manera de hipótesis:

Como resultado del análisis general sobre los cambios observables en la condición juvenil, podemos concluir, que la diversificación y la individualización de las transiciones juveniles no solo generan cambios que se reflejan en los proceso de emancipación de los jóvenes, sino que además tienen importantes implicancias para las políticas sociales dirigidas a ellos. Así, por ejemplo, el cambio de las transiciones juveniles de un proceso centrado en la sociedad a uno basado en el individuo tiene importantes consecuencias para las políticas sectoriales de juventud y de bienestar juvenil. La provisión de servicios universales y ámbitos de apoyo, basada en el supuesto de que la igualdad formal de derechos y oportunidades garantiza suficientemente la justicia social, necesita ser revisado a la luz de los modernos conocimientos sobre las transiciones de la vida juvenil. La disparidad social se acentúa, y en absoluto se equilibra por los efectos de la globalización. El debilitamiento de los ámbitos de apoyo social, tales como familia y comunidad, demanda la implementación de políticas que refuercen la capacidad del individuo de adquirir los recursos (y particularmente los recursos de conocimiento) necesarios para un desarrollo biográfico exitoso hacia la vida adulta. Tales políticas deben tener en cuenta las circunstancias individuales específicas y los contextos locales, y por consiguiente deben ser descentralizadas y flexibles.

También es posible concluir que, en el marco de sociedades altamente cambiantes, es actualmente imposible diseñar y desarrollar una política pública de juventud de corte transversal que no éste basada en un conocimiento sistemático y actualizado de la realidad juvenil y sus tendencias de cambio. Este conocimiento de la realidad juvenil implica tanto saberes sobre sus condiciones de vida, orientaciones valóricas y actitudinales así como sobre sus representaciones sociales, comportamientos y expectativas.

Tampoco es posible llegar a la implementación de una política de juventud moderna, sin un conocimiento de aquellos desarrollos e intervenciones referidas a "jóvenes" que tienen lugar en diferentes ámbitos de la administración y de la política y en particular en el sector de la política de juventud, la política de bienestar y protección juvenil así como aquel de los servicios de ayudas. Una política de juventud correspondiente a las exigencias de sociedades complejas, requiere de observación permanente y sistemática de los cambios que se dan tanto en el plano de los jóvenes mísmos, como en el de los programas e intervenciones. Se trata de una observación que debe ser pertinente, objetiva, coherente y confiable. Los resultados de dicha información han de servir tanto al asesoramiento de las instancias políticas y de la administración, en sus diferentes, niveles, como a la praxis social con jóvenes y a los jóvenes mísmos.

Finalmente, existe una visión común de los investigadores en relación al hecho de que en casi todas las sociedades estudiadas existen contradicciones entre las diferentes condiciones y problemas de los grupos objetivo de la políticas y las maneras específicas de actuación en los diferentes ámbitos de acción política dirigidos a la juventud, por ejemplo entre la política educativa (que considera a los jóvenes como seres aún no maduros y formados) y la política de derechos, que los considera ciudadanos y entre éstas y ciertas políticas sociales, como el sistema de subsidios de desempleo, de vivienda o de bienestar juvenil. Así, mientras la política de derechos considera como adultos a los jóvenes de una determinada edad, que además han adquirido un cierto nivel de cualificación profesional, y por lo tanto se encuentran preparados para acceder al mercado de trabajo, la política de (des)empleo, sin embargo, los trata como miembros del "grupo juvenil" y como "no adultos". De esta forma, entonces, existen países en las diferentes regiones estudiadas, en que hasta los 25 años de edad los jóvenes sólo perciben la mitad del subsidio de desempleo del que reciben los "adultos" básicamente porque se supone que siguen viviendo con sus padres. Este tratamiento incoherente les impide emanciparse en el momento en que quizá podrían hacerlo si el tratamiento fuese más adecuado. Estas incoherencias entre las diferentes aproximaciones a los que es la "juventud" y lo que son los derechos de los jóvenes, exigen en un futuro inmediato no solo mayor y mejor investigación respecto del fenómeno y la condición juvenil sino que además una mejor coordinación y cooperación entre investigadores, organizaciones, grupos e individuos que intentan representar a los jóvenes en los ámbitos nacional, regional y local, y decisores políticos a la hora de definir nuevas políticas y nueva legislación referida a la juventud.

Sobre los autores

Sergio Balardini, Lic en Psicología y especialista en Adolescencia y Juventud, y Políticas Públicas de Juventud. Se desempeña como Director de proyectos para temas de juventud de la Fundación Friedrich Ebert (FES) y es investigador principal en el Programa de Investigaciones de Juventud de la FLACSO, Argentina. Es Consultor de la Organización Iberoamericana de la Juventud (OIJ) y Miembro de la Mesa de Concertación Juvenil de la Ciudad de Buenos Aires. Ha desarrollado actividades en organismos públicos en las áreas de: desarrollo social, educación, juventud, escuela de gobierno, en el marco de diferentes ámbitos: municipal, provincial y nacional. Asimismo, ha actuado como jurado y coordinador de diversas Ferias de Proyectos Juveniles.

E-mail: sbalardini@fes.org.ar

Rene Bendit, Dr. en la Universidad de Kassel. Estudio Psicología y Sociología en la Universidad y en la FLACSO de Chile. Cursó posgrados en Psicología, Sociología y Pedagogía en la Universidad Ludwig- Maximilian de Munich y en la Universidad de Kassel. Investigador Senior del Instituto de Juventud Aleman (DJI), profesor en la Universidad Ludwig- Maximilian de Munich. Desde 1994 es Coordinador Académico del Programa de Investigaciones de Juventud de la FLACSO – Sede Argentina. Con una amplia trayectoria en investigación, durante los últimos años ha tenido una actuación destacada en estudios comparativos y trasnacionales en el ámbito de la Comunidad Europea.

E-mail: renebendit@aol.com

Andy Biggart, Dr. y Profesor en la Escuela de Educación de la Universidad Belfast, Queen. Sus temas de investigación están centrado en transiciones juveniles de la educación al trabajo, politicas de formación y educación. Ha publicado varios artículo tanto en relación con el contexto nacional en el Reino Unido, así como estudios comparativos de las sociedades europeas, utilizando metodologías cuantitativas y cualitativas.

E-mail: a.biggart@qub.ac.uk

Oscar Dávila León, Trabajador Social, Doctorando en el Estudio de las Sociedades Latinoamericanas. Director e investigador del Institución: Centro de Estudios Sociales CIDPA de Valparaíso, Chile. Ha publicado numerosos libros, entre los más recientes: *Los desheredados. Trayectorias de vida y nuevas condiciones juveniles* (con Felipe Ghiardo y Carlos Medrano), 2006); *Políticas públicas de juventud en América Latina: políticas nacionales* (editor, 2003); *Sectores populares: entre los claroscuros de la integración y la humanización* (1998).

E-Mail: oscar@cidpa.cl

Kálman Gabor, Sociologo y Doctor en Sociologia, graduado en la Universidad Lóránt Eötvös de Budapest. Húngaro, estudió lengua y literatura, historia y pedagogía. Secretario de la sección sobre sociología de la juventud desde 1992 y Jefe del Departamento de Investigación de la juventud del Instituto de Enseñanza Superior de Investigación desde 1994.

E-mail: gkalman@ella.hu

Wolfgang Gaiser, es Sociologo, Doctor e investigador en el Instituto de la Juventud de Alemania en Munich. Su trabajos son especialmente sobre investigaciones de juventud en tematicas sobre ciclos de vida y cambio social, participación política y social y sobre el bienestar de los jóvenes europeos. También realiza investigación comparativa.

E-mail: Gaiser@dji.de

Marina Hahn-Bleibtreu, Es investigadora de juventud en el Ministerio Federal de Salud, Familia y Juventud, Austria - Viena. Realiza actividades vinculadas a política nacional de juventud, la ejecución y aplicación de las políticas europeas. Sus principales temas de investigación son: Información, Participación, Trabajo juvenil y patrones de la vida profesional.

E-mail: marina.hahn@bmgfj.gv.at

David Hansen, Doctor en Desarrollo Humano. Actualmente trabaja en la Universidad de Kansas. Es Profesor Asistente en el Departamento de Psicología e Investigación en Educación. Sus principales temas y asuntos de investigación son: el desarrollo positivo de los adolescentes en actividades fuera de la escuela, incluso extracurriculares y de base comunitaria, actividades de voluntariado y el trabajo a tiempo parcial; de los procesos psicológicos, sociales, emocionales y de desarrollo estratégico del pensamiento y la iniciativa.

E-mail: dhansen1@ku.edu

Dina Krauskopf, Profesora Emerita de la Universidad de Costa Rica, Master en Psicología Clínica. Es investigadora regional sobre adolescencia y juventud y consultora internacional en políticas de juventud. Fue Directora del Instituto de Investigación Social de la Universidad de Costa Rica, vicepresidente para América Latina en la Comisión de Investigación de jóvenes de la Asociación Internacional de Sociología, fundadora, presidente y miembro de las redes latinoamericana y de las sociedades sobre juventud. Ha publicado varios artículos sobre el desarrollo psicosocial de los jóvenes y sobre políticas de juventud.

E-mail: dina@flacso.cl

Chisholm Lynne, es Profesora en Leopold-Franzens en la Universidad de Innsbruck en Austria y Directora del Instituto de Ciencias de la Educación. Publico varios artículos sobre educación, capacitación y asuntos de la juventud en el contexto comparativo e intercultural. También participa regularmente en la realización de estudios europeos e internacionales. Después de dos décadas como profesor universitario en las universidades de Irlanda del Norte, Inglaterra, Canadá y Alemania, trabajó durante cinco años en la Comisión Europea de la Dirección General de educación y cultura en Bruselas sobre las perspectivas de política de desarrollo.

E-mail: petra.gigacher@uibk.ac.at

José Machado País, Doctor en Sociología, Universidad de Lisboa. Investigador senior de la Universidad de Lisboa en el Instituto de Ciencias Sociales y Profesor visitante en varias universidades de Europa y America Latina. Es Director de Análisis Social y Coordinador de Jóvenes portugueses. Investiga especialmente en el campo de la juventud, la cultura, el ocio, la religión, la estructura social, teorias sociales y metodología. Ha publicado numerosos libros, y recibido el premio Gulbenkian de Ciencia en el 2003 por el libro "Jóvenes, el trabajo y el futuro".

E-mail: machado.pais@ics.ul.pt

Ana Miranda, Doctora en Ciencias Sociales de la FLACSO - Sede Académica Argentina, Licenciada en Sociología y Magister en Políticas Sociales de la UBA. Actualmente se desempeña como Coordinadora Académica del Programa de Investigaciones de Juventud de la FLACSO Argentina (junto con el Dr. Rene Bendit). Es Investigadora del CONICET. Sus trabajos de investigación están vinculados a las temáticas de juventud, educación y trabajo, área sobre la cual ha desarrollado una fuerte actividad de transferencia hacia la gestión y el diseño de políticas públicas.

E-mail: amiranda@flacso.org.ar

Marc Molgat, Doctor en Ciencias Humanas Aplicadas, Profesor Asociado en la Escuela de Trabajo Social de la Universidad de Ottawa y miembro del comité científico del Observatorio Jóvenes y Sociedad (www.obsjeunes.qc.ca). Sus investigaciones se refieren a diferentes dimensiones de la vida de jóvenes, incluyendo la inserción residencial, la movilidad geográfica, las relaciones con los padres y la integración socioeconómica de jóvenes sin escolarización secundaria.

E-mail:marc.molgat@uottawa.ca

Young-Kyoon Park, es investigador becado en el Instituto de Corea para el Desarrollo de la Juventud (KIYD). KIYD es una organización nacional para investigación sobre juventud. KIYD proporciona datos estadísticos básicos para la investigación y la política de la juventud a través de encuestas e investigación sobre la vida de los jóvenes, sus valores y actitudes. Realizó investigaciones sobre el desarrollo de políticas nacionales para los jóvenes centrándose en los que tienen discapacidades.

E-mail: ykpark@youthnet.re.kr

José Antonio Perez Islas, es Sociologo, Master y Especialista en Politicas de Juventud de las Naciones Unidas. Ha trabajado como Consultor en la Organización Iberoamericana de Juventud (OIJ) y en la Organización Iberoamericana para la Educación, la Ciencia y la Cultura (OEI). Fue Director del Centro de Investigación y Estudios del Instituto Mexicano de la Juventud (IMJ) y Director de la Revista Jóvenes en la misma institución. Ha publicado numerosos trabajos sobre jóvenes a nivel internacional y nacional, entre ellos Jóvenes Mexicanos del siglo XX, Encuesta Nacional de Juventud

2000 (IMJ-CIEJ, México 2002), el libro Historias de los Jóvenes en México, 2004 y Jóvenes Mexicanos, segunda Encuesta Nacional de Juventud, 2005.

E-mail: perezislas@yahoo.com

Ngan Pun Ngai, es Profesor del Departamento de Trabajo Social, de la Universidad China de Hong Kong y Presidente del Comite de investigación sobre Sociología de Juventud de la Asociación Internacional de Sociología.

E-mail: npngai@cuhk.edu.hk

Eugenio Ravinet, es Secretario General de la Organización Iberoamericana de Juventud (OIJ), sede Madrid, España. Es especialista en derecho constitucional y político. Fue Profesor ayudante en la Universidad Complutense de Madrid, España, donde obtuvo el grado de Master en las políticas públicas. En el 2001 fue Director del Instituto Nacional de Juventud en Chile. Como director del instituto fue presidente de la Junta de directores de la Organización Juvenil Iberoamericana 2002-2004.

E-mail: eravinet@oij.org

Johann de Rijke, es Sociólogo y trabaja como investigador en el Instituto de la Juventud de Alemania en Munich. Desde 1992, ha participado en los jóvenes alemanes, Encuestas de su instituto (1ª a 3ª ola). Sus puntos focales son los jóvenes y la política, la participación política y social y los métodos de investigación.

E-mail: rijke@dji.de

Hanjo Joachim Schild, es Coordinador del Consejo de Europa, cumple las funciones de coordinación y gestión de los acuerdos de asociación entre la Comisión Europea y el Consejo de Europa en el ámbito de la juventud.

E-mail: joachim.schild@coe.int

Johanna Wyn, es Doctora (PhD) y Directora del Centro de Investigación Australiano para la Juventud y profesora en la Escuela de Graduados de la Facultad de Educación de la Universidad de Melbourne. Su investigación se centra en el impacto que el cambio social produce en los jóvenes; con particular atención en la educación, el empleo, la salud y el bienestar. Es directora del programa de investigación "Life-Patterns" (Patrones de Vida), un estudio comparativo longitudinal de dos cohortes generacionales de jóvenes australianos. Es autora de varios libros, incluyendo un texto clásico en los estudios de la juventud, como "Rethinking Youth" (1997), junto a Rob White; "Youth, Education and Risk: Facing the Future" (2001), junto a Peter Dwyer; y "Youth and Society: exploring the social dynamics of youth" (2004, 2008) junto a Rob White.

Email: johanna@unimelb.edu.au

Manfred Zentner, MA de la Universidad de Viena, Matemáticas, Filosofía, Psicología y Teoría de la Educación. Es investigador superior y jefe del departamento de formación de "jugendkultur.at" en Viena, Austria. Es corresponsal nacional de Austria ante la Red de Investigación Europea sobre Juventud y sobre el Centro de Conocimiento Europeo sobre políticas de juventud. Sus principales áreas de investigación son culturas juveniles, estilos de vida, la participación política de los jóvenes, los valores y las actitudes, la prevención en el trabajo juvenil y la evaluación del trabajo de los jóvenes.

E-mail: jugendkultur@jugendkultur.at